Eugen Drewermann

Dein Name ist wie der Geschmack des Lebens

Eugen Drewermann

Dein Name ist wie der Geschmack des Lebens

Tiefenpsychologische Deutung der
Kindheitsgeschichte nach dem Lukasevangelium

Herder
Freiburg · Basel · Wien

... Die Wirklichkeit selbst nämlich, die man heute als christliche Religion bezeichnet, bestand auch schon bei den Alten, ja, sie fehlte niemals seit Beginn der Menschheit, bis daß Christus im Fleische kam; seither begann man lediglich, die wahre Religion, die schon immer bestand, die christliche zu nennen.

Augustinus: Retractationes, I 12, 3

Reproduktionen: H. & H. Schaufler Freiburg im Breisgau
Herstellung: Freiburger Graphische Betriebe 1986
ISBN 3-451-20803-2

Inhalt

Der Text

Kein Text der Bibel ist so bekannt und so umstritten wie die Weihnachtsgeschichten der Evangelien. Von den Exegeten entmythologisiert, von der kirchlichen Überlieferung dogmatisiert, müssen diese Erzählungen dem heutigen Leser fremd und widersprüchlich erscheinen, solange er nicht einen Zugang findet, der ihm die eigene Entfremdung und Widersprüchlichkeit von Denken und Gefühl, von Bewußtsein und Unbewußtem zu verstehen und zu überwinden hilft. Im Erbe der Mythen des Alten Ägyptens von der Geburt des göttlichen Menschen durch die Erwählung einer königlichen Jungfrau versucht die vorliegende Untersuchung, die uralten Bilder vom Geheimnis der Menschwerdung nachzuträumen und betrachtend mitzuvollziehen, so wie sie Jahrtausende vor dem Christentum bereits geahnt und geglaubt wurden. Indem gerade das *Lukasevangelium* über die ägyptischen Mythen hinaus die Bilder von der Geburt des griechischen Lichtgottes und Arztes Asklepios heranzieht, um das Geheimnis der menschlichen Erlösung zu beschreiben und erfahrbar zu machen, entstehen Texte zwischen Traum und Tag, die sich nur in der schwebenden Sprache von Dichtung und Symbol wirklich verstehen lassen. Um die Geburt des Gottessohnes als real zu setzen, gilt es, die Grenzen zu beseitigen, die uns hindern, Menschen zu sein – die Grenzen zwischen der Wahrheit des Geistes und der Wahrheit des Herzens, zwischen der Wahrheit der Christen und der Wahrheit der Heiden, zwischen der Wahrheit der Reichen und der Wahrheit der Armen. Denn erst wenn der Graben verschwindet, der heute noch Historie und Dogma trennt, werden wir zu einem Glauben zurückfinden, der die Macht hat, die Geschichte des Menschen zum Guten zu wenden.

Dabei konzentrieren wir uns im folgenden allein auf *die erzählenden Teile der lukanischen Kindheitsgeschichte* (Lk 1,26–38.39–45.56; 2,1–20.21-40.41–52), die, im Unterschied zu der Tradition von der Geburt Johannes' des Täufers, in sich nicht einheitlich sind, dafür aber gerade in ihrer inneren Vielseitigkeit und Vielschichtigkeit vor dem Hintergrund der großen mythischen Überlieferungen der Völker einer besonderen Betrachtung und Beachtung bedürfen und wert sind.

Der Text lautet (in eigener Übersetzung, die Teile der vorlukanischen Tradition in Kursivschrift)[1]:

1. Die Botschaft des Engels (1,26–38)

26 Im sechsten Monat indes wurde der Engel Gabri-El von Gott in eine Stadt Galiläas
gesandt, die hieß Nazareth, 27 zu einer Jungfrau, der Verlobten eines Mannes, der hieß
Joseph, *aus dem Hause David, und der Name der Jungfrau war Miriam.* 28 *Mit einem*
Mal trat er zu ihr ein und sprach: Gegrüßt seist du, Begnadete, der Herr ist mit dir. 29 Sie
aber erschrak bei dem Wort und überlegte, welche Bewandtnis diese Anrede habe.
30 *Da sprach der Engel zu ihr:*

Fürchte dich nicht, Miriam, du hast Gnade gefunden bei Gott.
31 *Denn es ist so: Du wirst in deinem Schoß empfangen und einen Sohn*
gebären, dessen[2] Namen wirst du „Jesus" nennen (vgl. Ri 13,3; Jes 7,14).
32 *Dieser wird groß sein und „Sohn des Höchsten" genannt werden, und ihm*
wird der Herr Gott den Thron Davids, seines Vaters, geben (vgl. Jes 9,6;
2 Sam 7,12–16),
33 *auf daß*[3] *er König sei über das Haus Jakob in Ewigkeit, denn seiner*
Königsherrschaft wird kein Ende sein (vgl. Mi 4,7; Dan 7,14).
34 *Miriam* aber sprach zu dem Engel: Wie kann das sein – ich bin mit
keinem Mann verbunden?
35 *Da gab ihr der Engel zur Antwort:*
Heiliger Geist wird auf dich kommen,
die Kraft des Höchsten wird dich überschatten.

Deswegen auch wird das, was (so) entsteht, heilig genannt werden, Sohn Gottes.
36 Denn es ist so: Elisabeth, deine Verwandte, auch sie, hat (noch) in ihrem Alter einen
Sohn empfangen; dabei ist dies (schon) der sechste Monat für sie, die sogenannte
„Unfruchtbare". 37 Denn „kein Wort von Gott her wird ohnmächtig sein."[4] (Gen
18,14; Jer 32,17) 38 *Miriam* ihrerseits[5] sprach: *so bin ich denn*[6] *die Magd des Herrn;* es
geschehe mir nach deinem Wort. Da ging der Engel (wieder) fort von ihr.

2. Die Begegnung zwischen Maria und Elisabeth (1,39–45.56)

39 *Miriam* ihrerseits machte sich damals[7] auf und ging eilends *in das Bergland in die*
Provinz[8] *Juda;* 40 sie trat in das Haus des Zacharias und begrüßte Elisabeth. 41 Da
geschah es, als Elisabeth den Gruß *Miriams* hörte: *es hüpfte das Baby in ihrem Leib,*
und erfüllt wurde Elisabeth mit heiligem Geist, 42 so daß[3] sie mit lauter Stimme in den
Ruf ausbrach:

Gepriesen bist du unter den Frauen
und gepriesen ist die Frucht deines Leibes.

43 *Doch woher (wird) mir dies (zuteil),* daß die Mutter meines Herrn zu mir kommt?
44 Weißt du nämlich[9], wie die Stimme deines Grußes an mein Ohr drang, *da hüpfte das Baby vor Jauchzen in meinem Leib.* 45 *Ja, selig ist, die den Glauben gefaßt hat, das ihr vom Herrn Gesagte werde Erfüllung finden.* 46 *Da blieb Miriam bei ihr* etwa drei Monate lang; dann kehrte sie nach Hause zurück.

3. Die Heilige Nacht (2,1–20)

1 Nun geschah es in jenen Tagen: ein Befehl vom Kaiser Augustus erging, die gesamte Erdbevölkerung steuerlich zu erfassen. 2 Diese Steuereintragung, die erste, fand statt, als Quirinius Statthalter Syriens war. 3 *Da gingen* alle *hin,* sich steuerlich erfassen zu lassen, ein jeder in seine Stadt. 4 So zog auch Joseph von Galiläa aus der Stadt Nazareth *nach Judäa in die Davidsstadt* hinauf, *die Bethlehem heißt, aufgrund seiner Herkunft aus dem Hause und Geschlechte Davids,* 5 um sich mit *Miriam,* seiner Verlobten, die schwanger war, steuerlich erfassen zu lassen. 6 Da geschah es während ihres dortigen Aufenthaltes: *es erfüllten sich die Tage ihrer Niederkunft,* 7 und sie gebar ihren Sohn, den Erstgeborenen; sie wickelte ihn und legte ihn in eine Krippe, weil in der Unterkunft kein Platz für sie war.
8 *Nun gab es in derselben Gegend Hirten, die unter freiem Himmel übernachteten und Nachtwache bei ihrer Herde hielten.* 9 *Da trat ein Engel des Herrn zu ihnen, so daß Gottes Herrlichkeit sie umstrahlte und sie sich fürchteten – eine große Furcht!* 10 *Doch der Engel sprach zu ihnen:* Fürchtet euch nicht. In Wirklichkeit[10] nämlich verkündige ich euch eine große Freude, die allem Volke (zuteil) werden soll. 11 Denn geboren ist euch *heute* der Retter, der Messias-Herr also, in der Davidsstadt. 12 *Dies sei euch deshalb das Zeichen:* ihr werdet ein Baby finden, gewickelt, in einer Krippe liegend. 13 Da plötzlich war bei dem Engel eine Fülle der himmlischen Heerschar, Gott lobende, sprechende:

> 14 *Herrlichkeit droben für Gott*
> *und auf Erden Heil*
> *bei Menschen der Huld.*

15 So geschah es: als die Engel (wieder) von ihnen in den Himmel gegangen waren, da sprachen die Hirten zu einander: Laßt uns doch nach Bethlehem hinübergehen und die Verwirklichung des Wortes betrachten, das *der Herr* uns kundgetan hat. 16 So gingen sie rasch und fanden *Miriam* und Joseph und das Baby, in der Krippe liegend. 17 Sehenden Blickes taten sie selbst jetzt[11] den Inhalt des Wortes kund, das ihnen über dieses Kindlein gesagt worden war. 18 *Da gerieten* alle die Hörenden *in Erstaunen über das, was* von den Hirten auf sie hin *gesagt wurde.* 19 Maria aber bewahrte all diese Worte ahnenden Sinnes[12] in ihrem Herzen. 20 Dann kehrten die Hirten zurück, Gott verherrlichend und lobend für alles, worauf sie hatten hören und schauen dürfen, ganz wie es zu ihnen gesagt worden war.

4. Die Geistweissagung im Tempel (2,21–40)

21 *Als nun* nach dem Gesetz des Moses die acht Tage der Beschneidungsvorschrift *sich erfüllten, da wurde sein Name „Jesus“ genant,* wie er (bereits) von dem Engel noch vor seiner Empfängnis im Mutterschoße genannt worden war.
22 *Als dann* nach dem Gesetz des Moses *die Tage* ihrer Reinigung *sich erfüllten,* nahmen sie ihn *nach Jerusalem* hinauf, um ihn dem Herrn darzubringen, 23 wie *im Gesetz des Herrn* geschrieben steht:

> Alles Männliche, das den Mutterleib öffnet –
> heilig dem Herrn soll es heißen (Ex 13,2),

24 und um ein Opfer entsprechend dem *im Gesetz des Herrn* Gesagten zu spenden:

> ein Paar Turteltauben oder zwei Jungtauben (Lev 12,4–8).

25 *Überraschenderweise*[13] *war da ein Mann* in Jerusalem *namens Simeon, und dieser Mann war gerecht und gottesfürchtig,* ein *Wartender auf die Tröstung Israels;* ja, Geist war auf ihm, ein heiliger, 26 war doch ihm aus Heiligtumsgeist geweissagt worden, den Tod nicht zu schauen, bevor er *den Messias des Herrn* gesehen habe. 27 Jetzt kam er geistgeleitet in den Tempel; und indem daß die Eltern das Kindlein Jesus hineinbrachten, daß man *entsprechend der Gewohnheit* des Gesetzes an ihm tue, 28 da nahm er es auf die Arme und pries Gott; er sprach:

> 29 *Nun entlässest du deinen Knecht, Herr,*
> *nach deinem Worte in Frieden,*
> 30 *denn meine Augen haben deine Rettung gesehen,*
> 31 *die du bereitet hast vor dem Angesicht all der Völker,*
> 32 *Licht zur Erleuchtung der Heiden*
> *und zur Verherrlichung deines Volkes Israel* (vgl. Jes 52,10; 42,6; 49,6).

33 Da war *sein Vater und die Mutter* voll Erstaunen über das, was von ihm zu sagen war. 34 Doch Simeon pries sie, und zu *Miriam,* seiner Mutter, sagte er: Gewiß[13], dieser ist gesetzt zum Untergang und zur Auferstehung *vieler* in Israel, zu einem Zeichen, dem widersprochen wird, 35 – ja, auch deine eigene Seele wird ein Schwert durchdringen – damit aus vielen Herzen die Gedanken *offenbar werden.*
36 Auch eine Prophetin war da, Anna, eine Tochter Phanuels aus dem Stamme Asser. *Sie war hochbetagt;* mit ihrem Mann hatte sie (nur) sieben Jahre nach ihrer Mädchenzeit gelebt 37 *und war dann verwitwet geblieben,* bis jetzt, wo sie (schon) 84 Jahre alt war; *sie wich nicht vom Tempel,* mit Fasten und Beten eine Gottesdienerin Tag und Nacht. 38 Auch sie trat zu derselben Stunde hinzu, um ein Loblied auf Gott zu singen, und sie redete über ihn zu all denen, die auf *die Erlösung Jerusalems* warteten.
39 *Wie sie nun* alles entsprechend dem Gesetz des Herrn *vollendet hatten,* kehrten sie

(wieder) nach Galiläa in ihre Stadt Nazareth zurück. [40] Das Kindlein indessen wuchs heran und erstarkte, erfüllt mit Weisheit, denn[14] *Gottes Gnade* war auf ihm.

5. Im Bereich seines Vaters (2,41–52)

[41] *Nun* pflegten[15] seine Eltern jährlich nach Jerusalem *zum Passahfest* zu gehen. [42] *Doch als* er (Jesus) zwölf Jahre alt geworden war und sie gemäß dem Festbrauch (wieder) hinaufzogen [43] – (schon) hatten sie die Tage vollendet, bei ihrer Heimkehr –, da blieb Jesus, der Knabe, in Jerusalem, ohne daß seine Eltern es wußten. [44] In der Meinung natürlich[16], er sei bei der Reisegesellschaft, gingen sie einen *Tagesmarsch* weit und suchten ihn ständig[17] bei den Verwandten *und Bekannten.* [45] Doch da sie ihn nicht fanden, kehrten sie nach Jerusalem zurück, immer auf der Suche nach ihm. [46] Da endlich: nach drei Tagen fanden sie ihn im Tempel, wie er mitten unter den Lehrern saß, ihnen zuhörte und sie befragte. [47] Es erstaunten aber alle, die ihn hörten, über sein Verständnis und seine Antworten. [48] Als sie ihn so sahen, *gerieten sie außer sich* (vor Ärger)[18] *und es sagte* zu ihm seine Mutter: Kind, wie konntest du uns das nur antun? Nicht wahr[19], dein Vater und ich mußten dich qualvoll suchen[20]. [49] *Da sprach* er zu ihnen: *Wieso mußtet ihr mich suchen! Wußtet ihr nicht,* daß ich in dem (Be-)Reich meines Vaters sein muß? [50] Doch sie verstanden das Wort nicht, das er ihnen sagte. [51] Gleichwohl ging er mit ihnen hinab, um nach Nazareth zu kommen[21]. Und auch (in der Folgezeit) blieb er ihnen unterstellt. Seine Mutter jedoch bewahrte all die Worte in ihrem Herzen. [52] Jesus indessen nahm ständig zu an Weisheit und Alter und *Gunst bei Gott und Mensch* (1 Sam 2,26).

Von diesen Texten sind natürlich die beiden Szenen in Nazareth und Bethlehem am wichtigsten; sie sind es, die auf die Lehre der Kirche den größten Einfluß ausgeübt haben und die eigentlichen Gründungsurkunden der Weihnachtszeit darstellen; die Bilder und Aussagen dieser Erzählungen werden wir deshalb vor allem nachzuempfinden und nachzugestalten haben, während die anderen Begebenheiten der sogenannten Kindheitsgeschichte Jesu, gemessen daran, relativ geringere Anforderungen an die Auslegung stellen. Im ganzen geht es uns nicht um eine Exegese der Erzählungen im Sinne der historisch-kritischen Methode, sondern, die Ergebnisse dieser Betrachtungsweise voraussetzend, um Ergänzungen und Akzentverschiebungen, wie sie entstehen, wenn wir mit Hilfe der Tiefenpsychologie *die Bilder selbst auf dem Hintergrund der Religionsgeschichte* zu Wort kommen lassen.

Die Deutung

Einstimmung und Überlegung zur Wirklichkeit des Mythischen

Wie versteht man ein göttliches Geheimnis?
Viel wäre gewonnen, wir könnten die Erzählungen der Bibel und die Symbole der Kirche auf eine Weise in uns aufnehmen, wie sie den Künstlern, den Musikern, den Malern und den Dichtern, eigen ist, nicht aber den Vernunftgründe suchenden Logikern, nicht den Geschichtsgründe fordernden Forschern: den Theologen, den Historikern.

a) Von der Menschlichkeit des Göttlichen

Als Georg Friedrich Händel am 21. August 1741 mit der Komposition des *„Messias"* begann, war er von einem schweren Schlaganfall wie durch ein Wunder genesen, heimgesucht von quälenden Selbstzweifeln und doch zutiefst bewegt von den heiligen Worten der Schrift, die ihn ergriffen wie ein Gesang der Ewigkeit, bereit, in ihm, dem zum Leben Zurückgegebenen, hörbar zu werden. „Behold, darkness shall cover the earth" – noch deckt Dunkel die Erde, und doch bricht es brausend unter dem Schmettern der Posaunen, dem Dröhnen der Orgel, dem Jubel des Chores zum Himmel, „daß noch einmal, wie am ersten Tag, das Wort, der heilige Logos, die Menschen erwecke, sie alle, die ... noch verzweifelt im Dunkel gingen"[1]. „Denn der Engel des Herrn trat zu ihnen" – *so* es erfühlen, *so* es mit Klang erfüllen, daß die Musik das Herz des Hörenden berührt, wie wenn er selber auf den Fluren Bethlehems zugegen wäre! Händel selber hat am eigenen Leib erfahren, was es heißt, „wiedergeboren" zu werden in der Macht der Gnade und als Mensch eine Frist der Dankbarkeit zu erhalten. *„Der Messias"* wurde sein menschlichstes, sein demütigstes, sein großherzigstes Werk – in alle Zukunft sollte sein Erlös den Kranken, den Gefangenen, den Waisenhäusern der Stadt London gewidmet sein, war doch der Erlöser zur Welt gekommen, den Kranken Heilung, den Gefangenen Freiheit und allen Verwaisten der Erde zu künden, daß auch und gerade sie Kinder Gottes sind.
Als Paul Gauguin 1891 sein wohl schönstes religiöses Bild mit dem Titel *„Ia orana, Maria"* (Gegrüßet seist du, Maria) in der Südsee malte[2], verdichtete er darin die Erwartung und Erfahrung einer Harmonie, wie er sie einzig noch den Kindern der Natur – als den wahren Kindern Gottes – zutrauen mochte. Nur in ihnen fand er unverdorben die naturgegebene Befähigung und das Bedürfnis, Heiliges zu verehren und sich betend

ihm zu nahen. So stellte er eine kleine, fast private Prozession zweier Eingeborenenfrauen dar, die nackt, nur mit einem Tuch um die Hüften bekleidet, die Hände gefaltet, einer tahitianischen Madonna entgegengehen. Maria trägt das Jesuskind auf ihrer Schulter, und das Kind hat seinen Kopf auf ihr dunkles Haar gelegt, beide schauen den Betrachter an, wie fragend, was er sieht: Ist auch er imstande, den schmalen Ring der Mandorla wahrzunehmen, mit der die beiden Frauen auf Tahiti die Gestalt von Mutter und Kind umgeben sehen? GAUGUIN war durchdrungen von „dem universalen Wert, der allen Religionen gemeinsam ist", und er maß ihm mehr Bedeutung zu „als den Dogmen einer einzelnen"[3] Glaubensform – die Komposition des Bildes selbst verdankte er einer Szene am Tempel von Borobodur. Menschwerdung Gottes, so scheint GAUGUIN die christliche Botschaft deuten zu wollen, könne nur heißen, daß alle Menschen umgriffen und ergriffen sind von Gott und sich in ihrer ursprünglichen Schönheit und natürlichen Würde wiedererkennen. Wo eine Madonna die Erde betritt, läßt sich die Welt nur malen als ein neu gefundenes Paradies, jenseits des Sündenfalls, jenseits des Zwiespalts zwischen Sinnlichkeit und Sittlichkeit, zwischen Natur und Kultur, zwischen Körper und Geist, und so zeichnete GAUGUIN diese Erde als einen Gottesgarten, aus dem kein Engel mit dem Flammenschwert den Menschen mehr verbannt, im Gegenteil: unter blühenden Bäumen, vor dem Hintergrund blauer Berge und sonnendurchfluteter Hütten steht der Engel mit goldgelben Flügeln und verweist die Frauen von Tahiti auf die Madonna mit dem Kind: der Engel des Paradieses, m. a. W., ist kein anderer als der Engel der Verkündigung, nur daß die „Hirten auf dem Feld" in GAUGUINS Darstellung Frauen sind, als wenn sie von Natur aus fähiger zur Wahrnehmung des Heiligen wären als die Welt der Männer. Was GAUGUIN malt, ruht im Erfahrungsraum einer durch und durch „mütterlichen" Weltsicht, die noch nicht oder nicht mehr von Verbot, Tabu und Angst gezeichnet ist: Bananenbäume und Bananenfrüchte sind betont das erste, was dem Eingeladenen, dem Eingeweihten, beim Weg in diese Welt des Wesensursprungs buchstäblich „entgegensteht" oder „entgegenkommt", und sehr genau schon muß man hinsehen, um zu merken, daß es zubereitete, in einer Schale arrangierte, auf einem Tischrand dekorierte Früchte sind, die zum Verweilen und Genießen auffordern. Derart im Einklang, ohne Übergang und Gegensatz, verhält das Tun der Menschen sich zum Wirken der Natur. Erklingt nicht selbst der Name der Madonna allererst in seiner wahren Melodie, wenn er zum Ton im Klangsystem der Sprache eines Volkes wie der Frauen auf Tahiti ausgesprochen wird: *„Ia orana, Maria"*? Eine Musik wie bei HÄNDEL, die zu einem universalen Gemälde der Gnade wird[4], und ein Gemälde der Gnade, das zum Gesang der Einheit aller Menschen im Paradies der Welt unter dem Segen eines milden Himmels wird – Deutungen eines göttlichen Geheimnisses sind dies, die nicht erklären, aber verklären, die nicht beweisen, aber hinweisen, die nicht begreifen wollen, aber um so mehr ergreifen können. Eben deshalb sind sie so zeitlos wie die Wirklichkeit, von der sie Zeugnis geben wollen: was es bedeutet, Gottes Kind zu sein.

Zu allen Zeiten gab und gibt es diese Poesie des Volkes. Die *Romantik* suchte sie vor-

nehmlich in den Märchen und den Sagen, die sie in Bauernhöfen, nicht an Fürstenhöfen anzutreffen meinte. Oft genug ging sie *als Literaturwissenschaft* dabei in die Irre[5]. Doch in der Religion läßt sich das Ziel aller Romantik, die lebendige Einheit von Glauben und Dichtung, in den Überlieferungen des Volkes so warmherzig und wahr beobachten, daß man immer wieder erstaunt feststellen wird, welch eine vitale Kraft und menschheitliche Bedeutung den großen archetypischen Bildern des Religiösen zukommt, und umgekehrt: welch eine Deutungstiefe die „Phantasie" „einfacher" Menschen erreicht, die in Ritual, Gebet und Feiertagsgebräuchen aller Art sich in die Mysterien des Göttlichen vertiefen. Keines der christlichen Feste jedoch hat in der Kirche des Abendlandes das Volk tiefer in sein Herz geschlossen als die Geschehnisse der Weihnachtszeit, indem es vor allem den fast schon vergessenen *naturhaften Symbolismus* der biblischen Texte zu außerordentlich schönen und sinnreichen Bräuchen auszugestalten verstand.
Schon die frühe Kirche hatte, in Parallele wohl zum Mithras-Kult der römischen Legionäre[6] sowie unter dem Einfluß bestimmter orientalischer Riten[7], den Geburtstag des Herrn auf den 25. Dezember festgesetzt: als das wahre Licht[8] sollte der Christus erscheinen, als die unbesiegte Sonne, die, entsprechend den Bildern der Tierkreiszeichen[9], in der Zeit der Wintersonnenwende zu neuem Leben wiedergeboren wird. Doch zu welch einem wunderbaren Ensemble verdichteter Symbole hat sich dieser schmale Ansatz gelebten „Heidentums" im Christlichen entfaltet! Daß es „Nacht" war, als das Christuskind zur Welt kam (Lk 2, 8), bedeutete dem glaubenden Gemüt mit seiner Sensibilität für Traum und Mythos nicht einfach eine Zeitangabe, weit eher galt es ihm als die Beschreibung eines Seelenzustandes. Denn wieviel Hoffnung konnte es damit verbinden! Wenn der Erlöser in der *„Nacht"* „geboren" wurde[10], so darf man ihm schon deshalb seinem ganzen Wesen nach[11] wohl zutrauen, daß er als Kind der Nacht Verständnis hat für alle Dunkelheit und Aussichtslosigkeit des Lebens. *Kalt,* fügt die Poesie der Pietät hinzu, war es in jener Nacht, erfrierend kalt und einsam, und doch liegt gerade in der Armut und Armseligkeit des Stalles[12] der Grund zu Zuversicht und Trost. Ist nicht das Bild DANTE ALIGHIERIS aus der *„Göttlichen Komödie"* schon auf Erden vollkommen zutreffend[13], wenn er als Vision der Hölle schildert, wie die Menschen eingefroren bis zu den Hüften in einem Sumpf aus Eis stecken und die Flut der Tränen auf ihren Gesichtern zu einer gläsernen Maske erstarrt ist? Nur jemand, der durch eigenes Erleben weiß, wie Menschen seelisch frieren können, wird später Worte finden, die das Eis zum Schmelzen bringen[14], und nur jemand, der selbst von Anfang an in Einsamkeit und Not hineingeboren wurde, wird später von sich sagen können, er sei nach den Worten des Jesaja gesandt, „den Armen frohe Botschaft zu bringen, den Gefangenen Befreiung zu verkündigen und den Blinden das Augenlicht", „die Zerschlagenen zu befreien und zu entlassen" und „ein angenehmes Jahr des Herrn zu verkündigen" (Lk 4, 18; Jes 61, 1.2). Man kann gegen die Kälte der Welt nicht vorgehen, wie man gegen einen Eisberg vorgeht: mit Axt und Dynamit schichtet man allenfalls die Eismassen um, man ändert nicht das Klima. Wieviel an Wärme, Güte und Verste-

hen aber braucht ein Mensch, ehe er es wagt, seinen Tränen freien Lauf zu lassen und sie nicht mehr unter den Erstarrungen erbarmungsloser Zwänge einzufrieren? Mindestens der milde Atem der *Tiere im Stall,* so erdichtet es die Frömmigkeit des Volkes mit einem Bild des Jesaja von dem *Ochs* und dem *Esel* an der Krippe (Jes 1,23), hätte das Jesuskind erwärmt und es beseelt mit einem kreatürlichen Erbarmen gegenüber allem Elend dieser Welt.
Gleichgültig, welche „heidnischen" Bräuche hinter dem Symbol des *„Weihnachtsbaumes"* stehen[15] – was heißt hier „christlich" und was „heidnisch", wenn Gott selber „die Natur des Menschen" „angenommen" hat?[16] Schon dem jüdischen TALMUD zufolge sprechen die Engel nur Hebräisch, der Allmächtige aber versteht alle Sprachen[17], und einzig *der* Gesang der Seele ist von Gott, der nichts am Menschen ausschließt. Und so gilt es denn in den Tagen, da die Sonne zu sterben droht, den Weltenbaum mit Licht zu kleiden und mit Sternenhaar zu schmücken, denn das Licht darf nicht sterben, und wir Menschen sind berufen, einander zu wärmen in der Kälte der Nacht, im Vertrauen auf den Morgen. Wenn dies nicht *nur* Bilder sind, lebt von ihnen die Welt.
Wäre es möglich, die Geheimnisse Gottes in den Texten der Bibel in dieser Weise auszulegen: in der Weise der Musiker, der Maler, der Dichter, so berührte ihre Kunde das Herz *jedes* Menschen auf Erden, und Gott würde hörbar in den Gesängen der Freude, in den Visionen der Schönheit und in der betenden Poesie der Andacht und der Liebe. Wir stünden am Anfang eines Christentums, das weit ist wie der Himmel zwischen Sonnenaufgang und Sonnenuntergang, umfassend wie die Güte Gottes selbst und ohne Trennung zwischen „Gut" und „Böse" (Mt 5,45). Was aber haben wir Theologen nur gemacht, als wir im Verlauf der Jahrhunderte eine immer rationalere und zugleich immer dinglichere Sprache zur Interpretation der Glaubenssymbole wählten, die, je weiter sie fortschritt, immer mehr Menschen aus dem Kreis der Glaubenden ausschließen mußte?[18]

b) Drei unvollendete Gespräche

Es gibt Gespräche, die wie Brunnenschächte sind – voller Angst und voller Verheißung, gefährlich und abenteuerlich, in jedem Falle alles verändernd; man ist nach ihnen ein anderer Mensch, ob man will oder nicht. Drei Gespräche über den Glauben, näherhin über die Erzählungen der Bibel von der Menschwerdung des Gottessohnes, waren für mich von dieser Art.
Zu einer Zeit, als die Stadt Beirut noch als eine Perle des Orients gelten konnte, als eine Insel der Toleranz und eines fast gelingenden Versuchs, zwischen Moslems und Christen ein Verhältnis wechselseitigen Respekts zu leben, traf ich im Musée Archéologique National an der Rue de Damas eine Museumsführerin, eine etwa 35jährige Frau, die als Tochter italienischer Einwanderer neben Arabisch drei europäische Sprachen fließend beherrschte und bei ihrem Studium der Archäologie zusätzlich Aramäisch und Ugaritisch gelernt hatte. Wir standen in dem Kellergeschoß des Museums vor dem

Ia orana Maria

– Gegrüßt seist du, Maria –

Paul Gauguin, 1891
Metropolitan Museum of Art, New York
Noch zweimal hat Gauguin sich dem Thema der Madonna und der Geburt Jesu zugewandt: 1896 in dem Bild „Die Geburt Christi" (Bayerische Staatsgemäldesammlungen, München, Neue Pinakothek), in dem er die eigene Vaterschaft als Teil eines universellen, religiösen Geheimnisses deutet, und 1908 in dem Bild „Anbetung des Kindes" (München), auf dem Eingeborenenfrauen unter dem Schutz eines Engels das heilige Kind umsorgen.

IA ORANA MARIA

Stillende Mutter mit Kind

Aus der westlichen Orthostatenreihe der Nordportalanlage in Karatepe, um 700 v. Chr.

steinernen Sarg des Königs Ahiram aus Byblos (um 1200 v. Chr.). Der Sarkophag ruhte auf vier Löwen, die an den Seiten ihre Zähne fletschten[19], wie um den Anspruch verblichener Macht auch im Tode zu bewahren und den Frieden des verstorbenen Königs gegen Zudringlinge zu bewachen. Sie verwies auf die Längsseite des Sarges, die den König, sitzend auf einem mit geflügelten Sphingen geschmückten Thron, zeigt, eine verwelkte Lotosblume in der Hand, während ein Zug von Betenden sich ihm naht. „Schon damals", erläuterte sie sinngemäß, „glaubten die Menschen an die Unsterblichkeit. Das menschliche Leben ist wie eine Blume, die verblüht, aber sie kehrt immer wieder zu neuem Leben. Im Alten Ägypten konnten die Löwen auch den Morgenhimmel und den Abendhimmel bedeuten[20]. Vielleicht hat der König seine Ruhe im Himmel gefunden. Der Mensch ist selbst eine geflügelte Sphinx, halb Tier, halb Engel, er bedarf des Gebetes zu seiner Erlösung." – Deutungen dieser Art sind bei archäologischen Museumsführungen völlig unüblich, ja geradezu verboten – sie gelten als wissenschaftlich nicht genügend abgesichert und rühren zu sehr an den Intimbereich des Einzelnen; üblich ist es, die Herkunft des Kalksteins, die Probleme der Datierung, die Fragen der kunstgeschichtlichen Einordnung sowie bestimmte Aspekte der Königsideologie und der Machtpolitik im 13. Jahrhundert vor unserer Zeitrechnung zu erörtern. Für diese Frau, das war deutlich, bedeutete die Archäologie mehr als ein Wissen um Vergangenes; sie suchte Weisheit in den Überlieferungen der antiken Kulturen.

„Glauben Sie an Unsterblichkeit?" fragte ich sie später.

„Ich möchte", antwortete sie leise.

„Was hindert Sie?" Ich war erstaunt.

„Dies hier." Sie zeigte mit einer hilflos wirkenden Geste auf die Särge und Bilder des in Dämmerlicht getauchten Ausstellungsraumes.

„Und Ihre Erklärungen vorhin? Sie sprachen mit einer so eigentümlichen Betonung."

„Sind Sie ein Christ?" – „Manchmal. Ich versuche es."

„Ich weiß es nicht mehr. Meine Eltern sind gläubige Menschen. Sie haben nie etwas anderes kennengelernt. Auch ich bin so aufgewachsen. Als ich anfing, mich für Geschichte zu interessieren, geschah das nicht in einer bestimmten Absicht, eher aus einer Art Heimweh heraus. Alles im Libanon erzählt etwas Vergangenes. Man kann die Wellen nicht an den Strand rollen sehen, ohne an die phönizischen Schiffe zu denken, die sie zur Küste Nordafrikas trugen. Die Gegenwart hier ist nur ein durchsichtiger Schleier, hinter dem sich der Glanz der Jahrtausende verbirgt. Ich wollte den Punkt finden, von dem alles kommt."

„Sie haben ihn nicht gefunden?"

„Nein. Ich habe ihn verloren. Alles, was das Christentum lehrt, ist Jahrtausende älter. Sie haben die Göttermutter gesehen? Inanna[21], Kybele[22], Isis[23] – ihnen allen stirbt ihr Kind, ihr Gemahl, der Gott ihrer Liebe, und die Welt hält den Atem an; sie gehen in die Unterwelt und erwecken den Toten. Es sind Mythen, Bilder, Träume. Kann man Mythen glauben?"

Ich versuchte zu sagen, was ich gelernt hatte: das Christentum sei gerade kein Mythos; das Christentum unterscheide sich von allen Götterlehren gerade dadurch, daß es geschichtlich bezeugt sei. Sie winkte ab. „Ich habe die Geschichte kennengelernt. Sie ist überall die gleiche. Zerstörte Träume und Wanderungen durch die Unterwelt. Kennen sie Pindar? ‚Unser Leben ist eines Schattens Traum.'"[24]

Ihr standen die Tränen in den Augen. „Erhalten Sie sich Ihren Glauben – wenn Sie können."

Ich habe diese Frau nie wiedergesehen. Vielleicht ist sie längst tot. Seit Jahren ist der libanesische Traum einem Alptraum gewichen[25]. Was gäbe ich darum, noch einmal mit ihr sprechen zu können! Aber was ist ein Buch anderes als ein Versuch, Gespräche fortzusetzen, die nicht zu Ende kommen konnten und prinzipiell niemals zu Ende kommen können?

Ganz anderer Natur war die Begegnung mit einem Autohändler aus Mersin, der mich vor Jahren von Gaziantep aus nach Karatepe, zu dem „Schwarzen Berg" der Hethiter, brachte. Er war ein frommer Moslem, der mittags anhielt, um nach Mekka gewandt die Worte der Eröffnungssure des Korans im arabischen Urtext zu beten. *„Bismi llahi ar-raḥmani ar-raḥimi. Alhamdu lillahi rabbia al-al^c^amina, ar-raḥmani ar-raḥimi, maliki jaumi ad-dini. Ijjaka na^c^budu waijjaka nasta^c^inu. Ihdina as-ṣiraṭa al-mustaqima* ... Im Namen Allahs, des gnädigen Allerbarmers. Lob und Preis Allah, dem Herrn (aller) Weltbewohner, dem gnädigen Allerbarmer, der am Tage des Gerichtes herrscht. Dir allein wollen wir dienen, und zu dir allein flehen wir um Beistand. Du führe uns den rechten Weg ..."[26]

Er hatte vor Jahren in London Religionswissenschaft studiert, J. G. Frazers *„The golden bough"* (Der goldene Zweig)[27] zählte nach wie vor zu seiner Lieblingslektüre; die Idee des *Dschihad,* des heiligen Krieges, bedeutete für ihn, die Welt mit den Mitteln der Güte und der Vernunft für die Wahrheit des Himmels zu erobern.

„Aber warum verehrt man im Topkapi-Serail-Museum in Istanbul das Schwert des Propheten?"

„Auch Issa (Jesus) hat gesagt, er sei gekommen, nicht den Frieden zu bringen, sondern das Schwert" (Mt 10,34).

„Aber das ist doch symbolisch gemeint."

„War es das?" Seine Augen blitzten vor Vergnügen.

Wir standen an der Orthostatenreihe der Nordportalanlage von Karatepe, grobe, fast unbeholfene Reliefs in aramäisierendem Stil aus dem 8. Jahrhundert v. Chr., vierhundert Jahre nach dem Untergang des hethitischen Großreichs, darunter das naiv-beeindruckende Bild einer stillenden Mutter mit ihrem Kind[28].

„Dies ist kein Götterbild. Und doch hatten auch die Hethiter ihre Muttergottes. Schon ihre Vorläufer, die anatolischen Hattier, die keine Indogermanen waren, beteten zu der Sonnengöttin von Arinna – Wuruschemu hieß sie auf hattisch –, zu ihrem Gemahl, dem Wettergott, und ihren Söhnen."[29]

„Sie meinen, das Christentum sei gar nicht so neu, wie es sich darstelle?"

Er nickte.

„Wirklich neu war das Alte Testament; es erklärte, daß es nur einen Gott gebe. Mohammed hat das nur aufzugreifen brauchen. Gott zeugt keine Kinder mit einer Frau, und er macht sich nicht zum Sohn einer Frau, sagt der Koran[30]. Der Islam ist die erste Religion, die keine Mythen mehr braucht. Das Christentum ist kulturgeschichtlich noch ein Teil Kleinasiens."
„Sie verstehen, daß ich dies als Christ nicht glauben kann."
„Muß man die Wahrheit verleugnen, um Christ zu sein?"
Er sagte diese Worte ohne Lächeln, ganz ruhig, wie selbstverständlich. Er wußte genau, was sie mich kosteten. Und er wußte, daß ich sie nie mehr vergessen würde.
Ein drittes solcher unvergeßlichen Gespräche ergab sich wie durch Zufall im Indischen Museum von Kalkutta. Ich war mit einem indischen Touristen von Madras zurückgeflogen. Wir sprachen über die großen Felsenreliefs von Mahabalipuram, über den Shiva-Tempel von Tanjore, und ich zeigte mich überwältigt von der Fülle und dem Reichtum der hinduistischen Lehren und Bilder. „Wenn man einen indischen Tempel betritt, so ist es, wie wenn man in das Paradies zurückkehrt", sagte ich. „Man zieht sich die Schuhe aus und reinigt sich in der großen Waschanlage vor dem Tempel, dann aber wird man gewürdigt, die unzähligen Gestaltungen des Göttlichen zu sehen, das, selber ohne Gestalt, im Innersten des Tempels als Quelle des unzerstörbaren, sich immer wieder erneuernden Lebens in Erscheinung tritt."
„Sie wissen, daß diese Bilder und Riten uralt sind, nicht wahr? Schon die ältesten Kulturen im Indus-Gebiet, in Moenjodaro z. B.[31], kennen solche Waschanlagen im Priesterviertel der Stadt, vor viereinhalbtausend Jahren."
„Ja, ich bin dort gewesen. Ich habe auch gesehen, wie morgens in Benares die Menschen zum Ganges gingen, um unter den Gebeten der Brahmanen die heiligen Waschungen vorzunehmen. Manchmal kommt es mir so vor, als wenn wir auch im Christentum, vor allem im Katholizismus, noch an diesen alten Quellen des Religiösen teilhätten, aber doch nur noch wie in winzigen Rinnsalen. Auch wenn *wir* die Kirche betreten, segnen wir uns mit dem Wasser der Wiedergeburt und der Reinigung, aber unsere sogenannten Weihwasserbecken und Taufbrunnen wirken nur wie ausgetrocknete Tümpel der Wassermassen, die vom Haupte Shivas kommen."[32]
„Sehen Sie hier", mein Gesprächspartner wies auf eine Darstellung aus dem 2. vorchristlichen Jahrhundert, die in Bharhut gefunden worden war.[33] „Hier sehen Sie den Lebenslauf des Buddha: hier die Szene, wie seine Mutter Mahamaya, die Gattin des Sakya-Fürsten Suddhodana, nach Jahren der Unfruchtbarkeit den Buddha im Palast von Kapilavastu jungfräulich empfängt. Ein weißer Elefant nähert sich ihr – ein Symbol für die Wolken, wenn sie die dürstende Mutter Erde bewässern und befruchten. Und hier" – er zeigte auf ein Bild der Gandhara-Zeit aus dem 2. nachchristlichen Jahrhundert – „sehen Sie das berühmte Bild, wie Mahamaya im heiligen Hain von Lumbini, stehend, aus ihrer Seite, jungfräulich also auch während der Geburt[34], unter einem Blumenregen von Lotosblüten und dem Klang von Sphärenmusik den künftigen Erlöser zur Welt bringt[35]. Das Paradox liegt darin, daß der Buddha gar nicht wollte,

daß man ihn in solchen Bildern verehrt oder zum Gott erhebt. ‚Ihr selber seid eure Leuchte, strebt ohne Unterlaß', soll er in Kusinara noch sterbend zu seinen Jüngern gesagt haben. Offenbar aber gibt es im Menschen etwas, das ihn nötigt, das Göttliche in immer wieder den gleichen Bildern zu glauben und anzubeten."
Wenn dieser Inder recht hat, dachte ich damals, so ist das Christentum vielleicht gerade deshalb menschlich und wahr, weil es eine uralte Musik der Sphären und der Seele neu zum Klingen bringt. Was aber ist dann eigentlich neu am Christentum, und wodurch unterscheidet es sich z. B. vom Buddhismus?

c) Mythische Quellen des Alten Testamentes und ihr älterer Hintergrund

Jemand, der als Christ die Geschichte von der Geburt des Buddha hört, wird keinen Augenblick zögern, darin einen *Mythos* zu erkennen, der in angegebener Weise bestimmte Bilder der Natur mit einer geschichtlichen Person verbindet. Was aber ist mit einer solchen Feststellung gewonnen? Für das gewöhnliche Bewußtsein nur, daß die entsprechenden Erzählungen unwahre, phantastische, unwirkliche Verformungen der „tatsächlichen" Geschichte darstellen[36]. Allenfalls wird man Überlieferungen dieser Art zugute halten, daß sie den Gründer einer Religion mit besonderen Auszeichnungen versehen wollten, um die Erhabenheit und Größe seiner Person und seiner Lehre herauszustellen; aber wenn dies immer wieder in den verschiedensten religiösen Überlieferungen sich ereignet, relativiert sich der Absolutheitsanspruch der einzelnen Glaubensformen bereits gegenseitig, und es bleibt nichts übrig als eine skeptische Aufgeklärtheit gegenüber *jeder* religiösen Überlieferung. Genau darin bestand offenbar die geheime Verzweiflung jener Libanesin, daß ihr, bezogen auf Christus, die historische Kritik zunächst den Glauben an die Gottessohnschaft Jesu zerstört hatte und dann auch den Glauben an Gott selbst aus den Angeln zu heben drohte – ein Prozeß, den bereits ALBERT SCHWEITZER am Anfang dieses Jahrhunderts auf schmerzliche Weise durchlitten hatte[37] und den Unzählige vor ihm seit den Tagen von DAVID FRIEDRICH STRAUSS[38] haben durchmachen müssen. Es ist auch im Christentum beim besten Willen nicht möglich, aus Gründen der Dogmatik etwa, mythische Texte wie die Kindheitsgeschichten Jesu trotz allem, entgegen der Formgeschichte, entgegen der Religionsgeschichte, doch noch als geschichtliche Darstellungen im äußeren Sinne lesen zu wollen, sooft dieser Versuch selbst von angesehenen Autoren noch unternommen werden mag[39]. Es begründet eine Religion nicht gut, wer die Wahrheit mythischer Texte dort sucht, wo sie nicht sein kann: in der äußeren Natur statt in der Deutung äußerer Wirklichkeit, und wer auf einer solchen logischen Verwechslung der Ebenen als Inhalt des Glaubens besteht, wird gegen seinen Willen eher der Glaubenslosigkeit und dem Atheismus in die Hände arbeiten[40], als daß er dem wirklichen Anliegen mythischer Überlieferungen näherkäme.
 Das alte, seit den Tagen der Kirchenväter vorgebrachte Argument verfängt angesichts

der religionsgeschichtlichen Befunde seit langem nicht mehr, es sei im Christentum geschichtliche Wirklichkeit, was in den Überlieferungen der „Heiden" nur fromme Erfindung (oder teuflische Verblendung) sei[41]. Die Frage kann nicht lauten: wie läßt sich ein Mythos als historische Wirklichkeit erweisen; die Frage kann nur lauten: wie versteht man die Wahrheit bzw. die eigentliche Wirklichkeit eines Mythos wie der Erzählung von der Geburt des göttlichen Erlösers? Gibt es angesichts des Mythos wirklich nur die moslemische Zerstörung aller Bilder im Namen eines absoluten, unsichtbaren Gottes? Gibt es nur den aufgeklärten Gegensatz von Mythos und Geschichte? Kann man von Gott nur glaubhaft sprechen, indem man die Sprache geschichtlicher Fakten zu Wort kommen läßt, oder aber sich an geschichtslose Träume verliert?

Die Zeiten dürften vorbei sein, in denen man, gemäß dem rationalistischen Fortschrittsglauben, in der Vorstellungswelt der Mythen (und der Religion überhaupt) nur eine Vorstufe wissenschaftlichen Denkens erblicken wollte[42]. Wohl aber tut die christliche Theologie nach wie vor sich außerordentlich schwer, den Sinn mythischer Sprache anzuerkennen, und immer noch scheint es fast unmöglich, die Tatsache des Mythos an Stellen der biblischen Überlieferung zuzugeben, die von der christlichen Dogmatik betroffen werden. Eben diese Einstellung führt dazu, mit erheblichem argumentativem Aufwand eine Art Denktabu aufzurichten, wonach es sich bei allen christlichen Glaubenssätzen um „Offenbarung", bei allen „heidnischen" Vorstellungen hingegen um bloße „Sehnsüchte" oder Wunschvorstellungen handle, die erst im Christentum zu ihrer Erfüllung und Verwirklichung gelangt seien. Es ist am Beispiel gerade der Kindheitserzählungen offensichtlich nicht möglich, den Unterschied zwischen „Christentum" und „Heidentum" als Differenz von Mythos (Traum) und Geschichte (Wirklichkeit) zu bestimmen; man muß vielmehr zugeben, daß es überhaupt nur in der Weise des Mythos möglich ist, von menschlicher Geschichte so zu sprechen, daß sie sich als göttliche Offenbarung zu erkennen gibt. J. P. Mackey ist zuzustimmen, wenn er meint, der Mythos sei „als Ausdruck des Glaubens so notwendig, daß klare Begriffe und die für sie erforderliche Terminologie, wiewohl zu Analyse und Darstellung des religiösen Glaubens durchaus verwendbar, niemals die Mythen vollständig und adäquat ersetzen können. Ferner: Damit niemand auf die Idee kommt, ‚mythisch' sei dasselbe wie märchenhaft oder unwahr, ist die Feststellung nötig, daß der Mythos ebenso in der Lage ist, jede Lebens- und Weltanschauung zu erfassen, die – auch wenn nicht religiös – dieselbe Tiefe und dasselbe Fassungsvermögen hat wie religiöse Anschauungen ... Die Legende von einem wissenschaftlichen Zeitalter, das allen Mythen entwachsen wäre, ist selbst ein umfassender Mythos." „Es gibt deshalb überhaupt keine Entschuldigung ..., Mythos und Geschichte als Gegensätze zu sehen, oder, wie Strauß es tut, den Mythos auf die Nacht zu beschränken, die seiner Ansicht nach der Morgendämmerung des ‚historischen' Zeitalters vorausgegangen ist. Wenn der Mythos eine unumgängliche Ausdrucksform religiösen Glaubens ist, ... dann gehört der Mythos auch zu dem Rohstoff, mit dem der Historiker arbeiten muß."[43]

So verstanden, geht die überkommene theologische Grundformel also nicht auf, nach

welcher das Christentum sich als Summe aus Mythos (Verheißung) und Geschichte (Erfüllung) zu begreifen versuchte: die „Geschichte" der „Erfüllung" selber ist nur als „Mythos" mitteilbar und nur in der Gestalt mythischer Rede auf uns gekommen.
Man löst das Problem nicht, man umgeht es allenfalls, wenn man im Gefolge der üblich gewordenen Mythenfeindlichkeit christlicher Theologie einen so hochpoetischen und hochmythischen Text wie die Szene der Verkündigung in *Lk 1, 26–38* in der heutigen Exegese ausschließlich auf dem Hintergrund *alttestamentlicher* Prophetie auszulegen versucht: Auch die, von rückwärts betrachtet, „vorausweisenden" Vorstellungen des Alten Testamentes sind im Umkreis mythischer Bilder angesiedelt, und die Frage bleibt, was diese Bilder *in sich selbst* bedeuten.
Schon *der Engel Gabri-El,* der Maria die Botschaft Gottes von der göttlichen Geburt des „Retters" („Jesus") überbringt, trägt einen Namen, der seinen Auftrag deutlich macht: „Mein Mann (gabri) ist Gott (El)." „Damit ist alles gesagt, was der Engel zu sagen hat. Das entspricht ... einer alten hebräischen Tradition, dergemäß der Bote (Engel) und die Botschaft identisch sind. Deshalb kann auch nach talmudischer Auffassung ein Engel jeweils nur *eine* Botschaft ausrichten, *eine* Sendung vollziehen. – Der Bote ist die Botschaft, auch und gerade in diesem Fall, denn offenbar wird Maria schon durch die Verkündigung selbst schwanger vom Heiligen Geist."[44] Will man für diese Szene im Alten Testament nach Vorbildern suchen, so wird man an andere, ebenso mythische Erzählungen denken müssen, etwa an die Erzählung, wie die drei Engel der unfruchtbaren Sarah die Geburt Isaaks verkünden (Gen 18, 9–16) oder wie der Engel im Buch der Richter (13, 3) zu Manoach kommt, um ihm die Geburt des Sohnes „Schimschon" (der „kleinen Sonne") anzusagen, der Israel aus den Händen der Philister retten wird; auch an Gen 6, 1–4 wird man erinnert werden, an jene dunkle Szene vor dem Hereinbrechen der Sintflut, als sich die „Gottessöhne" von den schönen Menschentöchtern nahmen, allwelche sie wollten, und mit ihnen die „Riesen" der Urzeit zeugten.[45].
Auch das Bild von dem *Heiligen Geist,* der über Maria kommen und sie *„überschatten"* wird (Lk 1, 35), verdankt sich älterem Mythos.[46] Das Wort vom „Überschatten" ist ein Wort vom Schöpfungsmorgen (Gen 1, 2), als der Geist Gottes „brütend" über den Wassern des Urzeitchaos lagerte wie ein Vogel über dem Gelege (dem Weltenei)[47]. „Daß ... Gott in Gestalt eines Vogels Umgang mit einer Menschentochter pflegt, ist aus dem Mythos von Leda mit dem Schwan weithin bekannt. Für das antike Denken lag darin nichts Anstößiges. Wenn von einem Überschatten die Rede ist, so ergibt sich auch aus dieser Vorstellung das Bild von den ausgebreiteten Flügeln, in deren Schatten sich die erwählte Jungfrau birgt. Damit ist wiederum an den hebräischen Sprachgebrauch angeknüpft ‚Bezel Kenaphecha', im Schatten deiner Flügel; eine Wendung, die im 17., 36., 57. und 63. Psalm und in der Liturgie der Synagoge wiederkehrt."[48] Schutz und Geborgenheit, mehr noch aber die Assoziation einer *Neuen Schöpfung* lebt in diesen Bildern, eines Neuanfangs, genauso gnadenhaft und wunderbar wie der Beginn der Welt[49].
Auch unabhängig von der Frage, die für die Auslegung des parallelen Textes von Mt 1, 23 eine so große Rolle spielt, ob die Verheißung von Jes 7, 14 wirklich als *„Jung-*

frauengeburt" zu verstehen ist[50], wird ganz deutlich, daß das Lukasevangelium sich die Ankunft des Erlösers Israels gar nicht anders denken kann als nach der Weise des uralten Mythems von der Geburt des Gotteskindes bzw. des *Gottkönigs* durch die begnadete Jungfrau.

Uns Heutigen, 200 Jahre nach der Französischen Revolution, nach der Tötung des letzten Königs aus dem Hause der absolutistisch regierenden Bourbonen[51], mag es schwerfallen, die Selbstverständlichkeit dieses Denkens von der jungfräulichen Geburt eines göttlichen Königs zu verstehen; aber es genügt an dieser Stelle auch zunächst, sich nur erst der Konturen des mythischen Gesamtgemäldes klar zu werden, das in die Texte der Geburtsgeschichte Jesu Eingang findet. *Die jungfräuliche Geburt* ist in der Tat *untrennbar* verbunden mit der Vorstellung von der *göttlichen Natur des Königs* bzw. von dem göttlichen Wesen eines wahrhaft königlichen Menschen. Auch hierfür lassen sich Belege schon im Alten Testament beibringen, doch handelt es sich dort eigentlicht nur mehr um kühne Ausnahmen, die dem Monotheismus der Bibel im Grunde völlig widersprechen – erratische Reste älterer Mythologie, die so weit „entschärft" wurden, daß sie sich poetisch freisetzen ließen[52]. In dem Krönungspsalm 2,7 etwa spricht Gott am Thronbesteigungsfest zum König: „Mein Sohn bist du, heute habe ich dich gezeugt." [53] Es handelt sich um eine Art zweiter Geburt, indem der König mit dem Tag seines Amtsantritts selber zum Stellvertreter Gottes auf Erden, zur inkarnierten Präsenz des Göttlichen wird. In diesem Sinne zunächst verkündet der Engel, es werde der Sohn Mariens „Sohn des Höchsten genannt werden" und „der Herr Gott" werde „ihm den Thron Davids, seines Vaters, geben" (Lk 1,32). Es wird als erfüllt geschildert, was bereits in der Weissagung des Propheten Nathan (2 Sam 7,12–16) in Aussicht gestellt wurde und was doch in der leidvollen Geschichte des Hauses Jakob niemals sichtbare Wirklichkeit geworden ist: „ich will seinen Königsthron auf ewig befestigen. Ich will ihm Vater sein, und er soll mir Sohn sein" (vgl. Jes 9,6). – In dieser Weise von Jesus als dem *„Davidssohn"* zu sprechen bedeutete *im Erbe der Mythen* in gewissem Sinne zugleich auch, von ihm als *Gottessohn* zu sprechen[54].

Doch trotz all solcher alttestamentlichen und spätjüdischen Anklänge – das Gewicht, das die frühe Kirche seit den Kindheitsgeschichten der Evangelien gerade auf den Begriff der *Gottessohnschaft Jesu* legte, sprengt den alttestamentlichen Messiasglauben ganz und gar. Der Glaube an die (metaphysische) Gottessohnschaft des Erlösers geht zentral nicht auf das Alte Testament zurück, sondern greift Vorstellungen alter Mythologie in solchem Umfang auf, daß es in den Rahmen jüdischer Orthodoxie sich nicht mehr integrieren ließ. Erst mit dem Dogma von der Menschwerdung Gottes aus der Jungfrau Maria wird das Christentum in recht eigentlichem Sinne zu dem, was es seither zu sein behauptet: keine jüdische Sekte, sondern ein Licht zur Erleuchtung der Heiden (Lk 2,32), eine Religion *aller* Völker. Dabei wirkt freilich der Filter des Alten Testamentes noch so stark, daß es, geschichtlich gesehen, in der Tat keine direkte Verbindungslinie zwischen der (altorientalischen, dann hellenistischen) Mythologie des Gottkönigtums und dem frühchristlichen Glauben zu geben scheint; vielmehr handelt es sich allem Anschein nach um eine Art Neuschöpfung, um eine echte Form neuer Offenbarung, in welcher der Monotheismus Israels, ohne Einbuße an biblischer Stringenz und Kohärenz, sich über die Brücke bestimmter Messiashoffnungen mit den zunächst sehr heterogen erscheinenden Ideen uralter Mythologie verbindet und verbündet. Vom alttestamentlichen Ansatz her entsteht auf diese Weise der Eindruck, als wenn das Christentum mit der Lehre von der Gottessohnschaft Christi etwas ganz Einzigartiges und Einmaliges für sich geltend mache, und in Diskussionen mit namhaften Fundamentaltheologen und Dogmatikern findet man auch heute noch immer wieder das Argument vertreten, eben in dem Bekenntnis zu Christus als dem Sohn Gottes unterscheide das Christentum sich von allen anderen Religionen. Paradoxerweise verhält es sich indessen gerade umgekehrt: mit der Lehre von der Gottessohnschaft des Erlösers knüpfte das Christentum in Wahrheit an außerordentlich weit verbreitete „heidnische" Vorstellungen an[55], und die Frage stellt sich deshalb auch für die christliche Theologie ganz neu, was mit diesem Glauben an die Gottessohnschaft im Sinne eines mythischen Symbols gemeint ist.

Man kann dieser Aufgabenstellung keinesfalls entgehen, indem man den lukanischen Text von der jungfräulichen Geburt des Gottessohnes, an der christlichen Dogmatik vorbei (!)[56], zu einer bloßen Allegorie der schöpferischen Gnade Gottes über sein Volk Israel entmythologisiert, wie es z. B. EDUARD SCHWEIZER (mit vielen anderen) in seinem (im Sinne der historisch-kritischen Exegese) vorbildlich gearbeiteten Kommentar tut, wenn er sagt: „Hat Jungfrauengeburt ursprünglich die Einzigartigkeit des Gottessohnes umschrieben, so schon beim ersten Erzähler unserer Geschichte weit mehr (sic!, d. V.) die Gnadenhaftigkeit des Gotteswortes, das Leben aus dem Nichts erweckt."[57] Bestünde darin der Sinn der Rede von der Jungfrauengeburt, so müßte man glauben, daß das Neue Testament in seinen relativ späten Schriften mythische Vorstellungen aufgreift, ohne an diese Anschauungen selber noch zu glauben, und daß erst die spätere Glaubenslehre des Christentums diese Texte „remythisiert" hätte – eine Theorie, die nicht nur Exegese und Dogmatik, Bibel und Kirche, an einem Zentralpunkt christlicher Lehre auf immer miteinander entzweien müßte, sondern die auch eine „Sublimierung" der mythischen Bilder voraussetzt, die der Wirkungsgeschichte dieser Bilder geradewegs entgegenläuft. An die Allmacht des Gotteswortes hätte auch Jesaja uneingeschränkt geglaubt (vgl. Jes 55, 10–11), an die Jungfrauengeburt nicht[58].

Es ist daher nicht möglich, das frühchristliche Glaubensbekenntnis an Christus als den Sohn Gottes als bloße Erfüllung spätjüdischer Messiastheologie hinzustellen. Zu Recht meint SCHALOM BEN CHORIN von der Szene der Verkündigung in Lk 1, 26–38: „... wir haben es hier mit einem Mythos zu tun, dessen zeugende Kraft aber nicht unterschätzt werden darf. Die Vorstellung des Gottmenschen, der ein Sohn des Höchsten ist, gehört offenbar zu den archetypischen Wunschbildern der Seele, die nicht weniger Wirklichkeit sind als historische Vorgänge, nur in einem anderen Sinne."[59]

Von welcher Art aber ist diese *andere* Wirklichkeit, „gewoben aus Glaube, Liebe und

Mahamayas Traum

Bharhut, ca. 2. Jh. v. Chr.

Buddhas Geburt

Gandhara, ca. 2. Jh. n. Chr.
Indian Museum, Calcutta
(Vgl. S. 119)

Der Engel Michael mit der Waage des Gerichtes

Rogier van der Weyden, nach 1450
Mitteltafel eines Retabels
„Das Jüngste Gericht“ (Ausschnitt)
Beaune, Hôtel Dieu

Hoffnung, aus Mythos, Sehnsucht und archetypischen Vorstellungen, aus Weisheit und kindlicher Einfalt, aus Traum und Gebet“?[60] – *Darum* muß es jetzt wesentlich gehen. Denn ein religiöser Mythos hat es nicht zu tun mit „Tatsachen“, sondern mit der Bedeutung von Tatsachen, und eben diese Bedeutungen, zugänglich und sinnlich erfahrbar in ewigen Bildern, erschaffen für den suchenden, hoffenden Menschen eine Wirklichkeit in sich, ungleich wahrer als die Welt der äußeren Realität.

d) Ein Christentum, so alt wie die Schöpfung selbst

Man kann die Frage auch anders stellen: von welcher Art ist die Wirklichkeit, die sich *nur* in Bildern aussagen läßt, da sie an der Geschichte zwar erscheinen, in ihr aber nicht begründet werden kann; und: von welcher Art sind die Bilder, in denen allein sich eine göttliche Wahrheit über das menschliche Leben und die menschliche Geschichte mitzuteilen vermag?

Es ist bereits deutlich geworden: Der Satz des Glaubensbekenntnisses: „geboren aus der Jungfrau Maria“, liegt auf einer anderen Ebene der Wirklichkeit als der Satz: „Die Steuereintragung ... fand statt, als Quirinius Statthalter Syriens war“ (Lk 2,2). Der Unterschied zwischen beiden Ebenen ist derselbe wie der Unterschied zwischen Schöpfer und Geschöpf, zwischen Gott und Mensch. „Am Anfang schuf Gott Himmel und Erde“ (Gen 1,1) ist ein Satz, der den metaphysischen Grund der Welt bezeichnen und den Sinn der Existenz des Menschen (und, abgeleitet davon, aller Dinge) beschreiben will; der Satz: „Vor ca. 16–20 Mrd. Jahren entstand bei Temperaturen von mehr als 10^{32} Grad und Energiezuständen von 10^{19} GeV die Materie des Universums“[61] versucht, die kausalen Beziehungen des Weltgeschehens bis zu einem nicht weiter begründbaren Ursprung von Raum und Zeit zurückzuverfolgen. Beide Sätze beziehen sich auf die Existenz der Welt, aber sie meinen zwei ganz verschiedene Bereiche der Wirklichkeit: *warum* etwas ist, stellt die Frage einer logisch anderen Ordnung dar als die Frage, weshalb oder *wozu* etwas existiert. Auf die eine Frage antwortet die Naturwissenschaft (bzw. in weitestem Sinne die Geschichtswissenschaft), auf die andere Frage kann nur die Religion antworten, und sie tut es vornehmlich in der Sprache symbolischer Bilder, in der Erzählform der Mythen.

Von altersher stellen die Mythen einen Versuch dar, die hintergründige, den Sinnen verborgene Wirklichkeit der sinnlich erfahrbaren Welt symbolisch zur Sprache zu bringen. Anders als die Philosophie etwa der Griechen und der Inder, abstrahieren sie nicht von der Ebene sinnlicher Erfahrung, sondern sie verwandeln die Welt der Sinne in Sinnbilder des Unsichtbaren. Für die Mythen ist die Welt nicht etwas, das man gedanklich verlassen könnte, um wie von außerhalb mit den Augen des Geistes das reine, ungebrochene Licht des Göttlichen in farblosem Weiß zu erblicken, vielmehr wird in der Weltsicht der Mythen der gesamte Weltinnenraum wie das Innere einer Kathedrale empfunden, deren Wände sich in ihren hohen Fenstern zur Sonne hin öffnen. Gerade der Bilderreichtum der Mythen dient dem Zweck, die Wände der Welt „dünn" und lichtdurchlässig zu machen; das Licht selbst aber, das auf diese Weise durch die „Fenster" nach innen bricht, wird nicht als solches sichtbar, sondern es kann allein im Widerschein all der Gestalten aufleuchten, die beim Durchfluten des Buntglases mehr oder weniger deutlich in Erscheinung treten. Man muß, um den Vergleich abzurunden, noch hinzufügen, daß im Umlauf der Zeit, je nach dem Stand der Sonne, einzelne Bildgruppen überhell, andere wie verdeckt erscheinen können und daß die Bedeutung zahlreicher Bilder auch beim genauesten Hinsehen nur undeutlich zu erkennen ist. Ähnlich können bestimmte Bilder in den Mythen, je nach den Zeitumständen, mit unterschiedlicher Beleuchtungsstärke wahrgenommen werden und in einen unterschiedlichen Kontext symbolischer Bedeutungen eintreten; immer aber bleiben sie die Stellen, an denen schon auf Erden ein Stück Himmel sichtbar wird. Das Wesen der Religion besteht in diesem Vermögen und diesem Verfahren, Vorgänge und Gegenstände der realen Welt aus der Enge des Irdischen herauszulösen und in Symbole des Unendlichen zu verwandeln[62].

Näher betrachtet, zeigt sich, daß man solche „Fenster" nicht an jeder beliebigen Stelle der „Wände" anbringen kann, ohne die Architektur des „Raumes" zu verletzen und die Gesetze von Statik und Ästhetik durcheinanderzubringen; auch die „Bilder" in den Fenstern selbst müssen als Teile der „Raumeinrichtung" und entsprechend der zeitbedingten Stellung des Lichteinfalls hingenommen werden. Die mythischen Symbole, m. a. W., bestehen im wesentlichen aus vorgegebenen *(archetypischen)* Szenen und Themengruppen, die man nicht willkürlich verschieben kann, ohne den Lebensrhythmus aus dem Gleichgewicht zu bringen. Derartige vorgegebene Themenschwerpunkte des Lebens werden naturgemäß von den intensivsten Erfahrungsaugenblicken gebildet, wie Geburt, Reifung, Liebe, Tod, Gefahr, Rettung, Schuld, Versöhnung u. a. m.[63], und insbesondere sind es dabei *biologische* Vorgänge, wie Zeugung, Empfängnis, Mutterschaft, Kindschaft, Verwandtschaft und Nachkommenschaft, die im Mythos als symbolische Vorbilder der Weltdeutung und Welterklärung herangezogen werden. Was in der Sprache der Philosophie z. B. als *Abfolge von Ursache und Wirkung* erscheinen mag, stellt sich *in der Sprache des Mythos* gern *als Abfolge von Geschlechtern* dar, und was in philosophischer Diktion als Geflecht von Voraussetzung, Bedingung und Anlaß bezeichnet wird, kann in mythischer Schilderung bevorzugt als Zusammengehörigkeit nach Verwandtschaftsgraden beschrieben werden.

Für die Auslegung mythischer Erzählungen ergibt sich aus dieser einfachen Feststellung eine sehr wichtige Folgerung, die in der Bibelauslegung historisch-kritischer Provenienz immer noch geradezu sträflich mißachtet wird. Es zeigt sich nämlich, daß vor allem *die mythischen Genealogien und Kindheitsgeschichten* nicht als phantastische Biographien, sondern als *symbolische Wesensbeschreibungen* gelesen werden müssen[64]; was in Geschichten dieser Art von der „Kindheit" einer Person erzählt wird, enthält nicht gewisse Reminiszenzen an ihre Jugend, sondern liefert in Wahrheit ein

Portrait ihrer geistigen Einstellung und existentiellen Verwurzelung[65]. Insofern muß man die biologische (oder naturhafte) Ebene der mythischen Darstellung selbst als Symbol betrachten und darf sie so wenig als das Eigentliche mißverstehen, wie man etwa die mythischen Beschreibungen des Schicksals von Sonne und Mond als bloße Naturbeschreibungen lesen darf. Gewiß weiß der Mythos allenfalls implizit um die ganze Spannweite seiner symbolischen Bezüge; für den Glaubenden besitzt er eine eigentümliche Evidenz, die an sich keiner weiteren Reflexion und Interpretation bedarf, um verständlich und faszinierend zu sein. Gleichwohl besteht für uns Heutige kein direkter Zugang mehr zu den Sprech- und Denkweisen mythischer Erzählungen: wo immer wir vermeinen, sie „wörtlich" zu nehmen, mißverstehen wir sie, und wo immer wir sie „symbolisch" zu lesen versuchen, geraten wir in Gefahr, den Ernst ihres Anspruchs und die Unbedingtheit ihrer Geltung ins Ästhetisch-Beliebige zu verflachen[66]. Dennoch ist eine korrekte Übersetzung der naturhaften, vorwiegend an biologischen Modellen und psychologischen Motivationen orientierten Sprechweise des Mythos im Grunde nicht schwerer, als beispielsweise zu begreifen, daß ein „adliger" oder ein „königlicher" Mensch nicht, wie in vergangenen Jahrhunderten, durch seine *biologische* Abkunft bestimmt wird, sondern daß „Königtum" und „Adel" selbst „nur" Chiffren menschlicher Gesinnung und Gesittung darstellen. Stets müssen wir die mythische „Biologie" (oder „Soziologie") als Wesensausdruck eigener Möglichkeiten deuten und uns dabei gegenwärtig halten, daß die Mythen niemals über etwas Fremdes oder Entlegenes, sondern im Grunde stets *von unserem eigenen Dasein* sprechen, *soweit es sich dem Göttlichen erschließt. Beide* Seiten, die anthropologische wie die theologische, gilt es dabei deutlich zu machen.

Wenn wir die Symbolsprache des Mythos als Fenster zur Unendlichkeit verstehen, so können wir, den immanenten, selbstaussagenden Anteil des Mythos betonend, in Erinnerung an HÄNDELS *„Messias"* auch sagen, der Mythos sei so etwas wie ein Gesang der Seele im Morgenlicht. So hat vor Jahren schon WALTER FRIEDRICH OTTO, eigentlich im Erbe *Friedrich Nietzsches*[67], auf *die Analogie zwischen Mythos und Musik* hingewiesen, wobei er besonders die Musikalität der Kreatur, die Urmusik im Leben jedes Tieres, zum Vergleich heranzog. „... beim Gesang der Tiere", meinte OTTO, „ist es in vielen Fällen unverkennbar, daß er sich selbst genug ist, keinem Zweck dienen, keinerlei Wirkung hervorbringen will. Solche Lieder hat man treffend als Selbstdarstellungen bezeichnet. Sie entspringen der ureigenen Notwendigkeit des Geschöpfes, seinem Wesen Ausdruck zu geben. Aber die Selbstdarstellung fordert ein Gegenwärtiges, für das sie geschieht. Dieses Gegenwärtige ist die Umwelt. Kein Wesen steht für sich allein da, alle sind in der Welt, und das heißt, ein jeder in seiner Welt. Das singende Geschöpf stellt sich also in seiner Welt und für sie dar. Indem sie sich darstellt, wird es ihrer gewahr und froh, ruft sie auf und nimmt sie freudig in Anspruch. So steigt die Lerche in der Luftsäule, die ihre Welt ist, zu schwindelnder Höhe empor und singt, ohne anderen Zweck, das Lied von sich und der Welt. Die Sprache des eigenen Seins ist zugleich die Sprache der Weltwirklichkeit. In dem Lied tönt ein lebendiges Wissen.

Der musizierende Mensch hat zweifellos eine viel weitere und reichere Umwelt. Aber das Phänomen ist im Grunde dasselbe. Auch er muß in Tönen sich selbst aussprechen, ohne Zweck und ob er von anderen gehört wird oder nicht. Aber Selbstdarstellung und Weltoffenbarung sind auch hier ein und dasselbe. Indem er sich selbst darstellt, kommt die Wirklichkeit des umfangenden Seins in seinen Tönen zur Sprache."[68]
Wenn ein Mensch sich selber zum Gesang wird, wenn er in orphischem Erleben[69] einschwingt in den Gesang der Welt bzw. die Musik der Welt ihn wie eine Woge durchflutet und ins Grenzenlose emporhebt, entsteht der Mythos, stets als Einheit von Musik, Gestalt und heiliger Gebärde. Einen Mythos zu verstehen bedeutet demnach die Gegensätze aufzuheben, die für das rationale Denken zwischen Subjekt und Objekt[70], zwischen Bewußtsein und Welt, zwischen Immanenz und Transzendenz errichtet werden. Es geht dem Mythos, erneut im Unterschied zum philosophischen Denken, gerade nicht um eine distanzierte Beurteilung von „Gegenständen" – der Mythos entsteht aus und besteht in einer äußersten Steigerung lebendiger Erfahrungen, einer höchsten Intensität des Gefühls und der Vorstellung, einer inneren Ergriffenheit, in der das Wesen des Menschen sich selbst zu seinem Ursprung hin zur Offenbarung wird.
Also sind die mythischen Bilder doch „nur" „rein subjektiv"?
Dieser Einwand wird immer wieder geltend gemacht, wenn jemand zentrale Texte der christlichen Glaubensüberlieferung als „mythisch" bezeichnet. Darauf ist zu antworten: Gewiß sind die Bilder der Mythen „subjektiv", aber sie sind deswegen keinesfalls willkürlich oder unwirklich. Ein verhängnisvoller Irrtum des neuzeitlichen Bewußtseins bestand und besteht darin, allein die Verstandestätigkeit für „objektiv" und „wahr" zu halten, weil sie – jedenfalls bei rechtem Gebrauch – nach den Gesetzen der Vernunft geregelt sei. Man bedenkt bei dieser Einstellung offenbar nicht genügend, daß auch die Kategorien des Verstandes und die Ideen der Vernunft im strengen Sinne *subjektiv* sind: immer sind wir Menschen es, die denken, und immer sind es *unsere* Sinne, die uns zur Wirklichkeit der Welt Zugang verschaffen[71]; vor allem aber ist es nur der Ausdruck einer extremen Bewußtseinseinseitigkeit und eines gewissen Verstandeshochmuts, zu unterstellen, daß alles Nicht-Gedachte, Unbewußte, weil „unvernünftig", auch schon dem freien Belieben unterworfen sei. Die religiöse Größe des Mythos liegt gerade darin, daß seine Bilder von einer unbedingten Verbindlichkeit sind – sie bedeuten gerade das Gegenteil von Beliebigkeit und Wunschdenken[72].
Vielleicht muß man, um die *psychische Verbindlichkeit* von Träumen und Mythen zu verstehen, im individuellen Erleben gesehen haben, wieviel an Angst und Widerstand sich regen kann, ehe jemand, z. B. im Verlauf einer analytischen Psychotherapie, es lernt, auf die Bilder seiner Träume zu hören oder sich in ihnen ein Stück weit wiederzuerkennen. Noch viel mehr aber gilt eine solche Erfahrung der Nichtbeliebigkeit bezüglich der Großen Träume und archetypischen Bilder, von denen die Mythen in den Religionen der Völker erzählen. Es ist die wohl wichtigste Einsicht der Psychoanalyse, daß die Bilder des Unbewußten gerade keine subjektiven Phantastereien darstel-

len, sondern objektiv vorgegebene Wahrheiten ausdrücken, die buchstäblich über Glück und Unglück, Heil und Unheil, Tod und Leben entscheiden. Zu Recht meint K. Hübner: „Die psychoanalytische Deutung des Mythos verlieh diesem ein neues und bisher unbekanntes Schwergewicht. Zwar beschränkte auch sie ihn auf den Umkreis des nur Subjektiven, aber indem sie ihn als eine lebenswichtige Form seelischer Entlastung versteht und glaubt, dies mit wissenschaftlichen Methoden aus den Gesetzen des Seelenlebens ableiten zu können, erhält er für sie die Bedeutung von etwas schlechthin *Notwendigem*. Die verlorengegangene objektive Verbindlichkeit des Mythos wird so durch seine subjektive Zwangsläufigkeit ersetzt. Selbst wenn man ihn ... für eine *unvermeidliche* Kinderkrankheit der Sprache oder eine *unvermeidliche* Übergangsstufe der primitiven Menschheit gehalten hat, so wurde ihm damit doch nur eine geschichtlich begrenzte Rolle zugewiesen. In psychoanalytischer Sicht dagegen reicht der Mythos in die tiefsten Wurzeln des Seelenlebens hinab und bestimmt dessen Wesen ... für alle Zeiten."[73]

Die Tiefenpsychologie löst auf diese Weise ein Problem, das in der historisch-kritischen Methode der Bibelauslegung niemals zu überwinden ist: sie zeigt auf, daß die (archetypischen) Vorstellungen der Mythen nicht nur kulturgeschichtlich notwendig *waren*, sondern daß sie menschheitlich notwendig sind, und zugleich erschließt sie die Bedeutung der entsprechenden Bilder in einer Weise, die ihrer Aktualität und Verbindlichkeit für das gegenwärtige Erleben allererst gerecht wird. Eben deshalb ist es für die Theologie *wesentlich*, sich selber in ihrer dogmatischen Verstandeseinseitigkeit und in der Selbstberuhigtheit ihres historischen Positivismus angesichts der Einsichten der Psychoanalyse zu korrigieren und neu zu definieren.

Allerdings ist es an dieser Stelle auch umgekehrt für die psychoanalytische Betrachtung unerläßlich, sich von seiten der Theologie ergänzen und vertiefen zu lassen, wenn sie selbst nicht in eine andere Form von Positivismus verfallen will. Genauso wie gegenüber der menschlichen Verstandestätigkeit, kann man auch gegenüber dem Ensemble archetypischer Vorstellungen in den Tiefenschichten der menschlichen Psyche geltend machen, daß es sich hier um rein menschliche Anschauungen handle, die möglicherweise *für den Menschen* eine innere Berechtigung und Überzeugungskraft besäßen, aber nichtsdestoweniger (in transzendentalem Sinne) subjektiv und relativ blieben; wäre der Gang der Evolution zufällig auch nur ein weniges anders verlaufen, so hätten sich – entgegen der Meinung *Galileis* bei Bert Brecht[74] – ganz andere psychische Strukturen und intellektuelle Fähigkeiten des Menschen ergeben, als sie uns heute vorliegen, und die Welt erschiene uns erheblich anders gefügt und begründet. Dies zugestanden, ergibt sich unter anderen Voraussetzungen auch bzgl. der Gültigkeit und dem Wahrheitswert archetypischer Symbole dieselbe Frage, die bereits René Descartes sich stellte, als er darüber nachdachte, wieviel an Wahrheit und Objektivität er dem menschlichen Erkenntnisvermögen zusprechen könnte[75]; er sah schließlich keinen anderen Weg, als vorauszusetzen, daß ein gütiger Gott, kein Dämon, den Menschen gemacht habe und *infolgedessen* der Glaube nicht grundlos sei, wir vermöchten mit Hilfe unserer Sinneswahrnehmungen und der Strukturen unseres Denkens etwas Wahres zu erkennen[76]. Auch von den archetypischen Bildern in den Tiefenschichten der menschlichen Psyche werden wir in dieser Weise denken müssen: Sie sind durch und durch das Ergebnis der Evolution auf diesem unserem Planeten, und sie sind durch und durch menschliche Vorstellungen, die mit dem Dasein Gottes, wie es an sich selbst beschaffen ist, von sich aus nichts zu tun haben; und dennoch müssen und dürfen wir diesen Bildern gerade infolge ihrer Menschlichkeit zutrauen, daß in ihnen etwas Wahres von Gott sichtbar wird, ja, daß es theologisch berechtigt ist zu sagen, *Gott* habe uns gerade diese Bilder mit auf den Weg gegeben, damit wir uns in dieser Welt zurechtfinden können und den Weg zurück zu unserer ewigen Heimat nicht aus den Augen verlieren. – Natürlich handelt es sich, wie leicht zu erkennen, bei dieser Argumentation um einen theologischen Zirkelschluß: wir glauben, daß Gott gütig ist, weil er uns Bilder in die Seele gelegt hat, die zeigen, daß Gott gütig ist, und umgekehrt: die Vorstellungen eines väterlichen (oder mütterlichen) Gottes – Vorstellungen, die ohne den evolutiven Hintergrund warmblütiger Säugetiere überhaupt nicht entstehen könnten – ermöglichen uns ein gewisses Vertrauen in die „Richtigkeit" unserer seelischen „Apparatur": wir sind mit unseren Sehnsüchten, Hoffnungen und glaubenden Gewißheiten nicht bloße Irrläufer der Natur. Insofern darf und muß man auch und gerade die archetypischen Bilder der Mythen theologisch als *objektiv* im Sinne von vorgegeben, verbindlich und nicht-willkürlich betrachten.

„Kann man den Mythen glauben?"

Diese Frage ist jetzt rundum zu bejahen.

Wenn etwa in den Überlieferungen der Völker immer wieder *von jungfräulichen Geburten und Gottessöhnen* berichtet wird, die aus dem Himmel zur Welt kommen, um den Menschen Heil und Frieden zu bringen, so wird man sagen müssen, daß in dieser Vision etwas Wahres über den Menschen und über Gott mitgeteilt wird, das *nur* in solch paradoxen Bildern mitgeteilt werden kann, und alles hängt mithin davon ab, den konkreten Sinn der entsprechenden Bilder in sich selbst so genau wie möglich zu verstehen.

Zugleich muß damit auch *das Verhältnis des Christentums zu den heidnischen Religionen und zur Geschichte* insgesamt anders bestimmt werden, als es für gewöhnlich geschieht. Man wird nicht länger sagen können, das Glaubenssymbol z. B. von der jungfräulichen Geburt des göttlichen Erlösers sei in Christus *begründet* worden; man muß vielmehr sagen, daß gerade die Symbole des Glaubens, inklusive des christlichen Bekenntnisses, so alt sind wie die Schöpfung des Menschen, ja, in gewissem Sinne wie die Schöpfung der Welt überhaupt – in *diesem* Punkte hatten die englischen Deisten des 18. Jahrhunderts allem Anschein nach recht[77]. Wenn etwas Göttliches sich im menschlichen Leben mitteilen soll, so müssen zu diesem Zweck nicht erst ganz neue Fenster in die Wand des Kirchenraumes der Welt geschlagen werden; es genügt, daß der Strahl der Sonne in neuem Glanz durch ein bestimmtes Fenster hereinströmt, und es wäre eine zu naive Vorstellung, zu denken, die „Fenster" existierten überhaupt erst

seit dem Zeitpunkt, da sie für unser Auge neu sichtbar wurden. Was in der geschichtlichen Offenbarung Gottes durch Christus *neu* begründet wird, darf mithin nicht auf der Ebene der Glaubenssymbole selbst gesucht werden; diese Bilder liegen vielmehr in jedem Menschen und finden ihren Ausdruck mehr oder minder in jeder nicht völlig bilderlosen Religion. Wohl aber können und müssen wir uns fragen, welch ein Gebrauch, welch eine Sinnbedeutung, welch eine Perspektive sich mit dem Lichtstrahl verbindet, der in der christlichen Religion z.B. durch das Bild der jungfräulichen Geburt des göttlichen Erlöserkindes in die Seele des Menschen hineinfällt; auf der Ebene der „Beleuchtung", nicht auf der Ebene der Gestalt ergeben sich die historisch bedingten Unterschiede zwischen den verschiedenen Religionen.
Nur aus einer solchen Begegnung von Menschheitlichem, Archetypischem, Urewigem einerseits und Individuellem, Historischem, prinzipiell Neuem andererseits kann dieser spannungsreiche Gegensatz entstehen, den das Christentum mit den Worten aussagt, es sei das ewige Wort Gottes eingetreten in die Zeit; in Bethlehem im Lande Juda, zur Zeit des Quirinius, sei Gottes Sohn aus einer Jungfrau zur Welt geboren worden. Wenn wir erfahren wollen, was eine solche Aussage bedeutet, dürfen wir sie nach dem Gesagten nicht in der äußeren Geschichte suchen, sondern wir müssen die Bilder der Religionsgeschichte selber in ihrem gültigen Sinn zu erschließen uns bemühen. Mit Einschränkung richtig sagt Othmar Keel: „Das Neue Testament hat – ohne es zu wissen (sic!, d. V.) – das Jahrtausende alte Reden der Völker vom wahren König als Ausdruck der Sehnsucht nach Christus interpretiert." „Das Neue Testament hat die altorientalischen Königsvorstellungen durch die Vermittlung der Königspsalmen mit allen ihren Titeln und Ansprüchen auf Jesus übertragen. Nach neutestamentlichem Glauben ist Jesus allein ihren gewaltigen Dimensionen gerecht geworden. Er allein ist *der* Sohn. Er allein hat alles Chaotische überwunden. Nur für die Heraufkunft *seines* Reiches kann man so bedingungslos beten, wie es die Königspsalmen tun."[78] Was aber bedeuten dann die alten Bilder in sich selbst, mit denen die Bibel den Erlöser beschreibt? Um zu verstehen, wer Christus ist und was die Geburtsgeschichten der Evangelien über ihn sagen wollen, müssen wir uns im folgenden so konkret wie möglich in die (archetypischen) Bilder der alten Mythologie von der jungfräulichen Geburt königlicher Menschen und von dem Geheimnis der Gottessohnschaft des Erlösers vertiefen. Zu diesem Zweck gilt es zunächst, den alten Mythos selbst zu referieren, zu rekonstruieren und zu meditieren, der sich in unterschiedlicher Weise vor allem in der Szene der Verkündigung vor Maria (Lk 1, 26–38) und in der Szene auf dem Hirtenfeld bei Bethlehem ausspricht (Lk 2, 1–20).

1. „Sie erwachte vom Dufte Gottes" oder Der ägyptische Mythos von der Geburt des Pharao und die Szene der Verkündigung (Lk 1,26–38)

Das Paradox besteht und ist nicht aus der Welt zu schaffen: um den entscheidenden Inhalt des christlichen Bekenntnisses zu verstehen, muß man nach *Ägypten* gehen. Daß Jesus Christus Gottes Sohn ist – wahrer Mensch und wahrer Gott[1] – stellt, wie wir gesehen haben, eine Überzeugung dar, die aus keinem Text des Judentums gewonnen werden kann; was dort Messiaskönig, Davidssohn, Gottesknecht u. a. heißen mag[2], bezeichnet eine „Gottessohnschaft", die in sich selber nur verblaßt noch an jene Vorstellungen erinnert, mit der im Alten Orient die Gottkönige umkleidet waren. Der eigentliche Entstehungsort dieser mythischen Denkweise aber ist das Alte Ägypten. Gewiß, es gab auch in der hellenistischen Umwelt, in der das Christentum groß wurde, die Vorstellung, man könne eigentlich alle großen Persönlichkeiten: Philosophen wie PLATON oder PYTHAGORAS[3], Staatsmänner wie ALEXANDER den Großen[4] und AUGUSTUS[5], Wundertäter wie EMPEDOKLES[6] und ASKLEPIOS[7], Staatsgründer wie ROMULUS[8] u. a. m. – als *Gottessöhne* bezeichnen. Aber auch ALEXANDER der Große mußte erst nach Ägypten gehen, um als Gott empfangen zu werden[9], und selbst PLUTARCH noch referiert bei der Beschreibung des etruskischen Priesterkönigs NUMA die Anschauung der *Ägypter* als „so uneben nicht, ... daß der Geist Gottes mit einem Weibe Gemeinschaft haben und Lebenskeime in ihr zeugen könne, daß hingegen eine jede körperliche Verbindung Gottes mit einem Manne ganz unmöglich sei."[10] Die hellenistische Art, von „Gottessöhnen" zu sprechen, ist selber deutlich eine abgeleitete vulgarisierte Spätform altägyptischer Anschauungen, und sie besitzt dort niemals den Absolutheitsanspruch, die kosmische Größe, die alle Wirklichkeit verdichtende Konzentration, die sich im Christentum mit dem Begriff des Gottessohns (wieder!) verbindet.

Um den Sinnreichtum des Bekenntnisses der Gottessohnschaft in seinem Ursprung zu verstehen und um zugleich damit die zentralen Bilder der Kindheitsgeschichte Jesu in ihrer Bedeutung zu erfassen, müssen wir mithin den Spuren folgen, die uns das Volk der *Alten Ägypter* hinterlassen hat, indem es zum ersten Mal in der Geschichtsschreibung einer Hochkultur die Gottessohnschaft eines Menschen glaubte. Wenn es irgend religionsgeschichtlich eine Vorbereitung der christlichen Lehren gab, so wuchs sie, parallel zum bilderlosen Monotheismus Israels, in der Bilderverzücktheit der Jahrtausende währenden Kultur am Nil. Dort, bei den Kopten, nicht in Palästina, war es, daß das frühe Christentum wie widerstandslos aufgenommen, ja, wie sehnsüchtig empfangen wurde; einzig die Kirche Ägyptens, von Restgruppen abgesehen, überdauerte unter allen Ländern der alten Welt mehr als 1000 Jahre islamischer Oberherrschaft; und gerade dem Einfluß Alexandriens und den großen ägyptischen Kirchenvätern wie ATHANASIUS[11] und CYRILL[12], mitsamt dem ägyptischen Mönchtum[13] verdanken wir die entscheidenden frühkirchlichen Dogmen über die Natur des Gottessohnes und die Stellung der Gottesmutter. G. W. F. HEGEL glaubte in seiner Geschichtsphilosophie[14] und religionsgeschichtlichen Ideenentfaltung[15], das Christentum habe entstehen müssen aus der Verbindung von Rom und Judäa: Rom als das Prinzip der Zweckmäßigkeit, in dem der Anspruch des Individuellen mit dem Allgemeinen allein in der Abstraktheit des Rechts verbunden gewesen sei, habe nur durch die jüdische Religion mit dem Gedanken der Personalität und Individualität des Göttlichen von den Widersprüchen zwischen dem bereits gefundenen Begriff der Freiheit und der noch bestehenden Willkür der Wirklichkeit erlöst werden können. Wie aber, wenn CAESAR und KLEOPATRA im Grunde recht gehabt hätten, als sie meinten, es bedürfe der Weisheit und Schönheit Ägyptens, um die Macht und die Ordnung des Römischen Reiches mit Seele und Leben zu erfüllen?[16] Und wie, wenn erst die Synthese zwischen der prophetischen Klarheit des israelitischen Gottglaubens und der religiösen Poesie des Alten Ägyptens eine Gestalt der Menschlichkeit hätte hervorbringen können, an der das Prinzip Roms[17] in der Unversöhntheit seines Machtanspruchs notwendig scheitern mußte?

a) Das Sakrament der Welt

Wer den Boden des Alten Ägyptens betritt, trifft dort auf eine Religion, die nicht „dogmatisch", sondern kultisch denkt[18]. Obwohl es die ägyptischen Hieroglyphen waren, die uns, vermittelt durch die Phönizier[19], die Kunst des Schreibens lehrten, war doch die Religion der Ägypter keine Buchreligion; ihre Mysterien wurden nicht aufgeschrieben, sondern aufgeführt, nicht erzählt, sondern erlebt, nicht gelehrt, sondern gefeiert. Indem wir den christlichen Glauben an die Gottessohnschaft Jesu zunächst in einem Buch bezeugt finden, stehen wir daher von vornherein in der Gefahr, den eigentlich kultischen bzw. sakramentalen Hintergrund der Gottessohnschaft aus den Augen zu verlieren und damit vor eine Reihe unlösbarer Verstehensprobleme gestellt zu werden. In Wahrheit bedeutet die Gottessohnschaft *das Wunder einer Wandlung*, ganz analog dem Wunder der Wandlung in der christlichen Abendmahlsfeier. Oft hat man dogmatisch darauf hingewiesen, daß alle Sakramente der Kirche ihren Grund in der Menschwerdung Gottes besäßen[20] und daß insbesondere in dem Geheimnis der Eucharistie sich das Wunder der Inkarnation fortsetze[21]. Solche Lehren sind theologisch wohlbegründbar; aber wer die Menschwerdung Gottes zu dem „Ursakrament" erklärt[22], der könnte und sollte eigentlich noch viel mehr sagen, daß die „Menschwerdung" selbst sich wesentlich überhaupt nicht anders verstehen läßt als nach der Art und im Erfahrungsraum eines wesentlich sakramentalen, rituellen Geschehens. In der Tat ist dies der Punkt, den wir mit großem Nachdruck als erstes und wichtigstes von den alten Ägyptern zu lernen haben, um uns als Christen selber zu verstehen.

Wer heute von Ritual und Sakrament spricht, erzeugt, ob er will oder nicht, augenblicklich ein Gefühl verfeierlichter Langeweile, und das gleiche gilt – konsequenterweise! – inzwischen auch für die Lehrformeln der Gottessohnschaft Christi. Dogmatisch von absolutem Rang, sind diese Aussagen in ein Feld des ebenso Unbegreifbaren wie Unangreifbaren abgewandert; es handelt sich um Formeln, die nicht mehr bestimmte Erfahrungen vermitteln und deuten möchten, sondern die nurmehr eine verbale Übereinstimmung des christlichen Bekenntnisses sicherstellen möchten. Was aber wissen wir noch von einer Weltsicht, wie sie den Worten nach das Ziel des Christentums sein sollte: eine durch und durch sakramentale Weltauslegung, in der jedes Ding, von den Gestirnen des Tages und der Nacht bis hin zur Lotosblume und zum Skarabäus, als Erscheinungsort des Göttlichen gefühlt, geschaut, geheiligt werden konnte?[23] In dem Glauben, eine solche Einstellung gegenüber der Welt sei allererst durch das Christentum begründet worden, ist uns die „Heiligung der Welt" zu einer (unerfüllbaren) „Aufgabe" und „Pflicht" geronnen – die objektive Heiligkeit der Welt ist nicht Teil unserer Erfahrung. Und so scheitern wir aufgrund falsch gestellter Voraussetzungen notwendig an den Zielen, die wir selber uns gesetzt haben. Die Verwandlung der Welt zu einer Kathedrale des Göttlichen ist nicht das Ergebnis menschlichen Glaubens, sie ist es allein, in deren Kraft der Glaube an die Geburt eines Gottessohnes allererst heranzuwachsen vermochte.

Vermutlich trifft PLUTARCHS Zitat vollkommen zu, und es ist allein den Frauen vergönnt, daß der Geist Gottes sie leibhaft berührt. Szenen wie die einer jungfräulichen Empfängnis entstammen wohl noch einer matriarchalischen Welt, in der die Große Göttin keines Mannes bedurfte, um aus sich selber Fruchtbarkeit und Leben zu erwekken[24]. Wesentlich müßten daher Frauen dazu berufen sein (und werden!), in einer Art natürlichen Priestertums Texte dieser Art verbindlich auszulegen. Eine sakramentale (im christlichen Sinne: eucharistische) Weltsicht läuft auf den Versuch hinaus, all die Komponenten zu sammeln und zu verdichten, die das Leben eines Menschen ermöglichen, fördern und entfalten, eine Welt, wie sie in der Bibel einzig in der Paradiesesgeschichte (Gen 2,4b–25) beschrieben wird[25]. Es ist die Welt GAUGUINS jenseits der Zerwürfnisse der Angst, jenseits der seelischen Zerrissenheit zwischen Geist und Sinnlichkeit, jenseits der unverhohlenen Konkurrenzkämpfe um Geltung und Erfolg, die im patriarchalischen Welterleben vorherrschend geworden sind[26].

Es gibt solche matriarchalischen Augenblicke, da wir wie Kinder, als wären wir soeben erst zur Welt gekommen, am liebsten alle Dinge zärtlich streicheln würden: die Gräser und die Bäume, die Wellen und die Wolken, die Amsel und das Pfauenauge – allem ringsum möchten wir von Herzen dafür danken, daß es existiert. So deutlich spüren wir, wie wenig selbstverständlich, ja, wie völlig überraschend, unwahrscheinlich und ganz wunderbar all das ist, was wir sonst nur wie „gewohnt" und „alltäglich" erleben. Gerade so aber ist diese „mütterliche" Weltsicht, der wir in den Bildern der altägyptischen Religion wie in einem ewigen Festtagszyklus begegnen. Abend für Abend, wenn die Welt im Dunkel versank und der altgewordene, tagmüde Gott Atum die Barke der Sonne dem Westen zulenkte, schien in den Augen der frommen Ägypter die Himmelsgöttin Nut, im Gewande der sternübersäten afrikanischen Nacht, sich über die Erde zu wölben, um wie seit Urzeittagen den geliebten Gott Geb in die Arme zu schließen[27]; die Gluthitze des Tages wich wohltuender Kühle, und alle Welt schien auszuruhen, während an den zwölf Pforten der Unterwelt die Sonne machtvoll die Macht der großen Apophis-Schlange, der Verkörperung des Nichtseins im Untergrund aller Dinge[28], überwand[29]. Ein jeder Morgen galt dem Ägypter als ein strahlender Sieg des Lichts über die Finsternis[30], ein jeder Morgen war ihm ein ebensolches Wunder wie der Schöpfungsanfang selbst[31], und das Herz jedes fühlenden Wesens erhob sich in seinen Augen betend zum Himmel, wenn die Strahlen der Sonne die Götterbilder der Tempel mit dem Anch-Kreuz des Lebens begabten[32]. War nicht das Gelärm der Paviane in den Morgenstunden an den Osthügeln Alt-Kairos ein solcher Hymnus der Dankbarkeit?[33] Und waren diese verspielten Kinder des Mondes und der Nacht[34] nicht selbst seit altersher geheimniskundig in den Mysterien des Übergangs von Dunkel zu Helligkeit in dem Wunder der wechselnden Mondphasen sowie des Übergangs auch von Gedanke zu Gestalt in den geheimnisvollen Zeichen der Schrift?[35]

Recht eigentlich waren die Hieroglyphen gerade das, was wir als *„Sakrament"* verstehen: ein Ding der Welt konnte im Munde des Menschen zum Zeichen werden und als Symbol, als gesprochenes Wort, sich mit Geist beleben. Deshalb bedeckten die Alten Ägypter all ihre Statuen mit heiligen Zeichen, denn die Schrift war ihnen der Leib der Gedanken, und die Gedanken wiederum wurden ihnen zur Seele der Zeichen. Alles aber kam darauf an, ausnahmslos in den Dingen der Welt Bildworte und Wortbilder für das Geheimnis des Göttlichen wahrzunehmen und umgekehrt in Gott das Urbild alles Geschaffenen zu erkennen. Vor allem natürlich galt diese symbolische Eröffnetheit der Welt für *das Mysterium der Sonne.* Zu ihr, der Dreifaltigen, allein betete der Ägypter:

> „Gegrüßt seiest du, RE, Großer Gott,
> Umlaufender, der nicht ermüdet!
> Herr des Himmels, Ältester im Lichtland,
> unterägyptischer König auf Erden und in der Unterwelt.
>
> Kind am Morgen,
> Löwe am Abend,
> Chepre mit vielen Erscheinungsformen!
> Sonne am Tage,
> Mond („Pfeilerhafter") bei Nacht,
> es gibt nichts, was er nicht kennt, in jedem Augenblick.

Dir gehört die unendliche Zeit und die unwandelbare Dauer,
Leben und Tod sind dein Ebenbild.
Schönen Angesichts, groß an Beliebtheit,
Horizontischer, Herr des Ostbergs!

Du bist die große Macht vollkommen an Geburt,
der Gnädige, reich an Wunderzeichen, stark an Taten.
Deine beiden Augen erleuchten die Gesichter,
deine Haut ist es, die uns erschafft (?).
Deine Strahlen haben das Verborgene aufgetan,
dein Gluthauch hat die Finsternis zu Fall gebracht.

...
Deine Farbe (strahlt) zur Erde,
eingraviert in die Leiber,
dein Tau vertreibt das Leiden.
Geh nicht unter, höre nicht auf mit deinen Erscheinungsformen!
Du bist der große ‚Ba' (die Seele, d. V.), der lebt für
unwandelbare Dauer.

Komm doch in Frieden, daß ich deine Schönheit anbete,
daß ich deiner Majestät Meldung erstatte von meinem Wunsch!
Mögest du meinen Leib ... beglänzen, mein Begräbnis erleuchten,
möge mein Fleisch erstarken wegen der Einwirkung (?) deines Fleischs,
mögest du mir die Höhlen des Totenreichs auftun
und mir die Türen der Unterwelt öffnen,
daß ich aus- und eingehe weiten Herzens
und mich niederlasse an dem Ort, den ich will."[36]

In dem Lichtglanz der dreifaltigen Sonne erfuhren die Ägypter die ewige Schönheit des Daseins, den Segen der Welt, die Zusammengehörigkeit aller Sphären und Dimensionen des Lebens. Denn was wäre Schönheit, symbolisch gesehen, anderes als das Werk der Sonne: als die Beseligung des Stoffs durch die Beseelung des Lichts! Wenn der Geist aufstrahlt in der Verklärung des Leibes, wenn die Seele sichtbar wird im Glanz des Körpers, wenn die Reinheit des Herzens erstrahlt im Schimmer des Glücks, beginnt die Schönheit die Welt zu verzaubern. Schönheit ist überall dort, wo Seele und Leib miteinander verschmelzen, wo eine Gestalt zurückfindet zur Wahrheit ihres Ursprungs und ihr inneres Wesen für die Sinne sichtbar wird. „Schönheit" in diesem Sinne ist nicht zu trennen vom Erfahrungsraum des Sakramentes; denn diese Macht besitzt die Schönheit: unser Herz eins werden zu lassen mit sich selbst und die Gegensätze zu überwinden, die zwischen Sinnlichkeit und Sittlichkeit, zwischen Natur und Kultur, zwischen Pflicht und Neigung immer wieder unser Leben zerspalten. Allein die Schönheit schenkt die Fähigkeit, die Welt als Einheit zu erfahren, so daß es darin keinen Teil mehr gibt, der wie etwas Gefahrvolles, wie etwas Untermenschliches abgespalten und von der Menschwerdung ausgeschlossen werden müßte. Die göttliche Schönheit der Sonne und die lebenschaffende Poesie des Lichtes in allen Formen des Daseins waren es, die den Ägypter sogar die Angst vor dem Tod überwinden ließen.

b) Der Archetyp des „Engels" und des „göttlichen Kindes"

Einzig im Raum einer solchen *„sakramentalen"* Weltsicht vermag ein Vertrauen zu wachsen, in dem ein *Engel* uns erscheinen kann. Die Frage ist ja nicht, „woher" der Engel Gabriel *literarhistorisch* zur Jungfrau Maria kam, die Frage ist, wie überhaupt ein Engel Worte zu uns sagen kann, die auf den Feldern unseres Lebens Wunder wachsen lassen. Alles, was der Seele eines Menschen Flügel verleiht, alles, was ihn durchströmt mit dem Licht des Himmels, schafft eine Sphäre, in der Engel zu uns reden. Doch eben diese Welt im Innenraum der Seele ist es, von der die Mythen wesentlich sprechen, und man versteht, daß wir so lange nicht an derartige Chiffren glauben können, als uns der Mythos noch als etwas „Heidnisches", (in Christus womöglich) „Überwundenes" zu gelten hat. In Wahrheit ist die Erscheinung des Engels eine Möglichkeit, die in jedem Menschen liegt, und stets sind es solche Phasen des Lebens in der Stille von „Nazareth", sind es die Zeiten, in denen wir uns selber nicht mehr entlaufen und vermeiden können[37], da der Engel Gottes uns gesandt wird.
Gleichwohl zählt eine solche Erfahrung inmitten der Stille zu den aufwühlendsten Erlebnissen, deren wir fähig sind. In der berühmten ersten *Duineser Elegie* sagt RAINER MARIA RILKE wohl sehr richtig von dem *„Schönen"*, es sei „nichts / als des Schrecklichen Anfang, den wir noch gerade ertragen, / und wir bewundern es so, weil es gelassen verschmäht, / uns zu zerstören. Ein jeder Engel ist schrecklich."[38] In der Tat ergeht es uns so gerade angesichts der *Schönheit* unseres „Engels". Tiefenpsychologisch wird man in der Vision des *Engelbildes* gewiß ein Abbild unseres eigenen Wesens erblicken dürfen[39], eine Verkörperung der Gestalt, in der wir selber uns begegnen auf dem Wege unserer Reifung und Vollendung[40], und immer wird der erste Anblick dessen, wozu wir eigentlich berufen sind, wie etwas Vernichtendes in die Dämmerung unseres Lebens treten; denn selten wagen wir, an die Größe und Würde unseres eigentlichen Seins wirklich zu glauben, und es trifft uns stets wie etwas Unfaßliches, wie etwas alle Fassung Sprengendes, wenn der Schleier vor unseren Augen zerreißt und wir in unendlichem Abstand und zugleich in unausweichlicher Nähe zu uns selbst dem Urbild unserer eigentlichen Berufung gegenübertreten. Stets wird das Wort eines „Engels" daher lauten müssen wie bei der Anrede in Nazareth: „Fürchte Dich nicht, Miriam" (Lk 2,30).
Man weist in historischer Absicht gern darauf hin, daß nach spätjüdischer Vorstellung *der Engel Gabriel ein Bote der Endzeit* sei[41]; aber was nutzen solche Erklärungen von außen? In Wahrheit dämmert in jeder Engelerscheinung *ein Stück persönlicher Endzeit*

herauf, und wieder hat diesen uns heute im christlichen Glauben geläufigen Gedanken das Volk der Ägypter als erstes konzipiert.
Im Moment des Todes, lehrt das Christentum, trete die Seele des Verstorbenen vor den Thron Gottes und müsse sich dem „persönlichen Gericht" über ihr Leben stellen[42]. Dieser großartige Gedanke, der besonders der Person des Einzelnen eine ewige und unveräußerliche Bedeutung zuspricht, wurde im Alten Ägypten mit dem mythischen Bild vom Wiegen des Herzens vorbereitet: unter der Aufsicht des ibisköpfigen Gottes Thot[43] wird das Herz des Verstorbenen auf einer Waage gegen eine Feder aus dem Haar der Göttin Maat, der Göttin der Wahrheit, gewogen; denn nur wenn das Herz eines Menschen im Tode so leicht und unbeschwert ist wie eine Feder, wird es davor bewahrt bleiben, von der schon drohend bereitstehenden krokodilartigen Seelenfresserin verschlungen zu werden[44]. „Mein Herz meiner Mutter, / mein Herz meiner Mutter, / mein Herz meiner irdischen Existenz – / Stehe nicht auf gegen mich als Zeuge."[45] So betete der Verstorbene aus Herzensangst im Totengericht. Die Szene selber mitsamt den Vorstellungen über die höllischen Strafen der Bösewichter ist vom Christentum (erneut im Gegensatz zum Alten Testament) in vollem Umfang und in allen Einzelheiten dogmatisch übernommen worden[46]. Statt der Göttin Maat ist es im Christentum lediglich der *Engel Michael,* der die Waage des Gerichtes hält, wie wir es z. B. auf dem eindrucksvollen Bild des ROGIER VAN DER WEYDEN aus dem 15. Jahrhundert sehen[47].
Ein Unterschied zwischen der Religion der Alten Ägypter und dem Christentum besteht allerdings darin, daß die Waage Michaels (bzw. die Waage der Justitia) in ihren Schalen sich hebt und senkt, während auf der Waage der ägyptischen Maat gerade ein Gleichmaß zustande kommen muß, um der Verurteilung zu entgehen[48], und diese zunächst fast nebensächlich erscheinende Differenz ist doch recht bedeutungsvoll. Tiefenpsychologisch wird man die sehr weise Symbolik des Richterengels selbst nicht anders deuten können, als daß es des Menschen eigenes Wesen ist, das als Richtmaß einer endgültigen Bilanz seines Lebens ihm gegenübertritt. Gestützt auf diesen Ansatz, wird man theologisch auch sagen dürfen, das „persönliche Gericht" bestehe im Grunde darin, unter den Augen Gottes sein eigenes Leben als ganzes vor sich zu sehen und es mit dem ursprünglich gemeinten Wesensbild zu vergleichen. Was aber das Wiegeverfahren angeht, so erweist sich die altägyptische Symbolik als in sich schlüssiger als die christlich-abendländische; denn es geht in der Tat um ein inneres Gleichgewicht von Wesen und Sein, wohingegen das Abwiegen der Taten nach Gut und Böse im Christentum als eine äußerst bedenkliche Moralisierung dieser großartigen religiösen Vision zu betrachten ist[49]. Christlich scheint es zu sein, das Böse zu besiegen und durch gute Werke aufzuwiegen; für den Ägypter aber ist die Welt in Gestalt der Maat an sich wohlgeordnet und vollendet, und es kann für den Menschen nur noch darum gehen, die Harmonie, das innere Gleichgewicht aller Daseinsmächte und Teile des Alls, zu finden und zu bewahren; ob sein Herz sich im Gleichmaß mit der Ordnung der Welt befindet, ist die Frage des Ägypters, wenn er der Göttin der Wahrheit gegenübertritt.

Woher aber, muß man sich fragen, soll ein Mensch die Kraft gewinnen, der Wahrheit seines Lebens ins Auge zu sehen, wo doch die Lüge und der Selbstbetrug die Essenz aller Übel darstellen?[50]

Es zählt zu den wunderbaren Intuitionen der ägyptischen Religion, die richtende Göttin Maat selbst in der Gestalt eines gütigen und beschützenden Engels abzubilden, wie es z. B. die Fresken im Grab Nofretaris, der Gemahlin Ramses' II., im „Tal der Königinnen" zeigen[51]. Maat, die „Tochter der Sonne", *(m3c.t s3.t Rc)*, die Herrscherin des abgeschirmten Landes" (sc. der Nekropole: *ḥnw.t t3 ḏśr)*, „die beschützt eine Frau, die Tochter einer Frau" (sc. die beschützt die Frau, die Hochgestellte, *ḫwy[.t] s.t s3.t s.t)*, „die große Königsgemahlin *(ḥm.t wr.t n[j]-śwt)*, Nofretari", kniet, auf ihren Füßen hokkend, die schwarze Feder in ihrem schulterlangen Haar, vor der Namenskartusche der Königin, die den vollen Namen zeigt: *Nofretari-merit-n(t)-Mut* – „die von Mut (der geierköpfigen Göttin von Oberägypten, der Gattin Amuns, der Mutter des Gottessohnes Chons zu Karnak[52]) geliebte Nofretari"[53]; der Name „Nofretari" *(nfr.t-jrj)* selbst dürfte soviel bedeuten wie „die der Schönheit (bzw. der Güte) Zugehörige"[54]. Maat, die Verkörperung der Weltordnung, breitet segnend ihre Flügelarme über den Namen, also die Person der Königin, aus – eine Geste, die getreulich den schwingenbreitenden Cheruben auf der Bundeslade der Hebräer zum Vorbild diente (Ex 25, 17–20)[55]. Die ägyptische Göttin Maat stellt religionsgeschichtlich mithin die Urform der biblischen und abendländischen Engelbilder überhaupt dar[56], und der Sinn ihres Auftritts im Totengericht sowie an den Grabwänden der Alten Ägypter kommentiert auf wunderbare Weise den wirklich „eschatologischen" Sinn jeder Engelerscheinung: Nur unter dem Schutz der Flügel der Göttin Maat selbst – so wird man dieses Bild verstehen müssen – werden Menschen endgültig fähig sein, zu der Wahrheit ihres Wesens zu finden; nur im Vertrauen eines Schutzes, der sie selber meint, beschirmt und gelten läßt, werden Menschen ihr eigenes Maß, ihr inneres Gleichgewicht erlangen können[57]. Christlich gesprochen, wird man vor diesem Hintergrund auch sagen können, das *„persönliche Gericht"* eines Menschen im Tode bestehe darin, das eigene Leben noch einmal mit den Augen der ewigen Güte betrachten zu können und deutlich zu sehen, was mit dem eigenen Dasein wesentlich gemeint war. – Der mythische Ausdruck für ein vergleichbares Ereignis *mitten im Leben* lautet in der Szene der Verkündigung bei Lukas: der Engel Gabriel, der Sendbote Gottes in den Tagen der Endzeit, tritt in das Leben eines Menschen und überwindet den Schrecken des göttlichen Lichts mit den Worten der Güte: „Fürchte dich nicht."

Hinzufügen muß man zum Verständnis der Gestalt eines „Engels" allerdings, daß sie, weitab scheinbar von der heiligen Szene in Nazareth und doch damit auf das engste verbunden, an sich auch *den Bereich des „Dämonischen"* miteinschließt. Wie beim Kampf Jakobs am Jabbok (Gen 32, 22–32)[58], kann der „Engel" in der menschlichen Psyche auch und gerade all die Bereiche und Erlebnisinhalte verkörpern, die, ähnlich dem Grimmschen Märchen vom „Geist im Glase" (KHM 99)[59], ein Leben lang unter Verschluß gehalten werden mußten, bis daß sie sich in gefährliche „Gegengeister", „Hintergänger" und „teuflische Versuchungen" verwandelten. Auch diesen Sinn hat tiefenpsychologisch die Erscheinung eines „Engels", daß Menschen in dem Gefühl einer absoluten Geborgenheit und Daseinsberechtigung davon ablassen können, selber wie „Engel" sein zu müssen.

Menschen z.B., die (in zwangsneurotischer Weise)[60] niemals etwas falsch machen dürfen, sind immerzu gezwungen, die Umgebung soweit durch Pflicht und Leistung zufriedenzustellen, daß niemand mehr ihnen einen Vorwurf machen kann; das überhöhte Verantwortungsgefühl, das sich daraus ergibt, dient aber keinesfalls einfach dem Wohl des anderen, es erfüllt vor allem den Zweck, das eigene Gewissen zu beruhigen; sollte nun doch irgendwo eine Mißstimmung, ein Einwand, eine Kritik oder ein Vorwurf auftauchen, so muß – und sei es noch so berechtigt – die eigene Wahrnehmung so weit verbogen werden, daß die eigenen Fehler ignoriert, gerechtfertigt, als Schuld anderer oder als mindestens unvermeidlich hingestellt werden können. Bei dem ständigen Zwang, alles richtig zu machen, kann es daher nicht ausbleiben, daß in Wirklichkeit sogar recht erhebliche Verfehlungen eintreten, die subjektiv gleichwohl nicht bemerkt werden. Schlimmer noch als diese Verleugnung in der Realität wirkt indessen die Ausblendung aller möglichen Antriebe, Wünsche und Gedanken, die mit dem Zwang zur Pflichtanpassung in Widerstreit liegen; denn das verdrängte Material führt in Form anfallartiger Durchbrüche, haltungsbedingter Dennochdurchsetzungen oder bestimmter Symptombildungen des Charakters wie des Körpers ein immer belastenderes und schädlicheres Eigenleben mit immer neuen Ängsten und Beunruhigungen herauf. Der ständige Kampf gegen sich selber bringt es schließlich mit sich, ganze Bereiche der Seele buchstäblich zu verteufeln und zahlreiche gute und hilfreiche „Geister" in die Hölle zu stürzen. Bei allem Erschrecken (über sich selbst) muß die Erscheinung eines „Engels" demgegenüber auch bedeuten, daß es erlaubt, ja geboten ist, als Mensch zu leben. Wesentlich gehört zu der Erscheinung eines „Engels" daher auch das Wort einer absoluten Begnadung (Lk 1,30), eine Aufforderung zur Menschlichkeit, eine unbedingte Versicherung, all das bislang Gemiedene und vom Leben Abgespaltene anzuerkennen und nach Möglichkeit zu integrieren.

Völlig korrekt, auch in tiefenpsychologischem Sinne, gibt dabei das Mythem von der Engelerscheinung eine solche Form der *Selbsterfahrung* indirekt *als* eine alles entscheidende *Gotteserfahrung* wieder. Denn wesentlich geht es darum, „Worte" zu hören, die kein Mensch sich selbst zu sagen vermag, auch wenn er all seine Kräfte anspannen wollte; es gilt gerade, einer Botschaft zu lauschen, die niemand sich selber zusprechen kann, auch wenn sie an sich noch so vernünftig ist; es kommt darauf an, von einer Erlaubnis zum Dasein zu leben, die in dieser Absolutheit und Totalität dem Einzelnen als pure Vermessenheit erscheinen muß. So sonderbar es klingt: um das Allereinfachste zu erreichen und um eine unbefangene Menschlichkeit zu leben, bedarf es eines Vertrauens, wie es gerade das Bild von den ausgebreiteten Flügeln der Maat vermitteln möchte, und nur in einer solchen Begegnung mit der Gnade des Göttlichen scheint es möglich, die Gestalt eines *menschlichen* Lebens hervorzubringen. Nichts ist einem Menschen offenbar weniger selbstverständlich, als ein Mensch sein zu dürfen.

In einer tiefenpsychologischen Betrachtung, die den einzelnen Bildern einer mythischen Erzählung möglichst gerecht zu werden sucht, kann man verstehen, warum die Erscheinung eines „Engels" in den Erzählungen der Völker so oft *die Geburt eines göttlichen Kindes* einleitet[61]. Immer steht das Symbol des *„Kindes"* in der Sprache der Mythen, Märchen und Träume für die im Grunde religiöse Erlaubnis, das Leben noch einmal von vorn beginnen zu können. Es ist eine scheinbar phantastische Verheißung, die der „Engel" hier in Aussicht stellt. Wie denn? Es wäre möglich, sich an all das erinnern zu dürfen, was seit Kindertagen nie zum Leben zugelassen war? Es wäre erlaubt, sich das Leben noch einmal vorzustellen, und es gäbe die Chance, aus alten Fehlern zu lernen, vergangene Schuld zu begleichen und gewachsene Einsichten zum Aufbau einer neuen Existenz zu nutzen? Man könnte die Macht der Gewohnheit, die Last der Schwerkraft überwinden und all die ungeträumten Träume der Liebe, die ungesagten Worte der Zärtlichkeit, die kaum geahnten Wünsche des Glücks wirklich ins Leben integrieren? Psychologisch betrachtet, steht das archetypische Symbol des göttlichen Kindes[62] für eben diese Bereiche der menschlichen Seele, die spontan ins Bewußtsein drängen und willentlich weder „erzeugt" noch entfaltet werden können – in der Tat etwas ganz und gar „jungfräulich" Geborenes, etwas ohne Zutun eines Mannes Entstandenes, sofern die Gestalt des *„Mannes"* symbolisch gerade die Sphäre von Verstand und Willen bezeichnet[63].

Fast regelmäßig in einer längeren Psychotherapie berichten Menschen, deren Leben eine entscheidende Wandlung erfährt, von Träumen, in denen sie sich selbst mit der Gestalt eines neugeborenen Kindes konfrontiert sehen. Eine Frau z. B. die in ihrem Leben ganz nach dem Vorbild ihrer stark suizidgefährdeten Mutter auf jeden denkbaren Konflikt mit ausgedehnten Todesphantasien antwortete, sah sich im Traum durch ein Stacheldrahtgitter gehen, das nach vorn immer enger wurde, bis daß es sich schließlich wie von selber öffnete; hinter dem Zaun stand eine Frau, die ihr ein Findelkind überreichte. Die Patientin selbst zeigte sich von diesem Traum viele Wochen lang sehr berührt. „Ich erlebe so etwas wie eine zweite Geburt", sagte sie. „Ich verlasse meine Kindheit, die wie ein Konzentrationslager war. Ich wußte, daß es so wie bisher nicht mehr weiterging. Aber im Traum sieht es so aus, als dürfte ich wirklich anfangen zu leben, als wenn meine Mutter mich selbst mir zurückgibt. Eigentlich habe ich nie eine richtige Mutter gehabt, aber die Frau im Traum meinte es gut mit mir. Ich war irgendwie selbst das Kind." – Zahlreiche Sitzungen danach vergingen damit, uralte Kinderwünsche und -sehnsüchte aus der Erinnerung hervorzulocken. Dabei meldeten sich naturgemäß zugleich auch alle möglichen Ängste und Schuldgefühle zu Wort, die seinerzeit schon die kindliche Entwicklung gehemmt und blockiert hatten – das „Kind", das jetzt heranwuchs, war, symbolisch gesprochen, in der Tat *ein Zeichen des Widerspruchs* und ein Prüfstein der Gedanken, wie der greise Simeon es in der lukanischen Kindheitsgeschichte später ausdrücken wird (Lk 2,35).

Um die wirkliche Bedeutung solcher Erfahrungen für das Verständnis auch der religiösen Symbolsprache richtig einzuschätzen, darf man derartige Traumbilder keinesfalls als rein individuelle Erlebnisse betrachten. Es kommt vielmehr darauf an, in ihnen archetypische Symbole zu erkennen, die in analoger Weise auch in der religiösen Sprache der Völkermythen Verwendung finden. Ohne Zweifel besitzen solche Traumbilder im Leben des Einzelnen denselben Stellenwert, den im Leben der Völker die Mythen einnehmen. Insbesondere der Grad der Verbindlichkeit ist hier wie dort derselbe: Dem Bild des neugeborenen Kindes im Traum *muß* man Folge leisten, oder man verspielt die womöglich letzte Chance einer Lebenserneuerung. Schon insofern mag man *das „jungfräulich" geborene Kind „göttlich"* nennen, wenn irgend „göttlich" soviel bedeutet wie unausweichlich, notwendig, mit dem eigenen Wesen ganz übereinstimmend[64], uns unbedingt angehend[65]. Darüber hinaus aber verdichtet sich in der Gestalt dieses Kindes anfanghaft das Bild des eigenen „fleischgewordenen" Wesens, wie es als geistiges Vorbild in dem „Engel" Gottes in Erscheinung trat. Alles, was religiös an Dankbarkeit für die Gabe des Daseins, an Glück über die Übereinstimmung von Sein und Berufung, an Hoffnung auf Entfaltung und Ganzwerdung, an harmonischem Einklang mit sich selbst und aller Welt ringsum erfahren werden kann, ist lebendig und gegenwärtig in diesem „Kinde". Es gibt für ein solches göttliches Kind angesichts einer Welt von Not und Zerrissenheit, von innerer Entfremdung und zwangsverordneter Liebesunfähigkeit, von grauer Gefühlskälte und alltäglich gewordenem Selbsthaß gewiß keinen besseren Namen als das von Hoffnung und Sehnsucht erfüllte Wort *„Jesus"*, das – so gewöhnlich in der Sprache der Zeitgenossen auch immer[66] – im Munde eines „Engels" seinen ursprünglichen Wortsinn zurückerhält: „Retter" und „Helfer", „Erlöser" und „Heiland" (Lk 1,31; 2,21).

Gewiß wird bei manchem Leser trotz all der einführenden Bemerkungen über die Eigenart und das Verständnis mythischer Rede unter Umständen die Frage erneut sich zu Wort melden, was es denn dann mit der kirchlichen *Lehre von der jungfräulichen Geburt des Gottessohnes* auf sich habe, und es ist in jedem Falle richtig, die eigentliche Aussage der Verkündigungsszene von Lk 1,26–38 jetzt, im Sinne des bisher Gesagten, zu präzisieren. Deutlich geworden ist, daß man *die Erfahrung* der Gottessohnschaft Jesu Christi nicht aus gewissen Beobachtungen über die Umstände seiner Geburt gewinnen kann noch konnte. Jesus als Gottessohn zu bekennen bedeutet, entsprechend der mythischen Sprechweise von den „Anfängen" einer Person[67], eine Aussage nicht über die Geburt, sondern über das Wesen Christi zu machen. Unter dem Titel *„Gottessohn"* wird, tiefenpsychologisch betrachtet, *ein archetypisches Symbol* aufgegriffen, dessen innerer Erfahrungsreichtum in der Weise mit der Person Christi verbunden wird, daß in ihm der Inhalt dieses Archetyps als wirklich und wirksam gesetzt wird. Der Titel *„Jungfrauenkind"* oder *„Gottessohn"* stellt mithin einen Versuch dar, das Wesen Jesu so zu deuten, daß mit seiner Person unabtrennbar all die Erfahrungen verschmelzen, die in der Seele eines jeden Menschen grundgelegt sind, wenn es um den Bereich von Neuanfang, Regeneration, Wesensverwirklichung und Ganzwerdung geht. Oder anders gesagt: man muß offenbar annehmen, daß die Gestalt und das Wirken Jesu gerade so erfahren wurden und erfahren werden können, wie er selber es als Hauptinhalt all seiner Verkündigung formulierte, als er sagte: „Wenn ihr nicht werdet wie die Kinder, werdet ihr niemals merken, welch eine Macht Gott in euerem Leben haben könnte" (paraphrasiert nach Mt 18,3). Im Munde Jesu können diese Worte nicht nur als eine Forderung gemeint gewesen sein, sondern Jesus selber muß in seiner Person (in der Tat nach Art eines Sakramentes) eine solche Kraft ausgestrahlt haben, daß in den Menschen, die ihm suchend und hoffend begegneten, eine Wandlung ihrer gesamten Existenz sich vollzog, indem sie selber sich zurückgegeben wurden. In jedem Menschenherzen wartet ein solches Kind, das an sich nie hat leben dürfen, voller Sehnsucht darauf, angenommen zu werden; und gerade auf dieser Gestalt eines noch unverbrauchten, nie riskierten, noch wie unentdeckten Lebens ruht alle Verheißung, weit mehr als auf all dem, was wir uns selber abgerungen und abgezwungen haben, um aus uns „Erwachsene" zu machen. Gerade diese „Kinder" des Herzens[68] waren es, denen Jesus die Fähigkeit schenkte, sich ihres Lebens zu getrauen.

Immer gehört zu dem beginnenden Leben eines solchen *„Kindes"* ein bedingungsloses Vertrauen darauf, gewissermaßen voraussetzungslos geliebt und berechtig zu sein, und gerade diese Haltung war es, die in Christus lebte und Gestalt annahm[69]. Die Mythologie vieler Völker weiß von der Gestalt eines *Kindgottes*[70], eines göttlichen Wesens, dessen kindliche Gestalt nicht etwa eine noch unfertige Vorstufe späterer Reifung darstellt, sondern die in sich selbst als eine gültige Erscheinungsform des Göttlichen im Übergang von Nichtsein zum Sein verstanden werden muß. Ein solcher „Kindgott" wird niemals „größer" – er bleibt zeitlebens das göttliche Kind, das er ist, und gerade in seiner Kindlichkeit offenbart sich ein Teil des Göttlichen. In gleichem Sinne wird man auch von der göttlichen Gestalt des Jesuskindes sagen können, daß der Knabe Jesus (trotz Lk 2,40.52) im späteren Leben eigentlich niemals „erwachsen" sein wird; er wird im Gegenteil auf immer das wunderbare Kind bleiben, das es allen anderen erlaubt und ermöglicht, ihre wahre Natur wiederzuentdecken.

Zu Recht hat die Weltliteratur der Völker denn auch immer wieder solche Menschen als religiöse Idealgestalten geschildert, die, wie *Fürst Myschkin* bei DOSTOJEWSKI[71] oder wie der *„Landpfarrer"* bei GEORGES BERNANOS[72], die „erwachsenen" Grausamkeiten ihrer Mitmenschen durch ihre kindliche Güte und vorurteilsfreie Verständnisbereitschaft herausfordern und in Frage stellen[73]. Dabei ist die „Lehre" solcher „Kinder" ganz einfach, und sie gilt für jeden Menschen: Ein Kind muß man liebhaben „einfach" dafür, daß es da ist; ein Kind kann gar nichts, besitzt gar nichts, hat noch gar nichts, um von anderen Geltung und Achtung zu erringen; wenn man es lieben will, so muß man es lieben für sein Wimmern, für sein Schreien, für sein Lächeln, für seine Gegenwart, oder es wird an der Lieblosigkeit der Menschen zugrunde gehen. Es handelt sich um eine Wahrheit und eine innere Einstellung, die der chinesische Weise LAOTSE Jahrhunderte vor dem Christentum mit den Worten beschrieb: „Die vor alters tüchtig waren als Meister, / waren im Verborgenen eins mit den unsichtbaren Kräften. / Tief

waren sie, so daß man sie nicht kennen kann. / Weil man sie nicht kennen kann, darum kann man nur mit Mühe ihr Äußeres beschreiben. / Zögernd, wie wer im Winter einen Fluß durchschreitet, / vorsichtig, wie wer von allen Seiten Nachbarn fürchtet, / zurückhaltend wie Gäste, / vergehend wie Eis, das am Schmelzen ist, / einfach, wie unbearbeiteter Stoff, / weit waren sie, wie das Tal, / undurchsichtig waren sie, wie das Trübe. / Wer kann (wie sie) das Trübe durch Stille allmählich klären? / Wer kann (wie sie) die Ruhe / durch Dauer allmählich erzeugen? / Wer diesen *Sinn* (sc. das Tao, Gott, d. V.) bewahrt, begehrt nicht Fülle. / Denn nur weil er keine Fülle hat, / darum kann er gering sein, / das Neue meiden / und die Vollendung erreichen."[74] – Die Worte des Jesaja (42, 2.3) über den *„Gottesknecht"*, der auf den Gassen nicht lärmt und den glimmenden Docht nicht auslöscht, könnten nicht besser die Haltung eines solchen göttlichen Kindes wiedergeben. Im Neuen Testament sind es diese „ewigen Kinder", diese vertrauensvoll *„Armen"*[75], die für Gott Leergewordenen, die als die wirklichen Repräsentanten und Nachahmer des „göttlichen Kindes" von Bethlehem gelten – sie sind die wahren Kinder Gottes; als *„Gottessohn"* aber wird man denjenigen bezeichnen dürfen, der es uns ermöglicht, solche „Kinder Gottes" zu werden (Joh 1, 12; Gal 3, 26; Hebr 1, 5).
Bis hierher beschränkt sich das tiefenpsychologische Bedeutungsspektrum der Symbolik des Gottessohnbegriffs bzw. des „göttlichen Kindes" allein auf den innerseelischen Bereich. Mythische Bilder besitzen indessen noch zwei andere mögliche Bedeutungsebenen, indem ihre Inhalte für gewöhnlich zugleich in die äußere Natur wie in die soziale bzw. kulturelle Umwelt projiziert werden, und auch diese Inhalte muß man kennen, um zu verstehen, was ein mythisches Bild religiös und existentiell zu sagen vermag. Erneut bietet dabei *die Religion des Alten Ägyptens* mit der zentralen kosmischen und sozialen Stellung des Pharao das klassische Untersuchungsfeld zur Vorstellung der Gottessohnschaft. Indem wir diesen Zusammenhängen noch ein Stück weit nachgehen, werden wir insbesondere die Szene der Verkündigung im Lukasevangelium (Lk 1, 21–38) in manchen Details überhaupt erst wirklich würdigen können.

c) Der Mythos von der göttlichen Geburt des Pharao

Gibt es Wahrheiten die zunächst exklusiv an einem einzigen Menschen aufleuchten und doch für alle Menschen gelten? Gibt es Visionen, die in ihrer ersten historischen Gestalt nur an einem einzigen sichtbar werden, obwohl sich in ihnen etwas vom Wesen *aller* Menschen darstellt? Der Glaube der Alten Ägypter an *die Gottessohnschaft ihres Königs* scheint von solcher Art.
Wir finden das erste Zeugnis dieses Gedankens in einem Märchen aus dem 17. Jahrhundert v. Chr., das von dem göttlichen Ursprung der fünften Dynastie erzählt[1]: Der Sonnengott Re ist eines Tages unzufrieden mit dem König Cheops (*ḫwj-f-wj-Ḫnm.w* – er ist es, der mich beschützt: Chnum)[2]; „und wenn er ihm auch noch einen Enkel (die

Erbauer der zweiten und dritten Pyramide von Gizeh) gewähren will, so soll nach diesen doch ein neues Geschlecht auf den Thron kommen, ein Geschlecht, das mehr an die Götter denken wird als an ihre eigenen Riesengräber. ... So erzeugt denn Re mit der Gattin eines seiner Priester, der Red-dedet, ein neues Geschlecht." Er selber spricht zu Isis, Nephthys, Mesechenet *(Mś ḫn.t* – „Ort, wo man sich niederläßt" – die Geburtsfee, die das Schicksal eines Kindes bestimmt)[3], zu Heket (der froschköpfigen Göttin, dem weiblichen Komplement des Chnum)[4] sowie zu dem widderköpfigen Chnum selber: „Auf, gehet und entbindet die Red-dedet von den drei Kindern, die in ihrem Leibe sind ... Sie werden eure Tempel bauen, sie werden eure Altäre und Speisen versehen, sie werden eure Getränktische gedeihen lassen, und sie werden eure Opfer groß machen."[5] Da gingen diese Götter in der Gestalt von Musikantinnen zusammen mit Chnum zu der schwangeren Red-dedet, und sie gebar drei Kinder: Userkaf *(wśr-k3-f* – stark ist seine Seele)[6], Sahure *(ś3ḥ.w-R*^{c} – der an die Sonne herankommt)[7] und Neferirkare *(nfr-jr[j]-k3-R*^{c} – der schön gewirkt ist vom Ka der Sonne)[8] – die ersten drei Herrscher der fünften Dynastie. *Chnum,* der die Menschen bildet, verlieh ihnen gesunde Glieder, *Isis* gab ihnen ihre Nahmen und *Mesechenet* erkannte, daß es richtige Könige sind[9].

Diese märchenhaft erzählte Geschichte ist in Text und Bild übereinstimmend in mehreren Tempeln des Neuen Reiches aufgezeichnet worden (15.–17. Jahrhundert v. Chr.) und hat, im Tempel von Deir el Bahari, folgenden Inhalt[10]: Amun verkündet der Großen Götterneunheit im Himmel seinen Entschluß, dem Lande Ägypten einen neuen König zu erzeugen. Als Thronnachfolger ist Hatschepsut *(ḫnm.t Imn ḥ3.t šps.wt* – die Amun umfängt, herrlichen Angesichts – bzw. als *Erste der Edlen*)[11] auserkoren, die einzige Frau, die königliche Würden beansprucht hat. Amun beauftragt Thot (den Gott der Weisheit), nach Königin Iahmes *(j3ḥ mśj[.t]* – die vom Mond Geborene)[12], der Gemahlin des regierenden Königs, zu suchen, die er als zukünftige Mutter der Thronfolgerin auserwählt hat; und Thot gibt zur Antwort, die Erwählte sei schöner als alle Frauen im Lande, ihr Gemahl aber sei noch nicht mannbar, sie selbst also jungfräulich. Dann führt der Botengott Thot den Gott Amun zu der Erwählten, der künftigen Königinmutter. Es heißt:

> „Es kam dieser herrliche Gott,
> Amon, Herr der Throne und Länder,
> nachdem er die Gestalt ihres Gatten (sc. Thutmosis I., d. V.) annahm.
> Sie fanden sie in der Schönheit ihres Palastes ruhn.
>
> Sie erwachte vom Duft des Gottes
> und lachte vor seiner Majestät.
> Er ging sofort zu ihr und entbrannte für sie.
> Er verlor an sie sein Herz.
>
> Sie konnte ihn schauen
> in der Gestalt eines Gottes,

nachdem er ihr nahegekommen war.
Sie jauchzte, seine Schönheit zu sehen.

Seine Liebe drang in ihre Glieder.
Der Palast war überflutet
vom Geruch des Gottes.
Alle seine Düfte waren (Düfte) von Punt.

Die Majestät dieses Gottes
tat an ihr alles, was er wünschte.
Sie erfreute ihn mit sich
und küßte ihn." [13]

„Die königliche Gemahlin und Königsmutter Iahmes sprach zu der Majestät des herrlichen Gottes Amun, des Herrn der Throne beider Länder: ‚Mein Herr, wie groß ist dein Ruhm! Wie herrlich *(špś,* d. V.) ist es, dein Angesicht *(ḥ3.t,* d. V.) zu schauen! Du hast meine Majestät mit deinem Glanz umfangen *(ẖnm,* d. V.). Dein Duft ist in allen meinen Gliedern!' (So sprach sie), nachdem die Majestät dieses Gottes alles, was er wollte, mit ihr getan hatte. – Dann sprach Amun, der Herr der Throne der beiden Länder zu ihr: ‚Hatschepsut' *(ẖnm.t Imn ḥ3.t špś.wt,* d. V.) ist also der Name deiner Tochter, die ich in deinen Leib gelegt habe, entsprechend dem Ausspruch deines Mundes (d. h. den Elementen der ersten Worte der Mutter nach der Empfängnis, d. V.). Sie wird das herrliche Königtum im ganzen Lande ausüben. Mein Ruhm wird ihr gehören, mein Ansehen wird ihr gehören, und meine Krone wird ihr gehören. Sie wird die beiden Länder (Ägypten) beherrschen ... Ich werde sie alle Tage mit meinem Schutz umgeben gemeinsam mit dem Gotte des jeweiligen Tages." [14]
Hernach erteilt Amun dem Schöpfergott Chnum den Auftrag, das verheißene Kind aus Lehm auf der Töpferscheibe zu bilden und ihm einen ebenbildlichen Leib zu schaffen. „*Und Chnum antwortet ihm:* ‚Ich bilde diese deine Tochter bereit für Leben, Heil und Gesundheit, für Speise, Nahrung, für Achtung, Beliebtheit und alles Gute. Ich zeichne ihre Gestalt aus vor der der Götter (Könige) in ihrer großen Würde eines Königs von Ober- und Unterägypten.'" [15] Demgemäß schafft Chnum das königliche Kind Hatschepsut „und dessen Geistwesen auf der Töpferscheibe, *und die Göttin des werdenden Lebens, die froschköpfige Heket, reicht ihnen das Leben dar.* Chnum spricht dazu: ‚Ich bilde dich mit diesem Gottesleib ... Ich bin zu dir gekommen, um dich vollkommener zu formen als alle Götter (Könige), gebe dir alles Leben und Glück, gebe dir Dauer und Freude ... und mache, daß du auf dem Throne des Horus erscheinst wie (der Sonnengott) Re (selber). Ich mache, daß du an der Spitze aller Lebenden stehst, wenn du erschienen bist als König von Ober- und Unterägypten, so wie es dein Vater Amun-Re, der dich liebt, befohlen hat." [16]
Der Botengott Thot (der „Engel" also) wird nun von Amun entsandt, *„um der königlichen Mutter Iahmes die Würden und Titel, die der Himmel für sie festgesetzt hat"*, zu verkünden. „Er *heißt sie* die Tochter des Erdgottes, Erbin des Osiris, Fürstin von Ägyp-

ten und Mutter des (kommenden) Königs von Ägypten. Amun, der Herr der Throne der beiden Länder, ist zufrieden mit deiner großen Würde einer Fürstin, die groß ist an Gunst, an Frohsinn, an Anmut, an Lieblichkeit und Beliebtheit, *und beschließt seine Botschaft an die große Königsgemahlin Iahmes mit dem Wunsche, daß sie lebe, daure, glücklich sei und im Herzen froh ewiglich.*"[17]
Chnum und Heket geleiten alsdann die schwangere Königin zu der Geburtsstätte, und Chnum spricht zu ihr die Segensworte: „Ich umgebe deine Tochter mit meinem Schutze. Du bist groß, aber die, die deinen Schoß öffnet (sc. die Erstgeborene, Hatschepsut, d. V.), ist größer als alle Könige bisher."[18] Die Königin erleidet nun die Wehen und bringt ihr göttliches Kind in Gegenwart von Amun und der Geburtsgöttin Mesechenet zur Welt. „Wie einem irdischen Vater der neugeborene Sohn gezeigt wird, so holt jetzt Hathor als die höchste Göttin den Amon herbei, *damit er seine liebe Tochter ... besehe, nachdem sie geboren ist. Da freut sich sein Herz sehr,* und er bestätigt, daß dies die Tochter ist, die er gezeugt hat. *Er küßt sie und umarmt sie und wartet sie und liebt sie über alles. Willkommen, willkommen* sagt er zu ihr, *du meine leibliche, liebe Tochter*"[19], „mein herrliches Ebenbild, das aus mir gekommen ist"[20]. Amun überantwortet seiner Tochter den Thron seines Vaters, des Sonnengottes Re. Auf Amuns Befehl wird das Kind von göttlichen Ammen gewartet, von göttlichen Kühen gesäugt, und alle sprechen ihm Segen und Heil zu und wünschen, daß seine Königswürde auf ewig bestehe. Das Kind wird beschnitten und auch von seinem irdischen Vater als Thronfolger ernannt und anerkannt; für Millionen von Jahren, bis in alle Ewigkeit, wird seine Lebenszeit währen.
Es kann hier nicht die Aufgabe sein, zu zeigen, auf welchen Wegen *historisch* Vorstellungen dieser Art (etwa über ägyptische Judengemeinden und über die hellenistisch-ägyptischen Mysterien) die jüdisch-christliche Legendenbildung angeregt haben könnten; es geht uns an dieser Stelle um den Sinn, nicht um die kulturgeschichtliche Übertragung des Glaubens an den Gottessohn. Nur so viel ist auf den ersten Blick deutlich: daß Erzählungen wie diese der Szene der Verkündigung in Lk 1,26–38 ungleich näher stehen als jeder Text des Alten Testamentes. Man muß, um die theologische Verwandtschaft ins rechte Licht zu rücken, vor allem hinzufügen, daß es gerade der Gott Amun ist, der (in der Nachfolge des Sonnengottes Re) als der wahre Vater des Königs verehrt wird. Zu Recht mißt Emma Brunner-Traut in ihrer kleinen, aber vorzüglichen Studie über *„Pharao und Jesus als Söhne Gottes"* diesem Umstand eine besondere Bedeutung zu. „Denn wer ist Amun? – Amun ist der Windgott, Gottes Lebensodem, der in allen Dingen ist und dennoch unsichtbar. Indem er die Wasser des Urbildungsstoffes bewegte, hat er die Schöpfung ins Werk gesetzt. Er ist ebenso bleibend und allgegenwärtig wie verborgen, ist Ursache des Seelisch-Geistigen in allen Lebewesen und schließlich auch der Geist im Sinne des Pneuma (sc. des christlichen Heiligen Geistes, d. V.). ‚Man hört seinen Laut, ohne ihn zu sehen' (vgl. Johannes 3,8) ist die klassische Umschreibung für seine Natur als *deus invisibilis* (sc. als unsichtbarer Gott, d. V.): ‚Kein Ding ist leer, er, Amun, vielmehr ist darin' der Ausdruck für seine

Allgegenwart. Er verbindet sich mit Ptah und Re zur Trinität – nicht Dreiheit – von der ein Hymnus aussagt: ‚Alle Götter sind drei: Amun, Re und Ptah. Verborgen ist Gott als Amun, Gott ist Re vor aller Augen (als Gestalter), und Gottes Leib ist Ptah.' Dieser Windgott, in der hellenistischen Formulierung: das *pneuma theou,* der himmlische Geist also ist es, der in der Jungfrau den neuen König gezeugt hat, Gottes Sohn und Gott selbst."[21]

Dementsprechend gilt auch für den Pharao, was zweitausend Jahre später der ägyptische Theologe *Athanasius,* bezeichnenderweise ebenfalls mit Hilfe des Bildes der Sonne, über die *Wesensgleichheit* von Vater und Sohn in der Gottheit aussagen wollte[22]: der Gottessohn (der Pharao, der Messiaskönig) sei „eines Wesens mit dem Vater". „Sohn meines Leibes" *(s3 n ẖ.t-j)* lautet denn auch der ägyptische mythologische Ausdruck dieser metaphysischen Wesensgleichheit, auf die hin der Gott (Re, Amun u. a.) den Pharao anreden. Dabei stehen die irdische Abkunft und die göttliche Herkunft des Gottkönigs im Glauben der Ägypter zueinander nicht im Gegensatz, sondern bedingen sich wechselseitig, ganz so, wie später die christlichen Theologen mit großem Nachdruck betonen werden, der Christus sei „wahrer Mensch" und „wahrer Gott"[23].

Und doch mußte der griechisch beeinflußte, an philosophischer Begrifflichkeit orientierte Ansatz der frühchristlichen Theologie angesichts der uralten Vorstellung der ägyptischen Lehre der Gottessohnschaft des Erlösers zu unvermeidlichen logischen Aporien führen. Was sich in dem rituellen, sakramentalen Denken der Ägypter zwanglos zueinander fügte, mußte, übersetzt in die Sprache aristotelischer Logik und Metaphysik, ebenso widersprüchlich werden wie das Dogma von der „Wandlung der Substanzen" in der christlichen Abendmahlslehre[24]. Ursprünglich hingegen bedeutete der Glaube an die Gottessohnschaft des Königs logisch durchaus keinen Widerspruch. Man kann dies an der komplizierten *fünfgliedrigen Titulatur der ägyptischen Königsnamen* sehr gut erkennen. Wenn der Pharao z. B. mit dem Namen des falkenköpfigen Gottes Horus *(ḥr.w* – der oben Befindliche) angeredet wurde, so setzte man den Pharao mit diesem Titel auch in älterer Zeit „nicht, wie man gemeint hat, diesem Gott gleich, denn der lebende König wurde (sc. im Unterschied zu dem Verstorbenen, d. V.) nie im vollen Sinne dieses Wortes als Gott angesehen. Vielmehr wird ihm durch diesen Titel die Befähigung zu seiner einem normalen Menschen nicht möglichen Vermittlerrolle übertragen ... Es erklärt sich dies aus dem Glauben der Ägypter an die magische, machtverleihende Kraft der Titel."[25] Vor allem der Titel *„Sohn des Sonnengottes",* *(s3* R^{c}*),* der sich im Verlauf des Mittleren Reiches in Ägypten durchsetzte, wurde zunächst als Beiname benutzt, ehe er zusammen mit dem Eigennamen in die Königskartusche gesetzt wurde[26]. Der (bürgerliche) Eigenname und der (göttliche) Titel bestehen also ohne Widerspruch nebeneinander, ganz wie der christliche Doppelname Jesus Christus. „Solange der spätere Pharao Kronprinz ist, solange gilt er als Sohn seines irdischen Vaters, des regierenden Königs. Erst wenn mit seiner Thronbesteigung die Erwählung durch den Himmel offenbar wird, dann heißt er ‚Gottes Sohn', und dann erst wird

Die Göttin Maat

Kniend hinter der Göttin Selket, wie sie ihre Schwingen schützend um die Namenskartusche der Königin Nofretari legt, der Lieblingsfrau Ramses' II. unter seinen vier Gemahlinnen. Wandmalerei im Grab der Königin Nofretari, 13. Jh. v. Chr., aus dem Tal der Königinnen in Theben-West (Ausschnitt)

Die Szene des Totengerichtes

Tafel III des Papyrus Ani
British Museum 10470
Ausführliche Besprechung der Bilder und Übersetzung nebst Umschrift des Textes auf Seite 165–167

seine Geburt als wunderbar berichtet."[27] Ganz so wird man auch in der christlichen Lehre sagen müssen, daß man die göttliche Geburt Jesu erst im Licht seiner Auferstehung und Himmelfahrt, seiner Thronbesteigung zur Rechten des Vaters, erkennen kann. „Das heißt aber auch, daß Pharao als Kind Sohn seiner Mutter, der Königsgemahlin, und erst vom Augenblick seiner Inthronisation als von der ‚Jungfrau' geboren gilt, der Gottesgemahlin. Moralische oder irgendwie ethische Gründe, wie sie im Hellenismus mit verstiegener Phantasie konstruiert werden, sind deshalb für die Jungfrauenschaft ganz und gar abwegig. Die Jungfrau ist einzig Ausdruck dafür, daß der Pharao von keinem anderen als von Gott gezeugt sein kann. Bei Pharaos Zeugung war kein anderer im Spiel als eben nur Gott. So kann Pharao auch ältere Geschwister haben, Schwestern oder vorzeitig gestorbene Brüder, ohne daß die Vorstellung von der Jungfrauenschaft der Gottesgemahlin fraglich würde, und der Stammbaum des Pharao nach seinen irdischen Vorfahren steht neben seiner Zeugung aus Gott."[28]

Ohne an dieser Stelle die überragende Rolle des Königs im Alten Ägypten auch nur annähernd beschreiben zu wollen, ist es für das Verständnis des Titels *Gottessohn* doch von zentraler Bedeutung, daß der Pharao wesentlich als Oberster Priester[29] und Erhalter der Weltordnung betrachtet wurde. Schon der sog. *„Goldhorusname" (rn n nbw)* scheint den König als Verkörperung des feuerglühenden Himmels zu bezeichnen, als „Sproß des Sonnenhimmels"[30], und der zusammengeknotete Strick, der den vierten und fünften Königsnamen umrahmt, könnte „ein Zeichen der Herrschaft (sc. des Königs, d. V.) über die von der Sonne umkreiste Welt" sein oder selbst in Gestalt des Sonnenlaufes die zyklische Wiederkehr alles Lebens symbolisieren[31]. In der Tat war es die Aufgabe des Königs, gewissermaßen als „Bruder" der Maat das Gleichmaß der Welt im Kreislauf von Werden und Vergehen, von Geburt und Tod, von Aussaat und Ernte, von Nilflut und Trockenheit kultisch zu bewahren und zu gewähren[32]. Als „Herr des Rituals" war er der Garant der Weltordnung, und wie bereits die göttliche Geburt (s. Abb. 7), so wurde vollends die Thronbesteigung eines neuen Königs als Neuschöpfung der Welt aufgefaßt, „die nach dem Tode des Vorgängers mangels eines geeigneten Ordnungsgaranten in ein tiefes Chaos gestürzt war."[33]

Um die Welt wieder in ihr Gleichmaß zu bringen, kam es vor allem darauf an, *die fundamentale Gegensätzlichkeit aller Dinge* miteinander zu versöhnen. Alles in der Natur war für den Ägypter aus einander *ergänzenden* Gegensatzpaaren aufgebaut[34], und es galt daher, die Widersprüche des Lebens in eine fruchtbare Synthese zu bringen. Lange Zeit hat man in der Ägyptologie diesen religiösen bzw. metaphysischen Dualismus politisch-historisch mißverstanden und geglaubt, es handle sich dabei um den späten Nachhall einer Zeit, in der zwei vorgeschichtliche Reiche, Ober- und Unterägypten , bestanden hätten; in Wahrheit aber führt es fast immer in die Irre, mythische Bilder von geschichtlichen Ereignissen her zu begründen, statt zu sehen, daß gerade umgekehrt die mythischen Bilder mindestens der Geschichtsdeutung, wo nicht sogar der Gestaltung der Geschichte selber zugrunde liegen[35]. Wenn im Alten Ägypten der Pharao als „Herr beider Länder" *(nb t3.wj)* bezeichnet wurde, so deshalb, weil die dualistische Weltsicht des Ägypters natürlich auch politisch eine Zweiteilung des Landes forderte[36]. Vor allem in *psychischem,* symbolischem Sinne wird man den Pharao, den Sohn Gottes, daher als „Vereiniger beider Länder" *(sm3.w t3.wj)* verstehen müssen, als eine Integrationsgestalt aller Gegensätze bzw. als die Personifikation des Menschen, durch den und in dem alle Widersprüche des Lebens und Erlebens in einer höheren Einheit aufgehoben sind.

Dementsprechend zeigt sich auch die *Sonnennatur* des Pharao buchstäblich in anderem „Licht". Denn nicht allein, daß in der Gestalt des Pharao der Himmel der Erde nahe ist – das menschliche Herz erscheint in ihm als „ausgewogen" auf der Waage der Maat, als im Einklang befindlich mit der Ordnung der Welt, und dies nicht durch eine glückliche Fügung des Schicksals, sondern in der Tat durch die Form einer jungfräulichen Geburt, durch die Hervorbringung einer neuen Gestalt des Menschen im Akt der *Bewußtwerdung* – mythisch gesprochen: durch eine Selbstzeugung der Sonne in menschlicher Gestalt. So wie nach ägyptischem Glauben die Sonne am Morgen in der Gestalt eines Kindes aus dem Schoße der Himmelsgöttin Nut zu neuem Leben geboren wird[37], so verkörpert die Person des Gottessohnes auf dem Thron von Theben die Gestalt eines durch die zwölf Stunden der Nacht gegangenen, durch Kampf mit den Mächten der Finsternis bewährten, durch die sonnenhelle Klarheit des Geistes neu geborenen Menschen, dessen Wesen nicht mehr von „unten", sondern nur noch von „oben" her verstehbar ist, um die Worte Jesu aus dem Gespräch mit Nikodemus zu gebrauchen (Joh 3, 3).

Will man zusammenfassen, was die Ägypter von der göttlichen Natur des Pharao dachten, so gibt es gewiß keinen schöneren Text als den an verschiedenen Tempeln und Gräbern Oberägyptens aufgezeichneten Hymnus auf den König als Priester der Sonne; der Lobgesang schließt mit den Worten:

> Re hat den König N eingesetzt
> auf der Erde der Lebenden
> für immer und ewig *(n-nḥḥ ḥn^{c}-ḏ.t);*
> beim Rechtsprechen den Menschen, beim Zufriedenstellen der Götter,
> beim Entstehenlassen der Wahrheit, beim Vernichten der Sünde;
>
> er gibt den Göttern Opferspeise,
> Totenopfer den Verklärten.
>
> Der Name des Königs N *(jw rn n-njśwt N)*
> ist im Himmel wie (der Name des) Re (wie die Sonne)
> *(m-p.t mj R^{c});*
> er lebt in der Herzensweite *(jw ^{c}nẖ-f m 3w.t jb)*
> wie Re Harachte *(wie der Sonnengott) (mj R^{c} ḥr.w 3ẖ.tj).*
>
> Die Menschen *(p^{c}.t)* jubeln, wenn sie ihn sehen,
> das Volk *(rhj.t)* bereitet ihm Ovationen
> in seiner (kultischen Rolle) des Kindes.[38]

„Der König begegnet dem Gott (sc. Re, dem Gott der Sonne, d. V.) in dessen eigener Gestalt und nimmt so durch die Ausübung des Kults am Schicksal des Gottes, seiner Verjüngung und Widergeburt, teil."[39]

d) Wessen Kind ist ein Mensch oder: das ewige Zeugnis der Liebe

Ist dies der Hintergrund, so wird man an die „Gottessohnschaft" Christi nur auf eine Weise glauben können, die in der Tat uns selber dazu befähigt, „Kinder des Lichtes" zu werden.
Wessen Kind ist ein Mensch?
Die Ägypter waren es, die als erste in der Person des Pharao der Ahnung Ausdruck verliehen, daß wir einen Menschen nicht hinlänglich verstehen, solange wir ihn nur als Kind seiner Eltern bezeichnen. Menschen sind wesentlich nicht die Summe aus Biologie, Psychologie und Soziologie, so daß es, um einen Menschen zu verstehen, genügen würde, die Erbanlagen, Erziehungseinflüsse sowie die gesellschaftlichen Bedingungen seines Lebens zu kennen. Wenn das ägyptische Bild von der Geburt eines Menschen aus dem Licht des Himmels zutrifft, so gilt es prinzipiell, den Menschen anders zu sehen denn nur als „Erdgeborenen". Solange ein Mensch wesenhaft nichts ist als „geboren aus dem Verlangen des Fleisches und dem Verlangen des Mannes" (Joh 1, 13), wird er sich stets nur betrachten können als einen vergänglichen Teil der Natur, dumpf dahindämmernd und ausgeliefert nach innen wie nach außen, ein Spielball der eigenen Triebregungen und der jeweils stärksten Einflüsse der Umgebung, ein rechter Bewohner der „Finsternis", das gerade Gegenstück eines Menschen der Sonne – ewig Produkt, nie produktiv, stets Kreatur, nie kreativ, eine vorgestanzte Gestalt ohne jede Gestaltungskraft. In der ägyptischen Vision eines königlichen Menschen hingegen erscheint unser Dasein wie etwas vom Himmel auf die Erde Herabgestiegenes, erfüllt vom Lichtglanz der Sonne, geboren zur „Weite des Herzens wie Re" *(ȝw.t jb mj Rᶜ)*, ausgespannt in einem Ozean des Glücks zwischen Aufgang und Untergang und die ganze Welt zu Füßen liegend. Unser kurzes irdisches Dasein, mit den Augen der Sonne betrachtet, mutet an wie eine Leihgabe des Himmels an die Zeit. „Bemühe dich", so müßte man das Mythem von der Gestaltung des menschlichen Wesens auf der Töpferscheibe des Gottes *Chnum* erläutern, „in dem Menschen, der dir gegenübertritt, ein vollendetes Kunstwerk zu erblicken, dessen Original im Himmel aufbewahrt bleibt, erhaben über Zerfall und Tod, entrückt allem Unheil und von Verwesung unberührt." Was wir auf Erden erleben, wird stets nur begrenzt unser wahres Wesen zum Vorschein bringen und vieles davon eher unterdrücken als entfalten; um so wichtiger, daß wir uns selbst und den anderen auf dem Hintergrund derjenigen Gestalt zu betrachten lernen, als die der Gott *Chnum* unseren Leib und unsere Seele geformt hat. Über dem Haupt eines jeden Menschen ruht ein solcher Abglanz des Himmels; über dem Leben eines jeden breiten sich die gnädigen Flügel der Göttin *Maat* und die schützenden Flü-

gel der Göttin *Mut*, und ein jeder ist dazu berufen, in einem Akt zweiter Geburt den Thron seines Lebens zu besteigen und für sich selbst den Anspruch eigener Souveränität, Entscheidungsvollmacht und Freiheit unmittelbar aus den Händen des Wind- und Geistgottes *Amun* zu empfangen. „Denn der Geist weht, wo er will; du hörst seine Stimme, aber du weißt nicht, woher er kommt und wohin er geht. So ist jeder, der aus dem Geist geboren ist" (Joh 3, 1). Diese ganz und gar ägyptischen Worte sind wie ein später Nachhall der uralten ägyptischen Vision unserer wahren Herkunft und Zukunft: Kinder des Lichts und des Windes sind wir, frei geborene, geistdurchwehte, bewußtseinserleuchtete Wesen ohne Grenzen, nahe dem unsichtbaren Geheimnis des Himmels, das Sublimste an „Stoff", das auf Erden erscheinen konnte[40].

Vielleicht vermag eine kleine Episode aus JOSEPH ROTHS Roman *Die Flucht ohne Ende* negativ zu verdeutlichen, was mit dieser „zweiten Geburt", dem „Thronbesteigungsfest" des Lebens, der königlichen Herkunft aus Licht und Geist, an Erfahrungen verbunden sein kann. Als der österreichische Oberstleutnant Franz Tunda Jahre nach dem Ende des 1. Weltkriegs aus Rußland nach Hause zurückkehrt, findet er im Wien der 20er Jahre eine inzwischen schon wieder arrivierte Gesellschaft vor, die sich vollkommen an die Spielregeln ihrer Entfremdung ausgeliefert und gewöhnt hat. Gleichwohl kommt in einer abendlichen Runde die Sprache auf das Leben Tundas in Baku – einer wunderbaren Stadt: „Wenn sich ein Wind in Baku erhebt ..." Das Gespräch ödet zunächst weiter in den Bahnen der üblichen Konversation dahin, als ein Textilfabrikant noch einmal das Wort von dem Wind in Baku aufgreift. „Ich habe ganz genau verstanden, was Sie ... gemeint haben. ... Jeder lebt hier nach ewigen Gesetzen und gegen seinen Willen. Natürlich hat jeder einmal, als er anfing, beziehungsweise, als er hierherkam, seinen eigenen Willen gehabt. Er arrangierte sein Leben, vollkommen frei, niemand hatte ihm was dreinzureden. Aber nach einiger Zeit, er merkte es gar nicht, wurde, was er aus freiem Entschluß eingerichtet hatte, zwar nicht geschriebenes, aber heiliges Gesetz und hörte dadurch auf, die Folge seiner Entschließung zu sein. Alles, was ihm nachträglich einfiel und was er später ausführen wollte, mußte er gegen das Gesetz durchdrücken, oder er mußte es umgehen. Er mußte warten, bis es gewissermaßen die Augen vor Übermüdung einen Augenblick schloß. Aber Sie kennen das Gesetz ja noch gar nicht. – Sie wissen ja noch gar nicht, wie furchtbar offene Augen es hat, an den Brauen festgeheftete Augenlider, die niemals zuklappen."[41] „Wenn Sie anfingen, aus freiem Willen ein guter Familienvater zu sein, glauben Sie, daß Sie jemals aufhören können? ... Als ich hierherkam, hatte ich viel zu tun, ich mußte Geld beschaffen, eine Fabrik einrichten ... ich hatte keine Zeit für Theater, Kunst, Musik, Kunstgewerbe, religiöse Gegenstände, israelitische Kultusgemeinde, katholische Dome ... Ich wurde also sozusagen ein Grobian oder ein Mann der Tat, man bewunderte meine Energie. Das Gesetz bemächtigte sich meiner, befahl mir Grobheit, unbekümmertes Handeln ... Das Gesetz! Glauben Sie, der Wind in Baku interessiert mich nicht mehr als das Petroleum? Aber darf ich Sie nach Winden fragen? Bin ich Meteorologe? Was wird das Gesetz dazu sagen? – So wie ich, lügen alle Menschen. Jeder sagt das, was

ihm das Gesetz vorschreibt ... Sie können, wenn Sie in ein Zimmer treten und die Menschen ansehen, sofort wissen, was jeder sagen wird. Jeder hat seine Rolle. So ist es in unserer Stadt. Die Haut, in der jeder steckt, ist nicht seine eigene. Und wie in unserer Stadt, ist es in allen, wenigstens in hundert größeren Städten unseres Landes."[42]
J. Roth hat an dieser bürgerlichen Ahnungslosigkeit gegenüber dem „Wind von Baku" bis zu seinem Tode gelitten – ein wunderbarer Märchenerzähler, der sich ständig rieb an den Wänden der Phantasielosigkeit, der moralisch verbrämten Gefühlsabstumpfung, der Heuchelei und der Herzensenge. Wozu könnte ein Mensch fähig sein, wenn er seiner wahren Sonnennatur inne würde und die Flügel seiner Seele dem Wind des Lichtes öffnete! Eines jeden Menschen Berufung wäre es, auf dem Thron des Goldhorus Platz zu nehmen, und gewiß wäre ein solches Fest der Thronbesteigung identisch mit einer zweiten Geburt aus dem Geist und der Wahrheit, wie das Johannesevangelium sagt (Joh 3,8; 1 Joh 3, 9), ein Augenblick, da offenbar wird, wessen „Kinder" wir eigentlich sind.
Freilich, wieviel an innerer Freiheit gehört dazu, diesen Schritt zu einer eigenen Würde und inneren Souveränität wirklich zu vollziehen – eine *Tathandlung* im Sinne J. G. Fichtes, die den Menschen allererst als „Ich" erschafft und erscheinen läßt[43], indem sie ihn aus der verwalteten Herde des Allgemeinen heraushebt! Und wieviel an Angst muß bestanden werden, ehe jemand es wagt, als „Vereiniger beider Länder" die inneren Gegensätze, statt sie zu leugnen und zu verdrängen, in sich selber so zu integrieren, daß er von ihnen getragen wird wie von dem Thronsitz eines Königs!
Und doch geht es bei diesem entscheidenden Schritt der Menschwerdung nicht um „Mut" und „Entschlossenheit", sondern um die alles verwandelnde Erfahrung, unter den Flügeln der Maat leben zu dürfen und, wie es die Beischrift in der Verkündigungsszene zwischen Thot und der Königinmutter Iahmes besagt, „eine Geliebte des Horus" zu sein (S. 167). Keinesfalls ist die Verkündigung der göttlichen Herkunft des Menschen nur ein Akt der Bewußtwerdung, sie ist vor allem eine Erfahrung der Liebe, und gerade hier gilt es wie nirgends sonst, das psychoanalytische Deutungsschema sowohl zu bestätigen als auch zu korrigieren.
Die frühe Psychoanalyse hat mit ebensogroßer Einseitigkeit wie Berechtigung die Meinung vertreten, das Dogma der jungfräulichen Geburt des Gottessohnes bilde eine durch und durch *ödipale* Vorstellung. Daß eine Jungfrau vom Heiligen Geist schwanger werde, deutete E. Jones[44] als Rest infantiler Sexualphantasien, wonach es die intestinalen Gase seien, aus denen im Denken eines Kindes das Leben im Leib seiner Mutter gezeugt werde; unter dem Druck schwerer Ängste und Verdrängungen, meinte Jones, wirkten derartige Anschauungen in den Vorstellungen der Neurotiker auch später noch weiter, teils als fixierte Stellen der seelischen Entwicklung, teils als regressiv wiederbelebte Phantasien. Den eigentlichen Sinn der ganzen Konstruktion von der jungfräulichen Geburt eines gottgleichen Königssohnes aber sah die Psychoanalyse vor allem darin, die Rolle des Vaters beim Zeugungsvorgang zu leugnen und ihn somit als Konkurrenten des Kindes um die Liebe der Mutter auf magische Weise zu beseitigen:

der Sohn mache sich mit Hilfe derartiger Phantasien zu dem einzigen Geliebten, zu dem insofern göttlichen bzw. vergötterten Kind seiner Mutter, und im Sinne des *„Familienromans"*[45] diene es natürlich dem Narzißmus des Kindes, einen Gott als seinen Erzeuger an die Stelle des verhaßten Vaters zu setzen.
Bezogen auf die *ägyptischen* Texte, läßt sich diese Ansicht von der göttlichen Geburt des Pharao in der Tat vorzüglich damit begründen, daß der mythischen Vorstellung nach der Gott Amun selbst, wie wir gehört haben, die Gestalt des Gemahls der Königsmutter annimmt, um an seiner Statt den neuen Gottessohn zur Welt zu bringen[46]. Ähnliches berichtet im übrigen auch die berühmte griechische Sage von Alkmene, der Mutter des Herakles, die in der Nacht, als ihr Gemahl Amphitryon aus dem Trojanischen Kriege zurückkehrte, nicht sowohl ihren sterblichen Mann als vielmehr den Himmelsgott Zeus in die Arme schloß[47]. Wohl darf man diesen „Amphitryon-Komplex" gewiß nicht nur als eine (triebzielgehemmte) Phantasie des Sohnes deuten, sondern man wird darin zugleich auch eine äußerst gesteigerte Wunschphantasie der Mutter selbst erkennen müssen, die nicht nur ein göttliches Kind, sondern vor allem auch einen göttlichen Gemahl ihr eigen nennen möchte; auch dann aber liegt psychoanalytisch die Annahme bei der Hand, die Mutter tröste sich mit derartigen Wünschen von Sohn und Gemahl lediglich über die realen Einschränkungen und Entbehrungen hinweg, die ein frustrierender Gatte ihr während des Ehealltags bereite, und sie benötige förmlich ein göttliches Kind an ihrer Seite, um sich für die Liebesunfähigkeit ihres Mannes schadlos zu halten.
Es ist nicht zu bestreiten, daß eine solche psychoanalytische Deutung des Mythems von der göttlichen Geburt eine Menge wahrer Hinweise enthält – *alle* Dinge, die S. Freud gesehen hat, gibt es wirklich. Insbesondere steht außer Frage, daß in der christlichen Theologie und Frömmigkeitsgeschichte – zum Teil wohl unter dem Einfluß buddhistischer Vorstellungen, wie wir sie weiter unten noch aufführen werden (S. 119), gerade die Lehre von der Jungfrauengeburt den Nährboden und die ideologische Rechtfertigung für sexuelle Verdrängungen, wahnhafte Ängste, nicht endende Schuldgefühle und masochistische Idealbildungen aller Art abgegeben hat. Die Muttergottes als *Jungfrau* zu verehren bedeutete im Christentum keinesfalls mehr, wie im Alten Ägypten, eine absolute Reverenz vor dem königlichen Gottessohn, völlig unerachtet der sonstigen Familiengeschichte oder gar des Liebeslebens der Königsmutter; es bedeutete nunmehr, in der Gestalt Mariens zu einem reinen, weil geschlechtslosen Bild der Frau aufschauen zu dürfen und zu sollen. Ist die Jungfrau Maria die einzig Sündenlose unter den Sterblichen, so scheint sich zwar nicht logisch, wohl aber psychologisch die Folgerung unausweichlich zu ergeben, daß eben der Verlust der Jungfräulichkeit, der Eintritt in die Geschlechtsreife, mithin das sexuelle Erleben selbst, die Sünde schlechthin darstelle. In der Tat war vor allem *die Erbsündenlehre* der christlichen Theologie von Elementen der Sexualangst und Triebfeindlichkeit niemals gänzlich freizusprechen. Die Jungfrau Maria als Mutter des Erlösers wurde der Eva des Paradieses, der Mutter aller in Sünden Geborenen, gegenübergestellt, und während

hier ein hehres Ideal übernatürlicher Tugend gemalt wurde, erschien im Kontrast dazu die „Naturhaftigkeit" des Weiblichen nur um so mehr als Versuchung zu Ausschweifung und Laster. – Max Beckmann[48] hat 1917 ganz im Stil dieser Auffassung die Szene des „Sündenfalls" als das ewige Drama zwischen Mann und Frau dargestellt: auf den Symbolismus der verbotenen Frucht verzichtend, malte er in (damals noch) schockierender Offenheit die Gestalt einer Frau, die, in gleicher Blickrichtung wie die Schlange, dem Manne ihre Brust entgegenhält, während dieser in qualvollem Widerspruch hilflos der Magie der Begierde verfällt – ein Menschenpaar, das die eigene Triebwelt wie eine Kränkung, ja wie eine Krankheit mehr erleidet als erlebt, verflucht zu der Sünde, Mensch sein zu müssen. Alles, was S. Freud zu diesem Thema geschrieben hat, erscheint auf dem Bilde Max Beckmanns wie eine einzige Abrechnung mit der neurotischen Pathologie christlicher Theologie und ihrem mit heiligen Phrasen kaschierten Zwang zur Unnatur.

Doch so berechtigt diese tiefenpsychologische Kritik an der christlichen Frömmigkeitsgeschichte mit ihrem Madonnenideal auch ist[49], man darf nicht übersehen, daß die psychoanalytische Lehre vom Ödipuskomplex sich zwar ausgezeichnet dazu eignet, alle möglichen Ausformungen und Verformungen der menschlichen Psyche innerhalb *patriarchalischer* Gesellschaftsstrukturen zu beschreiben und zu verstehen, daß sie aber die Psychologie matriarchaler Kulturen nicht in gleichem Maße zu würdigen versteht und insbesondere religiösen Symbolbildungen gegenüber einen eher destruktiven Standpunkt einnimmt. Auf diese Weise läßt sich ohne Zweifel das Uneigentliche, Verschleiernde, Kitschig-Krankhafte einer Religion in deutlichen Konturen sichtbar machen, aber der ursprüngliche, nicht-mißbräuchliche Sinn religiöser Symbolsprache muß dabei doch weitgehend zurücktreten, wo nicht verzerrt werden. Tatsächlich hat das Dogma der jungfräulichen Geburt des Gottessohnes, wie wir gesehen haben, mit dem christlichen Keuschheitsideal ursprünglich nicht das geringste zu tun, und schon um dieser recht befreienden Erkenntnis willen dürfte unsere ägyptische Exkursion von beträchtlichem Gewinn sein. Deutlich ist ferner, daß die Vorstellungswelt eines solchen Glaubens durchaus *matriarchalisch* geprägt ist und man sie also gewiß nicht primär von den Problemen des (patriarchalisch begründeten) Ödipuskomplexes her verstehen kann. Was bleibt, ist gleichwohl eine äußerst wichtige Erfahrung, auf welche die Psychoanalyse zu Recht hinweist: daß es *allein der Liebe* möglich ist, einen anderen Menschen so zu sehen, wie die ägyptischen Symbole einen „königlichen", einen „göttlichen" Menschen beschreiben.

Denn einzig den Liebenden verdichtet sich in der Gegenwart des anderen so sehr alle Bedeutung des Lebens und aller Wert der Welt, daß sie schon hier auf Erden vermeinen, in seiner Nähe dem Himmel nahe zu sein; einzig den Liebenden erscheint die Anwesenheit des anderen wie die Barke der Sonne am Gestade der Ewigkeit zur Überfahrt in die nie verlöschende Welt des Lichts[50]; und einzig die Liebenden werden sich fühlen, wie wenn über den Jaru-Feldern des Himmels an den Ufern des überirdischen Nils die Sonne im Singen der Sphären sich zu einem unvergänglichen Morgen erhöbe ohne Mühsal und Plage. *Mnj* – „landen“ nannte der Ägypter den Vorgang des *Sterbens,* und er zeichnete als Determinative zu der Hieroglyphe eines Landepflocks zusätzlich einen Mann, der mit einem Prügel zuschlägt – denn immer ist der Tod ein Gewaltakt [51], – und daneben eine Statue des Osiris, denn es geschieht nach ägyptischem Glauben im Tode, daß der Mensch sich selbst in Osiris verwandelt, so wie die Christen darauf vertrauen, im Augenblick des Todes dem auferstandenen Christus zu begegnen (Röm 14,7–9). Aber wenn ein Mensch *im Tod zu Osiris* wird, so kann man sagen, daß er *mitten im Leben in der Liebe zum Kind der Sonne* wird, so weit und hell wird sein Herz. Nur in der Liebe drängen sich die Namen förmlich wie von selbst auf die Lippen, mit denen der Ägypter den König als den Mittelpunkt seines Daseins bezeichnete: „die lebende Sonne“ oder „das (auf Erden) lebende Abbild Gottes“ [52]. Tut-anch-Amun z. B., der geschichtlich so unbedeutende, archäologisch aber so überaus bekannte Pharao des Alten Ägyptens, trug diesen zauberhaften Namen unter seinem Sonnensohn-Titel: „lebendiges Abbild Amuns“ *(twt ᶜnḫ Imn),* während seine Gemahlin den Namen „Anches-en-Amun“ (*ᶜnḫ-ś n Imn* – sie lebt für Amun) trug [53]. Für einen jeden Menschen, der liebt, erscheint der andere wie das kostbarste Kunstwerk des Himmels, wie das vornehmste Abbild des Göttlichen, wie ein Sakrament, dessen leibhaftige Erfahrung alle Seligkeit des Paradieses verheißt und vorwegnimmt.

Niemals hören daher die Liebenden auf, einander mit Worten zu benennen, die in ihren Bildern und in dem Wunsch einer endlosen Wiederholung der Lauretanischen Litanei entnommen sein könnten, so wenn der Ägypter die Frau seiner Zuneigung bezeichnen konnte als : „Die Goldene erquickt das Herz … Der Neujahrsstern … Einzige Herrin – Die Goldene in der Knospe … Schöne Wahrheit – Die am Himmel erschien – Schön ist der Himmel-Nordwind (sc. die Kühle, d. V.) – Haus des Mondes – Königin in Ewigkeit.“ [54]

Immer sind wahrhaft religiöse Lieder Liebeslieder, und immer auch sind wahre Liebeslieder an die Macht der Liebe im Hintergrund alles Geschaffenen gerichtet. Unser Herz besitzt offenbar nur diese eine Kraft, die durch das Tal der Bedürftigkeit in der Gestalt eines einzelnen menschlichen Gegenübers sich in das Meer der Unendlichkeit verströmen will, und jede Unterdrückung der Liebe, so fromm und moralisch, so rein und heilig, so sittsam und sittig sie sich auch gerieren mag, ist immer auch eine Form der Gottesverleumdung und Gottesverleugnung. In den Augen der Liebe haben *die Märchen* recht, wenn sie den Weg der Liebe als eine Suchwanderung nach einem Königssohn beschreiben, der am Ende der Welt darauf wartet, in seiner wahren Natur entdeckt zu werden, und wenn sie schildern, wie die Geliebte in der Brautnacht sich in das Gewand der Sterne, des Mondes und der Sonne hüllt [55], ganz als wäre sie selber die Verkörperung der Himmelsgöttin Nut. Alle Schönheit des Himmels, alle Güte der Welt, aller Segen des Göttlichen versammelt sich in dem Menschen, den wir am meisten lieben. Nirgendwo sind Erfahrungen dieser Art im Alten Ägypten großartiger dargestellt worden als in der sensiblen Poesie und individuellen Zartheit der *Amarna-Kunst,* dieser einzigartigen Religion der Sonne während der Regierungszeit

Die Verkündigung und jungfräuliche Geburt des Gottkönigs

Reliefzyklus in der Geburtshalle im Totentempel der Königin Hatschepsut in Deir el-Bahari, 15. Jh. v. Chr.
Grafik von Abdel Gaffar Shedid
Ausführliche Besprechung der Bilder und Übersetzung nebst Umschrift des Textes auf Seite 167

König Tut-anch-Amun und seine Gemahlin Anches-en-Amun in ihrem Palastgarten

Truhendeckel aus dem Grab des Tut-anch-Amun im Tal der Könige in Theben-West. Elfenbein-Intarsienarbeit, 14. Jh. v. Chr. (Ausschnitt, ca. 13 × 20 cm) Ägyptisches Museum, Kairo

Amenophis' IV., *(Imn ḥtp[w]* – Amun ist zufrieden), des *Echnaton (3h[w]-n-Itn* – der nützlich bzw. wohlgefällig ist für die Sonnenscheibe)[56]. Ein wunderbares Gefühl des Vertrauens und der Geborgenheit spricht daraus, wenn einfache Szenen des Familienlebens jetzt zum Erscheinungsort des Göttlichen werden. So sieht man z. B. den König und seine schöne Gemahlin Nofretete *(nfr.t jtj* – die Schöne ist gekommen) auf gepolsterten Thronen, geschmückt mit dem Zeichen der Vereinigung beider Länder, einander gegenüber sitzen: die Königin, in ihrer zerbrechlich wirkenden Gestalt, mit einem überlangen Hals, mit feingliedrigen Händen und Armen, streichelt den Kopf der vor ihr stehenden Tochter Meritaton *(mrj.t-Itn* – die Geliebte der Sonnenscheibe), die gerade mit erhobenen Armen ein Ohrgehänge aus den Händen ihres Vaters empfängt; auf ihren Knien steht ihre zweitälteste Tochter Meketaton *(mk.t Itn* – Schutz ist Aton), die zärtlich mit der lang ausgestreckten Hand das Kinn der Königin streichelt, während die jüngste, Anchesenaton (die spätere Gemahlin des Tun-anch-Amun), auf ihrem Schoß sitzt und sich unter die schützende Linke der Königin birgt. Die gesamte Familie wird umhüllt von den Strahlenarmen der Sonne, die sich segnend und schützend, ganz wie die königlichen Hände selbst, über die Menschen wölbt und ihnen das Anch-Kreuz in den Atemwind hält[57]. Die Sonne selbst, will diese Darstellung sagen, ist das Fluidum und Medium des Lebens, und es geschieht in der Gunst ihrer Güte, daß die Menschen in Liebe zueinander finden. So wie Amenophis IV. die Tempelinnenräume gradlinig, dem Licht zugewandt, gestaltete, so sah er auch das menschliche Leben in allen Facetten durchflutet von Licht[58]; er selber war der Hohepriester dieser Religion der einzig göttlichen Sonne, und wiederum ist es die Wärme der Liebe, die das menschliche Herz zum Himmel hin öffnet und in dem anderen einen Priester der Sonne erkennen läßt. Allein in der zauberischen Magie der Liebe fließen einem Menschen Kräfte zu, durch die die ganze Welt sich wandelt.

Immer wird daher in der Gestalt eines Menschen der Liebe etwas vom Wesen des Göttlichen sichtbar, und wer hätte dies besser gewußt als das Volk der Ägypter, diese bilderseligste und abbildungsmächtigste aller Religionen der Erde? Schwerlich wird man in der Literaturgeschichte der Völker einen liebreicheren und geistvolleren Hymnus finden als das Liebeslied auf den Wind-Geistgott Amon aus einem Thebanischen Grab:

„Ich wünsche dich zu sehen, Herr der Perseabäume,
wenn deine Kehle den Nordwind bringt.
Du gibst Sättigung, ohne daß man ißt.
Du gibst Trunkenheit, ohne daß man trinkt.

Mein Herz möchte auf dich sehen.
Mein Herz ist froh, Amon, du Schützer der Waisen.
Du bist der Vater der Mutterlosen.
Du bist der Gatte der Witwe.

Lieblich ist es, deinen Namen zu nennen.
Es ist wie der Geschmack des Lebens.
Es ist wie der Geschmack von Brot für ein Kind,
wie ein Tuch für einen Nackten.

Du bist wie der Duft eines Baumgartens
zur Zeit der Hitze.
Du bist wie eine Blume ...
...
Du bist wie der Geschmack des Eides auf den Herrscher,
die Luft für einen, der im Gefängnis ist.
...
Gib Freude in das Herz der Menschen.
Wie freut sich das Gesicht, das dich sieht.
Amon, es ist täglich im Fest."[59]

Kann man schöner auch ausdrücken, was in den Psalmengebeten und Prophetentexten immer wieder anklingt: daß Gott die Waisen und Witwen beschützt und die Nackten bekleidet? (Ps 10, 14; 68, 6; Hos 14, 3; Jer 49, 11 u. ö.) Kann man schöner die Wahrheit ausdrücken, die jede Religion in ihrer Tiefe durchzieht: daß wir „Gottes Geschlecht" sind und in Gott „leben und uns bewegen" wie in der Luft, die wir atmen (Apg 17, 28.29)? Es zählt zu den großartigen Verheißungen des Neuen Testamentes, es werde am Ende der Zeiten, im himmlischen Jerusalem, *keinen Tempel mehr* geben, sondern Gott selbst werde der Tempel sein (Apk 21, 22). Noch leben wir auch im Christentum in einer Religion, die heilige Bezirke vom alltäglichen Leben aussondern muß, damit Gott darinnen wohne und sich finden lasse. Die Sonnenreligion Echnatons versuchte demgegenüber das Göttliche zu beschreiben als einen Tempel aus Licht, der alle Bereiche des Lebens segnend durchfließt und umschließt; und auch den Satz der Geheimen Offenbarung, die Stadt des heiligen Jerusalems bedürfe nicht der Sonne noch des Mondes, denn Gott selber sei ihr Licht (Apk 21, 23), hätte ein Pharao wie Echnaton verstanden: seiner neu erbauten Stadt Achet-Aton (dem heutigen Amarna) gab er selber feierlich den Namen „Horizont (Lichtland) der Sonnenscheibe" *(3ḫ.t Itn)*[60], wie um zu sagen: Menschen brauchen einen Ort, an dem sie ganz im Lichtglanz Gottes leben; als Kinder des Lichtes sind sie nur in der Heimat des Lichtes wirklich zu Hause, und eines Königs, eines Priesters Auftrag ist es, den Menschen eben diese Stelle der Erde zu zeigen, an der Himmel und Welt miteinander verschmelzen – eine Hochzeit des Lichts im Aufgang und Niedergang der Sonne, ein nicht endender Austausch von Gebet und Erhörung, von Lobpreis und Segen, von Sehnsucht und Erfüllung. Wer solcher Weise den Himmel zur Erde herabruft und die Erde zum Himmel erhebt, verdient in Wahrheit den Titel „Sohn der Sonne", „Kind des Lichtes", „lebendes Abbild Gottes", „Gottes Sohn". – Verdient diesen Titel der *Pharao?*

e) Die Mächtigen des Reiches und der König der Könige

Das gesamte Konzept des Sohnes Gottes, der von einer Jungfrau, überschattet von Geist und Licht (von Amun-Re), zur Welt geboren wird, war, wie wir sehen, *als Idee* Jahrtausende vor dem Christentum im Alten Ägypten bereits vollendet ausgeprägt und lebte in kultischen Handlungen als lebendige Wirklichkeit. Hätte man die altägyptischen Theologen vor die Aufgabe gestellt, ihren Glauben in Begriffen der griechischen Philosophie wiederzugeben, so hätten sie dieses Ansinnen vermutlich als Barbarei zurückgewiesen und darin nicht zu Unrecht das Ende lebendiger Religiösität erblickt, – erst als die altägyptische Religion stirbt, beginnt man z. B., den Osirismythos aufzuschreiben; jeder Kult , den man mit Erklärungen stützen muß, weil er sich nicht von selbst versteht, ist dem Greisenalter nahe und geht dem Tod entgegen. Aber wenn die altägyptischen Theologen dennoch wider besseres Wissen ihre Mysterien logisch konsequent miteinander zu verknüpfen und in die Begriffssprache abstrakter Theoreme zu übersetzen versucht hätten, so würden sie ganz sicher zu gerade den Ausformulierungen gelangt sein, zu denen wir im Erbe ihrer Symbolvorlagen ca. 1500 Jahre später (d. h. nach einer Zeit, doppelt so lang wie der Zeitraum zwischen Mose und den Makkabäern, der gesamten Zeit also des Alten Testamentes!) die frühchristlichen Theologen Alexandriens gelangen sehen. Kein christlicher Glaube kann zu historischer Unredlichkeit nötigen; und so muß man dankbar anerkennen, daß die Theologie der Gottessohnschaft vom Christentum nicht originär entwickelt, sondern übernommen wurde. Der Zentralbegriff des christlichen Glaubens verdankt sich nach dem Gesagten der großen, dreitausendjährigen Religion am Nil, und er stellt – neben der zugehörigen Unsterblichkeitslehre der Osirisreligion – das großartigste Geschenk des Geistes dar, welches das Alte Ägypten dem aufkommenden Christentum hinterlassen konnte. Ja, in gewissem Sinne ist das Christentum selbst eine neue Verkörperung der alten Religion des Lichts, der neue geschichtliche Auferstehungsleib des Amun-Re *im Moment der Geburt* und des Osiris *im Augenblick des Todes.* Es ist äußerst wichtig zu sehen, daß *auf der Ebene der Symbole* das Wort des *Predigers* sich bestätigt: „Was war, das wird sein, und was geschah, wird wieder geschehen, und es gibt kein Neues unter der Sonne. Und sagt zu mir jemand: Sieh da, ein Neues, so ist es vor Äonen schon gewesen, die längst vor uns waren" (Koh 1,9–10). Die wesentliche Dynamik der Religionsgeschichte besteht nicht in der „Erfindung" neuer Ausdrucksgestalten – wenn irgendeine Religion Göttliches meint und bezeichnet, so einzig im Lichteinfall der ewig gleichen (archetypischen) Gestalten in den „Fenstern" der menschlichen Seele; die ganze Spannung, der wirkliche Reichtum, das eigentlich Neue der Religionsgeschichte hingegen ereignet sich *auf der Ebene der Interpretation* der Symbole, und *hier* hat das Christentum in der Tat etwas entscheidend Neues als *seine* Offenbarung im Kontext des Symbols der Gottessohnschaft sichtbar zu machen gewußt.

Was geschieht, wenn wir Jesus Christus als „Gottes Sohn" bezeichnen?
Deutlich ist, daß wir damit nicht „objektiv", sozusagen ein für allemal, das Wesen Jesu Christi „definieren", sondern daß wir hier mit einem archetypisch vorgegebenen Begriff ein Feld von Erfahrungen zu beschreiben versuchen, deren symbolischer Ausdruck sich in der Vorstellung von der jungfräulichen Geburt des Gottessohnes verdichtet. Wer sagt: „Ich glaube an Jesus Christus, Gottes eingeborenen Sohn", bekennt sich im Grunde dazu, daß er in seinem Leben all die Erfahrungen mit Christus gemacht hat, die der Alte Ägypter mit der Person des Pharao verband – mindestens drückt er die Hoffnung aus, es werde ihm in seinem Leben vergönnt sein, die entsprechenden Erfahrungen machen zu *können*. In der Gestalt des ägyptischen Gottkönigs erwachte zum ersten Mal in dieser Ausdrücklichkeit das Bewußtsein einer absoluten Würde und Freiheit des Menschen, einer zweiten Geburt aus der lebenspendenden Kraft von Amun-Re, von Geist und Licht, eines Neubeginns der „Versöhnung" und der „Vereinigung" „beider Länder", eines Ausgleichs also aller Lebensgegensätze auf der Waage der Weltordnung, einer Gotteskindschaft ewigen Lebens „in Zeit und Ewigkeit" *(n nḥḥ ḥnᶜ ḏ.t)*[61]. Auch dies muß unerläßlich zu der Vision des „Sohnes der Sonne" hinzugefügt werden: daß er, der vom Himmel herabgestiegen ist, auch zum Himmel „aufsteigen" wird (vgl. Eph 1,20.21), als „Erster der Entschlafenen" *(ḫntj jmntjw* – der Erste der Westlichen), wie die Ägypter von *Osiris*[62], die Christen aber gleichsinnig von *Christus* sagten (1 Kor 15,20), und es ist ein und dasselbe in sich zusammengehörige Bekenntnis, an die göttliche Natur des Christus zu glauben und in ihm den Quell der Unsterblichkeit zu sehen. Wenn das christliche Glaubensbekenntnis nach 1 Petr 3,19 lehrt, Christus sei nach seinem Tode in die Unterwelt hinabgestiegen, ehe er vor den Augen der Jünger in den Himmel entrückt wurde (Lk 24,50–53; Apg 1,4–14), so sieht man förmlich die altägyptischen Bilder dieser Szenerie im Hintergrund noch vor sich, wie die Barke der Sonne durch die Nacht gleitet, um des Morgens in neuem Glanz über den Ozean des Himmels zu fahren. Nur ein Mensch, dessen Herz in der Nähe Christi so weit geworden ist wie der Himmel zwischen Sonnenaufgang und Untergang, wird Christus als den „Sohn Gottes" bezeichnen können, und er sagt damit aus, daß er die Gestalt Jesu in der Tat erfahren hat als „Licht in der Finsternis" (Joh 1,5), als den entscheidenden Punkt einer Wandlung seines Lebens von Aussichtslosigkeit in Zuversicht, von Verzweiflung in Vertrauen, von Traurigkeit in Freude; eben deshalb nimmt für ihn Jesus Christus *die* Stelle ein, die in der Religion der Alten Ägypter mit dem Titel „Sohn der Sonne" bezeichnet wurde. Nur wenn ihm die Gestalt Jesu Christi so begegnet (ist), daß er sich selbst dabei wie „neugeboren" erlebt, kann er den Mann aus Nazareth als „(wieder-) geboren aus der Jungfrau" glauben. Und nur wenn jemand die Gestalt Christi als eine Chance entdeckt, noch einmal ganz von vorne anzufangen und ein Leben zu beenden, das sich in Wahrheit ausnimmt wie ein langes Sterben, wird er die Person Christi als göttlich bezeichnen können. Denn was wäre Gott, wenn nicht der Ursprung des Lebens, die Quelle des Lichtes, die Bedingung der Wahrheit (Joh 8,12; 14,6)?
Insofern können etwa *die Wundererzählungen* des Neuen Testamentes[63] als Beispiele für derartige Erfahrungen gelten, die ein Mensch machen kann und muß, um Jesus als

Gottessohn kennenzulernen und zu bekennen. Für denjenigen, der in Christus wieder Mut gewinnt, sich auf die eigenen Beine zu stellen (Joh 5,1–9) und die eigenen, wie erstorbenen Hände wieder zu gebrauchen (Mk 3,1–6), der es in Christus wagt, an seine ursprüngliche Reinheit wieder zu glauben und sich anderen Menschen von neuem zuzumuten (Mk 1,40–45), der aus der Ohnmacht lähmender Schuld durch das Wort der Vergebung sich selber zurückgegeben wird oder dem sich das Leben öffnet, als verließe er wie ein schon fast Verwester die Höhle eines Grabes (Joh 11,1–45) – für denjenigen *ist* Christus der Sohn Gottes, der *s3 R*^{c} in der Sprache der Ägypter, der Ort, wo der Himmel der Erde nahe ist, der Hohepriester (Hebr 4,14–16), der König der Könige (Apk 17,14; 19,16). Immer werden auf diese Weise bestimmte Erfahrungen mit der Gestalt Jesu Christi durch einen Begriff gedeutet, der als mythische Chiffre seinen festen Platz in der Religion bereits des Alten Ägyptens besaß, und erst in Erweiterung dieses Begriffs wird es verständlich und innerlich notwendig, von Christus die gleichen Erzählungen über seine Geburt und seine Himmelfahrt zu überliefern, die man ursprünglich in der Person des ägyptischen Gottkönigs rituell beging.

Von daher stellt sich jetzt natürlich die Frage noch einmal neu, was denn den christlichen Glauben von der Religion der Alten Ägypter etwa unterscheidet.

Eines ist klar: der Glaube an die Gottessohnschaft eines Menschen selbst kann nicht den Unterschied zwischen dem Christentum und dem Pharaonenglauben der Ägypter begründen. *Auf der Ebene der Glaubenssymbolik selbst besteht vielmehr eine vollkommene Einheit* zwischen der Religion der Christen und der Religion der Alten Ägypter, ja, in *religionsgeschichtlicher* Sicht müßte man sogar von einer vollständigen Abhängigkeit des Christentums von der Religion des Alten Orients gerade in der Kernaussage der christlichen Glaubensüberlieferung sprechen, *wenn* sich nicht *religionspsychologisch* weit stärker noch an eine wirkliche Neuerweckung der entsprechenden uralten archetypischen Deutungsmuster geschichtlicher Erfahrungen denken ließe, wie sie – unabhängig voneinander! – in den Religionen der Völker *immer wieder* aufgetreten ist. Daraus folgt, daß es zunächst von seiten des Christentums her *nicht* möglich ist, den Wahrheitsgehalt z. B. der altägyptischen Religion in Zweifel zu ziehen: auch sie verfügt über Erfahrungen, die jenes Ensemble von Vorstellungen über die Gottessohnschaft eines königlichen bzw. priesterlichen Menschen aus den Tiefenschichten der menschlichen Psyche ins Bewußtsein zu fördern vermochten, und man muß sogar zugeben, daß die rituelle Ausformulierung der jeweiligen symbolischen Bilder im Alten Ägypten ungleich reicher und intensiver in Szene gesetzt wurde als in der relativ ausgedünnten Begrifflichkeit der christlichen Theologie; um den ganzen Inhalt und Beziehungsreichtum der Symbolik von Gottessohnschaft, Jungfrauengeburt, Engelverheißung u. a. kennenzulernen, ist es daher *für das Selbstverständnis des christlichen Glaubens ganz unerläßlich,* die entsprechenden religiösen Bilder im *Alten Ägypten* durchzumeditieren, da nur von dorther die Erfahrungsfelder bestimmt werden können, auf die das christliche Vokabular eigentlich hinweisen möchte. Und doch ist der Unterschied *in der Auslegung* der an sich identischen Gottessohn-Vorstellung zwischen Jesus Christus und dem ägyptischen Pharao an dieser Stelle unübersehbar und in der Tat jetzt von entscheidender Bedeutung. Man kann diese Differenz als den *Unterschied der personalen Vertiefung* bezeichnen.

Bereits G. W. F. Hegel hat es in seiner Geschichtsphilosophie sehr zu Recht als Prinzip des Alten Orients bezeichnet, daß hier ein einziger als frei gelte, während alle anderen unfrei seien[64]. Die Ursache für diese radikale Zentralisierung aller Entscheidungsvollmacht liegt freilich nicht, wie man zunächst vielleicht meinen könnte, in dem subjektiven Machtwillen des einzelnen Herrschers begründet – es ist vielmehr die symbolische Rolle selbst, die ihm jene gottgleiche Würde verleiht. Von daher kann man auch nicht sagen, der ägyptische Pharao habe sich seine absolute Machtfülle über andere Menschen *angemaßt;* es waren, wie S. Morenz hervorhebt, im Neuen Reich ganz im Gegenteil sogar die Könige selber, „die ... der Gottheit alle Macht zusprachen und zugleich menschlicher Ohnmacht das Wort redeten"[65]. Wenn man den König als Abbild Gottes verehrt, so im Sinne eines Kultbildes[66]. In der Zeit der Ramessiden z. B. wurden Gebete geformt, „die sich den unmittelbar erfahrenen transzendenten Gott als ihren Hirten erträglich, ja vertraut zu machen suchten. Damals wurden Lobpreisungen gedichtet, die als Hohelieder auf den guten Hirten gelten können und zum Teil bis in Einzelheiten an Wendungen des 23. Psalms erinnern: ‚Amun, Hirte, der sich früh um seine Rinder kümmert, der den Hungrigen zum Kraute treibt. Es treibt der Hirte die Rinder zum Kraute – Amun, du treibst mich, den Hungrigen, zur Speise, denn Amun ist ja ein Hirte, ein Hirte, der nicht träge ist.' Oder: ‚Wie schön ist dein Erscheinen, Re, mein Herr, der handelt als Hirte in seinem Kraute. Man trinkt an seinem Wasser. Siehe, ich atme von der Luft, die er gibt ... Re, großer Hirte! Komme, du Gesamtheit von all euch Rindern! Seht doch, ihr verbringt den Tag an seinem Futter vor ihm, nachdem er alles Böse entfernt hat.'"[67] Aus solchen Gebeten geht hervor, daß die Ägypter sehr wohl zwischen dem göttlichen Urbild (Amun-Re) und dem göttlichen Abbild (dem Pharao, dem Gottes-Sohn) zu unterscheiden wußten, sooft sie auch die Wesensgleichheit des Königs mit der Sonne am Himmel *(mj R^c m p.t)* betonen mochten.

Insofern darf man den Anspruch des altägyptischen Königs, Gottes Sohn zu sein, gewiß nicht als Ausdruck tyrannischer Hybris interpretieren. Für den Ägypter nahm der König vielmehr die Stelle einer *Korporativperson* ein[68], d. h., in ihm verkörperte sich auf ideale Weise das Bild des Menschen, wie er in den Augen des Ägypters wesenhaft zu sein berufen war; in der Gestalt des Königs wurde anschaubar und leibhaftig präsent, woran dem ganzen Dasein nach ein jeder selbst als Mitglied derselben Religion und desselben Volkes teilhatte. Nur durch diese mystische Einheit zwischen dem König und seinem Volk bzw. zwischen dem Volk und seinem König ist die enorme Identifikationsbereitschaft zu verstehen, mit der die Ägypter zu Zehntausenden alljährlich die gewaltigen Anstrengungen beim Bau der Pyramiden und der Tempel auf sich nahmen, ohne dabei, wie andere Völker, riesige Reservearmeen von Kriegsgefangenen und Sklaven einzusetzen; nur so auch versteht man die Sehnsucht der ägyptischen Beamten, im Schatten der Pyramiden ihre letzte Ruhe zu finden – in der Nähe und in der Einheit mit dem Göttlichen.

Gleichwohl ist bei aller Großartigkeit der ägyptischen Konzeption von der Gottessohnschaft des Pharao *die archaische Form der Korporativperson,* in welcher diese Symbolik zum ersten Mal auftritt, notwendig ambivalent, und hier liegt der eigentliche Ansatz christlicher Neu- und Weiterentwicklung. Indem sich das wahre Wesen des Menschseins, seine Würde und Größe, *in einem Einzelnen* ausspricht und darstellt, tritt die eigentliche Form einer zweiten Geburt des Menschen aus dem Geist und dem Licht inhaltlich zwar als etwas Objektives, Verpflichtendes, alle Kräfte Beanspruchendes und alle Teile des Lebens Durchdringendes im menschlichen Bewußtsein in Erscheinung und erhält dadurch seine Notwendigkeit und Wahrheit; gleichzeitig aber verhindert gerade der Anschein äußerer Objektivität, eben diese Konzentration aller Energien auf einen einzelnen, der Form nach, daß der Inhalt des symbolisch Gemeinten zur Wirklichkeit *aller* werden kann. Solange m. a. W. die symbolische Ausdrucksgestalt noch in ihrer archaischen Außenseite als das Wesentliche gesetzt ist, steht sie der Aneignung ihrer geistigen Wahrheit selbst noch im Wege. So benötigt etwa der ägyptische König noch ein ungeheueres Maß an Gold und Edelsteinen, an Repräsentation und äußerer Prachtentfaltung, an politischer Machtfülle und triumphaler Kriegsbeute aus Raubzügen nach Nubien und Kleinasien[69], um seinen Titel, Gottes Sohn zu sein, in der Wirklichkeit unter Beweis zu stellen. Auf diese Weise führt die symbolische Wahrheit der Gestalt des Gottkönigs, eben weil man sie zunächst *unsymbolisch,* d. h. äußerlich-real, nimmt, zu einer nachhaltigen Verdunklung ihres Inhaltes: die Freiheit des Menschen, projiziert in einen einzigen, ist wahr in ihrer Idealität und bleibt doch unwahr in ihrer Realität, wo sie sich als die Unfreiheit aller behaupten muß.

Von daher trägt die ägyptische Religion in ihrer inneren Widersprüchlichkeit das Antlitz einer Sphinx, und es bleibt die Frage, wie man des unerschöpflichen Reichtums ihrer Bilder und Ideen inne wird. Verharrt man isoliert *in der Äußerlichkeit ihres Ausdrucks,* so führt, historisch gesehen, eine gerade Linie von den ägyptischen Pharaonen des Neuen Reiches zu den Assyrern und Babyloniern mit ihrer schrankenlosen Anbetung kriegerischer Macht[70], zu dem persischen Hofstil von Persepolis[71], zu den kühnen Welteroberungszügen Alexanders „des Großen" [72] und zu dem Gottkönigtum der römischen Caesaren[73]; setzt man hingegen auf *die innere Bedeutung des religiösen Symbols* von der Gestalt des Gottessohnes, so führt ein gerader Weg von den Bildern des Alten Ägyptens zu den Dogmen der frühen Kirche. Und nun ist es die große Leistung des Christentums, den zentralen Symbolismus des Alten Ägyptens in seinem geistigen Inhalt gänzlich erfaßt und *in reiner Innerlichkeit* zu dem zentralen Ausdruck des eigenen Glaubens erhoben zu haben.

Wer ist der „König der Könige" (Apk 17, 14), der „König der Herrlichkeit" (Ps 24, 10), der „König in Ewigkeit" (Ps 29, 10)?

Unmittelbar vor seinem Leiden, im Abendmahlssaal, so schildert es Lukas, nach den Einsetzungsworten der Eucharistie und der Hoffnung auf die Vollendung der Welt in dem kommenden Reich Gottes (Lk 22, 16) spricht Jesus aus Anlaß eines Rangstreits der Jünger sein endgültiges Urteil über die irdische Macht: „Die Könige der Völker üben die Herrschaft über sie aus, und ihre Gewalthaber lassen sich Wohltäter nennen. Ihr dagegen nicht so! Sondern der Größte unter euch soll werden wie der Jüngste, und der Hochstehende wie der Dienende" (Lk 22, 25.26). „Groß" ist im Sinne dieser entschiedenen Absage Jesu an alles äußere Machtstreben einzig derjenige, der sich fragt, wem von den Menschen ringsum er durch seine Art zu sein und zu handeln hilfreich zu werden vermag; menschlich wertvoll und hoch zu schätzen ist es für Jesus, wenn jemand gerade nicht sein Selbstwertgefühl darauf gründet, nach dem Vorbild des Königspsalms 110 seine Mitmenschen zum „Schemel" seiner „Füße" zu erklären (Ps 110, 1) oder ihre „Häupter auf weitem Lande" zu „zerschmettern", „daß es voll wird von Leichen" (Ps 110, 6), sondern wenn er die Selbstachtung anderer nach Möglichkeit fördert und stärkt; ein wahrer „König" ist für Jesus derjenige, der den Gedanken der Gotteskindschaft als eine *allgemeingültige* Wahrheit lebt und die noch verhüllte Königswürde jedes Menschen auch in dem entstelltesten Menschenantlitz noch wahrzunehmen sich bemüht. Er allein wird die Macht haben, nach der Art des wahren *„guten Hirten"* ohne Raub und Diebstahl ein jedes seiner „Schafe" bei seinem Namen zu rufen und ins Freie zu führen (Joh 10, 2.3). Ungleich stärker als alle Macht der Herrschenden wirkt die Macht einer absichtslosen Liebe in den Herzen der Menschen, denn nur sie vermag das ganze Sein des anderen zu durchdringen. Nur der, der niemals herrschen will, gewinnt deshalb durch seine Güte das Zutrauen und die Zuneigung aller; nur der, der selber so „durchsichtig" ist, daß in seiner Nähe die Seele des anderen dem Licht sich erschließt, ist ein wirklicher „Priester der Sonne"; und nur der, dessen eigene Zuwendung alle Kräfte der Schönheit, der Selbstachtung und der „Weite des Herzens" ins Leben ruft, verdient den Namen eines „Sohnes des Re".

Sehr schön hat Franz Werfel einmal diese Haltung der „Kinder Gottes" beschrieben, als er programmatisch sich vornahm:

Niemals wieder will ich
Eines Menschen Antlitz verlachen.
Niemals wieder will ich
Eines Menschen Wesen richten.

Wohl gibt es Kannibalen-Stirnen.
Wohl gibt es Kuppler-Augen.
Wohl gibt es Vielfraß-Lippen.

Aber plötzlich
Aus der dumpfen Rede
Des leichthin Gerichteten
Aus einem hilflosen Schulterzucken
Wehte mir zarter Lindenduft
Unserer fernen seligen Heimat
Und ich bereute gerissenes Urteil.

Noch im schlammigsten Antlitz
Harret das Gott-Licht seiner Entfaltung.
Die gierigen Herzen greifen nach Kot –
Aber in jedem
Geborenen Menschen
Ist mir die Heimkunft des Heilands verheißen[74].

Nur jemand, der selber darauf verzichtet, andere Menschen zu „richten" (Lk 6, 37), vermag dem anderen die Chance zu schenken, „richtiger" zu werden – nur er ist ein „Verschwisterter" der Maat, ein Bruder der „Tochter der Sonne", ein Hüter des Einklangs auf der Waage der Weltordnung. Nur jemand, der mit dem anderen, der ihn um eine Meile Wegs ersucht, zwei Meilen geht (Mt 5, 41), wandelt auf dem Königsweg der Sonne, deren Bahn weit ist wie die ganze Welt zwischen Aufgang und Untergang, nur er ist ein „Horus im Horizont" (ein *Ḥr 3ḫtj),* wie die Ägypter sagten. Und nur wer jedem, der ihn bittet, freiwillig gibt (Mt 5, 42), entspricht dem Bild der ägyptischen Sonne, deren Hände sich universell wie ein fließender Segen aus Wärme und Licht über das Haupt eines jeden breiten, daß er Leben atme und Freude trinke. Wen man von ganzem Herzen lieben muß, mit allen Kräften und mit allem Denken (Mk 12, 30), weil er all unser Sinnen sammelt, all unser Fühlen fesselt, all unser Streben eint, ist in Wahrheit „das lebendige Abbild" Gottes auf Erden.
Es ist der Glaube der Christen, daß, wer versteht, wer Jesus ist, von ihm so sagen kann, ja muß. Was im Konzept der königlichen Korporativgestalt des Pharao begann, findet zu seiner Wirklichkeit, so jemand sagen kann wie der Apostel Paulus: „Ich lebe, aber nicht mehr ich, sondern Christus lebt in mir" (Gal 2, 20). Was im Alten Ägypten als Anspruch der Freiheit eines einzelnen begann, vollendet sich im Christentum in Form einer Freiheit, die jedes Joch der Knechtschaft sprengt (Gal 5, 1). Was als Gottessohnschaft des „Sohnes der Sonne" im Alten Ägypten grundgelegt wurde, erlangt seinen Abschluß, wo die „Kinder des Lichtes" ihrer „Annahme an Sohnes Statt" teilhaftig werden (Gal 4, 5; Eph 5, 8). Keinen dieser Ausdrücke und keines dieser Bilder könnten wir verstehen ohne das Alte Ägypten; zu der Verwirklichung seiner eigenen Wahrheit aber gelangte das Alte Ägypten in der neuen Religion des Christentums. In seiner Gestalt lebte es fort. Unter seinem Namen eroberte es die Welt. Die „Cheperu Res", die Werdegestaltungen der Sonne, hüllten sich in das Gewand des Christus. Denn nichts im Reich des Geistes geht unter, ohne einem neuen Morgen entgegenzugehen.
Dabei war es indessen gerade die politische „Nacht" des Alten Ägyptens, aus welcher die „unbesiegbare Sonne" des Christentums hervorging. Nur schwer macht man sich wirklich klar, wie weit das Christentum sich vom Geist vor allem der israelitischen Königspsalmen mit ihren machtpolitischen Erwartungen und nationalistischen Hoffnungen entfernen mußte, um seinen Glauben an das „Himmelreich" von allen Reichen dieser Welt zu unterscheiden. Während starke Gruppen des Judentums zur Zeit Jesu immer noch fanatisch für die Heraufkunft eines neuen davidischen Großreiches

kämpften und nicht einsehen wollten, daß all die entsprechenden Verheißungen in ihrem religiösen Sinn sich nur erschließen, wenn man sie *symbolisch* (statt im äußeren Sinne „wörtlich", also ideologisch) versteht, hatte das Alte Ägypten bereits fast 1000 Jahre lang sich darin geübt, inmitten politischer Ohnmacht Weisheit zu lernen und die Insignien vergangener Macht in der bleibenden Wahrheit ihrer geistigen Bedeutung zu erkennen. Schon seit dem Mittleren Reich beginnt mit der Osiris-Religion eine Art Demokratisierung der ägyptischen Frömmigkeit[75], indem der Glaube an die Unsterblichkeit des Lebens nicht mehr nur dem Pharao vorbehalten bleibt, sondern auf alle sich ausdehnt; zugleich damit werden die äußeren (magischen) Vorkehrungen der Unsterblichkeit immer mehr vereinfacht und verinnerlicht: man muß fortan nicht erst eine Pyramide bauen und deren Kammern mit unermeßlichen Schätzen anfüllen, um die Hoffnung hegen zu dürfen, im Jenseits wohlbehalten zu sein. Doch eben dieses In-sich-Gehen aller religiösen Ausdrucksformen des Alten Ägyptens bereitet im stillen die Botschaft des Christentums von der Göttlichkeit des Menschensohnes und der Unsterblichkeit auch des ärmsten Sklaven Roms vor. Auch hier wird die Christusreligion den Glauben an den Gott Osiris aufgreifen und vollenden. So dialektisch also wirkt der objektive Machtverlust des Alten Ägyptens: er schafft nach außen hin ein politisches Vakuum, in dem Israel überhaupt erst, wenngleich nur für ein paar Jahrhunderte, einen gewissen Spielraum für seine Eigenständigkeit und nationale Größe erhält; gerade damit aber wird das Volk des Alten Testamentes in eine Messiashoffnung hineingedrängt, von deren politischer Äußerlichkeit das Volk der Fellachen am Nil immer mehr Abschied nimmt. Die faktische Ohnmacht des Gottessohnes auf dem Thron des Alten Ägyptens wird damit zu dem besten Nährboden, um die Hoffnung auf einen König vorzubereiten, dessen Reich nicht von dieser Welt ist (Joh 18,36). Und als dieser König dann kam, mußte er Israel fliehen, um in Ägypten groß zu werden. Nicht nur als ein erfülltes Schriftzitat – *innerlich* scheint es der Wahrheit zu entsprechen, was Mt 2,13–15 von der „Flucht nach Ägypten" erzählt.
Allerdings ist damit dem Christentum ein Problem aufgegeben, das in der Spannung zwischen der Innen- und Außenseite der altägyptischen Symbolik des „Gottessohnes" selbst angelegt ist. Die Weltflucht der ägyptischen Wüstenmönche, in der diese nach der Zeit der Verfolgungen dem Christentum sein wesentliches Gepräge gaben, konnte und kann an sich nicht die letzte Gestalt der „Wahrheit der Sonne" sein[76]. Seit den Anfangstagen der neuen Religion stellt sich die Frage, wie die christliche Innerlichkeit sich auslegt zur Gestaltung der Welt, wie der Glaube an das Reich der Himmel sich zu einem Weg auf Erden formt, wie der Herrschaftsanspruch des Gottessohnes sich auf Erden verwirklicht. „Was sollen wir tun?" (Lk 3,10). Diese Frage der Leute an *Johannes den Täufer* findet ihre Antwort in der *nächsten* Szene des Lukasevangeliums: der Begegnung zwischen der Mutter des Christus und der Mutter des Täufers. Es handelt sich hierbei um eine Erzählform, die nicht mehr dem Mythos, sondern der Legende angehört und daher in unterschiedlicher Weise gedeutet werden muß.

2. Maria und Elisabeth oder Von der Begegnung zweier Welten (Lk 1,39–45.56)

Ich gelangte zum Schluß, was die Menschen Leben nennen, ist Tod, und was sie Tod nennen, ist Leben ... Wo steht geschrieben, daß eine Wanze lebt und die Sonne tot ist?" Wieviel an Hoffnung muß zerstört worden sein und wieviel an Leid muß man erlebt haben, um diesem Resümee I. B. SINGERS [1] zuzustimmen! „Was sollen wir tun?" Daß diese Welt im argen liegt, haben Menschen beklagt, seit sie existieren, und an Versuchen, dem Übelstand zu wehren, hat es nicht gefehlt. Die beiden möglichen Antworten lassen sich seit altersher als Lösungsweg der Ethik und als Lösungsweg der Religion einander gegenüberstellen; nirgendwo sonst aber in der Weltgeschichte – die Differenz zwischen KUNGFUTSE und LAOTSE im Alten China einmal ausgenommen – findet sich dieser Kontrast so rein und klar ausgeprägt wie in der Begegnung und in dem Gegensatz zwischen Johannes dem Täufer und Jesus Christus; und es ist diese innere Spannung, die man als *wesentlich* herausarbeiten muß, um die Geschichte von der „Heimsuchung Mariens" zu verstehen.

Man hat die Erzählung von dem Besuch Mariens bei ihrer „Base" Elisabeth in der historisch-kritischen Exegese vorwiegend als einen Versuch gewertet, das Verhältnis zwischen den Johannesjüngern und der Jesusgemeinde zu bestimmen[2]. Johannes gilt als der „ältere", weil sein Auftreten historisch früher stattfand als das öffentliche Wirken Jesu; eben deshalb, so meinte man, sei der frühen Kirche daran gelegen gewesen, die Gestalt des Täufers als des „Vorläufers" Christi für sich in Anspruch zu nehmen[3], und gerade die Erzählung von der „Heimsuchung Mariens" diene dem Zweck, die in sich geschlossene Überlieferung von Johannes dem Täufer[4] in diesem Sinne mit der Jesustradition zu verbinden: Schon im Mutterleib habe Johannes das Jesuskind freudig begrüßt.

Im Ansatz richtig sind solche historisch-kritischen Deutungen gewiß darin, daß sie in „Kindheitsgeschichten" dieser Art nicht biographische Mitteilungen, sondern theologische Aussagen erkennen; in der Tat geht es nicht um historische Begebenheiten aus dem Leben von Maria und Elisabeth – es geht um etwas Wesentliches in dem Verhältnis ihrer „Kinder" zueinander[5]. Aber was an der Person Johannes' des Täufers in Zuordnung und Unterschied zu der Gestalt Jesu „wesentlich" ist, läßt sich nicht als eine Frage der Vergangenheit erörtern; man muß vielmehr die Bedeutung Johannes' des Täufers in ihrer *überzeitlichen* Thematik und Typik zu erfassen versuchen, um das ewig „Vorläufige" an seinem Auftreten in bezug zu Christus zu erfassen; dann erst wird man verstehen, was bei der Begegnung zwischen Maria und Elisabeth wirklich auf dem Spiel steht.

Wer *war* Johannes der Täufer?

Wer so fragt, findet sich in den gängigen Kommentaren mit einer Reihe plausibler Hypothesen konfrontiert: er war ein Mann, der allem Anschein nach den Essenern nahestand, die ebenfalls *Tauchbäder* kannten und *in der Wüste* lebten[6]; ein Mann, der, wie die Essener, an den baldigen *Anbruch des messianischen Reiches* glaubte und die Treue zum Gesetz Gottes höher bewertete als den Priesterkult im Tempel zu Jerusalem[7]; ein Mann, der, wie die Essener, *das kommende Gericht Gottes* über die Gottlosen vor Augen sah, aber im Unterschied zu ihnen öffentlich zur Umkehr aufrief, um in letzter Minute noch zu retten, was zu retten war[8]. Im Gefälle solcher Angaben findet man mancherlei historische Auskünfte, aber niemals wird Johannes der Täufer durch derartige geschichtliche Rekonstruktionen zu dem, was er für seine Zeitgenossen war und selbst sein wollte: ein Ereignis, eine Herausforderung, eine Infragestellung der gesamten Existenz auf Heil oder Unheil.

Wer *ist* Johannes der Täufer?

Um *diese* Frage zu beantworten, muß man die Not, die Empörung, die verzweifelte Hoffnung mitempfinden, die jeden überkommen wird, der den Lauf dieser Welt nach dem Maßstab des Göttlichen zu messen versucht.

Im Alten Testament hat ein Autor, den wir den „Jahwisten" nennen, da er den Namen Gottes stets mit „Jahwe" bezeichnet, die Unvereinbarkeit von Gotteswillen und Menschenwillen, von Wahrheit und Leben, von Ideal und Wirklichkeit bis zur tödlichen Konsequenz gesteigert. In der *Geschichte von der Sintflut*[9], so lesen wir auf den Anfangsseiten der Bibel, erträgt Gott es nicht länger, mitansehen zu müssen, wie die Menschen Stufe um Stufe sich immer tiefer ins Unheil stürzen; inmitten einer Welt, die wie ein Paradies sein könnte, ist es einzig der Mensch, der offensichtlich jedes Maß vermissen läßt und es nicht aushält, nur Geschöpf zu sein; selber vor lauter Angst bestrebt, sich in seiner Existenz einen zureichenden Grund für sein Dasein zu verschaffen und etwas Absolutes, Gottgleiches an Sein aus sich hervorzupressen, wird ihm die eigene Kreatürlichkeit zu einer entsetzlichen Qual und zu einem unentrinnbaren Fluch: unfähig zur Liebe, zermartert von Schamgefühlen, zerfallen mit sich und der Welt ringsum – so findet einzig der Mensch sich vor als Verbannten, als Flüchtling, als Ausgestoßenen aus dem Paradies der Welt, und selbst der Versuch, mit Opfern und Leistungen das verlorene Ansehen wiederherzustellen, führt nur zu dem ewigen Drama untröstlicher Konkurrenz und tödlicher Gewalt (Gen 4, 1–16). Immer wieder wird dabei dem Menschen gerade das zum Verhängnis, was eigentlich dazu bestimmt ist, sein Glück zu begründen: wäre er nicht so sehr als Mann und als Frau aufeinander verwiesen, so ergäbe sich nicht der ständige Fluch wechselseitiger Erniedrigungen und Mißverständnisse in den intimsten und privatesten Bereichen des Zusammenlebens (Gen 3, 15–16); wäre er nicht so sehr einer des anderen Bruder, so wüchse nicht das Gefühl der Bedrohtheit und gegenseitigen Feindschaft ins Ungemessene (Gen 4, 1–12); wäre er nicht so unendlich bedürftig der Liebe, so schüfe er sich nicht immer wieder ein Feld unentrinnbarer Lieblosigkeiten (Gen 4, 22–24). Am Ende scheint auch Gott nichts anders übrig zu bleiben, als den Menschen vom Angesicht der Erde zu vertilgen, weil all sein Sinnen und Trachten nur böse ist von Jugend auf (Gen 6,5); ja, es reut schließlich den Ewigen, den Menschen überhaupt geschaffen zu haben, und so beschließt er, eine große Flut über die Erde zu schicken, als wenn er seine Welt, gleich einem Augiasstall, reinigen müßte vom Unrat des Menschen.

Einen ganz ähnlichen Gedanken drückt offenbar *die Bußtaufe des Johannes* aus[10]. Schon die Kirchenväter haben immer wieder und mit großem Recht in der Sintflut ein Vorausbild, einen Archetypos der Taufe zu erkennen gemeint[11]. Auch Johannes scheint sich sicher, daß die Menschen, so wie sie sind, eigentlich den „Untergang" verdient haben. Doch kann dieses Wissen nicht auch heilsam sein? Wer entschlossen versucht, ein neues Leben zu beginnen, dem kann die Flut der Vernichtung zum Bad der Reinigung und zum Wasser der Wiedergeburt werden – man muß nur rechtzeitig die richtige Einsicht und den rechten Willen haben. War auch das ganze bisherige Leben verfehlt – es ist doch möglich, noch einmal von vorn zu beginnen. Johannes jedenfalls hegt diese Hoffnung aller Propheten, die Ankündigung der drohenden Katastrophe werde zu Besinnung, Buße und Umkehr führen, und eben darin vertritt er besonders eindringlich *die Forderung einer ethischen Erneuerung.* Für Johannes ist der Mensch böse, wenn er das Gute, das er tuen könnte, nicht tut, und der Mensch könnte das Gute tun, wenn er nur begreift, was gut für ihn ist, und wenn er den Willen besitzt, seiner Einsicht zu folgen. Also predigt Johannes an den Wassern des Jordan mit eindringlichen Worten das drohende Gericht, und er verkündet es als so gewiß und unabwendbar, daß die Bereitschaft seiner Hörer wächst, es wie eine freiwillige Sintflut für sich selbst vorwegzunehmen und es damit vielleicht doch noch zu vermeiden. Mit wüsten Worten erniedrigt und beschimpft Johannes seine Hörer (Lk 3,7–9): „Natterngezücht" oder „Schlangenbrut" ist die Kennzeichnung für diese reife Nachkommenschaft der Paradiesesschlange, wie Johannes sie sieht, für ein Volk voller Hinterlist, Lüge und Falschheit, dessen ganzes Wesen in dem Unwesen innerer Zwiespältigkeit und Doppelbödigkeit besteht – „Söhne Belials"[12] lautet die korrekte Bezeichnung in Qumran für derartige Leute. Jedoch: wenn man die eigene Selbsterniedrigung, wenn man den ständigen Widerspruch gegen sich selbst in seiner verinnerlichten Grausamkeit nur schonungslos genug bewußt macht, läßt sich dann nicht erwarten, daß Menschen den Mut gewinnen, sich endlich zu sich selber zu bekennen? Und wenn sie schon den Mut dazu nicht haben – läßt sich dann nicht nachhelfen mit der Peitsche der Angst? „Schon ist die Axt an die Wurzel der Bäume gelegt!" droht deshalb Johannes. Es ist eine Logik, wie wenn jemand Feuer legt, um einen Steppenbrand zu bekämpfen, oder mit Elektroschocks gegen scheinbar unheilbaren Wahnsinn vorzugehen sucht. Es soll endgültig keine Ausreden und keine Ausflüchte mehr geben; man ist schon viel zu lange geflohen und ausgewichen; jetzt drängt die Zeit zur Entscheidung, jetzt oder nie. Vor allem die ideologischen Beruhigungen reißt der Täufer nieder: „Wir sind doch Kinder Abrahams!" Genau so könnte heute jemand sagen: „Wir sind doch Mitglieder der Partei mit dem fortschrittlichsten Programm." „Wir sind doch die etablierten Vertreter der objektiv richtigen Interessen." „Wir verkörpern doch nur das, was in ausgeprägtester Weise ohnedies alle sagen und tun." Johannes möchte, daß derartige Verschanzungen in den Absicherungen des Kollektiven ein für allemal als haltlos entlarvt werden: „Aus diesen Steinen hier kann Gott sich Kinder Abrahams erschaffen!" – In der Tat dürfte es leichter fallen, Steine zum Leben zu erwecken, als die menschliche Herzenshärte zu erweichen.

Dennoch: Johannes hat es in seinem Bemühen um eine sittliche Erneuerung des Menschen weiter gebracht als alle Propheten vor ihm. „Keiner der von einem Weibe Geborenen war größer als er", wird Jesus später über ihn urteilen (Lk 7, 28). So viele Leute kamen zu ihm und ließen sich taufen. Ein neues Leben – Johannes muß diese Hoffnung als so greifbar nahe geschildert haben! All seine Anweisungen waren dabei handfest, praktisch und absolut erfüllbar. Manche vor ihm, die von einer moralischen Besserung des Menschen träumten, mochten in ihren Forderungen die Grenzen des Utopischen streifen; die Botschaft des *Johannes* war eine ganz konkrete Forderung.

„Was sollen wir tun?"

Darauf antwortet Johannes lapidar: „Wer zwei Röcke hat, der gebe dem einen, der keinen hat" (Lk 3, 10). Wie recht er hat! Auf der Stelle wäre die Welt anders, würden Menschen so handeln, wie Johannes es befiehlt. Das Rezept ist ganz einfach: niemand behalte mehr, als er unbedingt braucht , und er teile zur Hälfte mit der Not seiner Mitmenschen. Gewiß wird sofort das Feilschen darum beginnen, was man unbedingt braucht. „Man" braucht z.B. unbedingt ein Auto. Aber: Brauche ich es wirklich? „Man" braucht unbedingt ein Eigenheim. Aber: Brauche ich es wirklich? „Man" braucht unbedingt eine steuergünstige Lebens- und Krankenversicherung. Aber: Brauche ich sie wirklich? Es gibt Millionen Menschen, die, wenn sie morgens aufstehen, so wenig wissen, was der Tag bringt, wie herrenlose Hunde auf den Straßen der Großstädte, und gegen ihre Ungesichertheit und Unsicherheit gäbe es nur die Beunruhigung und die Unruhe unseres Herzens. Johannes wollte sie erzeugen. Es gibt Millionen Menschen in Kalkutta, Madras, São Paulo, Manila – allerorten in der Welt, die unter Brücken und auf Steinen schlafen. Wie nehmen wir sie in unsere „Wohnungen" auf, damit Gott uns aufnehme an dem „Ort", da alle Menschen gleiches Heimatrecht besitzen (vgl. Lk 16, 9)? Es gibt Millionen Menschen, die vor Hunger und Müdigkeit sich kaum mehr durch ihr Dasein schleppen können. Sollte die Kultivierung und der Kult unserer Bequemlichkeiten allen Ernstes wichtiger sein als die Sprache ihrer ausgezehrten Leiber und ihrer in Traurigkeit und Ohnmacht erstickten Seelen? Man zeigt dem Besucher von Auschwitz heute den Abdruck der Fingernägel der systematisch Gemordeten in den Gaskammern aus Beton. Was aber brauchen wir, um uns beeindrucken zu lassen? Die Hälfte des Überflusses – es gäbe keine Not mehr auf Erden! 2000 Jahre nach Johannes kann man dem Mann am Jordan nur Recht geben.

Es kommen *Zöllner* zu Johannes, und seine Weisung auch an sie ist von bestechender Einfachheit: nicht *mehr* einzutreiben, als den Bestimmungen nach festgesetzt ist. Wieviele in Israel gab es, die der gesamten Zwangsherrschaft der Römer als Inbegriff des

Widergöttlichen lieber heute als morgen den Garaus gemacht hätten! Auch in Qumran frönte man den Vorstellungen eines heiligen Gotteskrieges gegen die gottlosen Fremdherrscher, und natürlich galten die Mitläufer, Taktierer und Kollaborateure in den eigenen Reihen als ungleich schlimmer und gefährlicher als die Gegner selbst – sie weichten die klaren Fronten auf, sie bremsten die Dynamik der Polarisation. Zu ihnen gehörten vornean die Zöllner; als erstes daher gegen sie als Berufsstand stünde ein moralisches Veto zu erwarten. Doch Johannes war kein Phantast, daß er Menschen gezwungen hätte, ihre Existenz zu zerstören, um erst aus dem völligen Ruin noch einmal von vorne zu beginnen. Die objektive Unmenschlichkeit der Gewalt, wenn sie sich nicht ohne neuerliche Gewalt beseitigen läßt, mindestens nicht noch unnötig zugunsten des eigenen Profits zu vermehren – schon *das* wäre *viel,* und wieder sähe die Welt entschieden besser aus, gäbe es nur genug Menschen, die sich danach richteten.
Soldaten kommen zu Johannes, *römische* Soldaten oder Söldner der Römer darf man annehmen, denn eine legale jüdische Streitmacht existiert seit dem Einzug des Pompejus im Jahre 63 v. Chr. in die heilige Stadt nicht mehr. Um so mehr könnte es als eine göttliche Forderung erster Ordnung erscheinen, die Waffen niederzulegen. Wieviele pazifistische Lehren hat es in der Geschichte nicht schon gegeben, um die Welt von der Unmenschlichkeit des Krieges und der Notwendigkeit des Friedens zu überzeugen![13] Johannes demgegenüber verlangt erneut lediglich das vorderhand Mögliche – enttäuschend wenig für die prinzipiell Denkenden, aber gerade deshalb verbindlich genug, um *nicht* utopisch zu sein: man solle mit dem Sold sich begnügen, sagt er, und nicht mit Raub und Plünderung sich an den Wehrlosen vergehen. – Wenn das bestehende Unrecht wenigstens in etwa, so viel an dem Tun des Einzelnen gelegen ist, sich in die Grenzen des faktisch Unvermeidbaren zurückdrängen ließe – es wäre viel gewonnen; es entstünde so allererst der nötige Spielraum, um zu überlegen, ob das bestehende Unrecht, ob die bestehende Gewalt denn wirklich unvermeidbar sind oder ob sie nicht genauso auf Willkür und Habgier basieren wie das brutale Treiben marodierender Milizionäre, deren Tapferkeit man angestachelt hat, indem man ihnen die Bevölkerung der eroberten Städte – Frauen und Kinder für den Sklavenhandel, ihre Habseligkeiten zum privaten Beutegut – freigab, so als hebe der Krieg alle Grenzen der Menschlichkeit auf[14].
Freilich, man mag einwenden, zumindest darin sei Johannes ein Phantast gewesen, daß er meinte, etwas in der Welt ändern zu können, indem er das Verhalten einzelner veränderte. Tatsächlich steht Johannes in der Tradition derjenigen Moralisten, die den Einzelnen in seiner unableitbaren Freiheit und Verantwortung anreden wollen und die sich weigern, Menschen zu betrachten wie Fische, die in unsichtbaren Netzen zappeln, als Opfer von Strukturen, an deren Zustandekommen sie wohl unwissentlich mitgewirkt haben, die aber von sich her zu ändern durchaus nicht mehr in ihrem Vermögen und Belieben steht. Doch ist nicht auch in diesem Punkt Johannes zuzustimmen? Man muß bei den Menschen beginnen, nicht bei den Verflechtungen von Politik und Wirtschaft, andernfalls wird man sehr bald auf die so vernünftige Logik der „ehernen

Gesetze" des öffentlichen Lebens stoßen. Wer z.B. heute sich darüber empört, daß mehr als zwei Drittel der Menschheit im Elend leben, wird sehr bald dahin belehrt werden, daß überhaupt nur eine gesunde Volkswirtschaft die zusätzlichen Belastungen internationaler Hilfszuwendungen „verkraften" könne, eine gesunde Volkswirtschaft aber setze einen gut funktionierenden Binnenmarkt mit einer hohen Stufe von Produktion und Konsum voraus, kurz: erst die Summe der ausgedehnten Egoismen all der guten Bürger, der fleißigen Produzenten wie der Konsumenten, begründe den objektiven Nutzen der Idee einer allgemeinen Gerechtigkeit. Johannes der Täufer hätte dieser Logik der vernünftigen Bürger gegenüber sich vermutlich als völlig unbelehrbar, als einen typischen „Schwärmer" und „Fanatiker" zu erkennen gegeben. Er hätte sich geweigert zu glauben, daß das „Kapital" ein „personales Verhältnis" darstelle[15], so als könne man Menschen danach beurteilen, wieviel sie besitzen, und vor allem hätte er es abgelehnt, sich ein X für ein U vormachen zu lassen, so als ob erst die Vielbesitzenden wirklich nützliche Menschen sein könnten. Johannes hätte dagegengehalten, daß Menschen, die das Zeug haben, in dieser Welt der Not und des Elends zur Stufe der Haus- und Autobesitzer aufzusteigen, ganz sicher niemandem von Nutzen sein werden, und umgekehrt: daß die wirklich hilfreichen Menschen es in dieser Welt naturgemäß zu gar nichts bringen – sie werden nie wirklich zuverlässige Staatsbürger sein: tüchtig, erfolgreich, strebsam, verantwortlich – und dreist genug, im Status des „Beamten" sich für beruhigt zu halten in Sachen Ewigkeit.
Diese *„Stützen der Gesellschaft"*, wie George Grosz sie in seinem Bild *„Sonnenfinsternis"* (1926) in Gestalt eines Geldmannes und eines Militärs inmitten ihrer gesichtslosen, nur aus Aktentaschen und Anzügen bestehenden „Subalternen" unübertrefflich dargestellt hat[16], sind trotz all ihrer großmäuligen Parolen und breitgesäßigen Sicherheiten innerlich schwach und ohnmächtig, blinde, Papier wie Heu fressende Esel – das gerade Gegenstück freier und freimütiger Menschen; nur deshalb mißraten ihre Charaktere zu Karikaturen ihres wahren Wesens, und eben deshalb ist es unvermeidlich, daß ein Mann wie Johannes schon durch die Art seines Auftretens deutlich macht, daß er nicht zu diesen „Schilfrohren im Wind", zu diesen „feinen Leuten" „in langen Gewändern" zählt (Lk 7,24–25). Was er zu sagen hat, ist einfach, so einfach wie die Wüste, in der er zur Umkehr aufruft, so einfach wie die Wüstenzeit des Volkes Israel, als es allein im Vertrauen auf Gott jeden neuen Tag aus den Händen des Allmächtigen empfing wie Manna, das vom Himmel fällt, ohne zu wissen *„man hu"* – was das ist (Ex 16,15)[17]. „Unser tägliches Brot gib uns heute" (Lk 11,3), wird Jesus seine Jünger später beten lehren. Warum nur glauben Menschen immer wieder, sie seien „sicherer", wenn sie mehr besitzen? Eichhörnchen mögen gegen den Winter, wie der Instinkt es ihnen eingibt[18], sich Nahrungsdepots zulegen, um sich gegen die Gefahr des Verhungerns zu schützen; Menschen könnten wissen, daß es gegen den Tod keinen Schutz gibt (Lk 12,16–21) und daß die größte Gefahr nicht in dem Ende des Lebens, sondern in dem Verlust eines sinnvollen Lebens besteht. „Denn wo euer Schatz ist, dort ist auch euer Herz", wird Jesus seinen Jüngern in gleichem Sinne sagen (Lk 12,34).

Insofern gilt es ein für allemal zu wählen. Schon sieht Johannes den kommenden Messias Gottes vor sich stehen, wie er mit heiligem Geist und Feuer taufen wird (Lk 3, 16). „Er hat die Wurfschaufel (schon) in seiner Hand, um die Tenne zu fegen und den Weizen in seine Scheune zu sammeln; die Spreu aber wird er verbrennen in unauslöschlichem Feuer" (Lk 3, 17). Ja, wie ein Feuersturm weht es jetzt schon aus dem Munde des Johannes, und es duldet keinen Aufschub mehr. Wer auch jetzt noch sein „abgedroschenes", substanzloses, hohles und unfruchtbares Leben verteidigt wie sein gutes Recht, wie seine Pflicht, wie etwas absolut Notwendiges, der wird an seiner eigenen Hohlheit zugrunde gehen. Die Frage kann jetzt nicht mehr lauten, wie etwas nach außen hin wirkt und aussieht, die Frage ist allein, wer jemand wirklich ist und wie er vor Gott dasteht. Johannes, der die Welt der Vorwände und der Vordergründigkeiten leidenschaftlich haßte, sehnte sich von Herzen danach, daß endlich, endlich Gott selbst seine Ordnung wiederherstellen werde, koste es, was es wolle.

So Johannes der Täufer. So seine Hoffnung. So seine drohende Verheißung. Rückblikkend muß man sagen: Er hatte Recht, und er hatte Unrecht. Indem die frühe Kirche Jesus als den Christus glaubte, sah sie in ihm die Prophezeiungen des Täufers erfüllt und bestätigt; aber gerade auf dem Hintergrund der Predigt des Johannes erscheint die Gestalt Jesu völlig anders, als der Täufer sie verkündete. Statt auf der „Tenne" zu „dreschen" und die Spreu vom Weizen zu trennen, sieht Jesus sich weit eher als „Arzt", der zu den „Kranken" gesandt ist (Mk 2, 17). Dem Gott Jesu liegt an dem einen verlorenen Schaf weit mehr als an den 99 anderen, die der Umkehr nicht bedürfen (Lk 15, 7)[19].

Wie aber rettet man ein solches verlorenes Schaf?

Man muß das Bild in seiner äußeren Realität nur vor sich sehen, um zu erkennen, wie wenig die Vorstellungen des Täufers zu der Einstellung Jesu passen wollen. Immer wieder wird es in dem zerklüfteten Bergland Palästinas vorkommen, daß ein einzelnes Tier beim Durchtrieb der Herde zurückbleibt; völlig hilflos, mit klagendem Blöken, wird es sich niederkauern und zur wehrlosen Beute der Raubvögel und Wölfe werden; seine Lage ist so ernst, daß im Hebräischen das Wort für „zugrunde gehen", „umkommen" *(ʾbd)* eigentlich so viel bedeutet wie „vereinzelt sein" *(bdd)*, „isoliert werden", gleich einem einzelnen Faden *(bd)* aus einem Tau. Soll ein solches Schaf zur Herde zurückfinden, so muß der Hirte selber ihm nachgehen und das womöglich schon entkräftete Tier auf seinen Schultern zurücktragen. So ist es die Art des „Guten Hirten", wie die Ägypter sie bereits in dem Windgott Amun verehrten, wie es aber auf den Thronen der Mächtigen eher zur Karikatur ihres Anspruchs zu geraten drohte. Im Munde Jesu jedenfalls drückte es seine ganze Einstellung aus, wenn er sich selbst vor allem zu den verlorenen Schafen vom Hause Israel gesandt sah (Mt 15,24). Gerade dadurch aber unterscheidet Jesus sich wesentlich von der Predigt des Johannes. Völlig sinnlos ist es, Menschen, die in wörtlichem Sinne „Verlorene" sind, mit moralischen Appellen nach der Art des Johannes zu kommen – sie sind außerstande, irgend etwas davon zu erfüllen. Nicht neue Forderungen, sondern nur ein tieferes Verstehen, nicht eindringliche Befehle, sondern allenfalls ein einfühlenderes „Nachgehen", nicht eine weitere Verstärkung der Angst, sondern allenfalls ein ganz allmählich reifendes Vertrauen vermögen ein solches Gefühl der „Verlorenheit" aufzubrechen. „Jedesmal", schreibt ISAAK SINGER in seinem Roman *Schoscha* einmal, „wenn ich eine Bibliothek betrat, hegte ich den Hoffnungsschimmer, daß vielleicht in einem der Bücher ein Hinweis zu finden sei, wie ein Mensch meiner Veranlagung und meiner Weltanschauung zum Frieden mit sich selbst finden könne. Ich fand ihn nicht ... nicht bei Schopenhauer und nicht in der Bibel. Gewiß, die Propheten predigten ein strenges Sittengesetz, aber ihre Versprechungen guter Ernten, reichbehangener Ölbäume und Weinberge, und Schutz vor den Feinden sprachen mich nicht an. Ich wußte, die Welt war immer so gewesen und würde immer so sein, wie sie jetzt war. Was die Moralisten das Böse nannten, war in Wirklichkeit die Lebensregel."[20]

Offenbar besteht hier eine absolute Grenze, die unsichtbar die Menschen in zwei Hälften teilt, und entlang dieser verborgenen Demarkationslinie fällt im Sinne Jesu die wirkliche Entscheidung für oder gegen Gott. Solange Menschen noch den Eindruck haben, mit sich im großen und ganzen recht brauchbar zurechtzukommen, werden sie all das, was Jesus tat und sagte, bestenfalls für eine liebenswürdige Überspanntheit, schlimmstenfalls für eine gefährliche Auflösung aller guten Sitten und bewährten Ordnungen empfinden. Keinesfalls werden sie verstehen, wie wesentlich dem Menschen das Gefühl ist, berechtigt und akzeptiert zu sein – ihnen haben sich derartige Fragen nie gestellt, und im Zweifelsfalle wissen sie sich schon zu beschaffen, was sie brauchen; daß es Fragen geben sollte, die sich *nicht* mit Verstand und gutem Willen, mit klaren Entscheidungen und eindeutigen Stellungnahmen lösen ließen, ist ihnen unvorstellbar; so etwas wie ein „Unbewußtes" in der Sprache der Psychoanalyse ist ihnen schlechterdings nicht einfühlbar, es ist für sie wie ein mutwilliges Attentat auf ihre Selbstsicherheit oder einfach eine „unbewiesene und unbeweisbare Hypothese der Psychologie". Das *ganze* Leben, nicht ein Detail davon, das Leben in seiner Totalität stellt sich anders dar, je nachdem, ob jemand bei sich selbst oder bei Menschen, die ihm nahestanden, schon einmal erlebt hat, wie hilflos und getrieben Menschen im Bannkreis der Angst sein können, oder nicht.

Eine Zeitlang etwa mag es möglich sein, einem *Alkoholiker* zu erklären, er müsse sich zusammennehmen, unter allen Umständen müsse er den Alkohol meiden, schon eine winzige Menge davon könne für ihn die Gefahr eines schweren Rückfalls heraufbeschwören; wenn er so weitermache, drohe ihm eine nachhaltige Zerrüttung seiner Gesundheit, baldiger sozialer Abstieg , irreparable Schäden des Gehirns, des Herzens, der Leber, ein baldiger Tod – all diese Drohungen werden nicht das Geringste bei ihm bewirken. Von einem bestimmten Zeitpunkt an wird die Erkenntnis nicht zu umgehen sein, daß dieser Mann nicht ab und zu einmal aus Unvorsichtigkeit oder Uneinsichtigkeit über den Durst trinkt, sondern daß er ein Trinker *ist,* ein *Kranker,* und diese Einsicht verändert alles. Denn fortan weiß man, daß man es bei der Trunkenheit nur mit einem Symptom zu tun hat, das sich nicht mit moralischen Vorwürfen bekämpfen läßt, sondern das erst verschwinden wird, wenn man die entsprechenden

Ursachen herausfindet und beseitigt. Je mehr man aber die „Ursachen" zu erkennen beginnt, desto deutlicher wird die innere Verflochtenheit des sogenannten „Kranken" mit den sogenannten „Gesunden"; ja, sieht man genau hin, wird man zumeist bemerken, daß die scheinbar „Gesunden" sich ihre Wohlgemutheit gerade auf Kosten derer erhalten, die sie erst als „Versager", dann als „Kranke" zu *be*zeichnen und zu *ver*zeichnen sich das Recht nehmen. Hinter jedem manifesten Neurotiker stehen Leute, die ihre inneren Konflikte und Probleme durch Verdrängungen und „Stellvertreterkriege" lösen. Diese ewig Richtigen können mit ihrer Angst, mit ihrer Wohlangepaßtheit, mit ihrer allseits abgesicherten Durchschnittlichkeit in gewissem Sinne täglich einen Mord begehen – sie merken es nicht, und würde man es ihnen sagen, so verstünden sie durchaus nicht, wovon überhaupt die Rede ist. Wenn es irgendeinen perfekten Mord gibt, so bei diesen Magiern des Todes. Niemals empfinden sie, was alles an Leben sie in sich selbst ersticken und mit ihren Dauerratschlägen und mit ihren ach so vernünftigen Anmahnungen ringsum zertreten. An dem Unleben ihrer Mitmenschen wissen sie sich allenfalls im Abstrakten beteiligt – alle seelischen Störungen gelten ihnen nach Bedarf als „medizinisch" bedingt, als eine Sache der Experten, der richtigen Medikamente und erneuter „vernünftiger" „Maßnahmen". Es dauert oft ein Menschenleben (oder länger), bis einer dieser daseinsberuhigten, moralisch integren, aber psychologisch monströsen Charaktere versteht, daß „Zwangsneurose" nur ein anderes Wort ist für „Sadismus des Überichs", für „verdrängte Aggressionen" und für anale Daseinssicherung durch Besitzen und Befehlen. Aber eben Erkenntnisse dieser Art hat Jesus im Prinzip seinen Zeitgenossen zugemutet.

Bezeichnenderweise bestätigen beide, Johannes wie Jesus, ihre „Verwandtschaft" darin, daß sie für ihre Überzeugungen eines gewaltsamen Todes sterben. Indessen ist der Unterschied zwischen ihnen gerade in derArt ihres Todes unübersehbar. Johannes stirbt, indem er mit seinem moralischen Protest sich die Rache der Mächtigen zuzieht – er versinkt in einer wüsten Collage aus berechnender Wut und bebender Wollust (Mk 6, 14–29). Sein letzter Auftritt bei der danse funèbre der Salome[21] fordert heraus und faßt zusammen, was er selber auf Leben und Tod bekämpfte; doch selbst in seinem Sterben ändert er nichts. Genug, daß seine Jünger den Leichnam des Ermordeten bergen – noch heute verehrt man in der Großen Moschee von Damaskus das Haupt des Täufers. Der Tod Jesu hingegen ist durchaus nicht „willkürlich"; er ergibt sich vielmehr zwangsläufig aus dem ewigen Widerspruch von Güte und Gesetz. Nicht *wie* man leben soll, sondern *woraus* man leben *kann,* die religiöse, nicht die ethische Problematik des Lebens berührt die Botschaft Jesu. Daß *alle* Menschen ausnahmslos vor Gott der *Vergebung* bedürfen, war die zentrale Einsicht eines seiner eindringlichsten Gleichnisse. Statt wie Johannes primär mit Gottes Strafgericht zu drohen und zu Werken rettender Gerechtigkeit aufzurufen, schilderte Jesus in der wunderbaren *Erzählung von dem Schalksknecht* (Mt 18, 23–35)[22], wie aussichtslos wir *alle*(!) vor Gott verschuldet sind; es ist ein völlig sinnloses, ja, ganz groteskes Versprechen, wenn der schuldige Diener in diesem Gleichnis seinem König erklärt, er werde alles zurückzah-

len; selbst wenn er seine Beteuerungen wahr machen und wirklich alles „verkaufen" würde – seine Frau, seine Kinder, sich selbst –, es könnte nicht einmal den Bruchteil seiner Schuld begleichen; kein noch so großes Opfer, keine noch so große Anstrengung, kein noch so guter Wille werden imstande sein, die menschliche Verlorenheit vor Gott aufzuwiegen – *das* ist, meint Jesus, unsere Lage; sie ist vollkommen desolat, wir können machen, was wir wollen.
Radikaler, als Jesus es hier tut, läßt sich der ethische Optimismus[23], den auch Johannes – mit den Propheten aller Zeiten und Kulturen – trotz der endgültigen Zuspitzung seiner Botschaft noch teilte, aus einer abgrundtiefen religiösen Erfahrung heraus nicht in Frage stellen. Alle Ethik lebt von der Überzeugung, daß wir in eigener Verantwortung unser Leben in Ordnung bringen und in Ordnung halten könnten; das Gleichnis Jesu aber unterstellt und schildert das genaue Gegenteil: wir leben, wenn überhaupt, dann einzig und allein aus der Vergebung Gottes. Es ist die gleiche Erfahrung, die *Paulus* später theologisch systematisieren wird[24]; sie entspricht indessen auch schon der Erfahrung des *Jahwisten* im Alten Testament, wenn dieser mit den nämlichen Worten, die seinen Vernichtungsentschluß einleiteten, Gott in einer sonderbaren Mischung aus Resignation und Güte am Ende der Sintflut konstatieren und versprechen läßt, er werde niemals mehr eine solche „Flut" über den Menschen kommen lassen, „da doch des Menschen Trachten nur böse *(rq r^{c})* ist von Jugend auf" (d.h. dem ganzen Wesen nach)[25]. Wäre Gott in diesem Sinne nur „gerecht", so müßte er angesichts der menschlichen Geschichte empört „aufschreien" – zugleich mit der Erde, die das Blut Abels schlürfen mußte, als Kain, sein Bruder, ihn erschlug (Gen 4, 11); er müßte wütend und grimmig dreinfahren, wie die Propheten von Amos bis Johannes es mit wuchtiger Gebärde in Aussicht stellten; – und er müßte immer wieder feststellen, daß es für das Ausrotten und Ausreißen seines Strafgerichts kein Maß, kein Ziel, kein Ende gäbe; immer wieder, Sintflut auf Sintflut, müßte er die Menschheit Generation um Generation vertilgen, nur um schließlich sich selbst als Schöpfer eines solchen Menschen zu widerlegen. Daß wir überhaupt leben – so die „Logik" des *Jahwisten* –, daß es uns überhaupt gibt, so wie wir sind, kann einzig daran liegen, daß Gott eben nicht nur „gerecht" und wesentlich „moralisch" ist. Wenn es eine Rettung und Läuterung des Menschen und der menschlichen Geschichte geben kann und soll, so einzig, weil Gott bereit ist, sie mit unfaßbarer Geduld und Langmut zu begleiten. *Also:* Keine zweite Sintflut, keine „Vernichtungstaufe" – *das* ist zugleich auch dessen Meinung, auf den als das „Lamm Gottes" der Täufer, den Evangelisten zufolge, hingewiesen hat. *Nicht* die Axt an den Wurzeln der Bäume wollte Jesus sein, sondern das lebende Wort der Vergebung und des Erbarmens Gottes, *nicht* die Worfschaufel auf der Tenne, sondern die ausgestreckte Hand der Brüderlichkeit und des gegenseitigen Verstehens, und nichts schien Jesus bis ins Gebet hinein so wichtig wie die Bitte und das Angebot: „Vergib uns, Vater, unsre Schuld, so wie auch wir vergeben unsern Schuldnern" (Mt 6, 12; Lk 11, 4). Und umgekehrt: nichts scheint Jesus derart angewidert zu haben wie die Haltung unbarmherziger „Gerechtigkeit" bzw. einer borniert sadistischen Rechthaberei.

Ist es denn vorstellbar, daß jener Mann in dem Gleichnis von dem Schalksknecht, dem sein königlicher Herr aus Mitleid alles, die gesamte Schuld, für nichts erlassen hat, augenblicklich dem erstbesten an die Gurgel fährt, nur um ihn für einen, relativ gesehen, völlig nebensächlichen Betrag „dingfest" zu machen und in den Schuldturm zu werfen? So aber, meint Jesus, ist all das, was wir unser „gutes Recht" nennen. Das einzige, was von den Begriffen unserer Moralität übrigbleibt, ist das vernichtende Urteil unserer Unfähigkeit und die absolute Notwendigkeit der Vergebung all dessen, was wir sind und tun.
In den Augen Jesu scheint der Standpunkt der „Moralität" sich mithin selber aufzuheben. Zur Moralauffassung der Gesellschaft (und der sie tragenden religiösen Institutionen) gehört es offenbar notwendig, dem Sittlich-Allgemeinen in jedem Falle recht zu geben und den Einzelnen in Dienst zu nehmen; sofern er mit den allgemeinen Satzungen nicht übereinstimmt, steht er da als Schuldiger, und die Übertretung der gesellschaftlichen Normen verlangt durch sich selbst nach „gerechter" Strafe[26]. Überall, in jeder Gesellschaft, scheint dieses System der Moral zu funktionieren, und doch schafft es in jedem Falle Unrecht, weil es sich nur für das äußere Verhalten, nicht aber für die innere Haltung des Handelnden interessiert, weil es den lebendigen Zusammenhang aller in der Schuld, die psychologische Verwobenheit aller in Gut und Böse, durch eine abstrakte Zweiteilung in vermeintlich Gute und vermeintlich Böse ignoriert und weil es den Einzelnen stets überfordert, indem es seine innere Berechtigung von seiner Angepaßtheit an das Allgemeine abhängig macht. Gerade umgekehrt scheint es in der Haltung Jesu angelegt zu sein, wenn er grundsätzlich und von allen Vergebung, für jeden Einzelnen aber einen Spielraum unbedingter Akzeptation und Absolutheit fordert. Nur aus diesem wesentlich nicht moralischen, sondern rein religiösen Blickwinkel wird verständlich, wie souverän Jesus die Zentren der gesellschaftlichen Moral attackiert und außer Kraft setzt: *die Praxis des Eids* z. B. – in seinen Augen ist sie nichts als gesetzlich verordnete Lüge und Heuchelei (Mt 5,33)[27]; *die patriarchalische Form der Ehe,* in der die Frau zum Besitzstand männlicher Macht zählt (Ex 20,17; Mk 10,1.12)[28] und in der in Fragen der Liebe das eherne „du gehörst (zu) mir" zur Grundlage des Sittencodex wird; die absurden Vorstellungen von *Ehre und öffentlichem Ansehen,* die doch nur immer wieder auf Prostitution des Charakters und auf Selbstverrat hinauslaufen (vgl. dagegen z. B. Lk 8,16–21!); *die Willkür der Traditionsbindungen,* mit der Männer in ihrer Eigenschaft als „Väter" sich das „Recht" zusprechen, „Autorität" zu spielen – „niemand von euch lasse sich ‚Rabbi' ‚Vater' oder ‚Meister' nennen" (Mt 23,8–10) – so sehr gehaßt hat Jesus jede Art von Fremdbestimmung, auch und gerade in der Erziehung! Was im Bild des Pharao nur erst Symbol und Zeichen war: die Königswürde eines *jeden* Menschen, sein Recht auf Verfügungsgewalt und Selbstbestimmung in seinem Leben, sein Anspruch auf „Weite des Herzens" als eines lebenden Bildes Gottes auf Erden – in der Einstellung Jesu wird es gelebte Wirklichkeit.
Eben deshalb aber reicht die Auseinandersetzung um den Standpunkt Jesu ungemein viel tiefer als im Falle des Johannes. Der Widerspruch des Täufers richtete sich gegen

bestimmte einzelne Machthaber, und sein Scheitern erfolgte mehr durch die Zufälligkeit ihrer Person. Von Jesus aber kann man wirklich sagen, daß sein Sterben unausweichlich war, in *jeder* Gesellschaft und unter allen Umständen. Die Fragen, die seine Menschlichkeit aufwirft, bedeuten einen Umsturz für *jede* Art von Gesellschaftsordnung und gesellschaftlicher Moral. „Er wiegelt das Volk auf, von Galiläa angefangen bis hierher" (Lk 23,5), so lautet quer durch die Jahrtausende der einzig wahre Grund seiner Beseitigung. *Jede* Zeit und *jede* Kultur wird jedoch zugleich merken, daß sie sich mit der Aburteilung Jesu nur selbst das Todesurteil spricht. Anders als der Tod des Johannes rührt die tödliche Herausforderung der Gestalt Jesu an das Leben jedes Menschen; sie fragt ihn, inwieweit er selber lebt, wieweit er selbst Person ist, wieweit er selber sich gestattet hat, ein Mensch zu sein. In alle Zukunft wird es nach dem Tode Jesu nicht mehr möglich sein, sich mit gesellschaftlichen Titeln aus der Verantwortung zu stehlen und sich den Frieden seiner Umgebung dadurch zu erhalten, daß man die Liebe verleumdet und verleugnet. Ein für allemal wird man seither nicht länger sagen können: „Ich bin Priester, deshalb mußte ich Gott einen Menschen opfern." Oder: „Ich bin Politiker, deshalb mußte ich einen einzelnen preisgeben." Oder: „Ich bin – Beamter, Söldner, Untertan – verpflichtet zu Gehorsam, also mußte ich die Befehle des Todes vollziehen." Der Gott Jesu Christi verlangt *keine Opfer,* er möchte, daß wir leben, durchweht von Glück und fähig zur Begegnung; *das „Reich" Jesu Christi* existiert in der Verständigung und Verstehensbereitschaft aller, und es gründet sich nicht auf die Interessen der Macht, des Geldes und der Egoismen einzelner Individuen und einzelner Gruppen; *und vom „Gehorsam"* wird gelten, was Petrus aus dem Desaster des Karfreitags für sich selber lernen wird: „Man muß Gott mehr gehorchen, als den Menschen" (Apg 5,29).

Das Leben, das aus Jesu Tod hervorgeht, ist mithin genau so neu, so unableitbar, so „jungfräulich" und so „göttlich" wie der „Anfang" seines Lebens selbst. Die Chiffren seines Abstiegs in die Unterwelt und seines Aufstiegs in den Himmel sind existentiell daher das unerläßliche Pendant seiner Herabkunft aus der Sphäre Gottes und seiner Geburt aus Geist und Licht, von der schon die Verkündigung des Engels Gabriel berichtete. Von beiden Enden, von Geburt und Tod also, schließt sich der Kreis der Nähe und Verwandtschaft zwischen Jesus und Johannes zusammen, und doch gehören beide zwei grundverschiedenen Welten an.

Was also bedeutet es, wenn Lukas erzählt, noch vor der Geburt habe die Mutter Jesu die Mutter des Täufers besucht und dieser habe schon im Mutterschoß Jesus entgegengejubelt als dem Ziel und der Bestimmung seines Lebens? Was bedeutet es *religiös,* nicht *religionsgeschichtlich?*

Trifft unsere (notgedrungen hier sehr knappe) Darstellung vom Auftreten des Täufers und der Gestalt Jesu im wesentlichen zu, so ist deutlich, daß beide in der Tat einander bedürfen und daß das Wort vom „Vorläufer" einen weit tieferen, keinesfalls nur zeitlichen (oder zeitgeschichtlichen) Sinn besitzt. Gerade weil Johannes mit unerbittlicher Klarheit die moralische Verantwortung des Menschen vor Gott einfordert, gelangt er mit seiner Botschaft an den Punkt, an dem es nicht mehr weitergeht. Soll das Heil oder Unheil des Menschen von seinem eigenen Tun abhängig sein, so ist die bebende Angst im Untergrund der menschlichen Existenz nie mehr zu beseitigen; im Gegenteil, je mehr jemand versucht, das Entscheidende seines Lebens zu „machen", desto mehr wird er selber sich entgleiten – die Psychoanalyse hat diese Tragödien des bedingungslos „guten" Willens mit all den Mechanismen der Verdrängung, Gegenbesetzung, Dennochdurchsetzung des Unbewußten u. a. m. so eindringlich beschrieben, daß jede Art von Religiosität als pathologisch erscheinen muß, in der das Verhältnis des Menschen zu Gott sich wesentlich immer noch in den Begriffen von Recht und Gericht, von Verdienst und Verfehlung, von Belohnung und Bestrafung herstellt und darstellt. Wenn schon des Täufers Nähe zu der Gemeinde von Qumran nicht zu übersehen ist, so muß man lediglich hinzufügen, daß innerhalb des „orthodoxen" Judentums es wohl einzig die Gruppe der Pharisäer an Gesetzesstrenge und juridischer Genauigkeit mit den Essenern aufnehmen konnte, und gerade mit diesen „Schriftgelehrten und Pharisäern" sehen wir Jesus immer wieder in erbitterte Auseinandersetzungen geraten[29]. Kein Zweifel: ein Mann, der sagen konnte: „Der Sabbat ist für den Menschen da, nicht der Mensch für den Sabbat" (Mk 2, 27), ist von der Mentalität der Gesetzesfrommen meilenweit entfernt[30].

Und dennoch setzt die Haltung Jesu das Gesetz, mithin die Verkündigung des Täufers, unbedingt voraus, sie ist von ihm nicht zu trennen, ja, sie ist erst von ihr her überhaupt verstehbar. Denn ohne den Hintergrund der *Verzweiflung am Gesetz* wäre so etwas wie *Vergebung* gänzlich überflüssig. Nur wenn der Unterschied von Gut und Böse so klar und eindeutig, wie Johannes es tut, mit dem vollen Ernst der Entscheidung herausgestellt wird, ergibt sich existentiell das Dilemma, auf das die Person Jesu wesentlich antworten kann und geantwortet hat: ohne Johannes würde – im Bild gesprochen – jener Knecht im Gleichnis Jesu gar nicht erst merken, wie aussichtslos er bei seinem König verschuldet ist. Jedes Wort der Vergebung ist solange buchstäblich gegenstandslos, als es keine Schuld gibt, die vergeben werden könnte, und kein Akt der Vergebung könnte lebenrettend sein, wenn nicht die Schuld selbst ganz und gar tödlich wäre. H. v. KLEISTS Drama *Prinz Friedrich von Homburg* [31] etwa beschreibt in unnachahmlicher Zuspitzung diese Situation: der Prinz, der, wenn auch glücklich, so doch gegen den Befehl seine Truppe ins Gefecht geführt hat, der Sieger in der Schlacht bei Fehrbellin, muß das gerechte Todesurteil seines Vaters ohne Aussicht auf Rettung akzeptieren, ehe der Kurfürst ihm vergeben kann. Unabhängig von dem Eingeständnis der Schuld würde die Rede von Vergebung das menschliche Leben in einen unterscheidungslosen Nebel, in eine konturlose Erschlaffung bzw. in einen Freibrief für jede Art von Anarchie verwandeln.

Insofern stimmt das Bild der Bußtaufe des Johannes noch weit mehr, als der Täufer selber es womöglich sehen konnte: das Eintauchen in den Jordan ist wirklich wie ein Sterben, wie ein Zurückgenommenwerden in den Schoß der Welt, und zwar *ohne* Hoffnung auf Vergebung. Wer Johannes radikal genug versteht, der muß im Akt am Jordan sein eigenes Todesurteil unterschreiben; wenn er danach noch weiterleben soll, so einzig aus Gnade. Insofern geschieht die Taufe des Johannes wirklich nur mit „Wasser" – sie spült hinweg, sie gibt aus sich nicht Halt, sie beendet ein Leben, das kein Leben ist, aber sie erneuert nicht, sie macht auf die Unhaltbarkeit des Zustands aufmerksam, doch sie verwandelt nicht.

Wesentlich steht der Täufer daher *am Ende* der Gesetzesreligion, und statt des strafenden Messias, wie er ihn historisch wohl verheißen haben mag, ist den Evangelien zuzustimmen, wenn sie die Gestalt des Täufers dahin schildern, daß er in Wahrheit mit all seinen furchtbaren Drohungen hingewiesen habe auf den Gott des Erbarmens, auf das Lamm Gottes (Joh 1, 29–36)[32], auf denjenigen, der, als er in den Jordan stieg, den Himmel offen sah und den Geist Gottes wie eine Taube auf sich herabschweben (Mk 1, 10). Nur wenn das Bekenntnis der menschlichen Schuld kein „Trick" mehr ist, um schließlich doch noch ganz gut dazustehen, sondern eine vollständige Kapitulation bedeutet, eine rettungslose Bankrotterklärung, kann eine Stimme aus den Himmeln sagen: „Du bist mein geliebter Sohn, an dir habe ich Wohlgefallen" (Mk 1, 11).

Wohl erst von daher versteht man die große Bedeutung, die der Taufe des Johannes im Leben Jesu zukommt. Allem Anschein nach hat Jesus das Bild der Taufe, die Vision der Sintflut über die Sünde, ernster genommen, als alle anderen, ernster sogar als Johannes selber, bis daß sich dieses menschheitliche Symbol der Reinigung jenseits seines moralischen Inhalts zu dem zentral religiösen Erleben verdichtete, daß es trotz aller Schuld ein Auftauchen, eine neue Geburt, ein rettendes Ufer der Vergebung gebe: das Wasser trägt, wenn man es überschreitet im Vertrauen auf Gott (Mk 6, 45–52)![33] Diese Vision bestimmte das ganze Dasein Jesu. Alles, was er hernach tat und sagte, setzte diese Offenbarung des geöffneten Himmels, diese Stimme der Versöhnung voraus; es griff zurück auf die Johannestaufe, um sie mit einem ganz anderen Sinn zu erfüllen.

Matthäus, dessen Evangelium selbst mit dem Taufbefehl des Auferstandenen endet (Mt 28, 19), hat diesen Bedeutungswandel im Symbol der Taufe sehr genau erkannt; denn während Markus noch schreibt: „Johannes taufte zur Vergebung der Sünden" (Mk 1, 4), so als folgte die Vergebung Gottes aus den Werken menschlicher Buße, hat dieser Evangelist der „Zöllner und Sünder" diesen Satz für sich gestrichen (Mt 3, 11) – der Täufer kann in seiner Predigt einzig auffordern zur Buße; das Wort von der Vergebung indessen hebt Matthäus sich dreiundzwanzig Kapitel lang auf bis zu der Abschiedsszene im Abendmahlssaal; dort, bei den Worten der Einsetzung der Eucharistie, wird Jesus seinen Jüngern sagen, es sei *das Blut seines Bundes,* das vergossen werde für alle „zur Vergebung der Sünden"[34]. Nicht die Taufe des Johannes also, sondern das Zeichen des heiligen Mahles, das Sakrament des Todes und der Auferstehung, nimmt alle Schuld hinweg. Das Bild der Eucharistie ist an sich ein durch und durch *matriarchales* Symbol, das den Frevel des verbotenen Essens im Paradies, die Durchtönung des gesamten Lebens mit Gefühlen der Angst und der Schuld angesichts eines strafenden Vatergottes, aus der Welt zu schaffen versucht: es ist Gott selbst, der sich zur Speise macht, auf daß der Mensch lebe in einem Vertrauen, das ihn sich selbst zurückgibt[35].

Nicht mehr die Frage derer also, die zu Johannes kamen: „Was sollen wir tun?", soll fortan die erste Frage sein, die Menschen an sich selber richten; die erste Frage muß und darf im Zeichen des heiligen Mahles lauten: „Wer sind wir selbst?", und: „Wer dürfen wir sein?"

Dabei steht gerade nicht zu befürchten, das völlig unverdiente und doch absolut notwendige Geschenk einer solchen bedingungslosen und vollkommenen Vergebung, einer solchen Generalamnestie über unser ganzes Leben, führe in die bequeme Nonchalance all derer, die ihr Leben lang ohnedies nur auf der Suche nach einem Alibi für ihre Trägheit seien. Es ist nicht wahr, daß Seelenfaulheit und Bequemlichkeit etwas Naturgegebenes darstellten; in Wahrheit liegt in jedem Menschen ein Drang nach Entfaltung und Vollendung all der Kräfte verborgen, deren Gesamtbild von Natur ihm eingegeben ist[36], und es bedarf einer erheblichen Hemmung der ursprünglichen Antriebskräfte, um diese Sehnsucht nach der Verwirklichung des eigenen Wesens zu blockieren. Erst wenn man Menschen so sehr unter der Peitsche der Angst verschüchtert hat, daß sie überhaupt nur noch auf Befehl und Zwang hin handeln, staut sich parallel zur Tyrannei der Pflichten die Neigung zu chaotischer Erschlaffung und geistloser Entspannung auf, die ihrerseits zwar wie ein Naturdesiderat erscheint und doch nur wieder neue Ängste schafft. Jesus vertraute darauf, daß Menschen zur Güte fähig sind aus einem Überfluß des Herzens, daß sie förmlich ein Bedürfnis haben, das Glück ihrer Rettung anderen mitzuteilen, und daß die Sanftmut und die Milde mehr an Energien freizusetzen vermögen als die Macht der Angst, der Drohung und aller möglichen asketischen Tugendverkrampfungen. Im Unterschied zum Täufer wollte er, daß in seiner Nähe Freude sei, nicht Bußzerknirschung und Selbstunterdrückung (Mk 2,18–20)[37]; die Menschen sollten Gott und einander begegnen mit dem Brautgesang der Liebenden, nicht mit dem Klageruf der aussichtslos Verdammten, und es scheint diese völlig andere Grundhaltung und Gesinnung zu sein, die ihn mit Schärfe und mit Nachdruck sagen ließ: „Wenn eure Gerechtigkeit (eure religiöse Grundeinstellung) nicht größer (tiefer verankert und innerlich glaubwürdiger) ist als die der Schriftgelehrten und der Pharisäer, werdet ihr nicht in das Himmelreich gelangen (niemals mit Gott in Einklang sein)" (Mt 5,20).

Wesenhaft also bedürfen Johannes und Jesus einander, und recht hat die Legende und gut tut sie daran, es so darzustellen, daß, noch ehe sie zur Welt kamen, der Täufer und der Christus schon aufeinander zugegangen seien, wobei es Jesus ist und sein muß, der zu Johannes kommt, und es Johannes ist, der in seinem ganzen Dasein der Botschaft Jesu bedarf, um zu erkennen, daß der Name stimmt, den ihm sein Vater Zacharias gibt: „Gott ist es, der Erbarmen übt" *(jw-ḥnn* – Johannes,) soll er heißen (Lk 1,60). Zwischen der Begegnung beider aber ereignet sich, wovon wir Menschen leben: die Versöhnung und Einheit von Freiheit und Pflicht, von Gesetz und Gnade, von Wahrheit und Bewährung. Erst indem Maria hingeht zu ihrer Base Elisabeth, beginnt das göttliche Kind die Gestalt unserer menschlichen Wirklichkeit anzunehmen. Doch wie es dann zur Welt kommt, ist die Geschichte einer neuen Offenbarung, eines neuen *Mythos,* einer neuen Einsicht in eine Sphäre voller Geheimnisse.

3. Der Gott des aufscheinenden Lichtes oder Die Szene der Heiligen Nacht (Lk 2,1–20)

„Die Weihnachtserzählung will weder historisierend über die Geburt Jesu protokollarisch berichten noch als gemütvolle Legende der Erbauung dienen."[1] Die meisten Exegeten werden diesem Satz uneingeschränkt zustimmen. Aber wie versteht man eine Rede, die weder historische Nachricht noch subjektive Vorstellung ist? Gängigerweise versucht die historisch-kritische Exegese das Problem zu lösen, indem sie sich auf das Schema prophetischer (alttestamentlicher) Verheißung und eschatologischer (neutestamentlicher) Erfüllung zurückzieht, und dem entsprechen in der Tat zahlreiche Feststellungen. Daß Jesus in der Davidsstadt Bethlehem geboren wird (Lk 2,1–7), erfüllt ersichtlich die bekannte Verheißung des Propheten Micha (5,2); und demgemäß darf auch die Verkündigung der Engel an die Hirten (Lk 2,8–14) sowie deren Bestätigung (Lk 2,15–20) als apokalyptische Vollendung der Prophetenbotschaft gelten. In den Worten von H. Schürmann: „Das factum historicum eröffnet sich erst als Offenbarungsgeschehen in der Wort-Offenbarung, ohne die das Ereignis nicht offenbarend und eröffnet würde. Hinter der schlichten Erzählung steht somit ein tiefes Verständnis, wie es zu ‚Offenbarung' kommt."[2]
Aber wie kommt es zu „Offenbarung", wenn wir es in der biblischen Darstellung angeblich nur mit literarischen Reflexionen zu tun haben, „mit Mitteln der haggadisch-apokalyptischen Erzählkunst der Zeit, dazu ... vieler biblischer Reminiszenzen ... eine bedeutungsgeladene Erzählweise, die sich ... nur einer kindlichen Gläubigkeit erschließen wird"?[3]

a) Die historische Kritik und die Vision des Glaubens

Die historisch-kritische Auslegungsmethode kommt mit dem Rationalismus ihres Grundansatzes niemals dahin, die „Bedeutungen" selber dem „kindlichen" Gemüt zu erschließen, und ihre „Gläubigkeit" bleibt deshalb bei einem reinen Positivismus stehen: man muß an Christus glauben, um die Weihnachtserzählungen als „Offenbarungen" zu erkennen, aber es finden in Wirklichkeit keine „Offenbarungen" statt, die diesen Glauben in der Weise begründen könnten, wie die Geschichte von der Geburt des göttlichen Kindes in Bethlehem es zu tun versucht. Statt dessen verliert sich die historisch-kritische Exegese (im Grunde entgegen ihren eigenen Feststellungen) immer wieder in historisierenden Untersuchungen, nur um Stelle für Stelle konstatieren zu müssen, daß es sich so, wie erzählt, gewiß nicht zugetragen hat.

Um einige Punkte zu nennen: *Die Geburt Jesu in Bethlehem* steht der Herkunft Jesu aus Nazareth im Wege[4], man wollte aber offenbar von der „Davidsstadt" Bethlehem sprechen, um die Weissagung des Propheten Micha als erfüllt hinzustellen und Jesus als „Sohn Davids", als Messias, vorzustellen. Um *den Weg von Nazareth nach Bethlehem* zu motivieren, dient bei Lukas der kaiserliche Befehl der Steuereintragung; aber dann müßten inzwischen Maria und Joseph als Mann und Frau zusammenwohnen, denn eine solche Reise von Verlobten wäre gegen das Gesetz gewesen – eine Heirat beider wird aber nicht erzählt. Zudem trifft es zwar historisch zu, daß Augustus ein System der Steuerveranlagung eingeführt hatte, zu dem es gehörte, daß alle 14 Jahre eine neue *Eintragung in die Steuerlisten* vorgenommen werden mußte[5]; Flavius Josephus aber berichtet, daß erst im Jahre 6 n. Chr., als Judäa der Provinz Syrien einverleibt wurde, Quirinius (zusammen mit dem ersten Prokurator Coponius) eine Steuerveranlagung in Judäa durchgeführt habe[6]. *Die Engelerscheinung vor den Hirten* vollends stellt eine ganz eigenständige Weihnachtsgeschichte dar, die in gewisser Weise der Erscheinung des Engels vor Maria Konkurrenz macht[7]; ja, *als die Hirten von ihrer Vision berichten,* „wunderten sich alle" über ihre Darstellung, als wenn von einer Erscheinung in Nazareth nicht ein Kapitel vorher noch berichtet worden wäre[8]. Es trifft zu, wenn H. Schürmann schreibt: „Was das urapostolische Kerygma mit dem Kommen Jesu zur Verkündigung realisiert sah ..., ist jetzt zurückmeditiert und zurückdatiert in das Ereignis seiner Geburt."[9] Was aber sollen dann Untersuchungen über den Hirtenstand in Palästina, über die Art der Nachtwachen daselbst, über das „kuriose Zeichen" (sic!) – der Christus in einem Futtertrog! – [10], die Arten der Säuglingswicklung u. a. m.?

Wer „meditieren" will und zugibt, daß die Texte ganz und gar in der Weise meditativer Bilder erzählen, der darf nicht ständig zwischen einer literarisch konstruierten, erlebnisfernen, rein theologisch behaupteten „Bedeutung" und einer rein vordergründig betrachteten Historie hin- und herspringen; er muß vielmehr gerade das tun, was die Bilder der Weihnachtsgeschichte selber tun und wozu sie einladen: er muß den Glauben an Christus in symbolischen Bildern nachdichten, verdichten und als verdichtete Wirklichkeit auf sich wirken lassen. Erst dann wird er jenseits des historischen Puzzles und des theologischen Positivismus zu einem Erleben befähigt werden, in dem zwischen Traum und Wirklichkeit, zwischen Verheißung und Erfüllung, kein Gegensatz mehr besteht.

Nur so wird er zugleich merken, daß es nicht beliebig viele, sondern nur ganz wenige, archetypisch vorgegebene, psychisch *objektive* Symbole gibt, in denen man die Geburt eines göttlichen Kindes erzählen und innerlich mitvollziehen kann. Erst dann wird man *dogmatisch* ein Recht erhalten, die Worte des Weihnachtsevangeliums als eigene Bekenntnisse des Glaubens *liturgisch* zu feiern. Und erst dann auch erübrigt es sich, *die gesamte Volksfrömmigkeit* als phantastischen Irrtum historisch *ad acta* zu legen: Auch dafür gäbe es historisch-kritisch eine Menge Gründe: wo Hirten auf dem Felde sind, kann es natürlich nicht *„kalt"* und *„mitten im Winter"* gewesen sein[11]; als „Zimmermann" war Joseph sicherlich nicht unbemittelt *„arm"*, eher ein Mann des Mittelstandes[12]; von einer *„Herbergssuche"* und von hartherzigem Ausgestoßenwerden ist im Text gar nicht die Rede[13]; die *„Krippe"* ist in Palästina niemals ein am Boden liegender Kasten[14], wie auf unzähligen Weihnachtsbildern zu sehen; auf *Ochs und Esel,* die aus Jes 1,3 stammen, legt Lukas selbst nicht den geringsten Wert; *in summa* kann das Urteil der historischen Kritik nur lauten: „Wenn sich die fromme Phantasie versuchsweise einmal in all diesen Fragen das Gegenteil vorstellen würde, fände sie eher zu dem, was dem Text an dem Ereignis (?) eigentlich wichtig und erwähnenswert ist."[15]

In Wahrheit jedoch besitzt gerade die „Volksphantasie" ein unnachahmliches Gespür für die symbolische Bedeutung einer Szene; gerade ihr lebendiger Kommentar zur Weihnachtsgeschichte hat in gewisser Weise die bei Lukas recht knapp gehaltene, fast fragmentarische Darstellung in vielen Details überhaupt erst zu dem ursprünglichen Gesamtbild rückergänzt, und es ist stets ein hermeneutisch abenteuerliches Verfahren, einen Mythos gegen seine eigene Wirkungsgeschichte interpretieren zu wollen. Der Entscheidungspunkt jedoch ist immer derselbe: wer als Exeget glaubt, die Bilder „theologisch", als ausgedachte, schriftgelehrte Konstruktionen einzelner verstehen zu sollen, unterlegt notgedrungen die eigene Daseins- und Arbeitsweise auch den biblischen Erzählern; aber Leute dieser Art sehen keine Engel und hüten keine Schafe, und ihnen fallen nicht die Bilder ein, von denen als Visionen und Zeugnissen heiliger Offenbarung die Bibel voll ist. Die Poesie des Volkes hingegen ist immer wieder der tragende Grund mythischer und legendärer Erzählungen; wer ihre objektive Wahrheit nicht erkennen kann oder erkennen will, der wird , ob er es will oder nicht, die Religion soziologisch wie (tiefen)psychologisch am Ende voller Verachtung von gerade den Erfahrungsräumen ausschließen müssen, in denen sie zu Hause ist.

Dabei gibt es kaum eine bessere Formel für das, was *mythische* Geburtserzählungen sind und sagen wollen, als die Wendung von H. SCHÜRMANNS „Zurückmeditieren des Glaubens". Es geht wesentlich um die Einsicht, daß eine bestimmte Haltung des Vertrauens notwendig bestimmte Bilder der Vorstellung aus den Tiefenschichten der Psyche freisetzen wird, um sich in ihnen selber zu vollziehen und mitzuteilen[16]; und durch diesen *psychologischen* Prozeß, nicht aus literarischen Abhängigkeiten, ergibt sich die immer wieder zu beobachtende Nähe der biblischen Erzählungen zu den mythischen Überlieferungen der „Heiden". Welch ein „Mythos", welch ein symbolisches Szenarium indessen für die biblische Erzählung jeweils „passend" ist, hängt natürlich von der Stellung im Text bzw. von der Fragestellung der jeweiligen Stelle selber ab; und so kann *hier,* wo von der Geburt des Gottessohnes, von seinem Eintritt in die Welt, die Rede sein soll, nur ein Bild heraufbeschworen werden, das selber zwischen Himmel und Erde, zwischen Traum und Tag vermittelt. Ein solches Bild ist weder in der Religion des Totengottes Osiris[17] noch in der hellen Welt des Sonnengottes Mithras[18] zu suchen, deren Mythen man früher gern zum Vergleich mit dem christlichen Weihnachtsevangelium herangezogen hat; es findet sich aber auf sprechendste Weise in der griechischen Mythe von der Geburt des Heilgottes *Asklepios,* die viele Details der lukanischen Erzählung allererst in ihrer *typischen* Notwendigkeit sichtbar und verständlich macht.

b) Asklepios – der Heiland zwischen Traum und Tag

Wenn die Engel auf den Fluren Bethlehems verkünden, heute sei „allem Volke" *„der Heiland"* geboren, so erinnert dieses Wort offenbar (mit Absicht?) an die heilenden und heiligen Arzt-Götter der Antike, und dabei besonders an den überragenden Heilgott Asklepios, dessen Zeichen, die heilende Schlange, die Ärzte und Apotheker noch heute in ihrem Wappen führen. Die Symbolverwandtschaft zwischen dieser griechischen Rettergestalt und der Person des Christus reicht vor allem in der Geburtsgeschichte beider sehr weit, und wie man den Mythos von der Geburt des Pharao nachträumen muß, um die Szene der Verkündigung in Nazareth zu verstehen, so muß man die Mythe von Asklepios vor sich sehen, um die Szene in Bethlehem in ihren Bildern verstehen zu können.
In seiner *Beschreibung Griechenlands* (II 26, 3–5) berichtet PAUSANIAS, wie einst der kriegerische König Phlegyas aus Thessalien „mit seiner Tochter, der Geliebten des Apollon, nach Epidauros" kommt, „als die mit Asklepios schon schwanger ist. Sie setzt ihr Kind auf einem Berge, der damals ‚Myrtenberg', später ‚Zitzenberg' hieß, aus. Dort findet es der Hirte Aresthanas zwischen Ziege und Hund: die Ziege stillt, der Hund bewacht das Kind in blendendem Licht, so daß sich der Hirte wie von einer Göttererscheinung abwenden muß. Im selben Augenblick hört man eine Stimme, die über Erde und Meer verkündet, der Neugeborene werde alle Heilmittel für die Kranken finden und die Toten wiedererwecken."[19]
Unmittelbar haben wir hier bereits eine Reihe wichtiger Parallelen zur christlichen Weihnacht: wir finden die Mutter des Asklepios *als Braut des Gottes* Apoll; das Kind kommt zur Welt, als *die Mutter auf Wanderschaft* ist; das Kind wird ausgesetzt – seine Schutzlosigkeit, die in den christlichen Volksbräuchen so stark betont wird, gehört offenbar als Motiv zu der Geburt des Gotteskindes[20]; der *Hirte,* der es findet, erfährt eine *Erscheinung göttlichen Lichtes,* und zugleich vernimmt er eine deutende *Himmelsstimme,* die ihm *die rettende Bedeutung des göttlichen Kindes* offenbart; das Kind liegt *zwischen Ziege und Hund,* und auch dies stellt offenbar einen wesentlichen Zug der göttlichen Geburt dar, daß das Kind, heimatlos bei den Menschen, den Tieren eigentümlich nahe ist[21]; *hier,* nicht in dem willkürlichen Zitat von Jes 1, 23, liegt allem Anschein nach der Grund, warum sich *Tiere um die Krippe* auch des Jesuskindes scharen. Der „Ochse" und der „Esel" sind tatsächlich nur ein christlicher Notbehelf – sie passen eigentlich nicht in die Hirtenszene, sondern setzen bereits agrarische Verhältnisse voraus; und zudem muß es wesentlich ein *weibliches* Tier (eine Kuh bei Bauern, eine Ziege bei Hirten, eine Wölfin oder Bärin bei Jägerkulturen) sein, das den neugeborenen Sohn Gottes aufzieht. – Die „Tiere" sind im Mythos selbst noch Teile des Göttli-

chen, früher als die Menschen und Träger geheimnisvoller Botschaften, sie sind der Schutz des Menschen und das Symbol seines Wesens. In einem ebenso traurigen wie schönen jiddischen Lied hat sich diese Weisheit in den Versen erhalten: „Hinter jedem Wiegele / steht ein klein weiß Ziegele" – ein Engel Gottes, wie man biblisch sagen müßte.

Um auf *Asklepios* zurückzukommen: es gehört zur mythischen Tradition religiöser „Ereignisse", daß es von ihnen *zahlreiche Varianten* gibt, so wie die Geburtsgeschichten bei Matthäus[22] anders lauten als die Texte des Lukasevangeliums, und während es in historischer Absicht niemals möglich ist, die „faktische" Geschichte hinter den Geschichten zu rekonstruieren, erscheinen die verschiedenen Überlieferungen in tiefenpsychologischer Sicht als notwendige Ergänzungen und Kommentare zu einem prinzipiell unerschöpflichen Thema[23], das einzig in vieldeutigen Bildern sich mitzuteilen vermag, da es dem Begreifen in Begriffen stets sich entzieht. Auch von Asklepios besitzen wir daher mehrere mythische Überlieferungen seiner Geburt.

So berichtet Isyllos von Epidauros, dessen Kultgedichte um 300 v. Chr. als Inschriften am Asklepiosheiligtum der Stadt angebracht wurden[24], von der *Mutter des Asklepios* noch Näheres: „Malos, ein Urmensch, den Zeus mit einer apollinischen Jungfrau, der Muse Erato, in heiliger Ehe verband, wird Vater einer gleichfalls musenhaften Tochter, der Kleophema, der ‚Ruhm Verkündenden'. Phlegyas, ein Urbewohner von Epidauros, nimmt Kleophema zur Frau."[25] Und dann folgen die Worte: „Und von Phlegyas wurde gezeugt – und ihr Name war Aigla – ihr Beiname war dies – wegen ihrer Schönheit hieß sie aber mit Beinamen Koronis."[26] Die Schönheit der *Koronis* (der „Geschweiften", „Krähenartigen") kann nur in dem rabenschwarzen Haar der künftigen Geliebten des Apoll gelegen haben; ihr Name *Aigla* aber („die Lichte") gibt ihrem Kind den Namen: *Asklepios;* man kann die Übergangsformen beider Namen und den Lautwandel unter dem Einfluß der altmediterranen, vorgriechischen Sprache eindeutig belegen.[27] Durch den Namen der Mutter (bezeichnenderweise) erfährt man also etwas über das Wesen ihres Sohnes: seiner ganzen Natur nach ist Asklepios der Hell-Leuchtende. „Das Aufleuchten des zeugenden Apollon aus einer dunkelhellen Mutter: das ist nach diesen Mythologemen Asklepios."[28]

Was dieses helle Aufleuchten des Asklepios indessen ist und bedeutet, läßt sich nicht einfach vom Sonnenaufgang her verstehen, und hier sind es wieder die *Tiere,* die das Wesen des göttlichen Kindes konfigurieren, so wie bei vielen „Primitivvölkern" noch heute die Gewohnheit herrscht, ein Kind nach dem Tier (oder nach dem Naturereignis) zu benennen, das sich im Augenblick der Geburt am stärksten bemerkbar macht. Der *Hund,* der den neugeborenen Asklepios bewacht, gehört, wie die Schlange[29], zu dem Bereich der Unterweltgöttin Hekate, er kann in der Mythologie aber auch golden, also dem Licht zugetan, sein[30]; die *Ziege* galt jedoch auch als Regengestirn[31] und ihr Fell als Wolkensymbol[32], wie es u. U. in der sonderbaren Erzählung des Alten Testamentes von Gideon und dem Zeichen der Wolle auf der Tenne (Ri 6, 36–40) eine Rolle spielen könnte. In jedem Falle wird die Zwischenstellung deutlich, die Asklepios zwischen unten und oben, Nacht und Tag, Tod und Leben einnimmt, und gerade dieser Dämmerungszustand macht sein Wesen aus[33]. Er selber ist der Apoll, der aus dem Dunklen aufstrahlt, der *Apollon Aigletes,* und man versteht daher, warum er in dieser Gestalt den Argonauten auf der Insel *Anaphe,* der Insel des „Aufloderns"[34], erscheinen konnte.

Der Eindruck der Zwischennatur des Gottes verstärkt sich zudem noch durch *die landschaftliche Kulisse,* in der Asklepios zur Welt kommt, sowie durch *die hell-dunkle Doppelnatur seiner Mutter.* Die Heimat der Asklepios-Religion war unzweifelhaft Thessalien. „War Epidauros sozusagen das Rom der Asklepiosreligion, von wo aus diese sich in der antiken Kulturwelt ausbreitete, so darf Trikka ihr Bethlehem, Thessalien ihr Palästina genannt werden."[35] Am Südostabhang des Berges der antiken Akropolis fand man bei Ausgrabungen die charakteristischen Votivstatuetten des Asklepios: den kleinen kapuzentragenden Gott Telesphoros (der als Tod, als Vollendung, „ans Ende bringt" bzw. der im Moment des Sterbens die Phase eines Neubeginns einleitet – eine Zwergengestalt, die in manchen Märchen noch fortlebt), einen Hahn, den Verkünder des Tages am Ende der Nacht, am Ende des irdischen Lebens[36], sowie ein Kind, „in Windeln gewickelt" (Lk 2, 12)[37]. Den Geburtsort des Gottes umfloß der Fluß „Lethaios", der Strom unterweltlicher Vergessenheit und Geborgenheit; jenseits der Berge aber, im Sonnenaufgang von Trikka, lag der Boibeis-See, der See der griechischen Mondgöttin Boibe oder Phoibe, die als Frau des Titanen Koios die Ahnin der apollinischen Linie ist: der Enkel des Koios ist nach dem Stammbaum Hesiods[38] Phoibos Apollon[39].

Erst von der Natur der *Mondgöttin* her versteht man nun auch den hell-dunklen Namen der Mutter des Asklepios, der Aigla-Koronis: sie ist die Geliebte des Lichtgottes Apoll, zugleich aber unterhält sie auch eine geheime Beziehung zu der Unterweltgöttin Persephone und ist selber in anderen Mythen mit Phoibe identisch. Denn: „Die Göttin vom Boibeis-See wird auch Brimo genannt, wie die große Göttin der nahen thessalischen Stadt Pherai, die nordgriechische Erscheinungsform der Mysteriengöttin Persephone ... In den Mysterien von Eleusis, wo die Geburt eines göttlichen Kindes gefeiert wurde, verkündete der Priester dieses Ereignis mit den Worten: ‚Die Königin hat ein heiliges Kind geboren, die Brimo den Brimos'" – die Starke den Starken. Dieser „Starke", dieser Ischys, dieser „die Urmännlichkeit darstellende Gott ... zeugte mit dem göttlichen Urweib, der Mondgöttin Phoibe oder Brimo, ‚der Starken', jenes Kind, das in Eleusis als ‚Brimos', ‚der Starke', angerufen wurde. Von diesem Knaben erzählt man in Thessalien, er sei der Sohn der Koronis, der in Trikka verehrte Asklepios. Denn", meint K. Kerényi sehr zu Recht, „so sind echte, nicht erst für die Literatur erfundene mythologische Erzählungen. Sie variieren dasselbe Thema unter verschiedenen Namen und Gestalten: hier das Thema der Geburt eines göttlichen Kindes, welches – zuerst dunkel und dann aufleuchtend – der Vereinigung der Mondgöttin mit einem in der Dunkelheit wirkenden starken Gott entstammt. Die verschiedenen Namen, welche die Göttin erhält, beziehen sich zum Teil auf die verschiedenen Phasen des Mondes. Diese Phasen treten als schwesterliche Gestalten in der Mythologie nebeneinander auf. Ihre Zahl ist meistens drei, und ihre Namen bedeuten den sich aus der Dunkelheit erhebenden und wachsenden Mond, dann den Mond zwischen den zwei ‚Halbmonden', endlich die Phase, in der er widerum sichelförmig wird und verschwindet. So ist es verständlich, wenn in Messenien, wohin der Geburtsmythos des Asklepios aus Thessalien gelangte, die Mutter Arsinoe heißt, von ihren beiden Schwestern die eine Hilaeira, ‚die Gnädige', ein Beiwort des milden Vollmondes, die andere Phoibe. Im ersten Glied des ersten Namens Arsi-noe wird die Erhebung aus der Dunkelheit angedeutet und dadurch auch die Zeit der Erzeugung des Asklepios angegeben: die dunkle Neumondzeit. Und das erklärt auch, weshalb die Mutter des Asklepios, nach dem Zeugnis des Isyllos, Aigle, ‚die Lichte', benannt werden kann und dennoch in ihrer Eigenschaft als Geliebte des Apollon unter dem Namen der ‚Krähenjungfrau', der dunklen Schönheit Koronis, bekannt ist."[40]

Gewiß wird man erneut beim Lesen dieser Zeilen im Sinne der üblichen theologischen Mythenfeindlichkeit sogleich mit Eifer einwenden, eben hier zeige sich der Unterschied: Maria sei eine historische Person, nicht eine mythische Wesenheit, ihr Name sei nicht schillernd zwischen Aigla-Koronis, Phoibe oder Arsinoe, sie sei niemals als Mondgöttin verehrt worden, und überhaupt habe in der biblischen Botschaft, angefangen bereits mit dem Alten Testament, die Geschichtlichkeit der Offenbarung den Mythos überwunden. Aber dieser Einwand ist längst widerlegt: die Geburt des Gottessohnes vollzieht sich nicht auf der Ebene der Historie, sie ereignet sich auf einer Ebene der Wirklichkeit, die sich nur in den Bildern des Mythos beschreiben läßt. Dann aber gilt es, die Geburtsgeschichte Jesu in Bethlehem selber *symbolisch* zu lesen; und wenn sich nun auf dem Hintergrund des Asklepiosmythos zeigt, daß selbst die historisch eingekleideten Momente der lukanischen Erzählung in sich selbst als *typische Motive* zu verstehen sind, so gewinnen wir damit allererst den Bezugsrahmen, in den wir die einzelnen Bilder auch der biblischen Geschichte stellen müssen: Erst von der Mondnatur der Gottesmutter her versteht man, daß die Niederkunft stets *auf der Wanderschaft* (am Himmel) erfolgt. Auch gehört es zu dem Typos der göttlichen Geburt, was im Matthäusevangelium breit ausgemalt wird: *die Verfolgung des jungfräulich geborenen Kindes* (Mt 2,16–19). Die Mutter des Asklepios z.B. wird einer mythischen Version zufolge auf einen Holzstoß gesetzt, und erst aus dem brennenden Scheiterhaufen (dem durch die Sonnenglut verlöschenden Mond?) rettet Apoll den Asklepios, den ‚im Tode der Mutter geborenen Sohn'.[41] Auch bei Lukas scheint ein solches Verfolgungsmotiv nicht ganz zu fehlen, indem er die Geburt des Erlösers betont mit dem Steuerdekret des Kaisers Augustus in Verbindung bringt (Lk 2,1). Wohl trifft es zu, daß Lukas in seinem Evangelium gegenüber den römischen Behörden eine eher versöhnliche Haltung einnimmt[42], indem er z.B. die Beteiligung des Pilatus an der Verurteilung Jesu weitgehend abschwächt (Lk 23,4.14–15); aber auch er betont (in Übernahme der ihm vorliegenden Spruchsammlung) auf das krasseste den *prinzipiellen* Gegensatz, der zwischen dem Reich Gottes und den Reichen dieser Welt besteht: es ist für Lukas *der Teu-*

fel selber, der die Macht und „Herrlichkeit" der irdischen Regime zu vergeben hat (Lk 4, 6); und noch die letzten Worte Jesu im Abendmahlssaal sind, wie wir gesehen haben, eine strenge Absage gegenüber den „Königen der Völker" (Lk 22, 24); vollends die Weissagung des Simeon (Lk 2, 34.35) macht schon in der Kindheitsgeschichte selber deutlich, daß das Erlöserkind auch und gerade bei Lukas dazu bestimmt ist, durch „Leiden" „in seine Herrlichkeit" einzugehen, wie der Auferstandene unterwegs nach Emmaus den zweifelnden Jüngern abschließend erklären wird (Lk 24, 26). Des weiteren gehört zum *Typos* der Geburt des göttlichen Kindes *die Deutung des Ereignisses durch himmlische Mächte,* und *das Schema von Verheißung und Erfüllung* stellt daher keinesfalls eine Besonderheit der biblischen Tradition dar, es liegt formgeschichtlich vielmehr der Struktur der genannten Erzählweise voraus und wird lediglich mit bestimmten Stellen des Alten Testamentes, die man jetzt als Verheißungen auslegt, belegt und inhaltlich aufgefüllt. Infolgedessen muß es primär darum gehen, *den symbolischen Sinn dieses Schemas* selbst zu verstehen, statt sich in die nur scheinbar rational formulierbare Außenseite einer Theologie der erfüllten Verheißungen zu flüchten. Die Bilder selber sagen mehr als alle Worte und Schriftzitate, und wenn es überhaupt möglich wäre, das Geheimnis der Geburt des Gottessohnes in „vernünftigen" Begriffen mitzuteilen, hätten nicht zwei der Evangelisten auf die überkommenen Vorlagen mythischer Traditionen zurückgreifen müssen. Dann aber gilt es erneut, diesmal anhand der Vorbildgestalt des *Asklepios,* entlang den Bildern des Mythos die seelischen Erfahrungen zu benennen, denen die jeweiligen Symbole selber sich verdanken und die im christlichen Glauben sich mit der Person Jesu als des „Heilands der Welt" verbinden.

Im Schein des aufleuchtenden Lichts von Trikka erkennt man, daß es auch in den biblischen Erzählungen um weit mehr geht als um eine biographische Geburtsgeschichte des Jesuskindes. Man betritt mit der Geburt des göttlichen Kindes im Grunde den *Bereich von Urschöpfung und Uranfang,* der Entstehung des Lebens aus dem Tod, der Erneuerung des (Mond-)Lichtes aus dem Dunklen, man wird Zeuge einer Hochzeit des Lichts (des Apoll) mit der Finsternis (der Koronis), des Himmels mit der Erde, der Sonnenhelle mit dem Dunkelmond – tiefenpsychologisch einer Vermählung von Bewußtsein und Unbewußtem, von Geist und Trieb, von Verstand und Gefühl, als deren Vermittlung und Versöhnung eben jenes Kind zur Welt kommt, das an der Natur beider Sphären teilhat. Daß dieses „Kind", kaum empfangen, von der Gestalt eines gewalttätigen „Königs" erbarmungslos *verfolgt* wird, ist tiefenpsychologisch in der Tat nicht anders zu erwarten – anhand der Erzählung bei Matthäus von dem Kindermord in Bethlehem (Mt 2, 16–18) ist an anderer Stelle[43] bereits die ungeheuere Widersprüchlichkeit dargestellt worden, in die wir notwendig geraten, wenn sich in unserem Leben etwas wirklich Neues meldet, das sich der Kontrolle des Bewußtseins entzieht, das unserer vernünftigen Planung entgeht und das, so fremd und ungebeten auch immer, dennoch zutiefst den eigentlichen Sehnsüchten und Erwartungen unserer Seele entspricht: auf ihm allein, das wissen wir trotz aller Gegenwehr, ruht die Verheißung und die Hoffnung unseres Lebens.

Speziell von der Gestalt des Asklepios her zeigt sich indessen etwas von dem *Wesen eines Heilgottes, eines göttlichen Arztes,* und es ist sehr wichtig, die Gestalt des Christus von Anfang an auch unter diesem Aspekt kennenzulernen[44]. Als Asklepios zur Welt kam, verkündete die Himmelsstimme, er werde ein Heilmittel finden, gegen alle Krankheiten und gegen den Tod; aber man versteht mythische Geburtsgeschichten erst, wenn man den Lebensauftrag eines Gottes, eines Heilbringers, bereits in der Art verwirklicht und abgebildet findet, in der seine Ankunft sich vollzieht. Es waren die Ärzte in Epidauros, die aus dem Wesen des Asklepios die rechte Lehre zu ziehen wußten, indem sie seine *Geburt in der Nacht* in ein Heilverfahren verwandelten. Zweieinhalbtausend Jahre vor der Entdeckung der Psychoanalyse, noch unberührt von der einseitigen Betonung des Bewußtseinsstandpunktes im Christentum, empfingen die Ärzte des Asklepios im Heiligtum zu Epidauros *das Heilmittel der Traumbehandlung* aus den Händen ihres Gottes. Dieser Gott des aufscheinenden Lichtes, gezeugt aus der Paarung des Dunkels der Nacht mit der Helle des Tages, markiert in seinem Wesen den Grenzbereich zwischen Unbewußtem und Bewußtsein; er verkörpert in seiner ganzen Person diese Sphäre des Übergangs zwischen Nichtsein und Sein, zwischen Sein und Erleben, zwischen Schlafen und Wachen, und so ist der *Traum* die eigentliche Domäne dieses Gottes, dieses späten Nachfahren des altägyptischen Weisen *Imhotep,* auf den sehr früh schon die Vorstellungen eines lebenden Gottes übertragen wurden und der in der Spätzeit vollends mit Asklepios verschmolz[45]. Wesentlich ist Asklepios der Gott, der durch das im Dunkel des Unbewußten aufscheinende Licht des Geistes heilt, und wo immer Menschen die Botschaft ihrer *Träume* einlassen, wo immer diese an sich verbotene, scheinbar illegitime, stets zunächst als ausrottungswürdig erscheinende Hochzeit zwischen „Apoll“ und „Koronis“, zwischen Geist und Seele, zwischen Verstand und Herz wirklich zustande kommt, wird eine *Wanderschaft,* ein innerer Prozeß von Aufbruch und Heimkehr, in Gang kommen, an dessen Ende die Geburt des wahren Wesens steht. Die Ärzte in Epidauros wußten um diese wunderbare Fähigkeit des Menschen, sein eigentliches Ich in Träumen wahrzunehmen und die Visionen der Nacht als göttliche Botschaften zu empfangen; und sie vertrauten darauf, ein Mensch müsse nur im Heiligtum selbst, im Schutze des Gottes, geborgen im Bereich einer Welt noch vor dem Sündenfall[46], unverstört träumen, ausgestreckt auf dem Boden des Heiligtums, in innigstem Kontakt mit der Mutter Erde, um als ein innerlich Veränderter zu „erwachen“.

Und hatten sie damit nicht recht?

Wieviel an Krankheit, das uns in der Schule des HIPPOKRATES als ein „medizinischer Fall“, als ein rein körperliches, physisches oder biochemisches Geschehen imponiert, ist nicht, mit den erwachenden Augen des *Asklepios* betrachtet, ein Gebrechen der Seele eher als des Leibes? In der Religion des Asklepios ist Krankheit zunächst kein Gegenstand naturwissenschaftlicher Forschung, sondern ein Ausdruck der inneren Einstellung dem Leben gegenüber, Manifestation einer religiösen Haltung, die deshalb auch zunächst mit religiösen Mitteln, nicht mit „Medizin“ zu überwinden ist. Die

Religion ist es selbst, die in Asklepios als „Heilmittel" gegen die Krankheit auftritt, so wie umgekehrt die heilenden Kräfte der menschlichen Seele sich allererst wirklich entfalten können, wenn man die Sprache ihrer Traumbilder für so wesentlich nimmt, daß etwas Göttliches darin erscheinen kann.

Es ist klar, daß allein in dieser Sicht die Haltung auch des Neuen Testamentes verständlich wird, wenn es in Leid und Krankheit die Symptome einer von Gott abgefallenen Welt erkennt, während es die Wunder Jesu als Zeichen der wiedererstarkenden Macht Gottes über die Herzen der Menschen interpretiert[47]. Wesentlich heilt das Christentum die Angst der Existenz, die den Menschen in den Widerspruch zu Gott und dadurch in das Zerwürfnis mit sich selber treibt[48]; ein und dasselbe ist es daher, den Menschen im Vertrauen auf Gott von seiner Angst zu befreien und ihn von der Psychosomatik seiner zahlreichen seelischen wie körperlichen Erkrankungen zu heilen; und so ist Christus, wenn er die Nähe der „Gottesherrschaft" verkündet und bringt, *wesentlich* Arzt, eine Gestalt im Erfahrungsraum der Religion des Asklepios.

Auf diese Weise wird vor allem deutlich, daß man die Gestalt Christi, die Bilder von seiner Geburt, seinem Wesen und seinem Wirken, *mitträumen* muß, um sie tief genug in sich aufzunehmen. Als der Sohn Gottes, *der in der Nacht,* unter dem Lichtschein der Engel, zur Welt kommt, lebt in ihm *wesentlich* die Macht, unsere Seele derart anzurühren, daß sie erfüllt wird von heilenden Träumen; er selber, die Gegenwart seiner Person, schafft einen Raum ähnlich dem Heiligtum von Epidauros, eine Zone des Stillwerdens, der Geborgenheit und des Verweilens, wo die Seele des Menschen sich selber durchsichtig wird auf ihren Ursprung hin und wo unter dem Deckgestein des alltäglichen Bewußtseins, wie die heilenden Quellen der Märchen und Sagen, ein Wasser des Lebens entspringt, in dem sich unsere Jugend erneuert (Ps 103, 5) und uralte Träume und Wünsche wieder zu fließen beginnen.

Erst jetzt auch wird deutlich, warum es *Hirten* sein müssen, denen die Geburt des göttlichen Kindes als ersten zuteil wird. Man hat in der neueren Exegese, um die „Aktualität" der Bibel in der historisch-kritischen Methode wieder herauszustellen, viel Aufhebens davon gemacht, daß die Botschaft der Erlösung in Gestalt der Hirten an die Armen, die Außenseiter, die Entrechteten, die „marginalen Existenzen" usw. gerichtet sei[49], aber paradoxerweise wird damit lediglich die sonst so verachtete „Volksphantasie" über die Armut der heiligen Familie politisch neu drapiert, und es ist nicht gut, ein wichtiges Anliegen (wie die Theologie der Befreiung) mit schlechten Argumenten zu versehen. Gerade in historischer Sicht waren die „Hirten" zur Zeit Jesu in Palästina, sozial gesehen, keinesfalls verachtet, und wirtschaftlich betrachtet waren sie sogar relativ wohlhabend[50]. Anders, wenn man die „Hirten" nicht als sozialen Stand, sondern als mythischen Typos versteht. Dann markieren sie in der Tat den *Grenzbereich zwischen Natur und Kultur* bzw. den Übergang von der Stufe des Sammlers und Jägers zu der Lebensform des seßhaften Bauern[51]: wie die Jäger gehören die Hirten noch dem Nomadentum an, und auch sie ernähren sich vom Fleisch der Tiere; andererseits leben sie bereits – in Form von Milch, Käse, Wolle etc. – von den *Produkten* der Natur, und sie züchten Tiere, wie der Bauer Emmer oder Hirse züchtet. Gerade als solche Verkörperungen des Übergangs sind die Hirten die rechten Adressaten für die Botschaft eines Gottes, der selbst den reinen Übergang, die reifende und sich vollziehende Einheit der Gegensätze, das Werden der schon anfanghaft sich herausbildenden Wesensgestalt der menschlichen Psyche personifiziert. In dem *Symbol* der „Hirten" sind die sonst so zerreißenden Gegensätze zwischen Trieb und Intellekt, Gefühl und Verstand, limbischem System und Großhirnrinde, physiologisch ausgedrückt, als lebendige Einheit gesetzt; in den „Hirten" *als Typos* wohnt eine Offenheit und Entfaltungsmöglichkeit, die ihre Ursprünglichkeit und gestalterische Kraft noch unverbraucht bewahrt hat; zugleich aber tritt diese Natürlichkeit und Unkompliziertheit, die psychologisch mit dem Hirtenstand zu assoziieren ist, in einer Form auf, die weder ängstigend-roh noch unreflektiert primitiv anmutet. Gerade in der relativ noch wenig entwickelten Existenzform der „Hirten" lebt deshalb die Verheißung und das Versprechen, mit Bewußtsein die Einheit des eigenen Wesens zurückgewinnen zu können[52].

Ähnliches gilt auch von dem Auftreten der *Tiere.* Gewiß sind tiefenpsychologisch „Tiere" als Symbole für die Welt der Triebe zu betrachten; aber es handelt sich bei der Geburt eines göttlichen Kindes eben stets um gezähmte oder mütterlich-zahme Tiere, die das Neugeborene wärmen, beschützen oder aufziehen[53]. In gewissem Sinne gleicht das Bild von den Tieren an der Seite des Gotteskindes mithin einer Erfüllung der paradiesähnlichen Weissagung des Jesaja (11,6–8) von dem Kind, das in den Tagen des Messias sorglos am Schlupfloch der Otter spielen wird, während Bären und Löwen friedlich neben Schafen und Lämmern weiden – eine Vision, die sehr viel später auch VERGIL noch aufgreifen wird[54]. Es ist offenbar nicht anders vorstellbar: wo immer es um ein Bild gelungener Vermenschlichung geht, da muß die Angst vor den „tierischen" Kräften im eigenen Ich einem tieferen Vertrauen zu sich selber weichen. Häufig genug schildern deshalb auch die Märchen der Völker, wie Tiere zu Helfern des Helden werden, wenn man sie nicht zu „töten" oder sonstwie auszuschließen sucht[54]. Begegnet man den „Tieren" ohne Angst, so lassen sie sich stets ohne Schwierigkeiten häuslich machen und leisten dann dem Ich unschätzbare Dienste, die es mit eigenem Überlegen und Wollen niemals erreichen könnte.

Die (paradiesische) *Einheit mit den Tieren* gehört daher untrennbar zur Gestalt des „Menschensohnes", des Erlöserkindes, und mit richtigem Gespür hat vor allem das Markusevangelium uns dieses großartige Bild an den Anfang des öffentlichen Wirkens Jesu gestellt, indem es schildert, wie Christus nach den vierzig Tagen in der „Wüste" dahin gelangte, daß er „bei den Tieren war" und „die Engel ihm dienten (Mk 1,13). Nur in einer Gestalt also, die das Höchste mit dem Tiefsten verbindet und in der die Welt des reinen Geistes sich mit der Welt der dumpfen Triebe eint, wird Jesus den Menschen gegenübertreten; nur in dieser Gestalt wird er zu den Menschen glaubwürdig von Gott sprechen können; und nur als einer, der die Gegensätze des „Tieres" und des „Engels" im Menschen in seiner eigenen Person versöhnt hat, wird er auch andere

Menschen von den Widersprüchlichkeiten und Zerrissenheiten ihrer Seele befreien können.
Was Markus mit dieser kurzen, aber äußerst wichtigen Notiz von der endgültigen seelischen Reifung des Erlösers schildert, verlegen Mythen, wie die Erzählung von der Ankunft des *Asklepios*, zumeist schon in die Geburtserzählung des Gottessohnes, und wieder hat man Gelegenheit, die Sensibilität der „Volksphantasie" hoch zu rühmen, wenn sie in ihren Krippendarstellungen und Weihnachtsliedern das an sich fehlende Moment der lukanischen Kindheitsgeschichte mit unfehlbarer Treffsicherheit frei ergänzt: *die Nähe zu den Tieren*. Mit Recht umschweben mithin in der Weihnachtszeit die Bilder der Engel den Stall von Bethlehem und beugen die Tiere sich zärtlich und dankbar über das Jesuskind. Und stimmt es denn nicht auch *psychologisch* vollkommen, was Jesaja den Worten nach dem Volk seiner Zeit vorhielt: „Der Ochse erkennt seinen Meister, und der Esel die Krippe seines Herrn" (1, 3)? Stets vernimmt unser Unbewußtes, die Welt der „Tiere" in uns, die Botschaft des Göttlichen leichter als die Sphäre unseres Bewußtseins, ganz so wie König Herodes im Matthäusevangelium die Wahrheit wohl kennen mag, aber sich nur um so mehr weigert, sie anzuerkennen, weil sie die Selbstherrlichkeit seines Machtanspruchs tödlich in Frage stellt [55].
Zu einer solchen *„Zähmung" der Tiere* bedarf es allerdings der Haltung einer geradezu spielerischen und zweckfreien Vertrautheit. Immer wieder hat man in der Forschung gemeint, die Zähmung von Haustieren sei kulturgeschichtlich im wesentlichen durch praktische Notwendigkeiten, unter dem Gesichtspunkt von Vorteil und Nutzen, erfolgt[56]. Aber so kann es sich nicht zugetragen haben. Es können nicht Männer gewesen sein, die z. B. die ersten Wolfsjungen und damit wohl die ersten Tiere überhaupt zähmten, um sie zur Jagd abzurichten oder als Wachhunde einzusetzen; man hatte vor der Zeit der Ziegen- und Schafherden noch keine Milch, um die Jungtiere aufzuziehen, und so müssen es *Frauen* gewesen sein, die zusammen mit ihren Kindern einfach zum Spielen und aus Freude an der Gemeinsamkeit die Jungtiere von Wölfen großzogen. Eben diese Hypothese fand E. ZIMEN bei den afrikanischen Eingeborenen der Turkana bestätigt, wo die kleinen Hunde Seite an Seite mit den Kindern aufwachsen, ihnen die Exkremente ablecken und auch sonst für die Sauberkeit der Hütten sorgen[57]. Andere „Aufgaben", etwa bei der Jagd oder beim Hüten der Herden, versehen die Hunde gar nicht, sie sind nichts als die Spielgefährten der Frauen und der Kinder. *Psychologisch* gesprochen, wird man die „Zähmung der Tiere" in der Tat nur als das Ergebnis einer ebenso mütterlichen wie kindlichen Einstellung des Menschen zu sich selbst und zu der ihn umgebenden Natur betrachten können, und auch dies ist eine Weisheit, die wir aus dem Geburtsmythos der *Asklepios*religion lernen müßten, um die Botschaft der Weihnacht tiefer zu verstehen. Es wäre nicht nur schade, es wäre äußerst schädlich, wenn es der rein männlichen Schicht der Theologen gewohnten Schlages gelingen sollte, mit ihrer Verstandeseinseitigkeit und Mythenfeindlichkeit derartige Wahrheiten zu töten. Auch das Kind von Bethlehem kommt nicht zur Welt ohne die Einheit mit den „Tieren".

Lediglich *eine* Verheißung bei der Geburt des Asklepios blieb unerfüllt, die dem Christentum zentral ist: *der Sieg über den Tod.* Die Himmelsstimme, die der Hirte Aresthanas in Trikka vernahm, das neugeborene Kind werde Tote ins Leben zurückrufen, konnte letztlich nicht eingelöst werden. Wohl berichtet APOLLODOR (III 118 ff.)[58], es habe Asklepios, belehrt von dem Zentauren Chiron, „nicht nur manchen vor dem Tode" bewahrt, „sondern auch Tote wieder" auferweckt. „Hatte er doch von Athene das aus den Adern der Gorgo geflossene Blut erhalten, von dem er das aus den Adern links stammende zum Verderben der Menschen, das aus den Adern rechts geflossene dagegen zu ihrer Rettung anwandte. Damit weckte er auch die Toten auf." Der Mensch, m. a. W., ist in der Sicht der Asklepiosreligion wesenhaft „zusammengesetzt" aus zwei Hälften, die beide eine Einheit bilden müssen, damit so etwas wie Leben möglich ist. Die linke Seite ist dabei (entsprechend der Kreuzung der Nervenbahnen[59]) mit dem Unbewußten, Bildhaften, Alogischen assoziiert, während die rechte Körperhälfte mit dem Bewußtsein, den Sprachzentren in der linken Hirnhemisphäre, dem Bereich der Ratio verbunden ist. Aus dem „Blut der Gorgo", mithin aus dem Sieg über die versteinernde Angst[60], gewinnt Asklepios also die Kraft, vermöge der Bewußtwerdung des alten „gorgonischen" Anteils im Menschen Krankheiten zu heilen und den Tod zu besiegen, während die Unbewußtheit bezüglich des Tierhaften, „Ungeheuerlichen" im Menschen tödlich ist. Bis hierhin fügt auch diese Überlieferung sich ganz und gar in das uns schon vertraute Wesensbild von der Übergangsnatur des Asklepios ein, wie denn in mythischen Überlieferungen gerade *die innere Stimmigkeit aller Teilmomente,* so historisch disparat sie auch tradiert sein mögen, ein äußerst wichtiges Indiz für das richtige, organische Verständnis des Ganzen darstellt[61]. Um so mehr muß es verwundern, daß das segensreiche Wirken des Asklepios den Groll des Zeus herausforderte. Der Höchste der Götter „fürchtete, die Menschen möchten dieses Heilmittel von ihm (sc. Asklepios, d. V.) erhalten und gegenseitig einander helfen, und tötete ihn deswegen mit dem Blitz". Man wird diesen sonderbaren Abschluß der Geschichte des Asklepios vielleicht dahin interpretieren können, daß Asklepios in der Tat nur „Arzt" ist und somit lediglich die Macht besitzt, auf den Zeitpunkt des irdischen Todes Einfluß zu nehmen, daß aber die Menschen sich nicht vermessen dürfen, auf Erden unsterblich werden zu wollen, es sei denn, sie würden nur um so schmerzlicher ihrer Sterblichkeit inne.

Daß ein solcher Zusammenhang den Märchen und Mythen an sich nicht fremd ist, verdeutlicht sehr schön die Erzählung der BRÜDER GRIMM, *Der Gevatter Tod* (KHM 44). Es handelt sich um die Geschichte eines Mannes, dem bei seiner Geburt, als Kind armer Eltern, der Tod zum Gevatter gegeben ward. Der Tod macht sein Patenkind zu einem berühmten Arzt, indem er ihm ein Kraut schenkt, mittels dessen er sogar Sterbenskranke zu heilen vermag; er darf davon aber nur Gebrauch machen, wenn er den Tod am Kopfende eines Krankenlagers stehen sieht; steht der Tod zu Füßen eines Kranken, so muß er seine Hilfe für vertan erklären. Lange Zeit richtet der berühmte Arzt sich nach dieser Anweisung, doch als der König des Landes tödlich erkrankt, rettet er ihn, obwohl er den Tod am Fußende des Bettes stehen sieht. Für dieses eine Mal läßt der Tod Gnade vor Recht walten; als aber bald hernach des Königs Tochter erkrankt und der Arzt ein zweites Mal den Tod um seinen Anteil zu bringen versucht, erklärt der Tod das Leben seines Patenkindes für verwirkt und schleppt den erschrockenen Arzt mit seiner eiskalten Hand in eine unterirdische Höhle, in der viele tausend Lichter unterschiedlicher Größe brennen, einzelne dicht vor dem Verlöschen, andere gerade erst anbrennend. Dies seien, erklärt der Tod, die Lebenslichter der Menschen, der alten Leute mit ihrem bald schon verglimmenden Leben und der noch jungen Menschen, die gerade erst ins Leben träten. Unerbittlich verweist er dabei auf das Licht des Arztes, das eben zu verlöschen droht. Da bittet der Arzt im letzten Moment noch den Tod, ein neues, größeres Licht auf das erste zu stecken, und scheinbar versucht sein Gevatter, der Tod, auch diesem Wunsch zu entsprechen; in Wahrheit aber stürzt er das Lebenslicht seines Patenkindes absichtlich um, und augenblicklich fällt der Arzt wie gefällt zu Boden. – Nimmt man *die Symbolik dieses Märchens* beim Wort, so verdanken die Ärzte ihre Macht einzig einem begrenzten Pakt mit dem Tode, dessen „Patenkinder" sie recht eigentlich sind; ihr gesamtes Wirken hängt allein von der Gunst des Todes ab, und die Medizin selbst, die sie verwenden, ist nichts anderes als ein Geschenk aus des Todes Hand; nie dürfen sie sich deshalb vermessen, *die „Konstellation" des Todes* unberücksichtigt zu lassen, denn jede Eigenmächtigkeit gegenüber dem Tode wäre buchstäblich selbstmörderisch. Alle ärztliche Kunst beruht demnach auf der Anerkennung der Abhängigkeiten und Bedingtheiten, die unserem „armen" Leben von seiten des Todes gesetzt sind.

Ganz ähnlich, so scheint es, ist die „Botschaft" vom *Ende des Asklepios* zu verstehen: der göttliche Arzt hat nicht die Macht über den Tod, sondern nur eine Macht in den Grenzen des Todes.

Doch gerade durch diese Einsicht kehrt die Tätigkeit des Arztes zu ihrem letztlich religiösen Ausgangspunkt zurück. Was eigentlich ist für uns Tod und was Leben, wenn unser Dasein nach dem PINDAR-Zitat jener Libanesin im Museum von Beirut nichts weiter ist als der „Traum eines Schattens"? Sind wir nicht mitten im Leben schon Tote, und zwar nicht allein wegen der „Vorläufigkeit" unseres Daseins zum Tod hin[62], sondern vor allem infolge unseres Unvermögens, im Getto der Angst unser Leben mit Inhalt und Sinn zu erfüllen? Sind wir nicht zwischen Angst und Tod wirklich schon mitten im Leben wie Untote inmitten von Schatten? Was ist *wirklich* von den Dingen, die wir betreiben, von den Ereignissen, denen wir Bedeutung beimessen, von den Meinungen, die wir als Wahrheiten wollen? Auf den entscheidenden Wandel des Daseins von Unleben zu Leben, von Vergänglichkeit zu Dauer, von Nichtigkeit zu Ewigkeit hat auch der göttliche Arzt nur Einfluß, wenn er sich selbst in das Mysterium von Tod und Auferstehung hineinbegibt und aus der Unterwelt emporsteigt zum Licht – das Bild des *Hahnes* bei der Geburt des Asklepios verweist auf diesen Sonnenaufgang ewigen Lichtes am Ende der Schatten. Aber de facto war es nicht die Religion des Asklepios, sondern die Feier in Eleusis, die eine solche *Einsicht* in das Geheimnis der

Unzerstörbarkeit des Lebens gewährte[63]. Während Asklepios nur den Anteil des Todes überwand, der in Form der Krankheit ins Leben hineinragt, war es allein der Muttergottheit Demeter und ihrer Tochter, der Kore Persephone, vorbehalten, die Macht des Hades zu überwinden. Der Sieg über den Tod also ist nicht durch ärztliche Manipulation zu erreichen, und so kann und darf der Arztgott Asklepios in seiner Kunst mit jedem Heilerfolg nur von Fall zu Fall als Verheißung für das *ganze* Leben in Aussicht stellen, was sich allererst unter den Händen der Priester von Eleusis im Kulte der Demeter vollendet.

Doch wenn auch Asklepios, entsprechend der Zwischengestalt seines Wesens als des im Dunkeln aufscheinenden Lichtes, die Schwelle zum Morgen der bleibenden Wahrheit der Sonne mit seiner Person nicht selbst überschreitet, so wird an dieser Stelle gleichwohl mit dem Thema der Überwindung des Todes nur um so deutlicher, welch ein Sinn im Lukasevangelium der *Gegenüberstellung der zwei Verkündigungsgeschichten in Nazareth und in Bethlehem* eigentlich zukommt. Während in historisch-kritischer Sicht die Szene in Bethlehem im Grunde keinen Gedanken offenbart, der nicht schon in Lk 1,26–38 zum Ausdruck gekommen wäre (eine historisch-kritisch gesehen rein konkurrierende Doublette also, die allenfalls als biographische Darstellung eine gewisse Weiterentwicklung der Geschichte Jesu bietet), zeigt sich jetzt vor dem Symbolhintergrund der Religionsgeschichte, daß beide Erzählungen einander zur wechselseitigen Ergänzung bedürfen, und auch diese Konfiguration selbst besitzt, trotz der Fremdheit des Überlieferungsmaterials, ihr *ägyptisches* Vorbild. In der Verkündigungsszene in Nazareth ging es im Kommentar des *ägyptischen* Mythos von der Geburt des Pharao (des *pr ᶜ3,* des Hohen Hauses) wesentlich um die Frage, wie die geistige Potenz des Windes, wie das reine Licht der Sonne, wie *Amun-Re* sich einen irdischen Leib erwirkt, um in der Niedrigkeit des Irdischen, im Leben eines Sterblichen, die Königsnatur des Menschen zu offenbaren; umgekehrt geht es in der Verkündigungsszene in Bethlehem im Kommentar des *griechischen* Mythos von der Geburt des göttlichen Arztes Asklepios wesentlich um die Frage, wie aus dem Dunkel der Nacht, an den Ufern des „Sees" einer sublunaren Welt, der Schimmer des Geistes, der Lichtglanz Apolls, das menschliche Leben heilend durchstrahlt. Die Bewegungen beider Texte laufen also von zwei extrem entgegengesetzten Polen aufeinander zu wie die geometrischen Linien im Inneren der zwei Halbschalen ein und derselben Kugel. Was in der Welt der „Sonne" als reine Idee von oben gedacht ist, ringt sich und reckt sich in der Welt des „Mondes" von unten her auf zur Erleuchtung der Sonne, und erst in der Entsprechung beider Bewegungen läßt sich mit den Mitteln des Mythos die Wahrheit der *rollenden Sphären,* wie Th. Mann es genannt hat[64], adäquat ausdrücken: daß das Urbild sich inkarniert in der Wirklichkeit und die Wirklichkeit selber dem Urbild gemäß wird. *Die Versöhnung der Gegensätze,* die Einheit von Göttlichem und Menschlichem, das zentrale Thema *aller* Überlieferungen von der Menschwerdung Gottes, läßt sich in der Tat nicht großartiger darstellen als in dieser wechselseitigen Bezogenheit der beiden Verkündigungsszenen des Lukasevangeliums.

Dabei sind nicht nur Himmel und Erde, Licht und Dunkel, oben und unten, Sonne und Mond einander zugeordnet, sondern vor allem Geburt und Auferstehung, Wesen und Wirklichkeit, Sein und Vollendung. Man versteht die Szene der Geburt des Gottes aus dem Schoß der Jungfrau erst ganz, wenn man sie mit dem Bild von der Öffnung des Grabes am Ostermorgen (Lk 24, 1–9) auf eine Stufe stellt: in beiden Fällen geht es um den Sieg über den Tod, nur so, daß mit der Geburt des göttlichen Erlösers, wie im Symbol des Asklepios, die Macht des Todes mitten im Leben besiegt wird, während der Ostermorgen, entsprechend den Mysterien von Eleusis, den Eintritt in die Sphäre der Ewigkeit bezeichnet. Die *Ägypter* drückten diese Polarität von Diesseits und Jenseits so aus, daß sie, von der 5. Dynastie an[65], dem Sonnengott Re den Unterweltgott Osiris zuordneten und beide Gottheiten miteinander identisch setzten als zwei einander bedingende Erfahrungsräume der gleichen Wahrheit[66]: Osiris wurde zur nächtlichen Sonne in der Unterwelt, der Pharao selbst wurde im Tod zu Osiris.

Die Ägypter hinterließen damit freilich dem Christentum eine Auffassung des menschlichen Schicksals, die sogleich erneut eine paradoxe Verdoppelung ergeben mußte. Denn als man versuchte, diese Lehre aus der Konkretheit der mythischen Anschauung in die Begriffssprache griechischer Philosophie zu übersetzen, mußte der Glaube an die göttliche Natur des Menschen, an die *Unsterblichkeit der Seele,* an die Gotteskindschaft des Amun-Re, logischerweise in Konkurrenz geraten zu der Welt des Osiris, zu der Lehre von der Auferstehung des Fleisches, von *der Auferweckung Christi* in seinem Sieg über die Unterwelt. Wie sehr indessen beide Erfahrungshälften eine Einheit bilden und in ihrer mythischen Einheit belassen werden müssen, um ohne Widerspruch verständlich zu sein, zeigt über die ägyptische Religion hinaus ein letztes Mal die griechische Mythologie im Umkreis der Religion des Asklepios. Wir sagten bereits, daß in dem Sohn der hell-dunklen Aigla-Koronis vieles von dem altägyptischen Weisen *Imhotep* weiterlebt. Es gibt in den griechischen Sagen indessen noch eine andere „Reinkarnation" des Imhotep: die Gestalt des kunstfertigen *Daidalos,* der gleichermaßen zwei Welten in sich vereinte: er war es, der das Labyrinth auf Kreta erbaute, worin der Minotauros, der Sohn des stiergestaltigen Zeus und der kretischen Prinzessin Pasiphaë, gefangen gehalten wurde; andererseits aber erfand er die Kunst, mit Flügeln sich vogelgleich in den Himmel zu erheben[67]; und ist nicht *beides* der *Mensch:* ein im Dunkeln gefangener Stier, ein Kind der Zeugungskraft der Sonne und der träumenden Schönheit des Mondes, dumpf in seiner irdischen Knechtschaft *und doch* imstande, sich über alle Schranken hinwegzuschwingen in den Äther der Freiheit, in den Himmel des Lichts? – Wenn *beide* Wahrheiten über den Menschen zusammenkommen, sich nicht mehr bekämpfen, sondern miteinander versöhnt sind, kann man in Wirklichkeit sagen, Gott sei Mensch geworden aus der Jungfrau.

Wenn die alten Ägypter die Seele des Menschen mit den Zeichen ihrer Hieroglyphen abbildeten, konnten sie (entsprechend der lautlichen Identität mit dem Wort *k3* = Stier) die *Ka-Seele* darstellen wie einen Stier, denn sie erblickten in dem Ka den Teil der (männlichen) Lebenskraft, der den Menschen durchströmt und ihn mit dem All-Leben des Kosmos verbindet[68]; sie konnten die Ka-Seele aber auch als zwei Hände malen, die sich wie betend und flehend dem Himmel entgegenstreckten. Ähnlich zeichneten sie die individuelle (personale) Seele, den *Ba* des Menschen, gern mit einem doppelten Zeichen: wenn ein Mensch starb, glaubten die Ägypter, so erhebe seine Ba-Seele sich gleich einem Vogel zurück zu den Sternen, zurück zu ihrer ewigen Heimat; nur in bestimmten Zeitabständen besuche sie noch den Leib des Verstorbenen – eine Ansicht, die in der katholischen Kirche noch fortlebt in der Praxis der „Sechswochenämter" und der jährlichen Seelenmessen für die Verstorbenen; ansonsten aber sei die Seele frei für alle möglichen Wandlungsformen und Zustandsarten[69], so wie die Sonne ihre Wesensgestalten (ihre Cheperu) immerfort wechselt und dennoch sich gleichbleibt. *Neben* dem Ba-Vogel aber zeichneten die Ägypter das Zeichen für „brennenden Weihrauch" mit dem Lautwert *śnṯr*, was eigentlich bedeutet: „das, was zu Gott macht". So ist die Seele des Menschen nach ägyptischem Glauben etwas, das sich aus dem Dunkel erhebt wie ein Wohlduft und wie ein Abendopfer, und zugleich etwas, das vom Himmel herabgekommen ist und zum Himmel zurück will. Re und Osiris, Amun und Asklepios – *gemeinsam* erst sind und ermöglichen sie die Wahrheit des Menschen, an die das Christentum glaubt, wenn es die uralten Bilder benutzt, um zu sagen, wie nahe Gott den Menschen ist und wie nahe die Menschen Gott sein können in dem ewigen Symbol der Menschwerdung Gottes.

c) „Denn erschienen ist die Gnade Gottes allen Menschen zum Heil" (Tit 2,11)

Man muß die Symbolik der Mythen entsprechend unserer Deutung lesen wie expressionistische Kunstwerke, um ihre existentielle Chiffrensprache zu erfassen, und man kann von ihnen ähnlich sagen, wie *E. Munch* von seinen Bildern meinte, er suche nicht nach photographischen Abbildern, sondern nach emotionalen Sinnbildern: „Ich male nicht nach der Natur – ich nehme meine Motive aus ihr – oder schöpfe aus ihrer Fülle. Ich male nicht das, was ich sehe, sondern das, was ich sah. – Der Fotoapparat kann nicht mit Pinsel und Palette konkurrieren – so lange er nicht in der Hölle oder im Himmel benutzt werden kann."[70] So haben wir gesehen, welch eine sinnreiche und sinnenhafte Poesie in den Bildern des Weihnachtsevangeliums verborgen liegt, und wir sind jetzt darauf wohlvorbereitet, uns selber an die Stelle zu begeben, wo diese Texte alter Menschheitsüberlieferungen zu uns Heutigen reden *im Zeichen des Christus.*
Wo eigentlich liegt Bethlehem? Wo ist der Ort, an dem Gott geboren werden kann?
Das „Bethlehem" des Evangeliums ist nicht die Stadt im Süden von Jerusalem; denn so haben wir gesehen, das Evangelium erzählt nicht den Beginn des Lebens Jesu, es erzählt den Anfang unseres eigenen vermenschlichten Lebens, die Geschichte unserer Menschwerdung, wie sie durch die Person Jesu Christi möglich geworden ist. Darum liegt „Bethlehem" überall dort, wo Menschen zu leiden vermögen an der Unmenschlichkeit und „Hunger und Durst tragen nach der Gerechtigkeit" Gottes (Mt 5,6). Nur

ihrem Herzen ist Gott so nahe, daß er dort leben kann. Zweitausend Jahre christlicher Legende hat in den Bildern der Weihnacht aus dem Reichtum eigener Erfahrung daher lediglich die Bedingungen zu verdichten vermocht, die dieses Wunder der Menschlichkeit und der Güte unseres Gottes zu beschreiben vermögen, und wir brauchen all diese Chiffren jetzt nur noch einmal durchzugehen, um ihre Bedeutung an uns selber zu erproben und in uns selber zu erfahren.

Nacht, sagt uns Lukas, war es in der Stunde von „Bethlehem". Aber wissen wir wirklich, was das ist: *„Nacht"?* – wenn Menschen sehen und haben keine Aussicht, und ihre Träume sind tot, und die Welt ist ein gähnendes Loch? Und ihre Hände suchen nach Halt und finden ihn nicht, und jeder Morgen beginnt nicht mit einem Sonnenaufgang, sondern mit einer immer neuen Sonnenverfinsterung?[71] Diesen Menschen der Nacht, sagt das Evangelium, ist Christus erschienen als Licht, das leuchtet im Dunkeln; über denen, die Gott nie kannten, „über das Volk, das in Finsternis wandelt, strahlt ein helles Licht auf". Dieses Wort des Jesaja (9,2) ist erfüllt seit dieser „Nacht" in „Bethlehem".

Kalt, sagt uns die Legende, war es in jener Stunde, da der Erlöser erschien. Aber wissen wir wirklich, was das ist: *kalt?* – wenn das Herz der Menschen erfriert im Schneetreiben der Worte, und die Füße stocken im Firnis der Oberflächlichkeiten, und die Finger zittern, blaugefroren an den Gletschermassen vereister Gefühle? Diesen Menschen der Kälte wird Christus sagen: „Ich bin gekommen, Feuer auf die Erde zu werfen, und was will ich jetzt anders, als daß es brennt!" (Lk 12,49)

Einsam und *ausgestoßen,* sagt uns die Legende, sei es gewesen in der Stunde von „Bethlehem". Aber wissen wir wirklich, was das ist: *einsam?* – wenn Menschen auf die Welt kommen an einem Ort, wo es ein Zuhause nicht gibt, nur ein endloses Suchen und Sich-Sehnen draußen vor den Türen der Menschen? – Kinder nicht von Eltern, sondern von Abkömmlingen der Mutter Eva, der Stammutter aller Verbannten, aller ins Leben Vertriebenen, immer einen fremden Boden unter den Füßen[72], immer nur laufend vor Angst, ohne Recht, ohne Bleibe, ohne Stätte? Diesen Menschen der Einsamkeit wird Christus sagen: „Die Füchse haben ihre Baue und die Vögel des Himmels haben ihre Nester; der Menschensohn aber hat keinen Ort, wohin er sein Haupt legen könnte" (Lk 9,58). „Aber kommt zu mir", wird er weiter sagen, „ihr Mühseligen, ihr Beladenen, ich will euch ausruhen lassen" (Mt 11,28).

Arm, sagt uns die Legende, kam der Messiaskönig auf die Welt. Aber wissen wir wirklich, was das ist: *arm?* – wenn die Seele eines Menschen so hohl ist wie der Mund eines Verhungernden und so leer wie die Hand eines Bettlers am Wege? – oder der Leib so erschöpft, daß die Kraft einer Frau nicht mehr ausreicht, die Fliegen aus den Augen ihres verhungernden Kindes zu fächeln und man am Morgen schon an den Straßenrändern die Zeitungen aufsammeln muß, um des Nachts das Frösteln und Zittern der Kälte zu mildern, ein Leben, ärmer als die Tiere? Diesen Menschen der Armut wird Christus sagen: „Ihr seid Gott nahe." Und hinzufügen wird er in glühendem Zorn: „Wehe euch, ihr Reichen" (Lk 6,24).

All die Umdüsterten, Frierenden, Einsamen, Ausgestoßenen, Armen werden die

„Nacht“ von „Bethlehem“ verstehen, denn ihnen allen wird dieses Kind Gottes verheißen: „Ihr, die ihr jetzt weint, werdet lachen“ (Lk 6,21); ihr, die ihr trauert, glücklich seid ihr; ihr, die ihr wenigstens noch leiden könnt, seid nahe dem Reich Gottes.
Das Bethlehem der Landkarte liegt zwanzig Kilometer im Süden von Jerusalem; aber das wirkliche „Bethlehem“ liegt dicht neben „Jerusalem“ in unseren eigenen Herzen. Und wo wohnen wir wirklich?
In „Jerusalem“ bewohnen andere Leute die Häuser und die Straßen als in „Bethlehem“. In „Jerusalem“ (oder in „Rom“ oder dort, wo wir meistens uns „aufhalten“) trifft man die Satten, die Fertigen, die Eingerichteten, die Mächtigen, begegnet man den Volkszählern, den Verwaltern und den Vergewaltigern. Dort ist die Stadt der „Mörder“, wie das Markusevangelium sagt (Mk 12,8)[73]. In einer solchen „Stadt“ erwartet man nichts, denn man fürchtet die Veränderungen. Dort klammert man sich an das, was man hat: an die Gedanken und Vorstellungen, die man gelernt hat, an das Vermögen, das man erworben hat, an die Bastionen und Positionen, die man erobert hat, und man hat Angst, daß irgend etwas von dem fertig Eingerichteten sich wandeln könnte. Die Mauern „Jerusalems“ sind breit und fest. Wie aber, wenn beim Schall des Schophar-Horns, da der Herr kommt, die Erde zu richten (Ps 98,6.9), die Wände nicht mehr gelten, die heute noch hoch und niedrig, mächtig und ohnmächtig, ehrbar und verächtlich in gegensätzliche Lager spalten? Wenn die Botschaft des „Kindes“ von „Bethlehem“ stimmt, so gibt es fortan keinen Punkt der Demütigung mehr, bis wohin Gott sich nicht hinabgebeugt hätte, um die betulich Wichtigen ihrer Lächerlichkeit preiszugeben, um die Sessel der Anmaßung umzustoßen und um die Niedrigen emporzuheben aus dem Staube (Lk 1,51.52). Was kann geschehen, um uns von unserer Unmenschlichkeit zu erlösen mit dem Blick auf dieses „Kind“ von „Bethlehem“?
Eigentlich nur dies, daß wir die Überheblichkeiten des Alltags aufgeben, die Wahngebilde der Normalität beseitigen und daß wir den Mut bekommen, an die Leidenschaft der Liebe, an die „Weite des Herzens wie die Sonne am Himmel“ nach den Worten der Ägypter, an die Wahrheit des Mitleids und an den Wert der Güte bedingungslos zu glauben. Dann wissen wir augenblicklich, daß wir allesamt in Wahrheit „Kinder“ sind. Freilich: niemanden von uns hat man wirklich leben lassen, als er ein Kind war, und einen jeden von uns hat man auf seine Weise gezwungen, möglichst schnell fertig und „erwachsen“ zu werden. Eben deswegen fällt es uns so schwer, davon wirklich zu lassen, verschüchterte, ängstliche, autoritätsgläubige, gesellschaftsabhängige, um Anerkennung und Menschengunst buhlende Kinder zu bleiben; eben deswegen geschieht es, daß wir uns an die Zeit unserer Kindheit oft kaum noch erinnern können und wir sie fliehen durch Verdrängungen oder Verleugnungen, so als könnten wir aus ihr nur herausstürzen wie Lot aus dem brennenden Sodom, dem Ort der Schändung und Vergewaltigung des Göttlichen (Gen 19,5), der Stätte der Strafe dauernder Blindheit (Gen 19,11); eben deswegen fühlen wir so, als ob wir stets „erwachsen“ dastehen müßten mit unseren erzwungenen Zwanghaftigkeiten, unserem wahnsinnigen Perfektionsdrang, unseren nichtsnutzigen „Fertigkeiten“, unseren stets paraten „Auskünften“,

unseren fraglosen Phrasen und mit all dem wohltrainierten Terror unseres auswendig gelernten „Wissens".
Schauen wir genau hin, hat man von Anfang an uns so gewollt. Alle rings um uns her verlangen inmitten dieser Welt der Gnadenlosigkeit, daß wir zu irgend etwas nutze sind, daß wir den Nachweis liefern, für irgend etwas notwendig und unerläßlich zu sein; doch solange wir, johanneisch gesprochen, „Kinder des Fleisches" bleiben (Joh 1,13), werden wir uns unter der Geißel dieser Ansprüche zugrunde richten. Niemals werden wir das Gefühl wirklich loswerden, im Grunde überflüssig auf der Welt zu sein, nie werden wir wirklich glauben können, daß man so etwas wie uns brauchen oder gar lieben oder auch nur beachten könnte, und stets werden wir fürchten, im Grunde nur lästig, störend, unerwünscht, ja, hinderlich und schädlich zu sein.
Welch ein Mensch könnte uns jemals das Gegenteil beweisen?
Aber in dieser „Nacht" erfahren wir das Gegenteil. In dieser „Nacht" ist Gott als Kind ein Mensch geworden und war nichts anderes als solch ein überflüssiges und störendes und obdachloses Kind; und *dieses Kind* ist, war und bleibt in alle Ewigkeit Gottes eigenes Schicksal zwischen Futtertrog und Galgen. Es wird auch späterhin für alle Menschen, die im Überfluß zu Hause sind, nur überflüssig bleiben, für all die Sturen störend sein, für all die Überlegenen nur ungelegen kommen, für all die Annehmlichen höchst unangenehm auffallen, für all die so Bequemen absolut unbequem erscheinen. Gott aber wird mit gerade dieser Überflüssigkeit, mit dieser Ruhestörung, mit dieser Ungelegenheit, mit dieser Unannehmlichkeit und Unbequemlichkeit identisch sein. Seit dieser „Nacht" ist aller Menschen Überflüssigkeit berechtigt. Gnade allen Überflüssigen! lautet die Botschaft dieser „Nacht"; Menschlichkeit allen Menschen schenkt uns Gott.
Alle ringsum verlangen, daß man sich durchzusetzen weiß und tüchtig ist durch Leistung und Erfolg. Für sie ist der Erfolg das, was der Wahl der Mittel Recht gibt. Der Erfolg selbst ist die Rechtfertigung dafür, daß sie berechtigt sind zu leben. Was aber geschieht dann mit denen, die an den eigenen Erfolg nicht glauben können und ihn im Grunde auch nicht wollen, die mit dem, was sie sind und leisten, in den Notentabellen der anderen stets untendurch sind? Wie können sie, die ewig Erfolglosen, die als dumm, als töricht Abgetanen, jemals das Gegenteil des Mißerfolgs erfahren?
Aber in dieser „Nacht" erfahren sie das Gegenteil. In dieser „Nacht" ist Gott als Kind ein Mensch geworden und war nichts anderes als solch ein unmündiges, untüchtiges, hilfloses, ohnmächtiges Kind, und dieses Kind wird auch in Zukunft ohne Macht und Durchsetzungsvermögen bleiben. Es wird in dreißig Jahren in den Augen aller scheitern, und alle zuständigen Behörden und Instanzen werden ihm in der Prüfung dessen, was ihnen als das Leben gilt, die Note „ungenügend" geben. Gott aber wird mit diesem Scheitern, diesem Mangel, diesem Ungenügen selbst identisch sein. Gott selber ist es, der in der Welt des Erfolges stets wird scheitern müssen. Vor Gott sind alle Menschen Scheiternde, Erfolglose und Mangelhafte; aber seit dieser „Nacht" sind wir berechtigt auch im Scheitern. Gnade allen Scheiternden, all den geborenen Verlierern, all den

Ertrinkenden! lautet die Botschaft dieser „Nacht". Daß alle Menschen das sein dürfen, was sie in Wahrheit sind, ohne die Rücksicht auf Ertrag und Erfolg, diese Chance schenkt uns Gott. In dieser „Nacht" hat die Armseligkeit und Ohnmacht aller Menschen ihre Berechtigung gefunden.

Wenn irgend Menschen Frieden finden können, dann in dem, was in diesem Bild von „Bethlehem" beginnt. Seit dieser „Nacht", da Gott ein Mensch geworden ist, können wir davon lassen, wie Gott sein zu müssen. Kein Mensch kommt ja auf diese Welt ohne die Frage, wie weit er in der Liebe eines anderen geborgen ist und sein kann, und erst wenn diese Frage sich beruhigt, wird er es wagen, mit seiner eigenen Person ins Leben zu treten. Eben deswegen betrachten wir das Geheimnis der Heiligen Nacht als den Anfang unserer Erlösung: Denn seit den Tagen Adams ist es keinem Menschen selbstverständlich, auf dieser Welt erwünscht, gemocht, geliebt zu sein – er selbst mit seinem kleinen, armen Leben ein Geschenk an diese Welt! Wo aber nicht mehr feststeht, daß es uns geben *darf,* da werden wir versuchen nachzuweisen, daß es uns geben *muß,* und je mehr in der Folgezeit von Muß und Soll die Rede ist, wird das Gefühl tagtäglich wachsen, das ganze Leben sei wie eine Last, wie eine Pflicht, die wir in unserem Dasein abzutragen hätten. Allein das „Kind" von „Bethlehem" wird sagen, es sei bereit und willens, eine Bürde zu vergeben, die süß und leicht zu tragen sei (Mt 11, 30). Ohne ein solches Angebot der Änderung von allem werden wir dem Klima der Gnadenlosigkeit niemals entrinnen. Fragt man die Menschen und sich selbst einmal, *warum* wir eigentlich leben, werden fast immer, nachdem die oberflächlichen Auskünfte von Vergnügung und Amüsement beiseitegeräumt sind, solche niederdrückenden Antworten übrigbleiben, daß man lebt aus Angst vor dem Tod oder aus Verantwortung für die Schwäche anderer. Ein verfluchtes Leben, wenn es dabei bliebe, geboren ins Unglück und Unglück gebärend; daß aber dieser Kreislauf des Unheils ein Ende finden kann, dafür steht das Geheimnis der Heiligen Nacht.

Recht hat von daher die Liturgie, wenn sie die Feier der Geburt des göttlichen Kindes in den Augenblick verlegt, wo die Tage am kürzesten und die Nächte am längsten sind, wo das Licht zu sterben droht. Es ist gerade der richtige Augenblick, einem jeden Menschen im einzelnen und der Menschheit im ganzen zu sagen, woraus sie wirklich existieren kann, abseits der Kälte, jenseits der Einsamkeit, inmitten der Armut des Daseins, inmitten der Fülle der Gnade. Das Licht kann nicht sterben, solange wir selber Sehnsucht tragen nach der Liebe, und selbst das Leid ist immer noch wie eine Erinnerung an diese Wahrheit unseres Herzens. Seit dieser längsten Nacht ist dieses heilige Geheimnis im Wachsen begriffen, quer durch die Geschichte, und es vermehrt sich mit dem Leben eines jeden, der ein Stück Wärme um sich her verbreitet, ein bißchen mehr die Augen hell, das Herz weit und die Seele singend macht. Genau besehen, lehrt uns das Geheimnis dieses Abends, fortan in jedem Menschen ein Wesensabbild Gottes zu erkennen und einander zu begegnen mit der gleichen Ehrfurcht, mit der in der Ostkirche am Eingang zum Heiligtum die Gläubigen eine Ikone, ein heiliges Bild, küssen und berühren, wie um allen Staub von ihm zu nehmen und die Reinheit seines Goldglanzhintergrundes gegen allen Ruß und Schmutz mit der Zärtlichkeit der Hände und des Mundes hell und sichtbar zu erhalten. Jeder Mensch, ob hoch oder niedrig, ob reich oder arm, ob vom Schicksal begünstigt oder in die Ecke verstoßen, ist in sich selbst in seinem Wesen und in seinem Werdegang, in der Schönheit seiner Person ein solches heiliges „Bild der Gottheit". Schaut man in seine Augen, sieht man in die Augen Gottes; hört man ihn reden, spürt man im Atem seiner Worte etwas vom Atemwinde Gottes, der weht, wo er will, überall auf der Welt; und nur ein einziger Auftrag oder, besser, eine neu geschenkte Fähigkeit geht aus diesem Geheimnis hervor: Es sollte und darf in alle Zukunft kein Kind mehr geben, das auf diese Welt kommt, ohne daß es Menschen findet, die ihm den Weg zum Himmel zeigen, indem sie es daran erinnern, selber Gottes Kind zu sein.

Man sagt, in der Heiligen Nacht habe Gott sich geschenkt als *sein Wort,* er selber sei eingegangen in die Greifbarkeit und Angreifbarkeit menschlichen Lebens. Aber was folgt für uns daraus? Wie läßt sich unser Herz ergreifen von Worten, die würdig sind, die Liebe so auszudrücken, daß es das Wesen eines anderen gütig genug beschreibt, um gültig zu sein? Wie lehren wir die Kinder eine Sprache zu sprechen, die sich getraut, Gefühle auszudrücken und zu erzeugen? Wie geben wir ihnen Augen, die mittels einer symbolischen Sehweise diese irdische Welt in eine Brücke zum Unendlichen verwandeln – die Wände durchsichtig, der Sinngehalt schimmernd, eine Schöpfung voller Verweisungen, eine lebendige Dichtung voller Gleichnisse? Und wie lehren wir sie den Wagemut, den eigenen Gesang in ihrem Herzen voller Glück und Dankbarkeit so mitzuteilen, daß es die Gestalt einer sich verbreitenden Harmonie annimmt? Im Herzen eines jeden Menschen gibt es ungehörte, unerhörte Weihnachtslieder, und diese unhörbare Musik durchzieht die ganze Welt, ruft einen jeden Menschen in seine Schönheit und in seine Weite auf dem Heimweg zurück zu den Sternen. Diese Erde wird uns niemals Heimat sein, aber sie ist uns um so vertrauter, als sie uns zu einem Weg wird, der hinüberführt ans Gestade der Ewigkeit. Und wir können einander begleiten in wachsender Vermenschlichung, in den Ringen einer sich vollziehenden Reifung, in einer nicht endenden Poesie des Herzens. Seit dieser Nacht ist jeder Mensch eine lebende Ikone, ein lebendiges Heiligtum, wartend darauf, berührt zu werden, angesprochen zu werden mit den Gebärden und Zeichen der Liebe Gottes. Denn eine andere Krippe hat Gott sich nicht erwählt als unser Herz, in dem er selbst Mensch ist und werden will.

Alles seit dieser „Nacht" gehört unserem Gott: *der Leib* des Menschen; denn in dieser Nacht ist das „Wort" Gottes selber „Fleisch" geworden – es wird an seinem Leib alle Erniedrigungen, Folterungen und Schamlosigkeiten zu tragen haben, mit denen Menschen ihresgleichen in ein nur noch dahingestrecktes, preisgegebenes, sich ängstigendes, zitterndes Stück Fleisch verwandeln können[74]; aber es wird seit dieser „Nacht" auch gelten, daß Menschen fortan nicht mehr leben und geboren werden aus dem Begehren des Mannes und dem Verlangen des Blutes, sondern allein aus Gott (Joh 1,13); kein Mensch ist fortan mehr des anderen Untertan, Produkt und Eigentum –

ein jeder ist seit dieser „Nacht" von „Bethlehem" auf ewig Eigentum und Kind des ewigen Königs. Und *unsere Seele,* dieser Schmetterling aus Goldstaub und aus Sehnsucht, auch *sie* ist Gottes Eigentum; denn seine zarten Hände, die auf der Töpferscheibe Chnums das Ka unseres Lebens formten, streicheln in dieser „Nacht" die Sorgen und die Scham, die Angst und das Gefühl der Schuld von ihren dünnen Flügeln. In dieser „Nacht" haben die sanften Finger Gottes die Träume aller Menschen eingefangen: Gott hat uns Menschen selbst zum Abbild seines Traums gemacht.

Während die Nacht mit ihrem Schweigen sich über diese Erde legt, beginnt in uns das Wort Gottes zu reden. Und sein Wort lautet: Friede, Friede allen Menschen. Denn eines jeden Menschen Dasein ist fortan das Leben eines Kindes, das ganz ausschließlich Gott gehört; wir Menschen alle aber gehören fortan unauflöslich zusammen. Denn unser aller Vater ist der Herr.

Die Wahrheit der Weihnacht ist ein Geheimnis, das einzig *die Liebe* wahrzunehmen lehrt; es offenbart sich nur den Menschen, die, wie *die Hirten* auf den Fluren „Bethlehems", noch fähig sind zu *Visionen des Herzens.*

Wie hell müssen die Augen eines Menschen leuchten vor Glück, ehe sie in der Dunkelheit der Nacht den Widerschein des Himmels über sich erstrahlen sehen? – Es ist aber allein der Traum der Liebe, der die Augen eines Menschen strahlend macht.

Und wie erfüllt von Freude muß das Herz eines Menschen sein, ehe es selbst so einschwingt in die Harmonie des Alls, daß es das Wehen des Windes vernimmt als den Gesang von Engeln? – Es ist aber allein der Traum der Liebe, der das Herz eines Menschen singend macht.

Und wieviel Glück muß in der Seele eines Menschen wohnen, ehe ihm danach wird, die ganze Welt segnen zu mögen und als Segen zu erfahren, als eine Stätte des Friedens und der Einvernahme des Herzens? – Es ist aber allein der Traum der Liebe, der uns lehrt, das Leben als Geschenk zu nehmen und uns selber zu betrachten als etwas von Gott selbst Gesegnetes. Doch diese wunderbare Fähigkeit besitzen wir, einander so ins Herz zu schließen, daß wir noch einmal, wie von vorn, zur Welt geboren werden, so daß alles, was wesensursprünglich in uns angelegt ist, zum Leben zugelassen wird. Wenn wir Menschen selber zu Träumenden werden, begegnen wir dem Zauber dieses neuen Lebens am tiefsten. Wenn die Härte der äußeren Wirklichkeit in Dunkelheit und Kälte vielleicht am meisten jeglicher Hoffnung widerspricht, redet Gott am deutlichsten in unserem Herzen. Es ist, wie wenn seit Urtagen Gott unserer Seele Bilder mit auf den Weg gegeben hätte, die stark und sanft und zauberhaft genug sind, um uns in ihren Bann zu ziehen und uns den rechten Weg zu weisen – hinüber nach „Bethlehem". Denn es gilt, *diese Welt* mit den Augen von Engeln zu sehen, fähig, inmitten menschlichen Leids, inmitten menschlichen Elends die göttliche Gestalt zu erkennen und ihren Leib, ihr Wachstum, ihre reifende Vollendung wahrzunehmen.

Freilich werden die Skeptiker fragen, ob nicht der Traum der „Hirten" in der „Nacht" *verdächtig* sei – zu tröstlich und irenisch sei doch diese Weihnachtsbotschaft. Und wie beweist man, daß ein Engel redete, wenn er sich gleich danach zurückzieht in den

Himmel? Wie läßt sich zeigen, daß es möglich ist, Engel zu hören und mit Engelsaugen diese Welt zu sehen? In der deutschen Sprache haben wir den Zynismus sogar in eine eigene Redewendung aufgenommen: man kann Menschen so fertig machen, daß sie buchstäblich „die Engel singen hören"; derart bis an den Rand des Todes kann man Menschen treiben. Die Skeptiker finden in der äußeren Wirklichkeit unendlich viele, schwer zu widerlegende Argumente dafür, wie gemein, wie häßlich, wie armselig und verkorkst das Menschenleben sei. Sie alle haben in vielen Einzelheiten sicher recht, bis auf den Punkt, daß sie einzig am „Tage" richtig sehen, wie die „erwachsenen" Leute eben zu sehen pflegen. Doch so schneidend auch die Stimmen der kritischen „Vernunft" ertönen mögen – die *dunklen* Augen sehen wahrer im Dunkeln, und es ist möglich, vom Rand der Unmenschlichkeit zurückzukehren in die tiefere Wahrheit eines Mitgefühls ohne Grenzen. Es ist möglich, daß aus der Einsamkeit die Einfühlsamkeit einer suchenden Nähe wird, daß aus der Ausgesetztheit eine besondere Empfindsamkeit der Seele erwächst. Und so verkündet dieses Evangelium der Weihnacht, zwar sei die Heerschar der Gottesboten in die Sphären des Himmels zurückgekehrt, aber einfache Hirten seien an ihrer Stelle zu Boten der Gnade geworden, und in einem Viehtrog sei ihnen der Lichtglanz des Himmels als wirklich erschienen.
Es zeugt von einem wunderbaren Feingefühl *der Liturgie des Weihnachtstages*, daß man zu drei verschiedenen Zeiten an drei verschiedenen Messen teilzunehmen vermag, um die einzelnen Stadien des Weihnachtsevangeliums als eigene Erfahrungsorte und innere Bewegungen mitzuvollziehen. So feiert die Kirche neben der Mitternachtsmesse im Morgengrauen *das Hirtenamt*, um zwischen Nacht und Tag, in der Stunde des Asklepios, im Morgendämmern, das *„Transeamus"* der Hirten, ihr „Laßt uns nach Bethlehem gehen" (Lk 2,15), als einen eigenen Gesang des Herzens zu vernehmen. Die Feier dieses Hirtenamtes gilt dem wohl schwierigsten im Leben, dem Übergang vom Traum zur Wirklichkeit, von der Vision zur Wahrnehmung, von Engelbotschaft zu Lebenseinsicht, von der Erscheinung zum Sein, und es bedarf in der Tat der Begleitung Gottes, um sich auf diesen Weg zu machen. Man muß in diesem Moment Angst haben um die „Hirten", so wie um jeden, der versucht, seinen Träumen zu folgen und vom „Hirtenfeld" den „Übergang" nach „Bethlehem" zu finden. Denn jeden Schritt werden die sogenannten „Realisten" mit ihren Warnungen verfolgen. Sie werden sagen, daß die Träume zerbrechen an der Härte der Wirklichkeit; sie werden erklären, daß Visionen nichts sind als Einbildungen des Herzens, die scheitern müssen an den bitteren Erfahrungen der Welt, wie sie ist; sie werden behaupten, daß „man" nicht Illusionen folgen dürfe, daß wir keinerlei Beweise für die Möglichkeit unserer Weltsicht besäßen und daß wir uns nur würden lächerlich machen: zu *sehen* ist, was die Photos zeigen: ein schreiendes Kind, in Windeln gewickelt, in einer Krippe liegend! Wie viele Menschen haben ihre kindlichen Träume verloren auf dem Wege nach „Bethlehem", indem sie auf schreckliche Weise lernen mußten, „Realisten" zu werden! Schließlich hat man uns seit Kindertagen beigebracht, daß selbst die Liebe alltäglich werden kann, ja, daß sie „gewöhnlich" sein muß, um „zuverlässig" und „sicher" zu werden, und daß sie

nur so lange hält, als sie uns langweilt und hinhält, ganz so, als müßte wie von selber alle Poesie und Verzauberung von einem Menschen abfallen, wenn wir nur beginnen, ihn wirklich kennenzulernen. Es gibt Skeptiker des Humanen, die, kaum daß wir „größer" geworden sind, uns zu glauben zumuten, daß die Wahrheit grundsätzlich schmutzig, blutig oder eklig ist, so als sei dies geradezu ihr Firmenschild. Wieviel Mut gehört dazu, mit dem Bild der Engel vor Augen hinüberzugehen nach „Bethlehem", zum Stall und zur Krippe! Aber machen sich im Morgendämmern der Heiligen Nacht im Grunde nicht viel eher diejenigen etwas vor mit ihrem Skeptizismus oder Realismus, die immer nur wissen, was „man" zu tun „hat" – Menschen ohne Träume, ohne Visionen, ohne Gesang, ohne Engel, ohne die tanzenden Nächte, in denen die Sterne schimmern vor Glück? Jede Enge unseres Herzens macht Gefahr, andere Menschen einzuengen. Jeder Traum unseres Wesens, den wir nicht wagen zu leben, wird Träume im Herzen anderer zerstören. Jede Hoffnung, die wir selber verweigern, wird andere Menschen der Hoffnung berauben. Ein jeder Mensch trägt in sich mindestens die Sehnsucht, daß sich die Gestalt des Menschen einmal unverfälscht und rein zu erkennen gäbe. Es müßte irgendwann auf dieser Welt einmal gelingen, daß man Menschenkinder so leben ließe, wie Gott sie gemeint hat, ohne daß das Werk Gottes immer wieder mit einer Vielzahl scheinbar vernünftiger Gründe von außen her zugedeckt und nach und nach im Mahlstrom der Gewohnheit lebendig begraben würde.

Es liegt vor unseren Augen ja keine andere Welt seit diesem Weihnachtsmorgen; es ist dieselbe Welt in ihrer nach wie vor so drängenden, so aufdringlichen Ohnmacht und Erbärmlichkeit. Es trifft im äußeren Sinne nicht zu, was die Legende besingt: daß überall dort, wohin die Madonna den Fuß gesetzt habe, die Dornen zu blühen begonnen hätten und die Welt des Paradieses zurückgekehrt sei[75]. Äußerlich besteht die Welt vielmehr ganz, wie sie war, und scheinbar hat sich nichts an ihr geändert bis auf diese Gruppe der „Hirten", die unbeirrt der Botschaft ihrer Träume folgen und es wagen, ihren Traum wiederzuerkennen in der Armseligkeit von Stall und Krippe. Inmitten der Winzigkeit der Anfänge und angesichts der Unscheinbarkeit des Äußeren gilt es, das Außerordentliche, das verborgene Königtum eines Menschen zu sehen. Ohne den Mut, die Visionen festzumachen in dem, was an den Sinnen immer wieder scheitern muß, werden wir zum Glauben niemals hingelangen. Ohne die Demut, sich zu beugen vor dem gering Erscheinenden, ohne die Geduld, gerade das noch Unentfaltete kostbar zu finden, wird es für die Gestalt unseres Erlösers auf dieser Erde keine Chance geben. Es ist die ganze Kunst der beginnenden Menschwerdung, inmitten der Wirklichkeit den Schimmer der eigenen Träume wiederzuerkennen. Wir beginnen, meint dieses Evangelium vom „Hinübergang" der „Hirten", überhaupt erst dann wirklich als Menschen zu leben, wenn es uns gelingt, die Wirklichkeit mit ebendenselben Augen zu betrachten, die gerade noch die Engel sahen. Erst wenn wir fähig sind zu dieser alles verwandelnden Poesie der Welt und zu der Entdeckung ihrer verborgenen Schönheit und Wahrheit, werden wir fähig sein, in einem neugeborenen Kind Gott zu erkennen und anzubeten.

Auch das zählt zu den Einsichten des Weihnachtsmorgens: *daß die Träume der Menschen wahr sind;* sie sind gesandt von Gott; sie gehören zum Menschen, wie Gott ihn gemacht hat. Gerade so dachte das bilderliebende Volk der Alten Ägypter, dem wir den ersten Teil der Weihnachtserzählungen, wie wir gesehen haben, verdanken: Es müßte möglich sein, daß einer den anderen wahrnähme als „lebendes Bild Gottes (auf Erden)" – denn das *sind* wir, wenn wir uns tief genug betrachten. In jedem Menschen wartet Gott darauf, von neuem die Augen aufzuschlagen, und dieses Wunderbare kann gelingen, wenn Augen ihn anschauen, die das Göttliche in ihm zu sehen imstande sind.

In *diesem* Sinne mag man nun auch die Erinnerung der Chiffre „Bethlehem" aufgreifen. Denn es ist wahr: Wer immer in der Bibel von „Bethlehem" hört, denkt an die Zeit, als David noch ein Kind war und auf den Fluren Bethlehems die Herden seines Vaters hütete. Doch gerade dann lohnt es, einmal die wunderbare Szene zu betrachten, wie Samuel in jenen Tagen von Gott nach Bethlehem gesandt wurde, um den jüngsten der Söhne Isais zum König zu salben, im Gegensatz zu Saul, der in den Augen Gottes bereits ein Verworfener geworden war. Ein uraltes, immer wieder in den Überlieferungen der Völker wiederkehrendes *Märchen* lautet, irgendwo in der Reihe der Geschwister gebe es einen Kleinsten, Mißachteten und Verkannten, der jahraus, jahrein auf seine Entdeckung warte, bis eines Tages gerade an ihn das Wort der Berufung ergehe; und dann plötzlich erweise er sich als der geheime König eines vormals noch unbekannten Reiches. Überall auf Erden werden solche Geschichten erzählt, und so muß man wohl annehmen, daß allerorten die Welt von Menschen voll ist, in denen etwas wie verborgen und zurückgezogen lebt, das doch am Ende einzig würdig ist, sie in den Rang und in das Amt eines „Königs" zu berufen. Es handelt sich bei Märchen dieses Typs um ein Motiv, das wie gemacht erscheint, um auch die Szenerie des Weihnachtsmorgens tiefer zu verstehen. Ganz gewiß kann es kein Zufall sein, daß gerade bei der Berufung Davids (einer für die *Geschichte* Israels zentralen Situation!)[76] die Bibel gerade dieses alte *Märchen* aufgreift (1 Sam 16,1–13). Die ewige Frage, wie man in einem Menschen das in ihm Kostbarste und zugleich das am meisten Verhüllte zu sehen vermag, läßt sich offenbar nur in der Form eines Märchens wirklich beantworten.

Die Bibel beschreibt ein solches Wunder der Wahrnehmung zunächst mit einem Wort, das auf den ersten Blick wie moralisch aufgesetzt wirkt und außerdem auch noch in Widerspruch zum Kontext zu stehen scheint; dennoch drückt es das Geheimnis einer Berufung vollkommen aus: der Herr, erzählt die Bibel, habe zu Samuel bei seinem Botengang in Bethlehem angesichts des Ältesten der Söhne Isais, Eliab mit Namen, gesprochen: „Schau nicht auf sein Aussehen und seinen hohen Wuchs. Ich will ihn nicht. Denn Gott sieht nicht auf das, worauf der Mensch sieht; der Mensch sieht auf den äußeren Schein, der Herr aber sieht auf das Herz" (1 Sam 16,7). Dieses erstaunliche Wort steht nicht an zu behaupten, wo irgendein Mensch den anderen *innerlich* wahrzunehmen beginne, da lerne er selber in der Art seines Sehens, sich Gottes Augen zu eigen zu machen, und wo immer dies geschehe, gelange ein Traum, ein

Märchen, zur eigentlichen Wirklichkeit unserer Geschichte; ja, das, was wir Geschichte nennen, realisiere sich überhaupt erst in der Erfüllung derartiger Träume, und sie vollziehe sich nicht durch die Taten vermeintlicher Helden, sondern gerade durch solche märchenhaften Augenblicke, in denen jemand einen anderen Menschen in seiner inneren Wahrheit und Größe zu entdecken vermöge.

Näher betrachtet, gibt es wohl *zwei* Arten des „Sehens". Die *erste* Art ist die gewöhnliche: wir sitzen in einem Café oder auf der Veranda unserer Wohnung und sehen Menschen von weitem vorübergehen; wir sehen sie zunächst ganz in der Weise, wie Samuel die Söhne Isais betrachtete: ihr Äußeres sehen wir, ihre Statur, die Gangart, den oberflächlichen Eindruck, und bei dieser Betrachtungsweise wird uns wohl immer wieder ein Mann von der Art des Eliab, des Ältesten, oder des Abinadab, des Zweiten, oder des Samma, des Dritten der Söhne Isais, als wahrhaft „fürstlich" erscheinen. Aber es gibt eine andere Art des Sehens, und sie ist es eigentlich, bei der ein Mensch uns oft genug vom ersten Augenblick an für sich einnimmt, ohne daß wir sagen könnten, was diese merkwürdige Verzauberung in uns bewirkt; das Äußere wird in einem solchen Moment für uns ganz und gar zum Spiegel des Inneren, und es ist, als wenn der Körper, die Sprache, die Bewegung des anderen nur noch wie eine Erscheinung seines Wesens auf uns wirken würde. Alles, was der andere tut oder sagt, erscheint uns in diesem Falle nur noch als eine Äußerungsform seelischer Mitteilungen. In diesem Vorgang *inneren* Sehens verrät sich im Grunde eine Beziehung der *Liebe* zum anderen; denn wie anders sollte man Liebe bezeichnen als eine Bewegung der Seele, die alles Äußere in der Erscheinung des anderen für uns auf seine Seele hin transparent macht und zugleich den Drang in uns weckt, von dem anderen immer mehr zu erfahren, zu erkennen und ihn in allem immer tiefer zu verstehen? In solcher Weise *innerlich* zu sehen bedeutet, hinter den „Fakten" die Bedeutung der jeweiligen Mitteilungen wahrzunehmen und den jeweiligen Eindruck der Person des anderen *als Ausdruck* zu verstehen.

An dieser Stelle ist die „Definition" der Bibel bezüglich der Voraussetzungen eines solchen „Sehens" mit den Augen der Seele durchaus genial zu nennen. Es ist für die Bibel die Funktion des *Propheten* und *Priesters* Samuel, daß er in einem einfachen Hirtenjungen auf den Fluren Bethlehems den kommenden König Israels zu erkennen vermag, und diese Zuordnung in der Gestalt des Samuel ist äußerst ungewöhnlich. Im Sinne der klassischen Auffassung verhalten sich der Priester und Prophet geradezu konträr zueinander[77]. Mit der Gestalt eines Propheten verbindet man zumeist die Vorstellung eines Mannes, der das Bestehende aufbricht, der die Institutionen einreißt und falsche Kompromisse entlarvt, während bei einem Priester sich eher die Vorstellung des Statuarischen, Traditionsverhafteten, Rituell-Verfestigten einstellt. In Wahrheit jedoch besteht ein solcher Gegensatz durchaus nicht, d. h., er müßte und dürfte an sich so nicht bestehen. Wesentlich wird jemand zu einem *Priester* gerade durch die Fähigkeit, die Seele eines anderen Menschen innerlich wahrzunehmen und segnend und heiligend zur Entfaltung zu bringen, was Gott darin angelegt hat; wer eine solche Fähigkeit besitzt, ob Mann oder Frau, ist seinem Wesen nach ein priesterlicher Mensch. Ein *Pro-*

phet hingegen verfügt über die Fähigkeit, all das, was innerlich geheiligt ist, so wie es in die Gegenwart hineinragt, zu einer Vision all dessen zu öffnen, was an Kräften und Möglichkeiten in einem Menschen wachgerufen werden möchte. Wer jemanden auf diese Vision seines Wesens hin anzusprechen vermag, um die besten Kräfte in ihm in die Zukunft hinein hervorzulocken, ist seinem Wesen nach ein prophetischer Mensch. Ein Prophet *weissagt* keine Zukunft, er schafft nur in der Gegenwart diejenigen Bedingungen, die im Herzen eines Menschen zukunftsträchtig und zukunftgestaltend sind. Gerade dies tut Samuel, als er den Jüngsten Isais zum König auserwählt. Dann aber, nach einer derartigen Innenschau des Wesens, ist es durchaus kein Widerspruch, wenn die Erzählung von der königlichen Berufung Davids ungehemmt nun auch die *äußere* Erscheinung des jüngsten Sohnes Isais zu rühmen weiß: wie schön er war! Rotblond, mit wunderbaren Augen! Jetzt, nachträglich, hat all das seinen Platz – es offenbart sich darin der Widerschein der Seele. Wer so sein *eigenes* Dasein zu betrachten beginnt, wie ein Priester und Prophet von der Art eines Samuel es sieht, so tief, so gütig, so erwartungsvoll und mutig, der, meint dieses alttestamentliche Berufungsmärchen, tritt mit seinem Leben in das Kraftfeld der Wahrheit Gottes.
Soll man nun denken, diesen Dienst des Samuel an David, dem künftigen König, vollziehen *in dem Weihnachtsevangelium* rund tausend Jahre später die Hirten auf den Fluren Bethlehems an Jesus als dem Sohn Davids, dem Messias Israels? Als priesterliche, als prophetische Verkünder machen sie über jemanden, der noch ein Kind ist, ihr inneres Gesicht seiner Berufung, seiner Königswürde, kund, und so wie Samuel damals auf die Errettung Israels aus der Umklammerung der feindlichen Philister durch das Königtum des David hoffen mochte, so hoffen diese Hirten auf die Rettung aller Welt durch den Messiaskönig aus dem Hause Davids.
Man darf an dieser Stelle jedoch die überraschende Pointe der Erzählung nicht aus einer fast zur gewohnten Vertrautheit mit dem Weihnachtsevangelium überlesen. Zumeist, wenn wir den Text dieser Geschichte hören, setzen wir die Verkündigung in Nazareth wie etwas Fertiges, Bekanntes schon voraus. Wir haben aber bereits bei der Mythe von der Geburt des Asklepios gesehen, daß es offensichtlich ein *typisches* Motiv solcher Erzählungen darstellt, daß andere (die Hirten) der Gottesmutter die Bedeutung dessen, was sie soeben selbst zur Welt gebracht hat, aus einer eigenen Vision heraus entdecken. Auch in der Überlieferung vor Lukas muß es eine Schicht der Tradition gegeben haben, der nur die Szene der Verkündigung in Bethlehem bekannt war, und zwar als einzige, in sich gültige Form eines Weihnachtsevangeliums. Dann hört man fast erschrocken, daß sogar Maria im Stall von Bethlehem erstaunt und voll Verwunderung gewesen ist über die Botschaft, die die „Hirten" ihr verkündeten[78]. Nicht Engel, *Menschen* müssen der Madonna sagen, wie schön sie ist in der Geburt ihres „erstgeborenen" Kindes, und sie haben zur Beglaubigung ihrer Botschaft nichts anderes als die Schau ihres Herzens in der Dunkelheit der Nacht. Aber eben: dieses Evangelium glaubt daran, wir wären imstande, daß einer dem anderen seinen Traum von ihm mitteilt, so überzeugend, daß er die tiefere Wahrheit seines Wesens

damit berührt; und umgekehrt: es könnte durchaus geschehen – wir bringen in unserem Leben Entscheidendes hervor und wissen doch solange noch nicht, was es in Wahrheit ist, ehe nicht andere uns die Bedeutung kundtun. Eine so wunderbare Fähigkeit besitzen Menschen zufolge diesem Evangelium kraft der unzerstörbaren Traumpoesie der Liebe: die Stirne eines anderen Menschen zu sehen wie ein Schatzkästlein des Himmels, geschmückt mit einem Diadem vom Gold der Sonne und mit dem Silberschein des Mondes und allen Sternjuwelen seiner Königsmacht.

Welches Wunder aber ist dann eigentlich größer: das der Mitternacht, da die Madonna der Welt den Erlöser gebar, oder das der Morgenstunde, als sie den Worten von Menschen Glauben schenkte, die diese in den Visionen der Nacht als Offenbarung von Engeln erschauten? Daß der Glaube stärker ist als die Zerstörung der Angst und daß die Träume Recht behalten gegen die scheinbare Allmacht der Umstände, *dieses Wunder unserer Seele* rettet uns als Menschen. Es ist das einzige, das uns so leben läßt, wie Christus war: als Wanderer zwischen zwei Welten, zwischen Nacht und Morgenfrühe, zwischen Traum und Tag, zwischen Diesseits und Jenseits, Pilger wir alle in dieser Herberge am Wege, die wir Leben nennen.

Und doch – nimmt man die Warnung des Simeon von dem Schwert des Schmerzes hinzu (Lk 2,35) und denkt man zudem noch an die Überlieferung des Matthäusevangeliums von der Verfolgung des Gegenkönigs Herodes, so möchte einem die kaum begonnene Hoffnung der Weihnachtsbotschaft schon wieder entschwinden. Was denn soll man Maria sagen? – „Sie bewahrte all die Worte der Hirten in ihrem Herzen" (Lk 2,19), sagt das Lukasevangelium. – „O ja, Maria, merk sie dir gut, die Worte der Hirten! Sehr bald schon wird es kein Zeugnis mehr geben, daß du Heiliges zur Welt gebracht hast. Im Gegenteil. Bald schon wird man erklären, dein Sohn sei das Kind einer Hure[79]; bald schon wird man behaupten, er sei ein Aufrührer (Lk 23,5), ein Gotteslästerer (Mk 14,64; Lk 22,71), ein vom Teufel Besessener (Mk 3,30; Lk 11,15), ein Wahnsinniger (Mk 3,21); schon stehen die Mühlräder von Thron und Tempel, Residenz und Altar bereit, dein Kind zu empfangen und wie Korn zu zermahlen. Sie werden erklären, du habest dich geirrt, als du den Hirten Glauben schenktest, und zum Beweis wird man ihn dir zurückgeben – tot, entseelt, entstellt, *vernichtet,* wie sie meinen. Hörst du schon das Trappeln der Pferde, das Stampfen der Hufe, das Schreien der Frauen in den Gassen von Bethlehem? Flieh, kleines Jesuskind, flieh, in ein Land, dessen Sprache du nicht kennst und das dich doch früher und würdiger träumte als jedes Volk der Welt. Verbirg dich vor den Menschen, versteck dich in den Wäldern[80], verbirg dich im Gebirge – schon lauern die Häscher auf jedes Wort deines Mundes. Sie haben Angst, diese Kinder des Dunkels (Joh 1,5; 3,19), vor jeder Klärung und Klarstellung. Sie zittern vor dem Atemwind deiner Freiheit. Ja, gälte es nur die Parole vom ‚Frieden den Hütten' und ‚Krieg den Palästen'[81] – sie könnten in der Welt ihrer Kälte und Nacht verbleiben. Aber es gilt nicht, den Sturmwind zu rufen. Du, Kind von Bethlehem, wirst das Furchtbarste bringen, was diese Welt der vereisten Gefühle kennt: Du wirst kommen mit der Macht des Südwinds, und alles wird schmelzen in einem Meer der Tränen. Du wirst die Menschen lehren, zu beten für die, die sie verfolgen (Mt 5,44; Lk 6,28); und noch am Kreuz wirst du Gott, deinen Vater, um Vergebung anflehen für deine Henker – weil sie nicht wußten, was sie taten (Lk 23,34)."

Aber wissen wir wirklich nicht, was wir tun? Wem in dieser „Nacht" der Kälte, der Einsamkeit, der Ausgesetztheit und der Armut im Leuchten des Himmels über den Fluren von Bethlehem die Augen noch immer nicht aufgehen und das Herz noch immer nicht warm wird, dem, muß man fürchten, werden die Augen auf immer verschlossen, das Herz für immer erfroren bleiben, und keine Hand Gottes mehr vermag sie zu öffnen, vermag es zu wärmen. Mehr konnte auch Gott nicht tun, als ein Licht zu sein im Dunkel der Welt (Joh 1,3.4). *Wir wissen, was wir tun;* wir *müßten* es wissen. Wohl ist es möglich, daß wir immer noch sagen: „Aber wir sind zu ohnmächtig, wir sind zu klein, wir richten nichts aus gegen die Welt." Doch müssen wir wissen, was wir „machen" können, wenn wir nur erst wissen, wer wir *sind?* Seit dieser „Nacht" genügt es, daß Gott wirkt auf jungfräulichem Boden und alles, was klein ist, vollendet, wenn wir ihm nur seine Güte glauben und unser Herz bereithalten als den Ort, an dem er zur Welt kommen kann. Denn „Bethlehem" ist unser Herz, oder es hätte nie ein Bethlehem gegeben.

Eben deswegen müssen wir *wählen* zwischen den „Reichen der Welt" und dem einen Reich Gottes (Lk 4,5.6). *„Kaiser Augustus"* im Weihnachtsevangelium des Lukas – das ist die Geschichte, die wir gewohnt sind, *große* Geschichte. Wer *sie* studieren will, der braucht nur zu lesen, was Nicolaus Damascenus, Kanzler und Hofschreiber des Königs Herodes, um 23 v. Chr. über den römischen Kaiser zu sagen weiß: „Die Menschen haben diesem Manne den Ehrennamen Augustus („der Erhabene", d. V.) beigelegt und verehren ihn durch Tempel und Opfer hin und her in den Städten und Nationen ... zum Dank für sein großartiges Lebenswerk und die Segenstaten, die er an ihnen vollbrachte. Denn er ist der Mann, der den Gipfelpunkt menschlicher Macht und Weisheit erreicht hat. Er hat die größte Völkerschar, von der die Geschichte weiß, unter seiner Herrschaft vereinigt. Unter ihm haben die Grenzen des römischen Reiches ihre größte Ausdehnung erlangt. Er hat nicht nur die Völker, sondern auch die Herzen aller Menschen ein für allemal gewonnen, zunächst mit der Waffe in der Hand, dann aber auch ganz ohne Waffengewalt. Stämme, die zuvor kein Mensch auch nur dem Namen nach kannte, hat er zu Kulturvölkern erzogen. Nationen, die seit Menschengedenken keinen Herrn über sich duldeten, leisten ihm freiwillig Gefolgschaft um der gütigen Menschlichkeit willen, die sich immer leuchtender in ihm offenbart."[82] *Das* war Augustus, der „Erhabene", der „Göttliche". „Dies ist der Mann", schreibt wenig später der römische Dichter Vergil, „dies ist er, der längst den Vätern Verheißne, Caesar Augustus, Sohn Gottes und Bringer der Goldenen Endzeit."[83] Und in der Tat: es regiert der diktierte Friede der Macht eines Reiches, das die gesamte damals bekannte Welt umspannt, von Schottland bis Mesopotamien, von Rumänien bis Nordafrika. Feierlich werden die Türen zum Tempel des Kriegsgottes Mars geschlossen. Wenn jemals Macht erreicht hat, was sie wollte und sollte, dann unter und durch Augustus.

Doch eben darum ist es so bestürzend und erschreckend, wenn zu derselben Zeit, weit weg von Rom, in der Provinz Judäa, von den Engeln Gottes der „Retter" verkündet wird, der wahre Friedensfürst, die religiöse Verwirklichung der altägyptischen Vision des Gottkönigs. Denn deutlicher kann man nicht sagen: Augustus ist der Retter *nicht*; sein Friede ist kein Friede. Der Friede von Bethlehem ist eine absolut herausfordernde Kampfansage. „Ehre sei *Gott* in der Höhe" bedeutet ganz und gar das Ende jeder irdischen Vergötterung von Macht und Gewalt. Aus der Zeit um 120 n. Chr. haben wir ein Flugblatt gegen den römischen Kaiserkult, in dem sich sehr deutlich das Bekenntnis zu Gott mit der Absage an Rom verbindet: „Nur Gott ist würdig zu empfangen Ruhm und Kraft und Herrlichkeit und Sieg und Herrschaft. Wenn ein Mensch als König seinen Einzug hält in eine Stadt, so rühmen alle vor ihm her: Stark ist er. Aber er ist schwach. Reich ist er. Aber er ist arm. Weise ist er. Aber er ist ein Narr. Barmherzig ist er. Aber er ist grausam. Gerecht und getreu ist er. Aber nichts ist an ihm von all diesen Heldentugenden. Sondern alle schmeicheln ihm. Nicht so Gott, der da sprach, und es ward die Welt. Was immer man ihn rühmen mag – Er ist mehr als sein Ruhm."[84] Als eine solche Absage an *jeden* „Kaiser", an das *Prinzip der Macht* insgesamt, muß man diese Weihnachtsbotschaft verstehen. Denn selbst was Menschen „Gutes" tun, verkehrt sich in dem Kreislauf der Gewalt nur immer wieder in das Gegenteil; eben deshalb wird das Verständnis von Lk 1,51–53 („die Mächtigen stürzt er vom Thron") durch den viel verleumdeten, doch in seiner Tragik großen Propheten THOMAS MÜNTZER im Sinne einer demokratischen Theokratie, die es mit allen Mitteln des Kampfes herbeizuführen gälte, immer ein Mißverständnis bleiben[85]. Es dauerte nur 50 Jahre nach Augustus, da dichtete man auf seinen Nachfolger Tiberius bereits ganz andere Verse: „Kaiser, du hast das Goldene Zeitalter gründlich verwandelt, denn solang' du noch lebst, wird es ein Eisernes sein."[86] Wer wirklich Frieden will, der darf nicht dem verführerischen Sog der Macht erliegen, der muß die „furchtbare Macht der Sanftmut" (DOSTOJEWSKI)[87] üben und erlernen. Augustus – das war die Armut eines Menschen in der Pracht eines Kaisers. Christus – das ist die Macht Gottes in der Armut eines Menschen.

Bereits die Geburtslegende des *Buddha* (s. u. S. 119) erzählt, der neugeborene Königssohn werde zu wählen haben: er werde *entweder* ein großer Herrscher sein *oder* ein großer Weiser, er werde *entweder* die Menschen bezwingen durch die Macht seines Schwertes *oder* durch die Macht seiner Güte, er werde gewinnen *entweder* durch die Stärke seiner Heere *oder* durch die befreiende Überzeugungskraft seiner Worte[88]. Die wirklich auserwählten Menschen indessen können in diesem Punkt nicht „wählen" – sie glauben einzig an die Macht der Güte, die Gott in unser Herz gesenkt hat. Gewiß hat PINDAR recht: „Eintagswesen! Was ist einer, was ist einer nicht? Eines Schattens Traum / ist der Mensch." Doch schon PINDAR selbst fuhr fort: „Aber wenn gottgeschenkter Glanz kommt, / ruht helles Licht und freundliches Dasein auf den Menschen."[89] Das Christentum meint, dieser Glanz sei erschienen, als Gottes Gnade in der Gestalt Jesu Christi zum Heil aller Menschen wurde.

4. „Jetzt entlässest du deinen Knecht, o Herr, nach deinem Wort in Frieden“ (Lk 2,21–40)

In der Kindheitsgeschichte des Lukasevangeliums erscheint im Fortgang der Erzählung als einfache Biographie, was doch mit großem Recht von der kirchlichen Liturgie mit einer besonderen Feier als „Fest des Namens Jesu“ begangen wird. Daß der Mann aus Nazareth den Namen „Jesus“ trug, war an sich nichts Besonderes; aber die biblische Erzählung folgt auch hier einem uralten mythischen Typos, wenn sie berichtet, wie der neugeborene Sohn Gottes gerade den Namen empfängt, den der Himmel für ihn ausgesucht und vorherverkündet hat.

a) „Und sein Name ward Jesus nach dem Worte des Engels“ (Lk 2,21).

Als Vergleich mit der biblischen Darstellung bietet sich (erneut!) eine ägyptische Geschichte an, deren Aufzeichnung in demotischer Schrift zwar erst aus der 2. Hälfte des 1. Jahrhunderts auf uns gekommen ist, deren Vorlage aber gewiß sehr viel älter ist: die berühmte *Geschichte von Si-Osire (s3 wśjr* – dem Sohn des Osiris)[1], der als Sohn des Setom (Oberpriester) Chaemwese *(h^c.y m w3ś.t* – der erschienen ist in Theben), des Sohnes Ramses' II., zur Welt kam. Ähnlich wie in der Geburtslegende des Samuel (1 Sam 1,1–18), bat auch die Mutter des Si-Osire im Tempel um die Gunst, ein Kind zu gebären, und so träumte sie eines Nachts, „daß man zu ihr sagte: ‚Bist du nicht Meh-usechet, die Gemahlin des Setom, die (im Tempel) liegt, um eine Segnung zu empfangen (aus den Händen des Gottes? Wenn der Morgen des morgigen Tages) kommt, gehe ins Badezimmer des Setom, deines Gemahls. Dort wirst du eine Melonenrebe gewachsen finden. (Brich einen Zweig davon ab) mitsamt seinen Kürbissen und zerreibe sie; mach daraus ein Heilmittel, gib es ins Wasser und trinke es. Dann wirst du von ihm in der gleichen Nacht ein Kind empfangen. – Meh-usechet erwachte aus dem Traum, als sie dies gesehen hatte, und sie tat alles, wie es ihr im Traum geheißen war. Sie legte sich nieder an die Seite des Setom, ihres Gemahls, und sie empfing von ihm ein Kind. – Als die Zeit ihrer Reinigung gekommen war, hatte sie das Anzeichen einer Frau, die empfangen hat. Setom teilte es sogleich Pharao mit, weil sein Herz darüber sehr, sehr froh war. Er hing ihr ein Amulett um und las einen Spruch über sie. – Eines Nachts legte sich Setom nieder und träumte in einem Traum, daß man mit ihm sprach und ihm sagte: ‚Meh-usechet, deine Gemahlin, hat von dir ein Kind empfangen in jener Nacht.

Das Kind, das geboren wird, des Name soll Si-Osire (Sohn des Osiris) heißen. Zahlreich werden die Wunder sein, die es für Ägypten tun wird. – Setom erwachte aus seinem Traum, als er dies gesehen hatte, und sein Herz war sehr, sehr froh. – Während der Monate ihrer Schwangerschaft fühlte sie (sc. Meh-usechet, d. V.) die Anzeichen einer wunderbaren Natur des Kindes. Und als die Zeit der Niederkunft kam, gebar sie einen männlichen Knaben. Man ließ es Setom wissen, und er nannte ihn Si-Osire, wie ihm im Traum geheißen war. Dann nahm er ihn in die Arme, man wiegte ihn, und man stillte ihn."

Tatsächlich hat Meh-usechet mit ihren Empfindungen recht, und ihr Traum ist ebenso wahr wie der ihres Mannes: Si-Osire ist wirklich ein Gottessohn. In Wahrheit nämlich ist er Horus, der Sohn des Pa-nesche, der als ein weiser Mann mit Hilfe seiner unüberwindlichen Zaubermacht bereits in Vorzeiten den Pharao Mench-pa-Re (in Wahrheit die Verballhornung eines Namens von Thutmosis III. [1504–1450], *mn-ḫpr-R*^{c} bleibenden Wesens [wie] Re)[2] vor den üblen Anschlägen eines äthiopischen Zauberers bewahrt hat; jetzt, so erklärt Si-Osire am Ende des Märchens, ist er wieder nach Ägypten zurückgekehrt, um dem Pharao erneut eine schwere Beschämung von seiten der „Gummi-Fresser" (sc. der negroiden Bevölkerung Äthiopiens) zu ersparen; so hat er Osiris, den Herrn des Totenreiches, gebeten, hinaus auf die Erde gehen zu dürfen, da es zur Zeit keinen guten Schreiber oder gelehrten Mann in Ägypten gibt, der es mit den Zaubereien der äthiopischen Feinde aufnehmen könnte. Und so wuchs er als jene Melonenrebe auf, in der Absicht, in den Körper eines Menschen zurückzukehren. – Auch diese „orale Konzeption" der Meh-usechet ist ein echter Ausdruck für die *jungfräuliche* Empfängnis des göttlichen Kindes – ein Motiv übrigens, das in den Mythen der Völker weltweit verbreitet ist[3]. – Erst als Si-Osire am Ende seiner Mission sich als Schatten den Augen der Lebenden entzieht, empfängt Meh-usechet stellvertretend auf natürliche Weise von ihrem Mann, dem Priester Chaemwese, einen weiteren Knaben. Si-Osire hingegen erweist sich in Geburt wie Tod als ein wirklicher „Gottessohn", und seine Namengebung *muß* auf göttliche Botschaft hin erfolgen, da nur die Götter mit seinem Namen, seinem wahren Wesen, vertraut sein können.

In der Tat macht Si-Osire seinem Namen „Sohn des (Totengottes) Osiris" in der Folgezeit denn auch alle Ehre, und gerade dieser Teil des Märchens beweist, wie verbreitet auch in Palästina die Geschichte von Setom Chaemwese und seinem göttlichen Sohn gewesen sein muß; Jesus selbst hat die entsprechende Begebenheit in dem berühmten *Gleichnis vom „armen Lazarus und dem reichen Prasser"* (Lk 16, 19–31) aufgegriffen[4]. Die *ägyptische* Version dieser Geschichte erzählt, wie Chaemwese eines Tages einen reichen Mann, der prachtvoll beerdigt wird, glücklich preist gegenüber dem kümmerlichen Begräbnis, das einem armen Mann zuteil wird. Da nimmt Si-Osire seinen Vater mit in die Unterwelt und zeigt ihm in Bildern, die DANTES Inferno vorwegnehmen, die Stätten des Totenreiches. Das göttliche Gericht, so muß Chaemwese erkennen, legt auf äußeren Prunk und Reichtum keinerlei Wert, sondern vergilt in Gerechtigkeit einzig die Taten der Menschen. „Wer auf Erden gut ist, zu dem ist man auch im Totenreich gut, aber wer auf Erden böse ist, zu dem ist man auch dort böse."[5] Daher wird jener reiche Mann grauenhaft bestraft, indem der Angelzapfen vom Tore des Totenreiches in sein rechtes Auge eingelassen ist und sich in seinem Auge auf- und zudreht, wohingegen der Arme, mit Königsleinen bekleidet, als ein Mann Gottes nahe dem Ort des Osiris thront und den gesamten Besitz des Reichen nunmehr sein eigen nennt – ähnlich wie Jesus es kurz vor seinem Tode den Jüngern verheißt: sie würden im Himmelreich an seinem Tisch essen und trinken und auf zwölf Thronen sitzen, um die Stämme Israels zu richten (Lk 22, 30). Das ägyptische Märchen zeigt dabei, wie sehr sich die Denkweise der Alten Ägypter längst vor der Entstehungszeit des Christentums bereits verinnerlicht hatte und wie weit man von der äußeren Prachtentfaltung der (magischen) Jenseitssicherung der Pharaonen inzwischen entfernt war; selbst der kosmische Gleichklang auf der Waage der Maat war jetzt zu einer moralischen Werke-Gerechtigkeit im Sinne der römischen *Justitia* geworden; aber anders als in Lk 16, 27 f scheint den Ägyptern die Rückkehr eines Verstorbenen aus der Unterwelt durchaus Warnung genug gewesen zu sein, ihre Taten entsprechend auszurichten und sich auf das Gericht der Maat vorzubereiten. Das Christentum brauchte hier, wie an vielen anderen Hauptpunkten seiner Lehre, nur an den Stand anzuknüpfen, der in der ägyptischen Volksfrömmigkeit bereits vorgebildet war.

Was speziell die Vorausverkündigung des heiligen Namens eines Erlöserkindes angeht, so ist es an sich ganz gut möglich, daß bei so vielen Vergleichspunkten zwischen dem Lukasevangelium und dem ägyptischen Märchen von Si-Osire auch das Motiv der göttlichen Verheißung des richtigen Namens für Lukas geläufig war. Gleichwohl geht es uns nicht um die Rekonstruktion traditionsgeschichtlicher oder gar literarischer Abhängigkeiten; die Frage ist vielmehr, was ein bestimmtes Motiv *in sich selbst* bedeutet, denn eine bloße Erörterung über die (mutmaßliche) Herkunft bestimmter Motive in geschichtlichem Sinne hat mit deren wirklichem Inhalt so wenig zu tun wie der Poststempel auf einem Briefumschlag mit dem Schreiben selbst. Welch einen Sinn es macht, daß die Märchen und Mythen *immer wieder* erzählen, der Name eines göttlichen Kindes sei den Eltern durch einen Engel, durch einen Traum, durch ein Orakel oder durch andere Formen göttlicher Mitteilung bereits vor der Geburt kundgetan worden, *das* ist die Frage.

Offenbar drückt die verbreitete mythische Anschauung von der göttlichen Namengebung eine Wahrheit aus, die unserem Denken fast gänzlich abhanden gekommen ist. Die Alten Römer bereits waren prosaisch genug, ihre Kinder nicht mehr mit den Namen der Sonne oder nach den Mysterien der Götter zu bezeichnen, sondern nach der Stückzahl der Familienreproduktion: Primus, Secundus, Tertius ... Sextus ... Decimus. Immerhin war diese brutale Nüchternheit freilich illusionslos genug, jeden Glauben daran zu zerstören, es komme in der Namengebung eines Menschen irgend etwas von seiner Persönlichkeit selbst zum Ausdruck. Anders, wenn wir Heutigen unsere Kinder schon längst nicht mehr nach bestimmten Heiligen, sondern eher nach der Mode bestimmter Rock- und Glamour-Stars benennen; ohne daß es uns bewußt wäre, drückt sich darin ein Gebaren aus, als wenn unsere „Wunschkinder" nur dafür zur Welt kämen, um unsere Vorstellungen von Geltung, Aufstieg und Erfolg zu erfüllen und zu befriedigen[6]. Namen dieser Art bezeichnen nicht das Wesen eines Menschen – sie definieren allenfalls die Rollenerwartungen der Eltern an ihre Kinder.

Will man demgegenüber wissen, was *die alten Mythen* mit der göttlichen (Traum-) Offenbarung eines Namens meinten, so muß man sich wohl in die Tage des Paradieses zurückversetzen, als Adam auf der Suche nach einem Gegenüber seiner Liebe zunächst allen Tieren ringsum und dann schließlich, erwacht aus langem Schlaf, der Frau seiner Träume den Namen gab (Gen 2,23)[7]. Solche Namen der Liebe entstehen stets aus einem innigen Zwiegespräch der Zärtlichkeit, so wie Verliebte zu allen Zeiten für einander gern bestimmte Namen (er)finden, die nur zwischen ihnen selbst gebräuchlich sind und vor anderen ihr persönlichstes und streng bewahrtes Geheimnis bleiben. Im Paradies der Liebe sind wir poetisch genug, voneinander bei Tag und bei Nacht zu träumen und den Namen des anderen „ägyptisch" auszusprechen: als einen Zauber, der die ganze Welt verwandelt. In der Liebe stimmt es, daß wir den Namen des (der) Geliebten nur zu hören, nur zu flüstern brauchen, um alle Dinge auf ein unsichtbares Zentrum zu beziehen, in dem die Person unserer Liebe ihr Zuhause hat. Den Namen eines solchen Menschen der Liebe auszusprechen oder zu vernehmen schenkt uns alle Freude und alles Glück auf Erden; es macht überhaupt erst, daß wir mit ganzem Herzen leben möchten; der Name des (der) Geliebten ist für uns in der Tat „wie der Geschmack des Lebens".

Bis an die Grenze der Bewußtlosigkeit kann dieses Flüstern der Liebkosung zwischen Sehnsucht und Erfüllung gehen, denn wir sind in der Liebe nur bei uns selber, wenn wir beim anderen sind, und erst indem wir zu ihm hinfinden, finden wir zu uns selber zurück. Dabei fühlen wir in der Liebe ganz deutlich, daß uns der „Name" des anderen wirklich wie eine Eingebung des Himmels geschenkt wird. Sein ganzes Dasein kommt uns vor wie eine einzigartige Gnade. Während alle anderen Dinge der Welt uns als recht beliebig erscheinen – es könnte sie geben oder auch nicht –, spüren wir in der Liebe mit allen Kräften, daß es den anderen unbedingt geben *muß*. Gewiß liegt der Einwand gleich bei der Hand, wir dürften den anderen so hoch nicht schätzen – immer neige die Liebe zu einer kurzzeitigen, wahnähnlichen Überbewertung der Person des (der) Geliebten[8], ja, womöglich sei die gesamte romantische Vorstellung der Liebe überhaupt nur ein verlogenes Ideal des frustrierten Bürgertums[9]. Aber so kritisch „vernünftig" denken nicht die Liebenden. Sie fühlen sehr genau, daß ihre Liebe nicht den Geliebten überwertig macht, sondern daß sie nur dazu beiträgt, seinen wahren Wert allererst zu erkennen oder doch wenigstens annähernd zu ahnen. Die Person eines Menschen, den wir von Herzen lieben, wird für uns zu dem entscheidenden Ort unseres Lebens, von dem wir erfahren, daß die ganze Welt überhaupt nur existiert aufgrund des überfließenden Übermaßes einer Liebe, die allem zugrunde liegt und für die es etwas an sich Nebensächliches oder Unwesentliches schlechthin nicht gibt. Nur die Liebe leitet uns zu dem Punkt, an dem die Welt aus der Hand ihres Schöpfers hervorgeht; nur sie öffnet uns den Himmel und läßt uns innerlich den Vorgang mitvollziehen, wie der Gott Chnum auf der Töpferscheibe die Schönheit des Leibes und die Schönheit der Seele eines Menschen als ein vollendetes Kunstwerk gestaltet; nur sie läßt uns den Namen vernehmen, mit dem Gott einen Menschen von Ewigkeit her ins Dasein gerufen hat.

Im Paradies der Liebe ist es die Fähigkeit eines jeden Menschen, in der Weise einer solchen „Kunstanschauung", einer solchen natürlichen Poesie des Herzens zu fühlen, zu denken, zu sehen, zu hören – zu leben. In dem „Leben" hingegen, das wir für gewöhnlich kennen, erscheint der Kontakt zu Göttlichem zumeist wie etwas Unbekanntes, Ausnahmsweises, wie etwas Abgesondertes und geradezu Absonderliches. Nur deswegen geschieht es, daß wir allenfalls noch in besonderen Zuständen, wie in Traum und Vision, oder unter besonderen Umständen, wie in heiligen Tempeln oder zu heiligen Zeiten, des eigentlichen „Namens" eines Menschen wirklich innewerden. Das in der Liebe Normale gilt uns fast als anormal, alles Pathetische bereits als pathologisch, alles Überschwengliche als überspannt. Wir fürchten förmlich die Einbrüche dieser anderen wunderbaren Welt des Glücks, der Schönheit und der Poesie, und doch ist sie es allein, die uns dazu anleitet, den Namen eines Menschen „richtig" zu benennen. Gewiß, nur der Himmel kennt den Namen eines Menschen ganz, aber auf dem Weg zum Himmel ist es allein die Liebe, die uns lehrt, den anderen mit den Augen des Himmels zu sehen. Nur die Liebe schaut den anderen in seinem absoluten Selbstwert, und doch ist sie es, die uns zugleich am nachhaltigsten seinen absoluten Wert auch für uns selber zeigt, offenbart sie uns doch, daß wir ohne den anderen im Grunde kaum noch wirklich zu leben wüßten. In der Liebe erscheint uns der andere als die Zusammenfassung und Erfüllung aller Sehnsüchte und Träume, ja, als die Offenbarung und Bestätigung von allem, was wir jemals für uns selbst erhoffen und erwünschen könnten. Das Glück jeder tiefen Liebe besteht in einer solchen Rückkehr zu jenem verlorenen Paradies, da Gott zu dem Herzen von uns Menschen redet(e) von Angesicht zu Angesicht.

Von daher gibt es wohl keine tiefere Interpretation des Namen-Jesu-Festes als das leise, immer wiederholte, in der größten Innigkeit gesprochene Jesusgebet der Ostkirche. Wer so wie hier den Namen Jesu für sich ausspricht, als Inbegriff all seines Sehnens und Hoffens, der weiß, daß ein solcher Name von Engeln offenbart sein *muß:* Jeschua – Retter. Es ist eine Art zu beten, wie I. SINGER sie einmal von dem Begründer des Chassidismus, Israel ben Elieser (Baalschem Tow), beschreibt: „Israel betete nicht wie andere Leute, sondern er sang seine Gebete, jedes zu einer anderen Weise. Die Melodien strömten ihm geradewegs vom Haus der Lieder in die Seele. Das war nicht das Psalmodieren eines Kantors, sondern eines, dessen Seele sowohl hier unten auf Erden wie auch in anderen Welten zugleich war. Genauso hatten die Leviten im Heiligen Tempel gesungen. In seinen Gebeten führte Israel mit dem Allmächtigen eine Diskussion im Lied, gleichsam als würde er sich bei Ihm beschweren, und seine Zuhörer meinten zu hören, wie der Allmächtige ihm antwortete, sich vor Reb Israel verteidigte und ihn bat, geduldig zu sein und Ihm zu vertrauen, daß alles, was Er tat, sich zum

besten wenden würde."[10] Der Name Jesu ist es, mit dem Gott nach dem Zeugnis der Bibel auf all die Beschwernisse unseres Lebens und auf die Beschwerden unserer Seele zu antworten versucht hat. „Denn es ist kein anderer Name unter dem Himmel den Menschen gegeben, durch den wir gerettet werden sollen" (Apg 4,12). Alle Liebe Gottes verdichtet sich in ihm – immer wieder. Wer dies innerlich fühlt, der weiß, daß einzig ein Engel Jesu Namen offenbaren konnte, als das größte Wunder dieser Welt.
In seinem kleinen Gedicht *Der Heiland* hat HERMANN HESSE einmal dieser immerwährenden Erfahrung der Weihnacht Ausdruck verliehen, als er von Christus schrieb:

Immer wieder wird er Mensch geboren,
Spricht zu frommen, spricht zu tauben Ohren,
Kommt uns nah und geht uns neu verloren.

Immer wieder muß er einsam ragen,
Aller Brüder Not und Sehnsucht tragen,
Wird er neu ans Kreuz geschlagen.

Immer wieder will sich Gott verkünden,
Will das Himmlische ins Tal der Sünden,
Will ins Fleisch der Geist, der ewige, münden.

Immer wieder, auch in diesen Tagen,
Ist der Heiland unterwegs, zu segnen,
Unsern Ängsten, Tränen, Fragen, Klagen
Mit dem stillen Blicke zu begegnen,
Den wir doch nicht zu erwidern wagen,
Weil nur Kinderaugen ihn ertragen[11].

b) „Ehe nicht seine Augen das Heil gesehen" – die Geistweissagung im Tempel (Lk 2,22–40)

Auch das folgende Bild von der „prophetischen"[12] Verkündigung der Berufung Jesu durch den greisen Simeon sowie durch die Witwe Anna im Tempel bietet ein *typisches* Motiv der Geburt eines göttlichen Kindes, und wieder bildet eine *ägyptische* Erzählung die erste Parallele. PLUTARCH erzählt[13] von der Geburt des Osiris, am ersten Tage der fünf (zu den 360 Tagen des Jahres) „Darangefügten" (der Epagomenen) sei der Gott der Auferstehung geboren worden, „und zugleich mit seiner Geburt ließ sich eine Stimme hören, daß der Allherr an das Licht trete; einige aber berichten, ein gewisser Pamyles in Theben habe beim Wasserschöpfen aus dem Tempel des Zeus eine Stimme vernommen, die ihm befahl, laut zu verkünden, daß der große König und Wohltäter Osiris geboren worden sei, und deshalb habe er den Osiris, den ihm Kronos (sc. der

Erdgott Geb, d. V.) übergeben habe, aufgezogen. Ihm zu Ehren werde deshalb das Fest der Pamylien gefeiert." – Das christliche Fest „Mariä Lichtmeß" dürfte seinen Ursprung dem Hintergrund einer Liturgie wie dieser verdanken.
Formal am nächsten indessen kommt der lukanischen Darstellung von dem greisen Simeon gewiß die *buddhistische* Legende, die damit beginnt, zunächst die *Jungfräulichkeit* der Mutter *in, während* und *nach* der Geburt des Erlösers der Welt zu betonen: „Wenn der zukünftige Buddha in den Mutterleib (sc. aus dem Himmel der Tusita-Götter, d. V.) herabgestiegen ist, da entsteht bei der zukünftigen Buddha-Mutter kein Gedanke an Männer, der irgend etwas mit Sinnlichkeit zu tun hat, und unzugänglich ist des zukünftigen Buddha Mutter für jede Mannesleidenschaft." Wie die Muttergottes der Christen, ist die Mutter des Buddha an Leib und Seele „makellos", ohne Sünde, ohne Krankheit, frei von körperlichen Gebrechen. „Nur stehend gebiert des zukünftigen Buddha Mutter den zukünftigen Buddha ... Vier Göttersöhne nehmen ihn auf und stellen ihn vor die Mutter hin: ‚Sei beglückt, o Herrin! Ein Gewaltiger ist dir als Sohn geboren.'" Unbeschmutzt von Fruchtwasser, Blut oder Schleim, vollkommen rein, schreitet der zukünftige Buddha alsdann mit den Füßen in sieben langen Schritten vorwärts, „blickt nach allen Himmelsrichtungen und spricht das wuchtige Wort: ‚Vorzüglichster bin ich in dieser Welt. Erster bin ich in dieser Welt.'" „Wenn der zukünftige Buddha aus der Mutter Leib hervortritt, dann erscheint in der Welt ... ein unermeßlich erhabener Glanz, übersteigend selbst der Götter Götterpracht." „Als aber ... Prinz Vipassi (sc. der zukünftige Buddha, d. V.) geboren war, da zeigte man dem König Bandhuma an: ‚Ein Sohn, o König, ist dir geboren. Den möge der König sehen. Und es sah ... der König Bandhuma den Prinzen Vipassi. Und als er ihn gesehen hatte, ließ er zeichenkundige Brahmanen hervorrufen und sprach so: ‚Mögen die verehrten zeichenkundigen Brahmanen den Prinzen sehen!' Und es sahen ... die zeichenkundigen Brahmanen den Prinzen Vipassi. Nachdem sie ihn gesehen hatten, sprachen sie zum König Bandhuma so: ‚Beglückt, o König, seist du! Ein großer Mann, o König, ist dir als Sohn geboren! ... Dieser Prinz nämlich, o König, ist mit den zweiunddreißig Kennzeichen des großen Mannes begabt, und dem hiermit begabten großen Manne stehen ausschließlich zwei Wege offen": entweder er wird das häusliche Leben wählen und ein weltbeherrschender Gesetzeskönig sein bis zur Weltmeergrenze in Gerechtigkeit, oder er wird in die Hauslosigkeit ziehen und als ein Vollerwachter den Kreislauf des Leids, das Gesetz des Karma, überwinden[14].
Dieser buddhistische Text enthält wie wir sehen, neben der jungfräulichen Geburt, dem Lichtschein am Himmel, dem Empfang durch die Götter (ähnlich der ägyptischen Mythe von der Geburt des Pharao bzw. dem Gesang der Engel in der Bibel) sowie dem Motiv von dem sonnengleichen[15] *raschen* Heranwachsen und Umhergehen des Gotteskindes (s. u. S. 125) vor allem den in der Legende häufigen Zug, daß das künftige Schicksal des neugeborenen Gottkönigs unter dem Einfluß himmlischer Kräfte im voraus verkündet wird – ganz und gar in Parallele zu der Prophezeiung von Simeon und Anna im Lukasevangelium; allenfalls *inhaltlich* fällt auf, daß der buddhistische Text

die absolute Wahl zwischen Weltherrschaft und Gottesherrschaft bereits zu Beginn des Lebens des Buddha sehr stark betont, während im Neuen Testament selbst die Worte des Magnificat (Lk 1,46–55) an sich noch einen so breiten Deutungsspielraum über die Art der Messiasherrschaft besitzen, daß die Jünger sogar noch nach dem Tode Jesu (Lk 24,21), ja sogar noch nach seiner Auferstehung, unmittelbar vor der Himmelfahrt des Herrn (Apg 1,6), in ihren irdischen Messiaserwartungen verfangen bleiben konnten. Aus dem Motiv der Verkündigung selbst läßt sich gleichwohl an dieser Stelle keine neue Einsicht mehr gewinnen[16] – im Grunde tun Simeon und Anna im Tempel von Jerusalem nichts anderes, als die Hirten in Bethlehem bereits getan haben: sie verkünden die Bedeutung des göttlichen Erlöserkindes.

Bemerkenswert in der Darstellung des Lukasevangeliums erscheint jedoch, wie stark *das hohe Alter* der beiden „Propheten" betont wird: die Gestalt der Anna, deren Lebenslauf wir ausführlich erfahren (Lk 2,36–37), beansprucht nach Art einer Personallegende ein auffallend starkes eigenes Interesse, und nicht weniger lenkt die Schilderung des Simeon (Lk 2,25.26) die Aufmerksamkeit auf die Person dieses Mannes. Daraus geht hervor, daß man bei der Betrachtung der Tempelszene keineswegs in der üblichen Weise dabei stehenbleiben darf, gewissermaßen nur die immanente „Christologie" der Stelle herauszuarbeiten; im Sinne der *Personallegende* ist vielmehr zu fragen, wie wir uns Simeon und Anna als *Menschen* vorzustellen haben. Entscheidend ist dabei, daß sie beide trotz ihres hohen Alters niemals aufgehört haben, zu hoffen und zu warten. Und *das* scheint nun die eigentliche Frage dieses Legendenmotivs von Simeon und Anna zu sein: wie verhält sich in unserem Leben die Tatsache fortschreitenden Alterns zu der Dynamik und Leidenschaft unseres Verlangens nach Erfüllung? Wie wirkt sich – im Kontext der Kindheitsgeschichte des Lukas – die Weihnachtsbotschaft in unserem Leben aus? Kommt sie buchstäblich zu spät, weil wir uns womöglich bereits selber überlebt haben, oder hat uns die Zauberkraft der Sehnsucht jung genug erhalten, um die Wirklichkeit des „göttlichen Kindes" in uns aufzunehmen? *„Was darf ich hoffen?"* – diese Menschheitsfrage kristallisiert sich in den beiden alternden Menschen Simeon und Anna am Rande des physischen Todes. Was bleibt noch zu erwarten, wenn das Leben sich dem Ende zuneigt? Ist nicht der Tod, die Endlichkeit des Daseins, das Ende von allem, auch der Hoffnung? Die uralten Fragen des Asklepios lassen uns nicht los. Wenn die Botschaft des Weihnachtsmorgens in den Strahlen des Sonnenaufgangs verkündet wurde, so stellt sich jetzt die Frage, wie sie sich „einsehen", wie sie sich als erfüllt „begreifen" läßt angesichts der immer länger werdenden Schatten des Sonnenuntergangs.

Als der römische Kaiser Marc Aurel (161–180) in seinen „Selbstbetrachtungen" auf das Ende des menschlichen Lebens zu sprechen kam, legte er den Menschen nahe, in folgender Weise über sich und ihr Schicksal zu denken: „Welch geringer Teil der unendlichen und gähnenden Ewigkeit ist jedem zugeteilt? Denn schnell verschwindet er im Ewigen. Welch geringer Teil der ganzen Substanz! ... Auf welch geringer Scholle der ganzen Erde gehst du! All dies bedenke und stell dir nichts als wichtig vor, als zu

handeln, wie deine eigene Natur es weist, und zu leiden, wie die allgemeine Natur es bringt ... Was Schlimmes ist es ..., wenn dich aus der Stadt wegschickt nicht ein Tyrann und nicht ein ungerechter Richter, sondern die Natur, die dich hineingeführt hat? Wie wenn einen Schauspieler der Prätor entläßt, der ihn in Dienst genommen hat. ‚Aber ich spielte nicht die fünf Akte, sondern die drei!' Richtig, aber im Leben sind die drei das ganze Drama. Denn was fertig ist, bestimmt jener, der einmal für die Mischung, jetzt für die Auflösung verantwortlich ist. Du bist für beides nicht verantwortlich. Geh also heiter weg, denn auch der, der dich entläßt, ist heiter."[17] Marc Aurel, der letzte große Stoiker, riet mit diesen Worten zum Gleichmut gegenüber dem unerforschlichen Schicksal, zur Ruhe des Sichabfindens und zu einer abgeklärten Weisheit, die sich über nichts mehr wundert.
Es gehört viel Kraft dazu, wie Marc Aurel zu denken: folge deiner eigenen Natur. Aber welch eine Hoffnung liegt in dieser Tapferkeit des Sichabfindens und in dieser Geduld eines unerschütterlichen Durchhaltens? Und soll es die Natur des Menschen sein, nichts zu erhoffen und nichts zu erwarten, schon aus Angst vor den tödlichen Enttäuschungen des Lebens und der jederzeit möglichen endgültigen Enttäuschung des Todes? Gerade diese Frage findet im Neuen Testament ihre Antwort in den Gestalten von Simeon und Anna, die in ihrem hohen Alter wie Gegenbilder der ältlich wirkenden Weisheit des römischen Kaisers anmuten. Lukas faßt das Wesentliche in einem einzigen Satz zusammen, wenn er von Simeon sagt: „Der Heilige Geist hatte ihm geweissagt, *er werde nicht sterben, bevor nicht seine Augen das Heil gesehen hätten*" (Lk 2,26). Zweifellos hat Lukas recht mit dieser Akzentuierung. Wenn es irgend etwas von Grund auf Charakteristisches und Entscheidendes über einen Menschen zu sagen gibt, so ist es dies: er war jemand, der bis zu seinem Lebtagsende nicht aufgehört hat, daran zu glauben, daß er selbst, mit seinen eigenen Augen, das Heil sehen werde. Denn man muß hinzufügen: es sind *nur* Menschen von dieser Art, die in dieser Welt so etwas wie „Heil" zu entdecken vermögen.
Den anderen mögen Menschen wie Simeon und Anna dadurch auffallen, daß sie durchaus nicht mit dem zufrieden sind, was ringsum sonst als Glück bezeichnet wird. Auch sie wissen vermutlich nicht, auf was sie eigentlich statt dessen warten, nur daß es mehr sein muß als das, woran die anderen glauben, zeigt ein solcher Mann wie Simeon. Wie sein Leben in Ordnung kommen soll, dürfte auch er von sich aus kaum zu sagen gewußt haben; nur wird er sich entschieden geweigert haben, das Unhaltbare und Verkehrte in seinem Leben richtig zu finden. Er wird in diesem Sinne nie ein Stoiker gewesen sein. Wohl wird auch er sich, wie Kaiser Marc Aurel, darum bemüht haben, immer wieder zu verstehen, warum all das Untragbare und in seinem Leben falsch Gelaufene so ist; ja, es kann sein, daß er all dies am Ende sogar relativ besser zu verstehen begann als viele, die sich beizeiten damit abgefunden haben. Aber eben dies ist das Sonderbare an ihm: ein Mann wie Simeon wird nach wie vor, gerade weil er es versteht, das Ungeheuerliche und Entsetzliche weiterhin uneingeschränkt ungeheuerlich und entsetzlich nennen. Er wird es nicht normal finden, er wird sich nicht drein

schicken, er wird sich nicht abfinden, selbst wenn er es nicht ändern kann. Trotz allem, was ihm widerspricht, wird er die Sehnsucht nicht verlieren, daß sich in seinem und in der anderen Menschen Leben doch noch etwas werde ändern können; ja, er wird bedingungslos daran festhalten, daß sein Leben überhaupt nur dazu gemacht sei, um heil zu werden; auf diesen Glauben setzt er sein Leben; denn so *nicht* zu glauben wäre für ihn gleichbedeutend mit dem Tod. Und mag es auch ein ganzes Leben dauern – mag über seine Hoffnung auch ein Jahr ums andere hinweggegangen sein – er wird nicht müde, daran festzuhalten: *er werde nicht sterben, ehe nicht seine Augen das Heil gesehen hätten.*

Ähnliches wird man auch von Anna, der Tochter Phanuels, sagen müssen. An sich hörte in der Antike eine Frau zu leben auf, wenn ihr Mann starb – soziologisch und rechtlich war sie nichts als ein Annex des Mannes. Annas Leben hätte demnach bereits mit dem frühen Tode ihres Mannes zu Ende sein müssen, oder sie hätte wenigstens alles daran setzen müssen, von neuem in das Haus eines anderen Mannes aufgenommen zu werden. Statt dessen tat sie keines von beiden, und dennoch ist sie weder eine Verzweifelte noch eine Abhängige, vielmehr fand sie die Kraft, all ihre Lebenserwartung auf Gott zu richten und für *dieses* ihr irdisches Leben auf andere Weise zu hoffen. Gewiß ist dies das größte Rätsel eines Menschenlebens, wie es so etwas geben kann: daß Menschen oft genug von außen wie erdrückt scheinen von Leid, Erniedrigung und Schande und dennoch ihre Hoffnung nicht verlieren. Hundert Gründe, die auch sie selber kennen, beweisen scheinbar jedem Denkenden, daß es so wie bisher aller Wahrscheinlichkeit nach lebenslänglich weitergehen muß, und diese Menschen sagen sich das eigentlich auch selbst; all die Gründe gegen ihre Hoffnung können auch sie nicht widerlegen; auch sie müssen zugeben, daß es, rein menschlich gesehen, keine Hoffnung gibt. Und doch, und doch, und doch verlieren sie nicht diesen zähen, wahnwitzigen Glauben, ihr Leben sei nicht dazu da, in einem Meer von Schmutz unterzugehen und nach dem Gesetz der Schwerkraft aller Dinge langsam zu versinken[18]. Sie glauben an das Heil, und zwar so, daß es *ihr* Leben meint, daß *sie* mit ihrem Leben daran rühren werden. Dies hält sie wach und läßt sie leben – dies *ist* ihr ganzes Leben: zu warten und zu warten und auf *mehr* zu hoffen, als sich mit Billigem und Vordergründigem zu „begnügen" und nach Maßgabe der „normalen" Leute „zufrieden" zu sein.

Woher Menschen dieses Schlags dazu die Kraft bekommen? Von nichts auf Erden, was man menschlich fassen und erklären könnte. Immer, wo man auf Menschen wie Simeon und Anna trifft, steht man davor betroffen und verwundert und kann im Grunde nur so denken, wie Lukas es tut: daß eine solche Haltung von Gott sein muß, daß hier etwas wirksam geworden ist, das sich nicht durch andere Menschen oder durch eigene Willensanstrengung einsuggerieren läßt – etwas, das der Geist Gottes selber in das Herz eines Menschen gepflanzt haben muß. Denn alle Menschen ringsum sprechen gegen einen solchen Glauben, und was *sie* tun, müßte diesen Glauben geradewegs ersticken. Und doch ist er nicht umzubringen, er trägt vielmehr ein ganzes Leben, und zwar eines, das sonst schier verzweifeln müßte. Immer, wenn man vor sol-

chen Menschen der Hoffnung gegen alle Hoffnung steht, kann man nicht anders, als dem Himmel voller Freude dafür danken, daß es solche Menschen gibt und Gott die Sehnsucht und den Glauben in ihnen wach gehalten hat: nie ließen Menschen dieser Art sich mit etwas, das nicht Gott ist, abspeisen und beruhigen.
Es ist nicht schwer, gerade dies Grundsätzliche an der Gestalt des Simeon zu sehen, eines Mannes, der den Glauben an das Heil seines Volkes nicht aufgibt, trotz aller Unfreiheit und Knechtschaft, die ihm von außen angetan wird, und der trotz all des äußerlich ganz Unabwendbaren sich nicht damit abfindet, sondern unbeirrt für sich weiter glaubt: er, Simeon, werde das Heil schauen, den Trost ganz Israels. Dieser Glaube ist das Wesentliche, das man mit seiner Person verbinden muß, dies *ist* seine ganze Person; denn dieser Glaube allein hat gemacht, daß Simeon sich selber treu blieb und den Gedanken nicht aufgab, sein Leben sei dazu berufen, heil zu werden; nur dieser Geist von Gottes Art konnte bewirken, daß er sich nicht auf alle möglichen Formen der Entfremdung und des Selbstbetruges einließ und sich so durchzuhalten vermochte, wie es ihm vor Gott entspricht.
Freilich kann man auch jetzt wieder sagen, Simeon erwarte zu viel; es sei schlechterdings naiv, einfachhin an der Wirklichkeit vorbeizuträumen; als ein erwachsener Mensch, für den man ihn in seinem Alter wenigstens doch halten sollte, müßte man sich endlich an die rauhe Wirklichkeit gewöhnt haben. Ist nicht in der Tat der Glaube des Simeon ein kindlicher Wunschtraum? – Gewiß, ein Traum, ein Wunsch, *kindlich* zu nennen schon deshalb, weil er die Sehnsucht ausdrückt, die in jedem Menschen eigentlich vom Ursprung her schon grundgelegt ist, *traumhaft,* weil hier jemand allein dem folgt, was in ihm lebt, und *Wunsch,* weil es das einzige erstrebenswerte Ziel des ganzen Lebens darstellt: daß unser Dasein irgendwann sich schließen kann zu seiner in sich wirklichen, vollendeten Gestalt. Jedoch in diesem Sinne ist das ganze Christentum ein „kindlicher" „Wunschtraum", und wer diese Formel kritisch nimmt, um sie *gegen* das Christentum zu richten, der möge bedenken, daß, selbst wenn das Christentum nie etwas anderes wäre als ein solcher Wunschtraum, eine solche „Illusion" immer noch tausendmal besser wäre als die sogenannte Wirklichkeit; denn dieser „Traum" allein läßt Menschen leben und bewahrt sie vor Verzweiflung[19].
Zweifellos ist die Verkündigung und Verheißung des Simeon für einen Außenstehenden in der Tempelszene durchaus unbeweisbar; sie lebt nur in ihm selber, und vollends die Vision ihrer Erfüllung läßt sich im Grunde keinem Unbeteiligten demonstrieren; ja, objektiv betrachtet, erscheint sie ebenso kindlich und naiv wie die lebenslange Hoffnung des Simeon selbst. Was hat denn dieser alte Mann schon in der Hand, das ihn so jubeln läßt? Im Grunde nur das, was in ihm selber lebt: *ein Kind.* Er selber, muß man sagen, ist mit seinem Glauben solch ein wunderbares Kind geblieben; denn einzig solche Kinderaugen, wie Simeon sie nach wie vor besitzt, werden imstande sein, in dieser Welt etwas wie Heil zu sehen: unter dem Wust der Schuld die Urgestalt der Unschuld, unter dem entstellten Angesicht der Schande die wahren Züge dessen, was im eigentlichen nicht zu schänden ist, unter der Maske der Anpassung die Schön-

heit des ursprünglichen Wesens. Dies heil Gebliebene und Unzerstörbare, dies Bild des „Kindes", das in jedem Menschen wohnt, ist nunmehr Simeons Gewißheit: Sein Dasein endet nicht in stoischer Resignation, mit dem heroischen Schwanengesang des Fatalismus auf den Lippen – es schließt sich für ihn in der ruhigen Zuversicht: sein Ende wird Vollendung sein. In Heil und Frieden entläßt Gott jetzt seinen Diener. Und dieses Kind, das er auf seinen Armen trägt, wird, einst erwachsen, mit seinem Leben selbst beweisen: kein Mensch darf je in seinem Leben sich zufriedengeben mit etwas, das weniger als Gott ist, und mit etwas Geringerem, als was ihn selbst in seinem ganzen Dasein meint und leben läßt. Ein Mensch lebt nur als Mensch in dieser heiligen Sehnsucht und maßlosen Unerfülltheit, die es sich einzig und allein mit Gott genug sein läßt.

5. Der zwölfjährige Jesus im Tempel oder Erwachsenwerden heißt vor Gott hintreten (Lk 2,41–52)

Daß es sich bei der Erscheinung von Engeln, bei der jungfräulichen Geburt des Gottessohnes sowie bei der „prophetischen" Verkündigung seines kommenden Schicksals um archetypische, dem Mythos entstammende Symbole handelt, dürfte vermutlich manchem Leser auch ohne nähere Begründungen von vornherein plausibel erschienen sein. Daß aber auch eine so „unverdächtige", „normale" Begebenheit wie die Geschichte von dem zwölfjährigen Jesus im Tempel ein archetypisches Vorbild besitzt, das wiederum nicht biographisch, sondern symbolisch verstanden werden muß, wird erst durch einen erneuten Vergleich mit den Überlieferungen anderer Religionen deutlich.

Ein letztes Mal kann dabei die erwähnte *Erzählung von Si-Osire,* dem Sohn des Osiris, als Beispiel dienen; denn gleich nach der jungfräulichen Geburt dieses Retters Ägyptens berichtet das Märchen über *das rasche Wachstum des Kindes:* „Als der Knabe Si-Osire ein Jahr alt war, sagten die Leute von ihm: ‚Er ist zwei Jahre alt.' Und als er zwei Jahre alt war, sagten sie: ‚Er ist drei Jahre alt.' Setom (sc. sein Vater, d. V.) ließ keine Stunde verstreichen, ohne nach dem Knaben Si-Osire zu sehen, denn seine Liebe zu ihm war über alle Maßen groß. – Der Knabe wuchs heran, und als er kräftig genug war, wurde er in die Schule geschickt. Nach kurzer Zeit wußte er alles besser als der Lehrer, dem er zum Unterricht anvertraut war. Der Knabe Si-Osire begann die heiligen Texte zu sprechen, zusammen mit den Schreibern des Lebenshauses im Tempel des Ptah. Und alle, die ihn hörten, betrachteten ihn als ein Wunder des Landes. Es war Setoms ganzer Wunsch, ihn beim Fest Pharao vorzustellen, damit er dabei allen Weisen des Landes gegenübergestellt würde."[1] „Als der Knabe Si-Osire zwölf Jahre alt war, verhielt es sich so, daß es keinen Schreiber oder Gelehrten in Memphis gab, der sich im Lesen und Schreiben von Zaubersprüchen mit ihm hätte vergleichen können."[2] So gelangte er in der Tat dazu, vor den Pharao geführt zu werden, denn man benötigte ihn dringend, um ein versiegeltes Schreiben des äthiopischen Fürsten, ohne es zu öffnen, durch die Außenseite des Papyrus hindurch zu lesen und somit die Überlegenheit des ägyptischen Königs und die Weisheit seiner Diener vor den Augen der Welt kundzutun.

Gewiß soll mit Erzählungen solcher Art zunächst die absolute Unvergleichlichkeit des heranwachsenden Gottessohnes gegenüber seinen Zeitgenossen demonstriert werden. Aber man darf auf dem Vordergrund derartiger scheinbar biographischer Legenden

den uralten mythischen Ursprung des Motivs selbst nicht vergessen: Ursprünglich wird im Mythos von der *Sonne*[3] bzw. vom Mond[4] erzählt, wie schnell sie nach ihrer Geburt (am Himmel) zu ihrer eigentlichen Größe heranwachsen, und erst von daher wird dieses Motiv auch in den Legenden von der Kindheit göttlicher Menschen verständlich. Die Mythen wollen aber in ihren Erzählungen nicht einfach Naturvorgänge schildern, sie übertragen vielmehr in ihren Darstellungen psychische Inhalte auf die Natur.[5] Kehrt man diese mythische Projektion des Psychischen in die Natur wieder um, so wird man in dem schnellen Wachstum des Lichtgestirns ein Symbol für die Entfaltungskraft *des Bewußtseins* sehen müssen, die in der Gestalt des „Erlösers", des wahren Ichs eines Menschen, die Nacht der Bewußtlosigkeit vertreibt und die seelische Welt mit geistiger Klarheit durchströmt.

Indessen kann man auch mit diesem (mythischen) Deutungsansatz allein noch nicht zufrieden sein, wenn man den *legendären* Ausformungen dieses Motivs gerecht werden will. Zu beachten ist, daß es *am Übergang zum Erwachsenenalter* geschieht, daß die Geistesart des Gottessohnes sich beweisen muß, und so ist zu fragen, worin *inhaltlich* dieser Beweis besteht. Der *„Sohn des Osiris"* bewies seine geistige Macht dadurch, daß er den König seines Vaterlandes vor der drohenden Lächerlichkeit seitens der Bewohner des „Negerlandes" bewahrte; es war seine Zaubermacht, das Verborgene offenbar zu machen und hinter die Außenseite des Geschriebenen zu blicken. Wie aber stellt sich im Lukasevangelium das Motiv des überlegenen Wachstums des Gottessohnes in der Geschichte von dem zwölfjährigen Jesus im Tempel dar? Worin beweist der Christus die Überlegenheit seines Geistes? Die Antwort darauf ist in gewissem Sinne revolutionär.

Wenn man das Evangelium von dem zwölfjährigen Jesus im Tempel in der katholischen Kirche speziell am *„Familiensonntag"* vorgetragen hört, so ist die autoritär moralisierende Absicht dieser Leseordnung nicht zu übersehen: Es sind offenbar die letzten Sätze dieses Abschnitts, die dem Text einen solchen Rang in der Kirche verschaffen. „Er war ihnen untertan" (Lk 2, 51), und: „Er nahm zu an ... Wohlgefallen bei Gott und den Menschen" (Lk 2, 52). Gerade so möchte man sich allem Anschein nach die Verhältnisse in Nazareth gern vorstellen, und gerade so möchte man sie offenbar auch gern zur Vorschrift machen: die „heilige Familie" im Stil der Nazarener-Malerei[6] – das Christuskind lieb und anmutig, Schäfchen mit einer glückselig lächelnden Madonna im Hintergrund, und alle umgeben von einem Heiligenschein. Wenn *dieses* Evangelium zum Thema „Familie" jedoch wirklich etwas zu sagen hat, dann gerade umgekehrt: daß es eine solche Idylle nicht gibt, ja um des Heiligen willen auch wohl gar nicht geben darf.

Manch einen mag diese Feststellung enttäuschen.

Sollte man nicht denken, daß es wenigstens einmal auf Erden tatsächlich eine „heilige" Familie gegeben habe, in der man ohne Konflikte, ohne Zerwürfnisse und ohne Mißverständnisse ausgekommen sei? Ist nicht dies der ständige Wunsch, sich die Gestalt des Heiligen als Kronzeugen einer heilen Welt vorzustellen? In Wahrheit gibt es die

Idylle nicht, jedenfalls nicht, wenn es ein Mensch mit Gott zu tun bekommt, jedenfalls also nicht im Neuen Testament, das einzig damit beschäftigt ist, zu zeigen, was geschieht, wenn ein Mensch vor Gott hintritt. Im Gegenteil. Dieses Evangelium von dem zwölfjährigen Jesus im Tempel ist die einzige legendäre Momentaufnahme aus der „Familienbiographie" Jesu, die wir besitzen, und gerade sie zeigt uns ein Bild voller Widersprüche, Gegensätze und menschlicher Unverträglichkeiten, und zwar doch gewiß nicht in der Absicht, uns irgendwelche rein zufälligen oder nur ausnahmsweise vom Zaun gebrochenen Konflikte vor Augen zu stellen, die aus dem Leben Jesu lediglich eine exzeptionelle Pikanterie machen würden, sondern um in einem verdichteten Bild zu zeigen, was für das Leben eines jeden Menschen gilt, wenn er erwachsen werden will, und was von daher insbesondere das Leben Jesu als Hauptthema zentral bestimmt hat.

Wieso, muß man sich fragen, gehört dies überhaupt zusammen: erwachsen zu werden und vor Gott hinzutreten? Worin besteht dieser Zusammenhang zwischen Selbstfindung und Gottfindung, der die eigentliche Frage dieser Erzählung zu sein scheint?

Gewiß, man kann sagen: es war spätjüdischer Brauch, daß ein Zwölfjähriger im Tempel zu einem „Sohn des Gesetzes", zu einem *Bar Mizwah,* zu einem erwachsenen Mitglied des jüdischen Volkes erklärt wurde. Man kann sagen: es ist eben bei *allen* Völkern die Sitte, daß der Heranwachsende in einer Art Initiationsritus vor den Gott des Stammes geführt wird, um zum vollgültigen Mitglied des Stammes gemacht zu werden[7]. Aber wenn dies so ist, wenn dies bei allen Völkern der Erde so ist, welch einen Sinn hat es dann und welch eine Erfahrung steckt dahinter, daß jemand offensichtlich nur im Angesichte Gottes zu einem Erwachsenen wird?

Von zwei Seiten her läßt sich diese Frage stellen, und auf zwei Ebenen schildert dieses Evangelium denn auch mit großer Intensität die Brechungen dieses Problems; beide Perspektiven müssen wir deshalb beachten, wenn wir die Geschichte als ganze verstehen wollen.

Die eine Ebene der Erzählung bilden *die Eltern Jesu.*

Aus ihrer Sicht wäre es nur wünschenswert, ließe sich das Verhältnis der Eltern zu den Kindern in etwa so beschreiben: man investiert als Vater und als Mutter die besten Kräfte und Fähigkeiten in die Fürsorge für die Kinder, und diese umgekehrt schulden dafür als Pflicht dankbaren Gehorsam. Alles, was die Anweisungen *der Moral* zum Thema Familie sagen können, läuft in der Tat auf die Beschreibung eines solchen Verhältnisses von Fürsorge und Gehorsam hinaus. Man kann die Probe aufs Exempel machen, wenn eine Familie in eine Krise gerät; was die Moral dann sagt, ist stets nur dies: „man" „muß" die Kinder als „Wert", d. h. als „Gabe und Aufgabe", wiederentdekken; „man" „muß" die Verantwortung für die kommende Generation akzeptieren; „man" „muß" begreifen lernen, daß ein Kind wichtiger ist als z. B. ein Ausflug nach Mallorca – usw. – Es sei nicht geleugnet, daß es Fälle gibt, deren Probleme oberflächlich genug gelagert sind, um mit moralischen Mitteln gelöst zu werden. Das eigentliche, allgemein menschliche Problem aber besteht nicht darin, daß Menschen keine

Kinder oder zu wenig Kinder oder keine Verantwortung für ihre Kinder wünschen würden; das eigentliche Problem liegt vielmehr darin, daß Eltern ihre Kinder nur leben lassen können, wenn sie ihre eigene Verantwortung vor Gott relativieren lernen, und daß sie zu einer solchen Relativierung der Verantwortung überhaupt nur fähig sein werden, wenn sie es gelernt haben, mit den Worten des Evangeliums, die eigenen „Kinder zu hassen" um des Himmelreiches willen (Lk 14,26).

Vom Standpunkt der Religion aus erscheint der Standpunkt der Moral insgesamt als etwas ganz und gar Zweideutiges, und er ist jedenfalls im menschlichen Leben nur so viel wert, als zuvor die Eltern ihre eigene Existenz religiös in Gott festgemacht haben. Denn selbst der als ethische Grundhaltung geforderte Respekt vor der Freiheit und Personalität des anderen wird nur möglich sein, wenn sich die Verantwortungs*angst* beruhigt. Man kann das eigene Kind nur abgeben, wenn man es übergibt an eine andere absolute Freiheit, die es fortan trägt und will, und stets kommt die Moral zu spät, um die Grundprobleme der Angst in der Tiefe der menschlichen Seele und der menschlichen Beziehungen zu lösen.

Heutigentags erscheint es zumeist wohl nur noch als ein frommes Brauchtum ohne Sinn, daß ein Kind kurze Zeit nach seiner Geburt in den Tempel, in die Kirche, in das Geisterhaus getragen wird[8], um dort seinen Namen zu empfangen bzw. um in der Taufe, in der Beschneidung, im Ritual der Ahnen, „aus einem Tier zu einem Menschen gemacht zu werden" (wie man noch heute in Italien sagt). In Wahrheit hat die alte Legende in Anlehnung an die Verheißung Simeons ganz recht, wenn sie meinte, zu einem der „sieben Schmerzen Mariens" habe gehört, daß sie ihr Kind gleich nach der Geburt im Tempel Gott habe aufopfern müssen, ist doch dieser Schmerz der Aufopferung des eigenen Kindes letztlich der *einzige* und wesentliche Schmerz im Leben *jeder* Mutter und eines *jeden* Vaters bezüglich ihres Kindes. Niemals werden Eltern sagen können: *mein* Sohn, und: *meine* Tochter.

Versucht, gerade dies zu tun, ist gewiß jeder. Es gibt wohl keine Mutter auf der Welt, die nicht auf lange Zeit mit ihrem Kind sich ganz und gar identifizieren würde[9]; ja, ein Großteil der mütterlichen Fürsorge besteht gerade in dieser Identifikation, daß die Mutter sich selbst in ihrem Kinde lebt und es als einen Teil, in gewissem Sinne sogar als den wichtigsten und stolzesten Teil ihrer selbst betrachtet. Aber eben hier liegt der springende Punkt, an dem alle Moral und aller menschlich guter Wille zerbrechen muß: daß es von einem bestimmten Zeitpunkt an entscheidend darauf ankommt, diese so natürliche Identifikation wieder rückgängig zu machen und das Kind aus dem eigenen Leben *wegzugeben.* Offenbar damit dies nur ja nicht vergessen, sondern gleich von Anfang an eingeschärft wird, besteht die Kirche mit der Weisheit aller alten Völker darauf, in der Nachfolge der Praxis der jüdischen Synagoge die *Aufopferung* des Kindes nach Möglichkeit gleich in den ersten Wochen vorzunehmen, damit gerade in der Zeit der stärksten Identifikation der Eltern mit ihrem Kinde dies wie ein Gegengewicht als Wahrheit und Aufgabe erhalten bleibt: dein Kind ist nie dein Eigentum[10].

Man kann sich über den herausfordernden Tatbestand keinen Augenblick lang täuschen, daß hier eine eminent religiöse Frage zur Debatte steht. Denn keinesfalls sind es einfach naturgegebene mütterliche oder väterliche Gefühle, die eine Frau oder einen Mann veranlassen, ihr eigenes Leben mit dem Leben ihres Kindes wenigstens eine Zeitlang untrennbar zu verschmelzen. Was das Opfer des eigenen Kindes zumeist so schwer, ja, oft genug schier unerträglich schwer macht, ist das Unvermögen, selber für sich ein sinnvolles Leben zu führen[11]. Immer, wenn eine Frau nicht weiter weiß, wird sie in die Versuchung geraten, sich ein Kind schenken zu lassen; immer, wenn sie sich selber ungeliebt und verlassen vorkommt, wird sie aus sich ein Kind erschaffen wollen, das ihr seine Liebe schon deshalb schenken muß, weil sie sein ein und alles ist. Je weniger jemand selber leben kann, desto verzweifelter drängt es ihn paradoxerweise eine Weile lang nach der Weitergabe von Leben, nach einem Leben im anderen – ein Hauptgrund dafür, daß oft die unglückseligsten Familien die meisten Kinder hervorbringen.

Wie es mit einem solchen Kind als Lebensersatz der Mutter oder des Vaters allerdings weitergeht, kann man in dem *Grimm*schen Märchen von der *Rapunzel*[12] (KHM 12) nachlesen. Es handelt sich um die Geschichte einer Frau, die sich selber nichts sehnlicher wünscht als ein Kind, so sehr, daß sie ohne dieses Kind nicht länger weiterleben zu können meint und es so ähnlich ansieht wie den Salat (die „Rapunzeln") in ihrem Garten: sie verschlingt ihn wie ein Lebenselixier; und ganz von dieser Art, will offenbar das Märchen sagen, muß man sich auch die Liebe dieser Frau zu ihrer „Rapunzel" vorstellen: sie hat sie „zum Fressen gern"; sie ist der Inhalt, die Substanz, die Füllung ihres hohlen Daseins; aber eben deshalb wird ein solches Mädchen außerstande sein, an der Seite seiner Mutter zu leben. Man komme einer solchen Frau wie „Rapunzels" Mutter nun freilich mit Moral und schärfe ihr die Mutterpflichten ein! Eine im Sinne der Moral vorzüglichere, sorgsamere, wohlmeinendere Mutter als diese Frau wird man nur schwerlich finden. Und doch erklärt das Märchen sie in ihrer hintergründigen Wahrheit für eine Hexe, für eine Ausgeburt an Zauberei und Heimtücke, für eine wahre Kerkermeisterin. Und das mit Recht! Kaum nämlich wird ihre Tochter zwölf Jahre alt, da sperrt die (Stief)Mutter ihre geliebte „Rapunzel" in einen Turm ein und stellt ihre Tochter so hoch über sich, daß sie sich Tag für Tag buchstäblich an den herabgelassenen goldenen Haaren der „Rapunzel" „hochzieht". Diese Frau „opfert" ihre Tochter *nicht;* statt dessen kann sie die über alles geliebte „Rapunzel" eines Tages nur vor Zorn verstoßen und verloren geben, als sie von der geheimen Liebschaft „Rapunzels" zu einem Königssohn erfährt. Seit diesem Zeitpunkt aber hört die Mutter selber auf zu existieren, d. h., sie fällt auf den Status ihres Unlebens vom Anfang wieder zurück – das Märchen erwähnt sie wie eine Tote mit keinem Wort mehr. – Man „behält" nur, was man opfert – die alten Riten kannten diese menschlich so überaus wichtige paradoxe Wahrheit.

Das Evangelium vom zwölfjährigen Jesus im Tempel nun stimmt dieser Widersprüchlichkeit vollkommen zu, ja, es hebt sie sogar noch besonders dadurch hervor, daß Maria ihren Sohn gerade an der Stelle *wiederfindet,* wo sie ihn bereits als Kind schon einmal wortwörtlich „verloren“ hat. Der sogenannte „*freudenreiche Rosenkranz*“ in der Gebetspraxis der katholischen Kirche faßt diese beiden widersprüchlichen Aspekte in außerordentlicher Dichte und mit großem Recht in zwei „Gesätzen“ zusammen, die es zu beten und zu leben gilt: „*Den du, o Jungfrau, im Tempel aufgeopfert hast*“ und: „*Den du, o Jungfrau, im Tempel wiedergefunden hast*“. Äußerlich schildert das Evangelium diese entscheidende *Doppelbewegung*[13] des Opferns und des Wiederfindens zunächst als einen bloßen „Brauch“, so als seien die Eltern Jesu damals, in Lk 2,21ff., lediglich gehorsam in die Fußstapfen der Tradition und des Kultes eingetreten; was seinerzeit indessen wie zur Erleichterung nur als ein unpersönliches Ritual rein kollektiv nach Gewohnheit und Regel abzulaufen schien, besitzt doch die Kraft eines ganz und gar auf die eigene Person gerichteten Symbols, eines Sakramentes, das jetzt, in der Zeit, als Jesus zwölf Jahre alt wird, sich jeder rituellen Routine entreißt und unversehens seinen Sinn einfordert. Jahr um Jahr mögen die Eltern Jesu im Rahmen des Ritus nach Jerusalem gegangen sein, aber man wundert sich kaum: *jetzt*, in diesem Augenblick, wo sich der eigentliche Sinn ihres rituellen Tuns enthüllt und realisiert, „verstehen sie nicht“; jetzt, wo sie merken können (Lk 2,50) und unausweichlich merken müssen, daß aller Umgang mit ihrem Kinde letztlich überhaupt nur ein Hingang, ein Weggeleite nach „Jerusalem“ im Sinne des Lukasevangeliums gewesen ist und sein kann[14], da sind sie „bestürzt“ und „voller Staunen“ (Lk 2,47f). Jahraus, jahrein haben sie den Ritus der Opferhandlungen im Tempel mitvollzogen und haben in gewissem Sinne wohl schon ein dutzend Mal den Knaben Jesus im Tempel „dargestellt“; aber jetzt, wo das, was sie im Symbol an sich geschehen ließen, sich als Wahrheit setzt, da kommt es ihnen vor wie ein unglückseliger Verlust, der sich gewissermaßen nur aus Unachtsamkeit und aus mangelnder Befolgung ihrer Aufsichtspflicht ereignen würde. Da, wo „ihr“ Jesus endgültig sich aus ihrem Leben entfernt, da machen sie sich und ihm die heftigsten Vorwürfe (Lk 2,48).

Wohl jedem Vater und jeder Mutter wird dies so ergehen, wenn der Zeitpunkt kommt, an dem sie ihr Kind ein für allemal „verlieren“: wohl immer suchen sie es, im Bilde gesprochen, zunächst bei den eigenen „Verwandten“ und „Bekannten“ – immer bleibt ja die Hoffnung, daß die Frage an das eigene Kind: „Wo bist du?“, sich, wenn schon nicht im eigenen Hause, dann wenigstens doch im Umkreis des irgendwie noch Vertrauten und Zugehörigen werde beantworten lassen. Um so schroffer mutet demgegenüber die Szene im Evangelium an: auf die Frage Mariens: „Warum?“, erteilt Jesus seiner Mutter eine Antwort, die man nur als eine krasse Absage verstehen kann: „Wußtet ihr nicht ...“! Eine solche Antwort bedeutet an sich den völligen Bruch mit dem eigenen Elternhaus; sie läuft aus der Sicht der Eltern auf den endgültigen und unbegreifbaren Verlust ihres Kindes hinaus. Schien der Knabe Jesus bisher nur wie zufällig und äußerlich „verloren“, so erweist sich seine Trennung jetzt als Absicht, ja als innere Konsequenz, und alles hängt jetzt davon ab, wie die Eltern Jesu mit dieser in der Tat für sie „bestürzenden“ Erkenntnis umgehen.

Es gibt im Grunde nur einen Weg, um den „Verlorenen“ „wiederzufinden“: man muß das Geschehen innerlich in das eigene Herz, in das eigene „Gedächtnis" (Lk 2,50) aufnehmen, und, Gott sei Dank, ist dieser Schritt bei den Eltern Jesu eigentlich längst vorbereitet. Wohl scheint das, was Jesus tut, zunächst eine kaum zu billigende Provokation zu sein, und doch ist es gerade der Punkt, auf den sich auch seine Eltern eigentlich ihr Leben lang zubewegt haben: Wollten sie denn etwa nicht, daß ihr Sohn eines Tages selber mit seinem Leben vor Gott hinträte? Wußten sie etwa nicht, daß dieses Hintreten ihres Sohnes zu Gott im letzten für sie als Eltern bedeuten würde, abzutreten? Dann aber ist es doch möglich, sich jetzt auch dazu zu bekennen, daß man eben dies: die Eigenständigkeit des eigenen Kindes vor Gott, seine eigene Verantwortung und Unmittelbarkeit zu seinem Schöpfer, seine eigene Unableitbarkeit und Souveränität gegenüber den anderen Menschen ein Leben lang gewollt und selber beabsichtigt hat, mag es jetzt auch noch so schwer fallen, den eigenen Wunsch in seiner Verwirklichung zu akzeptieren; dann sollte man doch sich selbst und den anderen am Ende darin wiederfinden können, daß man fortan gemeinsam vor den Augen ein und desselben Schöpfers steht und daß es einfach wahr ist, was Jesus später zu den Jüngern sagen wird: „Niemand ist euer Vater, nur ein einziger – der im Himmel ist" (Mt 23,9). Die Weisheit der Alten ist zutiefst religiös: es wird erst dann jemand aus einem „Tier" zu einem „Menschen", wenn er, wie Jesus in dieser Szene im Tempel, von sich sagen kann: „Ich habe nur eine Pflicht: in dem zu sein, was von Gott, meinem (eigentlichen) Vater, ist" (Lk 2,49).

Freilich gibt es eine Haltung, die verhindert, daß man diese Wahrheit akzeptieren kann, und wieder zeigt sich der Versuch einer moralischen Antwort auf die Problematik des menschlichen Lebens als ein äußerst zweideutiges Reglement. Die Moral erhebt die Sorge und die Fürsorge zur obersten Pflicht der Eltern gegenüber „ihrem" Kind; es ist aber gerade diese „Sorge", die Angst und das Verantwortungsgefühl der Eltern, die sich dagegen wehren, die notwendige Freigabe des Kindes hinzunehmen. „Mit Sorgen haben wir dich gesucht" (Lk 2,48), sagt Maria, verletzt und vorwurfsvoll, so als sei es die Pflicht eines guten Kindes, ja, das Gebot einfacher Rücksichtnahme, etwas Derartiges seinen Eltern niemals anzutun. Es ist so schwer, eines Tages sogar auf die Pflicht der Verantwortung, sogar auf die Angst der Fürsorge zu verzichten und anzuerkennen, was man bis dahin nur als „Verlust" betrachten konnte: der andere hat einen eigenen Lebensraum, der so heilig ist wie der Tempel selbst; der andere wird sein Leben fortan selbst riskieren müssen, und gegen alle so verständliche Angst wird gelten dürfen, was der Psalm 121,4.5 mit den Worten ausdrückt: „Nicht schläft noch schlummert dein Wächter, Israel." *Gott* wird fortan das Wächteramt der Eltern übernehmen. Willigt man darin ein, so ist am Ende wider Erwarten doch das Unwahrscheinliche noch möglich: daß man schließlich gerade aufgrund des erfolgten „Verlustes" *gemeinsam* nach Hause zurückkehrt und weiterhin in ein und derselben Familie zusammengehört, eben weil es jetzt feststeht, daß niemand mehr dem anderen „gehört" oder „gehorchen muß", sondern daß jeder die Freiheit des anderen wünscht und fördert.

Im Grunde geht es um eine Haltung, die man als *„die Lehre des Taubenzüchters"*

bezeichnen könnte. Jemand, der eine Taube großzieht und ihr dabei alle nur erdenkliche Aufmerksamkeit zuteil werden läßt, wird doch eines Tages erleben, daß seine Taube ins Freie drängt. Seine Angst wird ihm sagen, daß sein Täubchen einzig im Schutz seines Schlages ein gefahrloses Leben zu fristen vermag; draußen gibt es Hochspannungsmasten, vergiftete Felder, Bussarde und Habichte, und doch *muß* sein Täubchen am Himmel fliegen können, ja, es muß der ganze Stolz und die ganze Freude des Täubners sein, seine Taube in großen Kreisen ihre Freiheit wagen zu sehen. Inwendig verfügt sein Täubchen über die Fähigkeit, Hunderte von Kilometern über Land zu fliegen und nach den unsichtbaren Kraftlinien des Erdmagnetismus zu seinem Schlag zurückzufinden; wie dies möglich ist, wird der Täubner nie verstehen, und er kann gerade dieses Wichtigste seine Taube nicht lehren; aber um so mehr kann er darauf vertrauen, daß seine Taube sich selber zurechtfinden wird, wenn er sie nur ihrem inneren Kompaß überläßt. Alles, was er tun kann, hat er getan; die Taube hat aufgehört, sein Eigentum zu sein.
Dies ist die eine Seite des Problems in der Geschichte vom zwölfjährigen Jesus: Die Sicht der Eltern.
Daneben aber gibt es eine andere, im Grund noch wichtigere Perspektive: *die Sicht des Kindes,* das den Schritt in sein eigenes Leben tun muß. Aus *seiner* Sicht „verliert" es seine Eltern nicht, es läßt sie einfach gehen und sucht sich einen eigenen Standort. Gleichwohl ist auch dieser Schritt zur Freiheit zutiefst religiös bestimmt, und gerade dies läßt sich in der Geschichte von dem zwölfjährigen Jesus zeigen und lernen.
Niemals, so darf man annehmen, wird Jesus das religiöse Erbe seines Volkes und seiner Eltern ernster genommen haben als zu der Zeit, da er als Zwölfjähriger erstmals unter das Gesetz Israels gestellt wurde; wenn irgend er sich im Tempel wie in seines Vaters Haus gefühlt hat, so in dieser Zeit. Doch gerade dies war offenbar zugleich der Augenblick, der ihn am meisten von seinen Eltern entfernte. Ein neues Prinzip, eine neue Entdeckung bricht an dieser Stelle in ihm auf und schleudert ihn mit unendlicher Gewalt aus dem Zusammenhang der Menschen heraus. Später wird Jesus diese Erfahrung dahin ausdrücken, man müsse Vater und Mutter „hassen" um Gottes willen (Lk 14,26), und gerade diese Zerrissenheit und Gegensätzlichkeit wird er in diesem Augenblick erstmals erlebt haben.
Die schon mehrfach erwähnte Paradoxität des Gegensatzes zwischen Moral und Religion kann im Erleben eines Heranwachsenden nicht größer sein als hier. Die ethische Pflicht gebietet Jesus nach wie vor Gehorsam, er aber erlebt es jetzt als die einzig wichtige Forderung seines Lebens, das Gebot des alten Israels zu befolgen, man solle einzig Gott mit allen Kräften lieben und ihm allein gehorchen (Lk 10,27); die Konvention stellt ihm in Aussicht, bei den Menschen seines Elternhauses wie bisher geborgen zu sein, er aber fühlt wohl jetzt bereits jene unendliche Einsamkeit, die er später in die Worte kleiden wird: „Der Menschensohn hat nichts, wohin er sein Haupt legen kann" (Lk 9,58); das menschliche Gefühl und die Pietät sprechen ihn schuldig dafür, daß er ohne Erklärung und ohne Entschuldigung, buchstäblich in Vergessenheit seiner

Eltern, in Jerusalem zurückgeblieben ist, er aber spürt in sich eine neue und absolute Notwendigkeit, die ihn alle Forderungen der gesellschaftlichen Moral vergessen macht. Es sind zwei verschiedene Prinzipien des Lebens, die hier aufeinander prallen. Das Sittlich-Allgemeine verlangt von ihm, daß er sich durch das definiert, was alle anderen sind und denken; die religiöse Grundhaltung indessen fordert seine Individualität und verlangt, daß er sich darauf nicht mehr wesentlich verlassen darf, was andere ihm gesagt haben, und wären es selbst seine eigenen Eltern[15]. Es ist ein Augenblick vollkommener Abgetrenntheit von allen anderen Menschen, einer geradezu rücksichtslosen Unbedingtheit und vor allem eines totalen Unvermögens, sich den anderen in diesem Augenblick noch verständlich machen zu können.

Gleichwohl handelt es sich zugleich auch um einen Moment vollkommenen Glücks. Niemand, der zu sich selbst erwacht, kann diesen Augenblick vermeiden, und niemand, der in diese Zone tritt, vermag ihm standzuhalten ohne die Gewähr einer neuen Geborgenheit und Festigkeit in Gott. Nach außen hin ist in diesem Augenblick des Aufbruchs alles fragwürdig. Das einzige, was sicher feststeht, ist das Empfinden, jetzt mit dem eigenen Leben selber auf den Plan gerufen zu sein und dabei vor jeder fremden Einmischung auf der Hut sein zu müssen. Es ist eine Zeit, in der nichts ungeprüft und kritiklos, nur weil es so überliefert und gesagt wird, hingenommen werden kann. Eine Zeit eigenen Forschens und Fragens beginnt, eine Zeit eigenen Denkens und Folgerns, und dieses neue Bedürfnis läßt nicht nur die eigenen Eltern ihres Weges ziehen, es setzt sich sogar auch und gerade in den heiligen Hallen des Tempels fort: es scheut nicht die Autorität der Theologen und der Schriftgelehrten, und es schreckt nicht zurück vor unerhörten und überraschenden Einsichten, vor Wahrheiten, die andere betroffen machen und außer sich geraten lassen und die doch gerade so wortwörtlich in der Schrift enthalten sind; es ergreift mit Leidenschaft besonders die Erkenntnisse, zu denen überhaupt wohl nur die Jugend wirklich fähig ist, vor denen jedenfalls das Alter sich stets durch feige Weisheit und verlogene Mittelmäßigkeit zu schützen suchen würde, gäbe es nicht immer erneut diese begeisternde Provokation der Jugend, die die „Alten" förmlich zwingt, endlich an das wirklich zu glauben, was sie reden. Unwillkürlich sieht man in dieser Szene das Gesicht so vieler Jugendlicher vor sich – mit einem Denkvermögen, doppelt so schnell wie die physische Spannkraft eines 40jährigen, mit einem bedingungslosen, noch nicht von Zweifeln korrumpierten Idealismus, mit einem funkelnden Verstand, der um so logisch schärfer und abstrakter denkt, als er von dem Leben selber nur erst anfanghaft und ungeordnet Kenntnis erlangt hat – und doch: welch eine ungeheuere Energie, die Wahrheit wissen zu wollen, koste es, was es wolle!

F. Nietzsche, dieser große Kritiker und Aufklärer der moralischen Selbstberuhigungen des religiösen und bürgerlichen Philistertums, hat diesen ebenso beglückenden wie tragischen Augenblick des Durchbruchs der Freiheit in ergreifenden, ewig gültigen Sätzen beschrieben. „Man darf", schreibt er in *Menschliches, Allzumenschliches*[16], „vermuten, daß ein Geist, in dem der Typus ‚freier Geist' einmal bis zur Vollkommenheit reif und süß werden soll, sein entscheidendes Ereignis in einer *großen Loslösung* gehabt hat und daß er vorher um so mehr ein gebundener Geist war und für immer an seine Ecke und Säule gefesselt schien. *Was bindet am festesten?* Welche Stricke sind beinahe unzerreißbar? Bei Menschen einer hohen und ausgesuchten Art werden es die *Pflichten* sein: jene Ehrfurcht, wie sie der Jugend eignet, jene Scheu und Zartheit vor allem Altverehrten und Würdigen, jene Dankbarkeit für den Boden, aus dem sie wuchsen, für die Hand, die sie führte, für das Heiligtum, wo sie anbeten lernten – ihre höchsten Augenblicke werden sie am festesten binden, am dauerndsten verpflichten. Die große Loslösung kommt für solchermaßen Gebundene plötzlich – wie ein Erdstoß: Die junge Seele wird mit *einem* Male erschüttert, losgerissen, herausgerissen – sie selbst versteht nicht, was sich begibt. Ein Antrieb und Andrang waltet und wird über sie Herr wie ein Befehl; ein Wille und Wunsch erwacht, fortzugehen, irgendwohin, um jeden Preis; eine heftige gefährliche Neugier nach einer unentdeckten Welt flammt und flackert in allen ihren Sinnen. ‚Lieber sterben als *hier* leben' – so klingt die gebieterische Stimme und Verführung: und dies ‚*Hier*', dies ‚Zu Hause', ist alles, was sie bis dahin geliebt hatte! Ein plötzlicher Schrecken und Argwohn gegen das, was sie liebte, ein Blitz, eine Verachtung gegen das, was ihr ‚Pflicht' hieß, ein aufrührerisches, willkürliches, vulkanisch stoßendes Verlangen nach Wanderschaft, Fremde, Entfremdung, Erkältung, Ernüchterung, Vereisung, ein Haß auf die Liebe, vielleicht ein tempelschänderischer Griff und Blick *rückwärts*, dorthin, wo sie bis dahin anbetete und liebte, vielleicht eine Glut der Scham über das, was sie eben tat, und ein Frohlocken zugleich, *daß* sie es tat, ein trunkenes, inneres frohlockendes Schaudern, in dem sich ein Sieg verrät – ein Sieg? Über was, über wen? Ein rätselhafter, fragenreicher, fragwürdiger Sieg, aber der *erste* Sieg immerhin –: Dergleichen Schlimmes und Schmerzliches gehört zur Geschichte der großen Loslösung. Sie ist eine Krankheit zugleich, die den Menschen zerstören kann, dieser erste Ausbruch von Kraft und Willen zur Selbstbestimmung, Selbstwertsetzung, dieser Wille zum *freien* Willen: Und wie viel Krankheit drückt sich an den wilden Versuchen und Seltsamkeiten aus, mit denen der Befreite, Losgelöste sich nunmehr seine Herrschaft über die Dinge zu beweisen sucht! Er schweift grausam umher, mit einer unbefriedigten Lüsternheit; was er erbeutet, muß die gefährliche Spannung seines Stolzes abbüßen; er zerreißt, was ihn reizt. Mit einem bösen Lachen dreht er um, was er verhüllt, durch irgendeine Scham geschont findet: Er versucht, wie diese Dinge aussehn, *wenn* man sie umkehrt. Es ist *Willkür* und *Lust an der Willkür* darin, wenn er vielleicht nun seine Gunst dem zuwendet, was bisher in schlechtem Ruf stand – wenn er neugierig und versucherisch um das Verbotenste schleicht. Im Hintergrund seines Treibens und Schweifens – denn er ist unruhig und ziellos unterwegs wie in einer Wüste – steht das Fragezeichen einer immer gefährlicheren Neugier. ‚Kann man nicht *alle* Werte umdrehen? Und ist Gut vielleicht Böse? Und Gott nur eine Erfindung und Feinheit des Teufels? *Ist alles vielleicht im letzten Grunde falsch?* Und wenn wir Betrogene sind, sind wir nicht eben dadurch *auch* Betrüger? *Müssen* wir nicht auch Betrüger sein?' – Solche Gedanken führen und verführen ihn, immer weiter fort, immer weiter ab. Die Einsamkeit umringt und umringelt ihn, immer drohender, würgender, herzzuschnürender, jene furchtbare Göttin und *Mater saeva cupidinum* (grausame Mutter der Leidenschaften) – aber wer weiß es heute, was *Einsamkeit* ist ...?"

Ganz in diesem Sinne, als das Erleben eines geistigen Durchbruchs zur Freiheit, wird man die Szene des zwölfjährigen Jesus im Tempel zu verstehen haben. Damit solch eine dichterische Schilderung der „Jugend" Jesu überhaupt ersonnen werden konnte, mußte mit dem Mann aus Nazareth sich in der Tat die Vorstellung einer unerhörten geistigen Unabhängigkeit verbinden, gerade so, wie Nietzsche sie so meisterlich beschrieben hat, inklusive all ihrer Gefahren und Einsamkeiten, ihres Suchens und ihrer Versuchbarkeiten, ihrer bohrenden Infragestellungen und ihrer moralischen Fragwürdigkeiten, ihres Trennungsschmerzes und ihrer inneren Folgerichtigkeit. Wenn wir früher von der königlichen Bestimmung eines Menschen zu seiner Freiheit und Souveränität gesprochen haben, *hier* haben wir der Legende nach die Urkunde eines derartigen Thronbesteigungsfestes Christi vor uns. Wann immer Bischöfe auf ihren Firmungsreisen durch die Gemeinden nach einem geeigneten Text für ihre Ansprachen suchen – bei einigem Mut gegenüber dem Willen der Jugend nach Unabhängigkeit und Selbstbestimmung könnten sie ihn in dieser Erzählung finden. Es fällt nicht schwer, sich all die Fragen schon im Munde des zwölfjährigen Jesus im Tempel von Jerusalem vorzustellen, die er später erneut, dann aber mit der Unerbittlichkeit der Entscheidung auf Leben und Tod, an die Schriftgelehrten und Pharisäer richten wird, Fragen, die auf jede neue Generation von „Gottesgelehrten" und Schrifterklärern wie ein Vernichtungsurteil wirken mußten und müssen: „Wenn ihr erkannt hättet, was das heißt: Barmherzigkeit will ich und nicht Opfer (Hos 6,6), so hättet ihr die Unschuldigen nicht verurteilt" (Mt 12,7; vgl. 9,13). Oder: „Sie (die Schriftgelehrten und die Pharisäer) binden schwere Bürden zusammen und legen sie auf die Schultern der Menschen, doch sie selber rühren nicht mit dem Finger daran" (Mt 23,4). „Getünchte Gräber" „voll von Heuchelei" (Mt 23,27) – *das* waren die letzten Worte, die Jesus für diese Zunft der Theologen übrig hatte. Um eine solche Freiheit von *allen* herrschenden Autoritäten, von der Gunst der Menge ebenso wie von der Unterstützung der Vorgesetzten, zu gewinnen, bedarf es einer schwindelerregenden Sicherheit wie bei einem Gang über das Hochseil, einer nie erlahmenden geistigen Wachheit, und in der Tat gehören, psychologisch gesehen, zu einer solchen Haltung bestimmte Erfahrungen schon in der frühen Kindheit und Jugend. – Was, historisch betrachtet, als „Legende" bezeichnet werden muß, erscheint, symbolisch gelesen, im Neuen Testament immer wieder auf Schritt und Tritt als die bestmögliche und absolut glaubwürdige Schilderung der inneren Realität im Leben und Erleben Jesu.

Gewiß, man kann auch jetzt noch einmal sich auf den theologischen Fachjargon zurückziehen und sagen, Jesus offenbare in dieser Szene im Tempel seine „Messianität" – mehr wolle Lukas mit solch einem typischen Legendenmotiv nicht sagen. Aber wenn Jugendgeschichten dieser Art, wie wir gesehen haben, wirklich „typisch" sind für einen kommenden Weisheitslehrer, sollte man dann nicht meinen, das eben sei die psychische Wahrheit von Männern dieser Art: daß sie sehr früh schon das größte Wagnis eingehen, das es im Leben eines Menschen geben kann: das Wagnis, innerlich frei zu sein? – unabhängig im Denken, selbständig im Urteilen und immer wieder überraschend im Handeln nach außen? „Man sagt von Schriftstellern, die ersten zwanzig Lebensjahre enthielten all ihre Erfahrung, der Rest sei Beobachtung", meinte GRAHAM GREENE in seinem Roman *Die Stunde der Komödianten* einmal; „aber", fügte er hinzu, „ich glaube, das gilt nicht minder für uns alle".[17] In der Tat: Um eine Freiheit zu gewinnen, wie Jesus sie später bewies, muß man spätestens beim Eintritt in die Pubertät etwas vollziehen, das man – im Unterschied zur „Lehre des Taubenzüchters" – den *„Lummensprung"* nennen könnte. Alljährlich im Monat Juli begibt sich an den Felswänden des Westufers der Insel Helgoland ein sonderbares Schauspiel. In den vom Sturm ausgehöhlten Sandsteingalerien der Steilfelsen legen mehr als 1000 Paare der pinguinähnlichen Lummen ihre unterschiedlich gefärbten Eier; wochenlang füttern die monogamen Eltern ihr einziges stets um Nahrung bettelndes Junges, säubern die Brutnische und verteidigen sie gegen die Zudringlichkeit der Dreizehenmöwen. Doch sobald das Jungtier groß genug ist, verlocken die Eltern es dazu, sich aus der bergenden Nische heraus über den Felsen hinab mehr als 30–40 Meter tief in das Wasser zu stürzen[18]; nicht wenige der Tiere kommen bei diesem dramatischen Sprung in die Selbständigkeit, je nach dem Wellengang des Brandungsgürtels, ums Leben, aber es bleibt ihnen keine andere Wahl, denn die Nahrung läßt sich mit dem Wachstum der Jungtiere nicht mehr in genügender Menge herbeischaffen, und schon drängt die Zeit des nur kurzen Sommers. Wohl haben die Jungtiere beim Verlassen ihrer Brutsimse erst ein Fünftel des Gewichts der Altvögel erreicht, aber doch schwimmen sie fortan mit den Eltern auf die offene See hinaus, „mausern in das erste Jahreskleid und werden flugfähig". Es geht beim Eintritt in die Freiheit um einen solchen Fall in die Ungesichertheit, um einen solchen *Sprung* in ein anderes Element, und gewiß gibt es keine wirkliche Einsicht im späteren Leben, die nicht in diesem Aufbruch zu einer eigenen Existenz in der Jugend dem Keime nach bereits enthalten wäre.

Vor allem aber: sind nicht die späteren Worte Jesu samt und sonders von einer unverbrauchten Jugendlichkeit, von einer unglaublichen Frische und Unbekümmertheit, und besteht seine „Messianität", seine „königliche" Fähigkeit, „Dämonen" auszutreiben und zu lehren wie einer, der Macht hat – eben nicht wie die Schriftgelehrten (Mk 1,22) –, nicht wesentlich gerade darin, als seinen Vater, als seinen König über sich nichts anderes anzuerkennen als Gott allein? Später werden sogar seine Gegner von ihm sagen, er sei ein Lehrer, der nichts um Menschengunst und Menschenmeinung gebe (Mk 12,14) und dem es allein um Gott zu tun sei.

Aber wenn dem so ist, dann zeigt gerade diese Szene im Tempel von Jerusalem den zwölfjährigen Jesus zum ersten Mal in seiner wahren „Messianität", und bereits hier hat seine Antwort dann die Macht und Vollmacht des Messias: „Warum habt ihr mich gesucht? Wußtet ihr nicht, daß ich in dem sein muß, was meines Vaters ist?" (Lk 2,49).

Nichts anderes wird Jesus später tun, als so wie hier die Menschen an das zu erinnern, was sie eigentlich vor Gott längst wissen könnten. *Äußerlich* wird sein Auftreten die Menschen auf das äußerste schockieren und provozieren; aber *innerlich* könnte ein jeder genau wissen, daß seine Ängste und seine Befürchtungen vor Gott ungerechtfertigt sind; immer wieder wird Jesus so wie hier erleben, daß man ihn nicht versteht, und doch wird dies für alle am meisten zu verwundern sein, wie groß die Macht der Angst in Menschen sein muß, *daß* sie Dinge nicht verstehen, die so offen auf der Hand liegen. – Die eine Szene des Zwölfjährigen im Tempel ist, so gelesen, das zusammenfassende vorweggenommene Portrait seines gesamten öffentlichen Wirkens später, und gerade tiefenpsychologisch wird man sagen müssen: so wie hier *muß* es angefangen haben, und so wird es im Leben Jesu immer geblieben sein.
Insbesondere zeigt sich an dieser Stelle – und immer wieder später –, daß es in der Sicht eines Heranwachsenden durchaus nicht nötig ist, den Augenblick der Einsamkeit, des eigenen Erwachens, unter dem Deckmantel von Pietät und Pflichterfüllung aus purer Angst hinauszuschieben. Würde man den Ruf der Freiheit in dem Moment, in dem es darauf ankommt, überhören, so könnte man, um in dem Bild des Evangeliums zu bleiben, ruhig mit den Eltern nach Nazareth zurückkehren, man würde dennoch in gewissem Sinne niemals mehr zu Hause ankommen. Vermiede man den Schritt zu einem eigenen Leben, so mag man zwar im Sinn der Moral „unschuldig" bleiben und unter Umständen nach außen hin auch weiter brav und gehorsam scheinen, aber man würde damit die eigentliche Forderung Gottes überhören, die er in seinem Eigentum, im Tempel, an uns als sein Eigentum erhebt – man würde sich damit selber von Gott ausschließen und letztlich Menschen an die Stelle Gottes setzen. Dem Worte des Gesetzes nach mag auch dann vielleicht durchaus kein Unterschied bemerkbar sein, aber im eigenen Leben entscheidet sich alles daran, ob man unter dem Namen Gottes in Wahrheit den Gehorsam zur eigenen Mutter oder zum eigenen Vater (und zu deren Nachfolgegestalten) verewigt und sich mithin aus Angst im Grunde weigert, ein Mensch zu werden, oder ob man die Berufung Gottes zu einem eigenen Leben einen Augenblick lang sogar *gegen* den Anspruch von Vater und Mutter verteidigt und die Welt mit eigenen Augen zu sehen unternimmt. Im ersteren Falle bleibt man psychisch lebenslang ein Kind und treibt in religiösem Sinne Götzendienst, im letzteren Falle reift man psychisch zum Erwachsenen, gerade indem man religiös vor Gott zum Kinde wird.
Wählen kann man zwischen den beiden Möglichkeiten eigentlich nicht, denn es ist auf die Dauer unmöglich, in der Absolutsetzung der elterlichen Autorität zu verharren, ohne sich selbst in *„Rapunzels"* Turm einzuschließen. Zwar erscheint man nach außen hin womöglich gerade in der nie aufgelösten Elternabhängigkeit gegenüber anderen Menschen als hoch erhaben, als ein Mensch von weltüberlegener Moralität; in Wahrheit aber bleibt man auf diese Weise eingeengt und gnomenhaft und erfüllt noch nicht einmal die primitivsten Voraussetzungen zu einem wirklich „moralischen" Verhalten. Und um die Tragik des infantilen Lebens vollständig zu machen: die eigenen Eltern verwandeln sich gerade dann in Hexen und in böse Geister, wenn man sie

zu Göttern macht: gerade wenn man sie am treuesten zu lieben vorgibt, fürchtet und haßt man sie in Wahrheit am meisten; man bewohnt gerade dann kein „Elternhaus" mehr, man haust vielmehr in einer solchen unaufgelösten (neurotischen) Elternbindung am Ende bei den eigenen Familienangehörigen innerlich und äußerlich wie ein Gefangener in einem unentrinnbaren Kerker.

Und umgekehrt gilt: man findet erst mit den eigenen Eltern nach Hause zurück, wenn man den kindlichen Absolutheitsanspruch der Eltern zurückweist. Es geht, wie sich gezeigt hat, ja durchaus nicht um einen Akt privaten Hochmuts, in dem Jesus sich von seinen Eltern trennt, es handelt sich vielmehr um einen Prozeß, der notwendig ist, um sich selbst in all dem wiederzufinden, was in Wahrheit auch die eigenen Eltern meinten und wollten, als sie das Kind in den Tempel führten und es die Gebete Israels lehrten. *Man gelangt buchstäblich nur nach Hause zurück, wenn man sich selbst im Tempel gefunden hat*[19]; erst dann offenbart sich auch die Wahrheit des eigenen Elternhauses, und man beginnt, von sich her all das bisher nur wie Fremdgehörte nachzulernen.

Lange Jahre seien so vergangen, sagt das Lukasevangelium, in denen Jesus in der Folgezeit „gehorsam" war. Es handelt sich bei diesem „Gehorsam" aber gerade nicht mehr um den Gehorsam eines Kindes gegenüber seinen Eltern, sondern um eine Art inneren Hörens. Zwar: nach außen hin hat sich im Leben Jesu in Nazareth nichts geändert; alles nimmt scheinbar weiter seinen Lauf; in Wahrheit aber hat sich die gesamte Welt gewandelt. Es ist eine riskante, eine göttliche Art des Gehorsams, die, sobald sie nach außen dringt, allen Beteiligten unheimlich werden wird, wie sie es gleich in dieser ersten Szene im Tempel zu Jerusalem bereits gewesen ist. Eine Zeit wirklich des *„Wohlgefallens* bei Gott und den Menschen" (Lk 2, 52)? Bei Gott gewiß, bei Menschen aber ganz gewiß nicht immer. Wohl: eine kurze Zeit konnte die Freiheit Gottes unter den Menschen leben und wurde nicht sogleich erstickt; doch eben: der längste Abschnitt dieser Zeit blieb im verborgenen.

6. Koda

Mit der Geschichte von dem zwölfjährigen Jesus im Tempel hat die Kindheitsgeschichte Jesu im Lukasevangelium ihren Abschluß gefunden. Wir hoffen, mit dieser Auslegung der wohl am meisten poetischen Erzählungen des ganzen Neuen Testamentes etwas von der geheimen Musik hörbar gemacht zu haben, die als Nachhall uralter mythischer Überlieferungen die Seele der Menschen zu allen Zeiten und Zonen der Erde durchtönt. „Alle wahre Seligkeit", meinte JOHANNES TAULER einmal, „die liegt in rechter Gelassenheit, Willenlosigkeit. Das alles wird aus dem Grunde der Kleinheit geboren: da wird der eigene Wille verloren; denn der Wille ist ganz wie eine Säule, in der sich alle Unordnung hält: könnten wir sie fällen, so fielen alle Mauern mit ihr nieder. Je kleiner (in Demut), desto geringer der Wille."[20] Was anderes sollte die Geschichte der jungfräulichen Geburt des Gottessohnes uns lehren? Erst wenn wir auf den inneren Gesang unserer Seele wieder zu hören beginnen, werden wir die Welt verlassen, in der Menschen „geboren" oder, besser, *gemacht* werden aus (oder nach) dem „Willen des Mannes" (Joh 1, 13); erst wenn wir selber das Träumen wiedererlernen, werden wir imstande sein, dem Gott des aufscheinenden Lichtes am Ende der Nacht zu begegnen; und erst wenn wir den Mut gewinnen, uns innerlich aus dem Getto der Fremdbestimmung zu lösen, das uns seit Kindertagen zwingt, nach außen hin „erwachsen" zu tun und in Wirklichkeit von jedem Druck der Umwelt auf infantile Weise abhängig zu bleiben, werden wir jene Menschlichkeit erlangen, die aus der Königswürde unserer Freiheit stammt. All unser *Wollen,* sei es moralisch auch noch so integer, kann uns doch nur bis zu dem Punkt des Scheiterns führen, an dem die Frage nicht mehr lautet: „Was müssen wir machen?", sondern wo sich die Frage erhebt, wer wir eigentlich sind. Nicht die Integrität unseres Wollens, – die Integration unserer selbst ist die Frage des Lebens, und sie beantwortet sich nicht durch die Predigt des Johannes. Ohne Zweifel kann jemand im Sinne der bürgerlichen Moral als vollendeter Ehrenmann gelten, während er menschlich ein Ungeheuer ist – Herr Karenin bei L. TOLSTOI[21] oder Baron von Instetten bei TH. FONTANE[22] können dafür als bleibendes Beispiel dienen. *La médiocrité fonda l'autorité.* Es ist überall dasselbe. Die Art dieses göttlichen Kindes aber, das wir in der Gestalt Jesu Christi verehren, offenbart sich gewiß am meisten darin, daß ihm all die Wertungen der großen Leute nichts gelten, nach denen die Menschen sich nach den gußeisernen Begriffen der ewig Richtigen unterscheiden in Tüchtige und Untüchtige, Gute und Böse, Erfolgreiche und Versager.

Doch von welch einem lebenden Theologen kann man schon sagen, er sei ein Freund der Huren und der „Zöllner"? Wo in der gegenwärtigen Theologie lehrt man uns statt des Richtens und (Ver-)Urteilens das Verstehen des anderen und das Einstehen für den anderen? Und wo in der gegenwärtigen Kirche gibt es einen Platz für die Menschen, die an den Gesetzen der bürgerlichen wie der kirchlichen Gesellschaft zerbrechen und die Gott doch unendlich nahe sind schon wegen ihrer Not? Wenn es schon „Hirten" waren, die als erste den neugeborenen Gottessohn priesen, wo stehen dann wir zwischen Jerusalem und Bethlehem?

Als die Gründungsurkunde der Kirche hat Lukas am Pfingstmorgen (Apg 2,17–18) jene Stelle aus dem Propheten Joel (2,28) ausgewählt, wo der Prophet weissagt, am Ende der Tage werde es geschehen: „Eure Söhne und Töchter werden weissagen, eure Greise werden Träume träumen, eure Jünglinge werden Gesichte sehen." Sollte man denken, eine solche Welt sei seit „Weihnachten" möglich geworden, in welcher die *Kinder* die Zukunft erobern, in welcher eine Generation junger Menschen heranwächst, die sich ihre Träume nicht zerstören läßt unter der desillusionierenden Vernunft der „Erwachsenen", und in welcher die alten Leute ihr Leben zu sehen vermögen als das Resultat eines *Großen Gesichtes,* wie es z. B. der nordamerikanische Indianerschamane Schwarzer Hirsch noch zu schildern vermochte?[23] Wie anders soll unsere Menschwerdung gelingen, als indem wir den ewigen Bildern folgen, die Gott in unsere Seele gelegt hat, weit früher als die Fähigkeit der Worte, weit stärker als die Kraft der Begriffe? Wenn wir selbst die Botschaft der Weihnacht lediglich dazu benutzen, um herauszufinden, wer alles ein Ketzer und Irrlehrer ist – die Homoousianer oder die Homoiousianer, die Monophysiten oder die Adoptionisten, die Anhänger des Cyrill oder die des Nestorius – wie weit entfernt sind wir dann von uns selbst und wie weit entfernt zugleich von dem einzigen, worauf es wirklich ankommt: von den Geheimnissen Gottes, die sich einzig in Bildern aussagen lassen, weil sie prinzipiell für das Denken in Begriffen unbegreifbar sind?

Aber ein Stück der Erfahrung der Weihnacht kann aufscheinen mitten in innerer wie äußerer Ausweglosigkeit. Nie werde ich die Schilderung eines Mannes vergessen, der nach dem 2. Weltkrieg, in französischer Gefangenschaft, die entscheidende Erfahrung seines Lebens gemacht hat. Er war schon vor dem Krieg mit dem Idealismus eines 18jährigen den Nationalsozialisten in die Hände gefallen, hatte sich bei ihnen sehr weit hochgedient, und auch während der Kriegsjahre war er von seiner Einstellung nicht abgewichen. Erst nach dem Zusammenbruch lichtete sich der Wahn. „Ich sehe diesen Morgen ganz deutlich vor mir", erzählte er, noch nach Jahren sichtlich erschüttert. „Ein großes verschneites Feld, auf dem etwa hundert Leute hungernd und frierend zusammengepfercht waren, von Stacheldrahtzäunen umgeben. Ich fühlte mich seit Tagen so leer und erschöpft, daß es zwischen mir und den Dingen ringsum fast keinen Abstand mehr gab. Mein einstiges Ich war völlig zusammengebrochen. Ich ging den verhaßten Zaun entlang, und es war mir plötzlich, als wenn sich die Perspektive gänzlich verschoben hätte, als befände ich mich nicht in einem Gefangenenlager, sondern als würden die Pfähle und Zäune zu einer Art Laufstall für ein Kind. Mich ergriff eine ungeheuere Freude, so daß ich einen Moment lang glaubte, den Verstand zu verlieren. Ich lebte! Obwohl ich es nicht verdient hatte, war ich am Leben geblieben! Ich würde die Chance haben, mein ganzes Leben noch einmal von vorn zu beginnen, mit einer neuen Art zu sprechen, mit einer neuen Art zu denken, mit einer neuen Art zu sehen; alles, vom Essen bis zur Kleidung, würde ich neu lernen müssen. Ich war mit meinen 25 Jahren ein Kind, das zum ersten Mal anfing, wirklich zu leben. Dieses Lager mit seinem Stacheldraht war mein Kinderzimmer, und ich wußte, daß es für mich nie wieder Drähte und Zäune geben würde. Mitten in der Gefangenschaft war ich absolut frei. Seitdem glaube ich an Gott. Ich weiß, daß es ihn gibt. Wir alle sind Kinder, und es gibt keine Schranken unter dem Himmel. Es gibt gewiß Unterschiede zwischen den Völkern, zwischen den Sprachen, zwischen den Religionen, aber die Welt ist so reich. Ich möchte ewig leben und jeden Tag lernen ..." Während ich dies schreibe, denke ich zurück an *die Archäologin aus Beirut. Diese* Botschaft der Menschwerdung Gottes würde sie verstanden haben. Ganz bestimmt würde sie diese Botschaft verstanden haben.

Und noch eine andere Geschichte will mir nicht aus dem Kopf beim Gedanken an Weihnachten. Ich verdanke sie einem Mann, der die entscheidenden Jahre seines Lebens in *russischer* Kriegsgefangenschaft zugebracht hatte. Aus irgendeinem Grunde waren wir auf die russischen Frauen zu sprechen gekommen; „trifft es zu, wenn bei Dostojewski oder Gorki die Männer so oft als Sauf- und Raufbolde dargestellt werden, die ihre Frauen und Kinder drangsalieren und schlagen, so wie sie selbst geschlagen wurden, während die Frauen ihrerseits oft wie Verkörperungen der Mutter Erde selbst geschildert werden?" – „Ja, so sind sie wirklich oft", sagte er lächelnd. „Am eindrucksvollsten war für mich ein Erlebnis während irgendwelcher Streckenverlegungen. Die Gleisbauarbeiten waren sehr schwer, und vor allem in der Anfangszeit starben fast neun Zehntel der Mitgefangenen an körperlicher oder seelischer Erschöpfung. So brach an einem Mittag in der Nähe eines Dorfes erneut jemand während der Arbeit zusammen, und ein russischer Aufseher schlug brutal mit dem Gewehrkolben auf den Reglosen ein. Da rief eine Frau ganz laut – oder vielmehr: es schrie einfach empört aus ihr heraus: *‚U káshdogo mat,'* – es hat doch jeder eine Mutter." Ein solches Wort gibt wieder, „wovon die Menschen leben" (L. Tolstoi)[24], und es steigert ins Allgemeingültige, was zunächst als kindliche Erfahrung, dann aber als bleibende Wahrheit und Sehnsucht ein ganzes Menschenleben durchzieht: das Vertrauen in eine vorbehaltlose Liebe, die die gesamte Existenz umfängt. Selbst in einer so männlichen Religion wie dem *Islam,* der Religion des „Gottvertrauens", würde man eine solche Botschaft der Weihnacht verstehen: „Es hat doch jeder eine Mutter." Dieses Wort einer unbekannten russischen Frau über einen unbekannten am Boden liegenden „Kriegsverbrecher" – *jener Autohändler aus Mersin* hätte es verstanden. Ganz bestimmt hätte er es verstanden.

Es gibt heute zahlreiche Theologen, die sich den Rationalismus ihrer Lehren bewah-

ren, indem sie die Wahrheiten des Christentums „differenzierter" betrachten. Die Erzählung von der Jungfrauengeburt z. B. ist für sie nichts weiter als ein zeitbedingtes Bild, das man nicht so wörtlich nehmen darf, nicht anders etwa als die Schöpfungsgeschichte der Bibel von der Entstehung der Welt im Verlauf von sechs Tagen; gleichwohl gilt ihnen die Gottessohnschaft Christi als etwas Unmythisches, Geschichtliches, Vernünftiges, mit griechischen Begriffen Formulierbares, exklusiv dem Christentum Zugehöriges. In Wahrheit zeigt diese – inzwischen recht verbreitete – Einstellung nur, wie weit die innere Aufspaltung zwischen Erfahrung und Lehre, Gefühl und Gedanke, Vision und Abstraktion gediehen ist. Ein Mythos ist kein Aussagemittel, das sich historisch relativieren ließe, so wenig wie ein Sakrament eine bloße Geste oder Gebärde darstellt, die man durch andere ersetzen könnte. In den Bildern des Mythos lebt eine Wahrheit, die nur in ihnen mitteilbar ist und deren einzige Evidenz gerade darauf beruht, daß sie sich jedem Versuch einer begrifflichen Ausdeutung widersetzt. Es ist nicht möglich, aus den wunderbaren Bildern der heiligen Nacht den Begriff „Gottessohn" herauszudestillieren, nur um schließlich verkünden zu können, dieses bis zur Unlebendigkeit gefrorene Konzentrat mythischer Überlieferungen sei selbst kein Mythos mehr. Sobald man versucht, „Begriffe" dieser Art zu verstehen, muß man sie unbedingt aus der Theologensprache in die Bilderwelt des Mythos zurückübersetzen, der sie entstammen, und nur in einem absichtslosen Nachträumen dieser Bilder kann der unendliche Reichtum ihrer Erfahrungen sich erschließen. – Es gibt Bilder, die in sich selber absolut gelten und unersetzbar sind – *jener Inder* im Museum von Calcutta hätte das verstanden. Ganz bestimmt hätte er es verstanden.
Und wäre es denn auch anders möglich?
Nur in einer Sprache, die das Herz *aller* Menschen anrührt, läßt sich sagen und mitteilen, daß Gott Mensch geworden ist. Nur in Bildern, die universell genug sind, daß die Menschwerdung jedes einzelnen in ihnen sich vollziehen kann, läßt sich eine Botschaft verkünden, die der Welt das Heil bringen soll: die Menschwerdung Gottes, unseres Erlösers. Als die frühe Kirche entdeckte, daß sie, dem Willen Gottes entsprechend, keine jüdische Sekte bleiben dürfe und daß „auch über die Heiden die Gabe des heiligen Geistes ausgegossen" sei (Apg 10,45), verzichtete sie darauf, das jüdische Gesetz als Voraussetzung des Glaubens an Christus beizubehalten. Wenn die heutige Kirche an dem Auftrag des Auferstandenen festhalten will, zu *allen* Völkern der Erde gesandt zu sein (Mt 28,19), so darf sie nicht länger eine europäische Sekte bleiben – sie muß endgültig darauf verzichten, die abendländische Denktradition als Voraussetzung des Glaubens an Christus zu betrachten. Es ist weder nötig noch weiterhin möglich, zunächst ganze Kulturen zu zerschlagen und zu zerbrechen, ehe über den Äckern einer verbrannten Erde, im Schutz mächtiger Eroberer und feudaler Geldgeber, die Sonne des Christentums aufgehen könnte. Wenn es eine universale Menschheitsreligion des menschgewordenen Gottes geben soll, muß sie dort begründet werden, wo Gott selbst sie vorbereitet hat: in den ewigen Träumen unserer Seele, in denen er selber sich träumt als Mensch, damit wir ihn schauen können als den einzigen Grund unse-

rer Menschlichkeit: als den „menschgewordenen" Gott, geboren aus der „Jungfrau", verkündet den „Hirten". Was die Ägypter zu dem Gott Amun sagten, der im Schoß einer Königin als Sohn Gottes zur Welt kam, darf und kann die Erfahrung eines jeden Menschen sein, der Gott in sich selbst und sich selber in Gott wiederfindet:
„Dein Name ist wie der Geschmack des Lebens."

Anmerkungen

Text (S. 7–11)

[1] Nach J. JEREMIAS: Die Sprache des Lukasevangeliums. Redaktion und Tradition im Nicht-Markusstoff des dritten Evangeliums. – Aus der Tradition übernimmt Lukas z.B. die hebraisierende Schreibweise „Marjam", die wir als *Miriam* wiedergeben, während er selber *Maria* sagt.
[2] „Du *wirst* empfangen" ist Futurum instans – in der Ankündigung selbst geschieht der Vorgang. Das *„und* du wirst seinen Namen Jesus nennen" ist als relativisches „und" zu lesen, statt die semitische Parataxe auch in der deutschen Übersetzung beizubehalten. Vgl. F. BLASS – A. DEBRUNNER: Grammatik des neutestamentlichen Griechisch, § 297.
[3] Das „und er wird herrschen" ist hier final zu übersetzen; vgl. BLASS – DEBRUNNER: a.a.O., § 442, 3.
[4] Statt des fälschlichen, aber üblich gewordenen: „Bei Gott ist kein Ding unmöglich".
[5] Das an sich adversative *„Aber"* bedeutet hier natürlich keinen Gegensatz, sondern ist responsorisch bzw. dialogisch zu verstehen.
[6] Das semitische „Siehe" verweist hier auf das bereits eingetretene Geschehen; vgl. die Austauschbarkeit mit „es geschah", BLASS – DEBRUNNER: a.a.O., § 441, 7.
[7] „Damals" statt: „in diesen Tagen". Die Rede ist von einer heiligen Zeit, und das „in illo tempore" der liturgischen Lesung verweist darauf, daß „damals" *heute* ist und immer wieder geschieht.
[8] „In eine Stadt Judäa" ist eine griechische Fehlübersetzung, die Lukas übernimmt. „Im palästinensischen Aramäisch bezeichnet nämlich medina a) die Provinz, b) die Großstadt. In der Lk 1, 39 zugrundeliegenden Überlieferung war ursprünglich von der ‚Provinz Judäa' (vgl. Esr 5, 8) ‚lihud medinta' – zur Provinz Judäa) die Rede". J. JEREMIAS: Die Sprache des Lukasevangeliums, 56. Nicht haltbar ist die Lösung des Problems durch den philologischen Gewaltstreich: „in eine Stadt Judäas".
[9] Dem hebräischen „Siehe" entspricht im Deutschen an dieser Stelle in etwa die Wendung „weißt du".
[10] Das *„Siehe"* verlangt hier eine Veränderung der gesamten Einstellung von Angst zu Vertrauen. Es geht darum, die unmittelbare Reaktion der Furcht aufzugeben und zu sehen, welch eine Botschaft der Engel „in *Wirklichkeit*" bringt.
[11] Der Aorist ist hier am besten ingressiv zu verstehen: aus den Empfängern der Verkündigung werden selbst Verkündiger.
[12] Statt „erwägend"; das griechische Wort „zusammenwerfend" heißt wörtlich soviel wie „symbolisch denkend" – über eine Wahrheit nämlich, die nur in *Zeichen* (Lk 2, 12) wahrzunehmen ist.
[13] Das *„Und siehe"* bezeichnet hier das Unerwartete, noch nicht Gesehene; in Lk 2, 34 dient das *„Siehe"* der Versicherung und muß dementsprechend wieder anders übersetzt werden.
[14] Das *„und"* hat hier kausale Bedeutung; Gottes Gnade ist keine Hinzufügung zur menschlichen Entfaltung, sondern ihre Begründung. Zu dem epexegetischen *„Und"* vgl. BLASS – DEBRUNNER: a.a.O., 442.
[15] Das *„Und"* mit dem folgenden Imperfekt soll offenbar eine Gewohnheit wiedergeben, die als an sich bekannte Tatsache erst jetzt vorgestellt wird.
[16] Das *„aber"* gibt hier keinen Gegensatz des Denkens, sondern die Selbstverständlichkeit wieder, mit der auf der Handlungsebene die Dinge sich auseinanderentwikkeln.
[17] Das Imperfekt bezeichnet hier die Dauer der Suche.
[18] E. SCHWEIZER: Das Evangelium nach Lukas, 41 (zur Stelle) denkt an ein Außersichsein der Eltern „vor Schreck"; doch zum „Schrecken" gibt es jetzt gar keinen Anlaß mehr, wohl aber zum Ärger über den scheinbar dreisten Mutwillen; wäre der Jesusknabe noch kleiner, so würde die folgende Szene wohl so ausfallen, wie MAX ERNST sie einmal gezeichnet hat: „Die Madonna haut das Jesuskind vor drei Zeugen" (Max Ernst, Paul Eluard u. André Breton).
[19] Das *„Siehe"* soll hier eine selbstverständliche Tatsache reklamieren, an die man auch beizeiten hätte denken können.
[20] Das *Imperfekt* verweist erneut auf die (unfreiwillige) Länge des Suchens.
[21] Das erste *„Und"* ist adversativ zu übersetzen, das zweite final (s. o. Anm. 3).

Einstimmung (S. 13–31)

[1] ST. ZWEIG: Sternstunden der Menschheit, 49–65 (Georg Friedrich Händels Auferstehung), 57.
[2] R. GOLDWATER: Paul Gauguin, 84. [3] Ebd.
[4] H. RENNER: Reclams Konzertführer, 33: „Musik als Weltsprache! Das ist, was Händel unbewußt erreichte ... Händels Sprache ist allgemeinverständlich im genauen Sinne des Wortes ... Er wendet sich bewußt an die breiteste Öffentlichkeit ... Er scheut sich nicht, Motive aufzugreifen, die im Volke umgehen."
[5] Zum Verständnis des *Märchens* vgl. E. DREWERMANN: Tiefenpsychologie und Exegese, I 141–146.
[6] F. CUMONT: Die Mysterien des Mithra, 154–155 verweist auf den 25. Dezember als Tag der Wiedergeburt der Sonne (Natalis invicti) in der Liturgie des Mithraskultes, wobei, ganz entsprechend zum christlichen Osterfest, gegen Frühlingsanfang die Initiationsfeiern stattfanden, so wie die Christen um die Osterzeit ihre Katechumenen zur Taufe zuließen. Zum *Sol-invictus-Kult* vgl. H. USENER: Das Weihnachtsfest, 348–378 und die entsprechenden Datierungen der Geburt Jesu. – Zur Geburt des *Mithra* vgl. M. J. VERMASEREN: Mithras, 59–85.
[7] Vgl. H. USENER: Das Weihnachtsfest, 196, der den Ursprung der christlichen *Epiphaniefeier* nach Ägypten verlegt.
[8] Vgl. H. USENER: a.a.O., 348 ff. mit besonderem Bezug zu der Schrift des JOHANNES CHRYSOSTOMOS über die Heiligung der vier Jahrpunkte. Vor allem über *Persien* drangen entsprechende Vorstellungen in den römischen *Kaiserkult* ein. „Der loyale Eifer der Orientalen kannte kein Maß in seinen Apotheosen. Die Sassanidenkönige nannten sich, wie ehemals die Pharaonen, ‚Brüder der Sonne und des Mondes', und die Cäsaren wurden beinahe in derselben Weise in Asien als sukzessive Verkörperungen des Helios betrachtet." F. CUMONT: a.a.O., (s. o. Anm. 6), 91.
[9] Zu der Bedeutung der *Tierkreiszeichen* als uralten Symbolen der Fruchtbarkeit im Rahmen der zyklischen Wiedergeburt der Sonne vgl. die populäre Darstellung bei H. HABER: Unser Sternenhimmel, 71–107.
[10] Die hermeneutische Voraussetzung ist, daß mythische Geburtsgeschichten als *Wesensportraits* verstanden werden müssen; vgl. E. DREWERMANN: Tiefenpsychologie und Exegese, I 310–321; vgl. DERS.: Strukturen des Bösen, 1. Bd., S. XVIII–XXXI.
[11] Zum Vergleich bietet sich die *Mithras*legende an, die erzählt, wie das Licht, verkörpert als der Magier Mithra, aus einem Felsen *(petra genitrix)* geboren wird, der ihm an den Ufern eines Flusses, im Schatten eines heiligen Baumes Leben und Schutz gewährt. Nur Hirten, die im benachbarten Gebirge sich versteckt hielten, beobachteten das Wunder seiner Ankunft. „Sie hatten gesehen, wie er sich der Felsmasse entrang, das Haupt mit einer phrygischen Mütze bedeckt, schon mit einem Messer bewaffnet und eine Fackel tragend, welche die Finsternis erhellte. Dann waren die Hirten gekommen, um das göttliche Kind anzubeten und ihm die Erstlinge ihrer

Herden und ihrer Erntefrüchte darzubringen. Aber der junge Heros war nackt und dem Winde ausgesetzt, der mit Heftigkeit wehte; er hatte sich daher aufgemacht, um sich in den Ästen eines Feigenbaumes zu verstekken, dann mit Hilfe seines Messers die Früchte des Baumes abgeschnitten, um sich davon zu nähren, und ihn schließlich seiner Blätter beraubt, um sich Kleider daraus zu fertigen." F. CUMONT: Die Mysterien des Mithra, 118–119.

[12] Auch wenn die *„Herbergsuche"* der Weihnachtslegende zur Volksphantasie zählt, bleibt doch das „Kind in der Krippe" ein „Paradox". H. SCHÜRMANN: Das Lukasevangelium, I 107. – Die *Herbergsuche* selbst ist als *Typos* der Geburt eines göttlichen Kindes breit entfaltet in der Erzählung von der Herbergsuche der ägyptischen Isis. Vgl. E. BRUNNER-TRAUT: Altägyptische Märchen, 107–109.

[13] A. DANTE: Die göttliche Komödie, XXXII 22 ff.; XXXIII 91 ff.

[14] Den Zustand *seelischer Vereisung* hat der norwegische Autor I. VESAAS: Das Eis-Schloß, 40–68 am Fall einer (homosexuell getönten) Mädchenfreundschaft beschrieben, die aus Angst vor der Heftigkeit der eigenen Gefühle in Flucht und Erfrieren endet.

[15] Vgl. M. OESTERREICHER – MOLLWO (Bearb.): Herder-Lexikon. Symbole, 180: Der *Weihnachtsbaum*, obwohl erst im 19. Jhr. allgemein üblich, geht auf den heidnischen Brauch zurück, daß man in den sog. *Rauhnächten* (25. Dez. – 6. Jan.), während derer man das Treiben böser Geister fürchtete, grüne Zweige als Abwehrmittel in den Häusern aufstellte und Lichter daran anzündete. Christus als das Licht der Welt sowie die Rückkehr in das Paradies der Welt sollten durch die Kerzen und Früchte am Weihnachtsbaum symbolisiert werden.

[16] Vgl. J. BRINKTRINE: Die Lehre von der Menschwerdung und Erlösung, 59, der vor allem auf die Parallele zwischen dem Dogma von der Inkarnation des Logos und dem Dogma von der Transsubstantiation in der Eucharistielehre verweist, eine Parallele, auf die wir weiter unten (S. 33) zu sprechen kommen werden.

[17] I. B. SINGER: Die Gefilde des Himmels, 53.

[18] Die *zwangsneurotische* Gewalttätigkeit der christlichen Dogmatik hat vor allem TH. REIK: Dogma und Zwangsidee (1927) untersucht. Es ist aber nicht so sehr die Unterdrückung, als vielmehr die Vereinseitigung der rationalen Erkenntnis, die das theologische Lehrgebäude notgedrungen gewalttätig macht. Denn weil der Symbolismus der Glaubensinhalte rational nicht zu erfassen ist, muß schließlich der Glaubensakt, statt *vom* Verstand befohlen zu werden, *dem* Verstand befohlen werden.

[19] W. ORTHMANN: Der Alte Orient, Abb. 416; S. 484.

[20] In Gestalt des Gottes *Aker*, einer Verkörperung der Erde, wurden der Westen und der Osten, der Eingang und der Ausgang der Unterwelt, in Gestalt zweier Löwen dargestellt. Vgl. M. LURKER: Götter und Symbole der Alten Ägypter, 41–42.

[21] Zur Gestalt der *Inanna* vgl. D. O. EDZARD: Mesopotamien, in: H. W. Haussig (Hrsg.): Wörterbuch der Mythologie, 1. Bd., 81–89.

[22] Zum *Kybele-Kult* vgl. F. CUMONT: Die orientalischen Religionen im römischen Heidentum, 56–86. Zu den weiblichen Gottheiten Syriens wie *Atirat, Anat, Attarat (Astarte)* vgl. H. GESE: Die Religionen Altsyriens, in: Die Religionen der Menschheit, Bd. 10, 2, S. 149–165.

[23] Zur Gestalt der *Isis* vgl. H. KEES: Der Götterglaube im Alten Ägypten, 256–257; 406–410. Insgesamt zum Bild der *Ischtar (Inanna), Isis* und *Astarte* vgl. CH. VIROLLEAUD: Die Große Göttin in Babylonien, Ägypten und Phönikien, in: Eranos-Jahrbuch 1938, Bd. VI, 121–141; 141–160.

[24] PINDAR: Oden. Pythische Oden, VIII 95; E. DÖNT (Übers. u. Hrsg.): Pindar: Oden. Griech.-Deutsch, S. 152; 153.

[25] Vgl. die Schilderung bei P. SCHOLL-LATOUR: Allah ist mit den Standhaften, 368–435.

[26] Vgl. E. HARDER – R. PARET: Kleine Arabische Sprachlehre, 155.

[27] J. G. FRAZER: Der goldene Zweig, Leipzig 1928.

[28] E. AKURGAL – M. HIRMER: Die Kunst der Hethiter, 104; Abb. 150.

[29] Ebd., 7.

[30] Vgl. *Koran:* 19. Sure (Maryam), 36: „Aber nicht ziemt es sich für Allah, daß er einen Sohn hätte. Lob und Preis sei ihm! So er eine Sache beschließt und nur sagt: ‚Werde!', so – ist sie." Die Sure zeigt zugleich, wie entfernt Mohammed die Bibel wirklich kennt, verwechselt er doch in Vers 29 Maria, die Mutter Jesu, mit der Schwester des Moses und Aaron. Andererseits berichtet er erstaunlich genau von der Sendung des Geistes Gottes (in Gestalt eines schön gebildeten Mannes) zu Maria.

[31] Zu der *Indus-Zivilisation* um 2500 v. Chr. vgl. SIR M. WHEELER: Alt-Indien und Pakistan, 81–102.

[32] Zu den heiligen *Flüssen* Indiens vgl. H. ZIMMER: Indische Mythen und Symbole, 123–136.

[33] R. P. MOOKERJEE (Hrsg.): Buddha Jayanti Exhibition. Catalogue of Exhibition of Buddhist Art. Indian Museum. Archaeological Section, Calcutta 1956, Tafel 2; 4: das Bild von Mayas Traum und ihrer Begattung durch den heiligen Elefanten und das Bild von der Geburt des Buddha. Der Stil der frühen Phase der Sunga-Kunst, wie sie in Bharhut und Sanchi angetroffen wird, wirkt naiver und ursprünglicher als die Kunst der Maurya-Zeit; gleichwohl wird die Gestalt des Buddha selbst nur erst symbolisch wiedergegeben: als Rad, als blumenbedeckter Sitz unter einem Baum, als Fußspur, als Altar mit einem Schirmdach darüber. Die Kunst der Gandhara-Zeit ist stark durch Griechenland beeinflußt, so daß Buddha erscheint wie ein jugendlicher Apoll. Von der Geburt des Buddha, wie die dargestellte Szene sie zeigt, heißt es, daß „infolge der Majestät des Bodhisattva der Plakschabaum" sich zur Königin Maya grüßend verneigte. „Da streckte die Königin Maya ihren rechten Arm aus, so schnell, daß es schien, als wenn ein Blitz die Luft durchzuckte, ergriff den Plakschazweig und stand, den Blick gen Himmel gerichtet und sich anmutig dehnend, da. In diesem Augenblick näherten sich Hunderttausende von himmlischen Jungfrauen, die von den Göttern der Sinnenreiche her herbeikamen, der Königin Maya, um ihr aufzuwarten. Und als so die zehn Monate voll waren, trat der Bodhisattva, der schon im Mutterleib mit solchen Fähigkeiten zu Wundern ausgestattet war, zur rechten Seite seiner Mutter heraus. Er war bei vollem Bewußtsein und nicht mit dem Schmutz des Mutterleibes behaftet. – Und in diesem Augenblick standen Schakra, der Götterkönig, und Brahma, der Herr der Geschöpfe, vor der Königin, nahmen den Bodhisattva höchst ehrerbietig und bedacht entgegen und hüllten ihn sorgsam mit allen Gliedern in ein himmlisches Seidengewand." E. WALDSCHMIDT: Die Legende vom Leben des Buddha, 42. Daß in der christlichen Legende aus den Magiern, die nach dem Matthäusevangelium zu dem neugeborenen König nach Bethlehem kommen, *Könige* werden, dürfte an dem richtigen Gespür liegen, daß es eigentlich *Götter* sind, die den Gottkönig auf Erden begrüßen (müssen). „Kaum war der Bodhisattva geboren, da ließ er sich auf die Erde hinunter", wie die Abbildung es zeigt. „Doch während er sich hinstellte, spaltete sich sogleich die Erde, und eine große Lotusblüte kam zum Vorschein ... Und im Luftraum erschienen zwei Fliegenwedel und ein mit Juwelen besetzter Schirm. Der Bodhisattva aber blickte, auf dem großen Lotus stehend, in alle vier Himmelsgegenden und überschaute sie mit dem Blick des Löwen, mit dem Blick des großen Mannes" (ebd., 43).

[34] Zur christlichen Lehre der Jungfräulichkeit Mariens in, während und nach der Geburt vgl. E. BUONAIUTI: Maria und die jungfräuliche Geburt Jesu, in: Eranos-Jahrbuch 1938, Bd. VI, 325–363. Zur Legende der Geburt des Buddha vgl. P. DAHLKE (Übers.): Buddha. Die Lehre des Erhabenen, 68–70 (Die Große Lehrrede über Legenden – Mahapadana-Suttanta, Digha-Nikaya 14). – Wieviel Mühe es kosten kann, so großartige mythische Bilder bis dahin durch Abstraktionen auszuhöhlen, daß sie jeder anschaulichen Wirklichkeit entleert sind, zeigte unnachahmlich K. RAHNER: Virginitas in partu, in: Schriften, IV 173–205.

[35] Vgl. E. WALDSCHMIDT: Die Legende vom Leben des Buddha, 39–45: „Ohne angeschlagen zu sein, erklangen (sc. bei der Geburt des Buddha, d. V.) Musikinstrumente im Himmel und auf Erden." (S. 44) Überirdischer Glanz erscheint, und alle Kranken werden geheilt.

[36] Zu der Notwendigkeit, den neuzeitlichen Begriff der „Wirklichkeit" mitsamt dem zugehörigen objektivistischen Wissenschaftsmodell einer grundlegenden Revision zu unterziehen, vgl. E. DREWERMANN: Tiefenpsychologie und Exegese, II 46–64; 760–762.

[37] Vgl. A. SCHWEITZER: Aus meinem Leben und Denken, 30–37; 45–52, wo dieser große Mensch und ehrliche Forscher die Reduktion des Religiösen auf das

Ethische als „das Wesen des Religiösen" (52) zum Ergebnis all seiner Untersuchungen zum Problem des historischen Jesus erklärt.

[38] D. F. STRAUSS: Das Leben Jesu. Kritisch bearbeitet (Tübingen 1835/36, 2 Bde.), in: Gesammelte Schriften, hrsg. v. E. Zeller, 12 Bde., Bd. 3–4, Bonn 1876–78.

[39] So etwa, wenn ein so hervorragender Exeget wie H. SCHÜRMANN: Das Lukasevangelium, I 61 erklärt, „daß von dem historischen Faktum der jungfräulichen Empfängnis (sic!) überhaupt nur als intime Familientradition, letztlich von Maria und Josef selbst, Nachricht zukommen konnte und daß aus der Natur der Sache so ein Faktum zunächst nur mit äußerster Zurückhaltung erzählt und in kleinen Kreisen weitergegeben sein mochte." Diese Konstruktion soll erklären, warum die Erzählung von der jungfräulichen Empfängnis und Geburt Jesu erst relativ spät aufgezeichnet werden konnte. Ein solch naiver Realismus oder pietistischer Biblizismus antwortet nicht auf die Fragen, die spätestens seit der Formgeschichte, eigentlich schon seit der Bibelkritik des B. DE SPINOZA, von der Exegese historisch-kritischer Prägung selbst an den Glauben gestellt werden. Zu SPINOZA vgl. E. DREWERMANN: Tiefenpsychologie und Exegese, II 46–53 zur Problematik des Wunders. Zudem scheitert ein solches „realistisches" „Denken" und „Vorstellen" an den einfachsten Tatsachen der biblischen Erzählungen selbst: würde sich der Glaube auf „Tatsachen" in äußerem Sinne gründen, so hätten sie gewiß als ersten den hl. Josef überzeugen müssen; er aber mußte belehrt werden durch die Vision eines Engels (Mt 1,20). Dasselbe ereignet sich bei der Auferstehung – auch hier ist das leere Grab nur die symbolische Kulisse für das Tun der Gottesengels (Mt 28,2). Für die Ankunft und den Weggang des Sohnes Gottes ist der Schoß der Jungfrau und der Schoß der Erde „nur" ein Bild – ein notwendiges freilich, ein archetypisch vorgegebenes, ein Symbol, von dem und in dem der Glaube lebt. Im übrigen muß dogmatischerseits betont werden, daß es nicht allein um die Jungfräulichkeit der Empfängnis, sondern genau so um die Jungfräulichkeit im Vorgang der Geburt geht – ganz wie auf dem Bild von der Geburt der Buddha (Abb. 3). Völlig korrekt *im historisch-kritischen Sinne* meinte R. BULTMANN: Jesus Christus und die Mythologie, 14: „Man sieht seine (sc. Jesu, d. V.) Person im mythologischen Licht, wenn man von ihm sagt, er sei empfangen vom Heiligen Geist und von der Jungfrau geboren. Das wird noch deutlicher in den heidenchristlichen Gemeinden, wo Jesus im metaphysischen Sinn als Gottessohn verstanden wurde, als ein großes, präexistentes himmlisches Wesen, das um unserer Erlösung willen Mensch wurde, das Leiden auf sich nahm, hin bis zum Kreuz. Solche Vorstellungen sind offensichtlich mythologisch, sie waren ja auch weit verbreitet unter den Mythologien der Juden und der Heiden und wurden dann auf die geschichtliche Person Jesu übertragen." Und. S. 84–85: „Können wir dann sagen, daß Gott sich selbst ‚bewiesen' habe durch die *Heilstatsachen!* Keineswegs. Was wir nämlich Heilstatsachen nennen, das sind selbst Gegenstände des Glaubens; sie werden als solche nur vom Auge des Glaubens wahrgenommen. Außerhalb des Glaubens sind sie nicht sichtbar, denn der Glaube kann nicht auf dieselbe Art auf Tatsachen gründen, wie die Naturwissenschaften auf Tatsachen gründen, die empirischer Beobachtung zugängig sind ... Im Prinzip vollzieht sich dasselbe wie bei unserer Beziehung von Personen zu Personen. Mein Vertrauen in meinen Freund kann nur auf der Persönlichkeit meines Freundes beruhen, die ich aber nur wahrnehmen kann, wenn ich ihm vertraue. Es gibt aber kein Vertrauen und keine Liebe ohne Risiko." Das ist auch theologisch völlig wahr – nur macht es nicht mehr verständlich, warum es dann der heute so mißverständlichen mythischen Bilder der Bibel zum Glauben überhaupt noch bedarf. Erst die *Tiefenpsychologie* kann zeigen, daß der Glaube zwischen Personen sich überhaupt nur vermittels bestimmter *Symbole* herzustellen und wahrzunehmen vermag, daß also gerade der personale Glaube des *Mythos des Glaubens* bedarf, um sich selber zu vollziehen. Vgl. E. DREWERMANN: Tiefenpsychologie und Exegese, II 762–776.

[40] Man muß sich nur recht vor Augen stellen, daß inzwischen eine ganze Generation von Jugendlichen ins Leben tritt, zu deren naturwissenschaftlich vermitteltem Weltbild die biblische Weltsicht, in äußerem Verstande, überhaupt nicht mehr paßt. Man kann nicht länger ungestraft Jahrgang um Jahrgang an Lehrern und Priestern in die Schulen und Pfarreien mit Vorstellungen entlassen, die den Widerspruch zur Naturwissenschaft zur Voraussetzung des Glaubens erklären. Wenn die historisch-kritische Exegese ihre Notwendigkeit und Berechtigung besitzt, dann eben darin, daß sie auf die durchaus unhistorische, symbolische Art der biblischen Erzählungen gerade in den religiösen Kernpunkten ihrer Überlieferung hingewiesen hat. Es gilt allerdings, bei diesem Negativbefund nicht stehenzubleiben, sondern die entstandene Leere des religiösen Bewußtseins durch eine anthropologische Vertiefung des Symbolbegriffs sowie eine entsprechende Neuformulierung unseres Wirklichkeitsverständnisses zu schließen.

[41] Zu der Mythenfeindlichkeit schon der frühen Kirche vgl. E. DREWERMANN: Strukturen des Bösen, III 514–533.

[42] So A. COMTE: Die Soziologie. Die positive Philosophie im Auszug, hrsg. v. F. Blaschke, 137–319, der als erster den, wie er meinte, naturgegebenen Fortschritt vom Fetischismus über den Polytheismus, dann über den Monotheismus, schließlich über die Metaphysik hin zur Entfaltung der positiven Wissenschaften aufzuzeigen versuchte.

[43] J. P. MACKEY: Jesus. Der Mensch und der Mythos, 39.

[44] SCH. BEN-CHORIN: Mutter Mirjam, 41, mit den entsprechenden Hinweisen auf Dan 8,16 und Hen 10,3; 54,6.

[45] Vgl. zur Interpretation von Gen 6,1–4 E. DREWERMANN: Strukturen des Bösen, I 171–190; II 332–354; III 310–324.

[46] So sehr richtig E. SCHWEIZER: Das Evangelium nach Lukas, 18, der an die alttestamentlichen und essenischen Vorstellungen vom Wirken des Gottesgeistes erinnert.

[47] So zu Recht SCH. BEN-CHORIN: Mutter Mirjam, 46. Zu erwähnen ist hier auch die Vorstellung von den urzeitlichen *„Eimüttern"* in der Mythologie vieler Völker. Noch im Ägyptischen wird die Hieroglyphe der Göttin *Isis* gern mit einem nebengestellten Ei gekennzeichnet, vielleicht in Erinnerung an den „Großen Schnatterer", der als Urvogel im Sumpfdickicht das urgöttliche Ei legte. Vgl. H. KEES: Der Götterglaube im Alten Ägypten, 48; 309; 322; 351.

[48] SCH. BEN-CHORIN: Mutter Mirjam, 47.

[49] Vgl. E. SCHWEIZER: Das Evangelium nach Lukas, 20.

[50] Zum Begriff der *„Jungfrau" (alma)* vgl. SCH. BEN-CHORIN: Mutter Mirjam, 43, der gegen die Auslegung des hebräischen *alma* (junges Mädchen) als „Jungfrau" den Satz aus Spr 30,18f. geltend macht: „Drei Dinge gibt es, die für mich wunderbar sind, und vier, die ich nicht verstehe: der Weg des Adlers am Himmel, der Weg der Schlange auf dem Felsen, der Weg des Schiffes auf hoher See und der Weg des Mannes in der Alma." Er argumentiert unwiderleglich: „Der Adler hinterläßt keine Spur am Himmel, die Schlange nicht auf dem Felsgestein, und die Wellenspur, die das Schiff im Meer zieht, wird sofort unsichtbar, aber auch der Weg des Mannes beim Weibe ist nachher nicht mehr feststellbar ... Das Gleichnis hat bei einer Jungfrau keinen Sinn ..."

[51] Bes. R. SCHNEIDER: Verhüllter Tag, 81 hielt an dem „Königtum von Gottes Gnaden" „als Bild und Zeichen ewigen Königtums" fest, weil das eine nicht zu verstehen sei ohne das andere.

[52] So wurde besonders *die Liturgie des kanaanäischen Neujahrsfestes* mit ihrem Zentralthema, dem erfolgreichen Königtum Gottes, der hebräischen Religion angepaßt und damit der Einfluß des Gottes Israels auf den Bereich der äußeren Natur ausgedehnt. J. GRAY: Mythologie des Nahen Ostens, 115. Und wie Gott als triumphierender König über die Ungeheuer des Chaos siegt, so der König Israels über seine Widersacher; vgl. GRAY: A.a.O., 130. So wird der Messiaskönig (syr Bar 73,2 – 74,1) das verlorene Paradies wiederherstellen entsprechend dem babylonischen Motiv von dem König, der den Baum des Lebens im Garten Gottes pflegt (a.a.O., 132). Bereits H. GRESSMANN: Das Weihnachtsevangelium auf Ursprung und Geschichte untersucht, 41 sagte richtig: „Nun kann ... kein Zweifel sein, daß die Jungfrauengeburt außerjüdischen Ursprungs ist, da sie mit ihrer krassen Mythologie dem jüdischen Monotheismus im innersten Wesen widerspricht, wenn sie freilich auch durch leichte Retouche ihm angeglichen worden ist." Zu Recht auch verwahrte er sich (S. 43) dagegen, in der Jungfrau Maria einen menschlichen Ersatz für eine ursprünglich göttliche Parthenos nach klein-

asiatischem Vorbild im Sinne der Ischtar-Astarte zu sehen. Die zugrunde liegende Konstellation setzt gerade einen göttlichen Vater und eine menschliche Mutter voraus, – eine Zusammenstellung, die geradewegs nach *Ägypten* weist. *In summa* ergab sich für ihn, „daß die Jungfrauengeburt Bestandteil einer ursprünglich ägyptischen Königslegende war, die nach Judäa wanderte und dort, nur wenig verändert, auf den jüdischen Gottkönig der Endzeit übertragen wurde. Sobald die Judenchristen zu der Überzeugung gelangt waren, Jesus sei der verheißene Christus, übernahmen sie die ihnen bereits vertraute Messiaslegende und erhöhten damit den von ihnen verehrten Meister; er durfte hinter den Besten und Größten seiner Zeit nicht zurückstehen, deren übernatürliche Geburt den Zeitgenossen selbstverständlich war. Wie alle Wunder Kinder des Glaubens sind, so bildete der Glaube an die Bedeutung Jesu den Mutterboden, auf dem die heidnische Legende der Jungfrauengeburt wiederum festwachsen konnte" (ebd., 46). Es ist deutlich, daß der *historisch-kritische* Ansatz *folgerichtig* aus einem Zentralsatz des christlichen Glaubens lediglich eine Konkurrenzlegende zu den heidnischen Gottheiten macht – ein bloßes Signal der Hochschätzung Christi und des Durchsetzungswillens der Christen. Erst die *Tiefenpsychologie* kann zeigen, welche Erfahrungen derartigen Bildern in allen Religionen zugrunde liegen, und erst dann läßt sich sinnvoll fragen, was dieselben Bilder zu der Gestalt des Christus sagen wollen. Zu dem Symbolkomplex der *Jungfrau* vgl. in diesem Sinne G. Baudler: Einführung in symbolisch-erzählende Theologie, 25[illegible]–256, der sehr zutreffend an die Assoziationswelt z. B. der Marienlieder (Blume, Quelle, Baum, Braut, Himmel etc.) erinnert.

[53] Zufolge dieser Konzeption ist *der König der einzige Mittler* zwischen Gott und der Gemeinde, wie es die Fastenliturgie in Ps 80; 89 bezeugt; vgl. J. Gray: A.a.O., 130.

[54] Richtig sagt Sch. Ben-Chorin: Mutter Mirjam, 40–41: „Im Krönungspsalm (sc. Ps 2,7, d. V.) ist von einer zweiten Zeugung die Rede ... Wesentlich ist in unserem Psalmwort das ‚*Heute* habe ich dich gezeugt' am Tage der Thronbesteigung oder Salbung." „Dieses Motiv wird in der Ankündigung des Engels aufgegriffen, wo ein zager Versuch gemacht wird, den Antagonismus zwischen davidischer Abstammung und göttlicher Zeugung zu mildern." Zu den Parallelen bei Qumran vgl. E. Schweizer: Das Evangelium nach Lukas, 18.

[55] Dasselbe gilt von den zentralen Sakramenten des Christentums, der Taufe und der Eucharistie, deren Wurzeln weit in die Geschichte der Menschheit zurückreichen; zu dem religionsgeschichtlichen Hintergrund und den tiefenpsychologischen Inhalten der Eucharistie etwa vgl. E. Drewermann: Der Krieg und das Christentum, 284–337.

[56] Das Dilemma ist immer wieder das gleiche: es wird von der historisch-kritischen Exegese zunächst die objektive Gültigkeit eines bestimmten Symbolismus durch historische Reduktion zerstört und anschließend bedauert, daß die dogmatische Lehrtradition scheinbar aus Mißverständnissen der entsprechenden Bibelstellen entstanden sei. Um die so aufgerissene Kluft zwischen Exegese und Dogmatik wieder zu schließen, ist es unerläßlich, von seiten der *Tiefenpsychologie* die archetypische Gültigkeit bestimmter Bilder neu zu begründen und von daher eine Hermeneutik zu entwerfen, die den Rationalismus und historischen Relativismus der gegenwärtigen Exegese wieder zum Glauben hin öffnet.

[57] E. Schweizer: Das Evangelium nach Lukas, 20.

[58] So konnte Mohammed die christliche Geburtslegende zitieren, um dann die Reinheit Mariens gegen den Vorwurf der Hurerei und die Sendung Jesu als eines *Propheten* herauszustellen: „Da (sc. als die Leute zu Maria sagten, ihre Mutter sei doch keine Dirne gewesen, d. V.) zeigte sie auf das Kind (sc. Jesus, d. V.) hin, damit es rede; worauf die Leute sagten: ‚Wie sollen wir mit einem Kind in der Wiege reden?' Das Kind (Jesus) aber sagte: ‚Wahrlich, ich bin der Diener Allahs, er gab mir die Schrift und bestimmte mich zum Propheten. Er gab mir seinen Segen, wo ich auch sei, und er befahl mir, das Gebet zu verrichten und Almosen zu geben, solange ich lebe, und liebevoll gegen meine Mutter zu sein. Er machte keinen elenden Hochmütigen aus mir. Friede kam über den Tag meiner Geburt und werde dem Tag meines Todes und dem Tag, an welchem ich wieder zum Leben auferweckt werde." Koran: 19. Sure, 30–34. Was viele historisch-kritische Exegeten heute über Christus sagen, ist, nimmt man es beim Wort, trotz aller bibeltheologischen Redewendungen *weniger* als dieses Zeugnis des Mohammeds von Jesus als dem wahren Propheten Gottes, der in der vorbildlichen Moralität seiner Lehre und in seinem Leben und Sterben zu einem Segen Gottes für die Völker ward.

[59] Sch. Ben-Chorin: Mutter Mirjam, 49.

[60] Ebd., 152.

[61] Vgl. H. Fritzsch: Vom Urknall zum Zerfall, 223; 228; 268.

[62] Vgl. E. Drewermann: Tiefenpsychologie und Exegese, II 320–346.

[63] Ebd., I 302–310.

[64] Vgl. E. Drewermann: Tiefenpsychologie und Exegese, I 310–321; vgl. ders.: Strukturen des Bösen, 1. Bd., S. XVIII–XXXI

[65] Vgl. vor allem zu den sog. *Deckerinnerungen* als privaten Kindheitsmythen E. Drewermann: Tiefenpsychologie und Exegese, I 350–374.

[66] Dies geschieht stets, wenn der historisch-kritischen Exegese die archetypischen Chiffren der Bibel zu bloßen historisch bedingten und literargeschichtlich reduzierbaren Aussagemitteln verkommen; es geht, *religiös betrachtet,* nun einmal nicht um die Frage der geschichtlichen Herkunft eines Symbols, sondern um den Anspruch seiner bleibenden Wahrheit.

[67] F. Nietzsche: Die Geburt der Tragödie aus dem Geist der Musik (1872), mit einem Nachw. v. H. Glockner, Stuttgart (reclam 7131–32) 1952.

[68] W. F. Otto: Die Musen und der göttliche Ursprung des Singens und Sagens, 33–35. – Das *Prinzip* der Selbstdarstellung als des eigentlich treibenden Motors der Evolution hat A. Portmann: An den Grenzen des Wissens, 138–141 herausgestellt: „‚Innerlichkeit', die sich äußert" war für Portmann das tiefe Geheimnis des Lebensstoffes, „das im Evolutionsprozeß zur Bildung so erstaunlicher Gestalten aufsteigt." (S. 139) Die Evolution wäre, so gesehen, buchstäblich eine langsam sich selbst spielende und vollendende *Symphonie.*

[69] Zur Darstellung des *orphischen* Erlebens und seiner therapeutischen Wirksamkeit vgl. E. Drewermann: Tiefenpsychologie und Exegese, II 169–174.

[70] Vgl. E. Drewermann: A.a.O., II 192; 345, wo Religion gerade als Überwindung der Subjekt-Objekt-Spaltung beschrieben wird.

[71] Hier ist die Restriktion der Erkenntnislehre I. Kants nicht zu übersteigen; zur Darstellung der Kantschen Kritik vgl. E. Drewermann: Strukturen des Bösen, III 1–72. – Wie stark unser Erkenntnisvermögen vom Gang der Evolution auf unserem Planeten bestimmt ist, zeigt K. Lorenz: Die Rückseite des Spiegels, 212–222, wo er besonders auf die soziale Konstruktion des für wirklich Gehaltenen zu sprechen kommt. Noch weiter geht R. Riedl: Biologie der Erkenntnis, 118–147, wo er den Begriff der Kausalität als subjektiv unentbehrliche Ursachenerwartung aus dem Selektionsdruck der Anpassung an eine hierarchisch angeordnete Welt deutet.

[72] Vgl. E. Drewermann: Tiefenpsychologie und Exegese, I 218–230.

[73] K. Hübner: Die Wahrheit des Mythos, 60.

[74] B. Brecht: Leben des Galilei, 7. Akt., S. 67: *Barberini:* „Ihr (sc. die Astronomen) denkt in Kreisen oder Ellipsen und in gleichmäßigen Schnelligkeiten, einfachen Bewegungen, die euren Gehirnen gemäß sind. Wie, wenn es Gott gefallen hätte, seine Gestirne so laufen zu lassen?" (Er zeichnet eine äußerst verwickelte Bahn). „Was würde dann aus euren Berechnungen?" – *Galilei:* „Eminenz, hätte Gott die Welt so konstruiert – *er wiederholt Barberinis Bahn* –, dann hätte er auch unsere Gehirne so konstruiert – *er wiederholt dieselbe Bahn* –, so daß sie eben diese Bahnen als die einfachsten erkennen würden."

[75] Zur Darstellung der Erkenntnistheorie bei R. Descartes vgl. E. Drewermann: Tiefenpsychologie und Exegese, II 52–56.

[76] R. Descartes: Abhandlung über die Methode, 4. Kap., in: I. Frenzel (Hrsg.): Descartes, 69.

[77] Zu den Lehren der Deisten vgl. E. Drewermann: Tiefenpsychologie und Exegese, II 46, Anm. 4. Bes. M. Tindal: A Christianity as old as the Creation von 1730 verdient der Erwähnung.

[78] O. Keel: Die Welt der altorientalischen Bildsymbolik und das Alte Testament, 332.

„Sie erwachte vom Dufte des Gottes" (S. 32–43)

[1] So im Symbolum Contantinopolitanum (Denzinger – Schönmetzer, Nr. 150, S. 66), das Jesus Christus bekennt als „Licht vom Lichte, wahrer Gott vom wahren

Gott, gezeugt, nicht geschaffen, eines Wesens mit dem Vater, der wegen uns Menschen und wegen unserer Erlösung vom Himmel herabgestiegen ist und Fleisch angenommen hat aus dem Heiligen Geist und der Jungfrau Maria." Besonders die Formel „Licht vom Lichte" und das „Gezeugtsein" steht, wie wir sehen werden, in der Tradition der altägyptischen Sonnentheologie des Pharao.
Recht hat nach wie vor H. GRESSMANN: Das Weihnachtsevangelium auf Ursprung und Geschichte untersucht, 33–34: „Ägypten ... ist das klassische Land der Königsvergötterung, die von dort aus das ganze römische Reich erobert hat. In Ägypten ist ferner seit alten Zeiten der Sonnengott auch als Kind verehrt und abgebildet worden. Und gerade in der hellenistischen Periode ist der Säugling Har-pe-chrot, Horus das Kind, von den Griechen Harpokrates genannt und meist als dickes, lutschendes Kind dargestellt, der erkorene Liebling des Volkes geworden. Ebenso großer Beliebtheit erfreute sich seine Mutter Isis, die gern mit ihrem Säugling verbunden wird, zuweilen in einer Haltung, die auffällig an unsere Madonnen erinnert'. Hier finden wir die Atmosphäre, in der die Osirislegende und das Weihnachtsevangelium geschaffen werden und gedeihen konnten. Es ist kein Zufall, daß die Christuslegende und unabhängig davon die Darstellung der Madonna gerade auf ägyptische Vorbilder zurückgehen ... In diesen ägyptischen Göttern (sc. die sich um die Person der Isis gruppieren, d. V.) haben Gattentreue, Mutterliebe und Kinderglück Gestalt gewonnen, und in den mit ihnen verbundenen Mythen und Legenden haben die Erzähler eben diese Motive poetisch verklärt." – Zugleich zeigt dieses Zitat freilich auch *das fatale Dilemma der historisch-kritischen Methode* auf: da sie außerstande ist, den psychischen Sinn der jeweiligen Symbole zu verstehen, bleibt sie *notwendigerweise* in der richtigen Feststellung mythischer Aussageformen bei rein äußeren Inhaltsangaben stehen, in denen nicht der geringste religiöse Sinngehalt mehr zu finden ist. Das Weihnachtsevangelium als Familienpoesie – das hätte L. FEUERBACH nicht besser sagen können. Andererseits gibt es natürlich eine wunderbare menschheitliche Größe und Würde in dem Geheimnis der Geburt, die *B. Pasternak:* Doktor Schiwago, 323–324 (2. Buch, Warykino, III) so ausdrückte: „Auf jeder Gebärenden liegt der gleiche Abglanz der Einsamkeit, des Verlassenseins; sie ist der Macht ausgeliefert, die in ihr wirkt. Der Mann ist in diesem wichtigen Moment so völlig ausgeschaltet, als hätte er nichts damit zu tun, als sei alles vom Himmel gefallen. Die Frau bringt ihr Kind allein zur Welt. Sie allein zieht sich mit ihm auf jene zweite Ebene des Daseins zurück, wo tiefer Friede herrscht und wo man ohne Furcht eine Wiege aufstellen kann ... in schweigender Demut ..." „In den Gebeten fleht man die Gottesmutter um Fürbitte an. Man legt ihr die Worte des Psalmisten in den Mund: ‚Und mein Geist frohlockt in Gott, meinem Herrn. Denn er hat sich der Niedrigkeit seiner Magd erbarmt ...' Jede Frau kann das gleiche sagen. Gott offenbart sich in ihrem Kinde ... in einem höheren Sein haben alle Mütter große Menschen zur Welt gebracht ..."

[2] Zur Religionsgeschichte dieser Begriffe im Alten Orient vgl. J. GRAY: Mythologie des Nahen Ostens, 129–135; zur Verwendung dieser Begriffe im Neuen Testament vgl. F. HAHN: Christologische Hoheitstitel, 12–53 („Menschensohn"), 242–279 („Davidssohn"), 280–335 („Gottessohn").

[3] Zur Geburt PLATONS vgl. H. USENER: Das Weihnachtsfest, 72: „Am lehrreichsten, weil er in hellem tageslicht der geschichte steht, ist Platon. Schon Speusippos, der schwestersohn, konnte in seiner ‚Leichenfeier für Platon' erzählen, daß in Athen die Sage gehe, Ariston habe vergeblich gewalt versucht, um der schönen Periktione beizuwohnen; als er davon abließ, habe er die gestalt des Apollon gesehn, und nun habe er sein weib ‚rein bewahrt' bis zur entbindung; andere liessen den Ariston ein traumbild schauen, das ihm verbot, vor ablauf von zehn monaten sein weib zu berühren. Die Akademie feierte seit ältester zeit bis in die letzten tage ihres bestehns das gedächtnis ihres stifters am siebenten thargelion, dem geburtstage Apollons." Vgl. als Quelle zu der Sage der jungfräulichen Geburt PLATONS bes. ORIGINES: Gegen Celsus, I 37 (BKV, Bd. 52, S. 52), der unter den Vergleichen des CELSUS zudem die Hinweise auf die griechischen Mythen von *Danae, Melanippe, Auge* und *Antiope* erwähnt. – Zur Gestalt des PYTHAGORAS vgl. E. DREWERMANN: Tiefenpsychologie und Exegese, II 143–157.

[4] Zu *Alexander d. Gr.* vgl. PLUTARCH: Lebensbeschreibungen IV, Alexander, S. 264–345, Kap. 3, S. 265–266, der von dem Traum der Olympias berichtet, in dem der Gott Zeus der Königin in Gestalt einer Schlange beiwohnte. Zur *Psychologie Alexanders d. Gr.* vgl. E. DREWERMANN: Strukturen des Bösen, II 488–495. Die *ägyptische* Version von der göttlichen Geburt Alexanders des Gr., der als Sohn Amuns verehrt wurde, liegt vor in dem Märchen von dem *„Trug des Nektabenos"*; vgl. E. BRUNNER-TRAUT (Übers.): Altägyptische Märchen, Nr. 30, S. 157–163; hier ist es nicht mehr ein Gott, sondern der letzte ägyptische Pharao Nektabenos, der in Gestalt des Amun zu Olympias eingeht. „In Verkehrung der ägyptischen Imagination, nach der Alexander sowohl Amun wie auch den letzten König zum Vater hat, macht die gräzisierende Fassung aus dem Mythos einen Betrug." E. BRUNNER-TRAUT: Pharao und Jesus als Söhne Gottes, in: Gelebte Mythen, 34–54, S. 46.

[5] Zur Geburt des *Augustus* vgl. die Sammlung der Sagen bei SUETON: Leben der Caesaren, Augustus, Kap. 94, S. 111–114, der (entsprechend den *„Theologischen Schriften"* des *Asklepiades von Mendes)* zitiert: „Atia (sc. die Mutter des Augustus, d. V.) habe sich um Mitternacht zu einer feierlichen Zeremonie zu Ehren Apollons begeben, ihre Sänfte im Tempel abstellen lassen und sei dann, während die anderen Frauen nach Hause gingen, eingeschlafen. Darauf sei eine Schlange plötzlich zu ihr in die Sänfte gekrochen, habe sie aber bald darauf wieder verlassen. Bei ihrem Erwachen habe sie sich gereinigt, wie wenn ihr Mann mit ihr den Beischlaf vollzogen hätte. Sofort zeigte sich an ihrem Körper ein Fleck in Form einer Schlange, der nicht mehr zu entfernen war, so daß sie kein öffentliches Bad mehr besuchen konnte. Augustus sei neun Monate später geboren und deshalb als Apollos Sohn angesehen worden. Außerdem träumte Atia kurz vor der Niederkunft, ihre Eingeweide würden zu den Sternen emporgehoben und breiteten sich über den ganzen Umfang der Erde und des Himmels aus. Auch Augustus' Vater Octavius träumte, daß aus dem Schoße Atias der Strahlenkranz der Sonne aufgehe." Deutlicher läßt sich in der Sprache des Mythos nicht sagen, daß die Mutter des Gottessohnes durch die Geburt selber zur *Himmelskönigin* wird, wie das Christentum es später von *Maria* lehren wird. Daß es an vorbereitenden und begleitenden *Vorzeichen* nicht fehlt, die auf die Geburt des neuen Gottessohnes hinweisen, versteht sich von selbst; wichtig aber ist die Beziehung aller Wahrnehmungen der göttlichen Geburt zum *Traumerleben,* wie es das Matthäusevangelium noch deutlich schildert. Es ist der *Traum,* der dem Göttlichen nahe ist, nicht der philosophische Begriff. – H. USENER: Das Weihnachtsfest, 75 zählt an „göttlichen" *Staatsmännern* des weiteren auf: den spartanischen König *Demaratos,* der als ein Kind des Heros Astrabakos galt (HERODOT: Historien, VI 69, S. 409–410), *Aratos von Sikyon,* der für ein Kind des Asklepios gehalten wurde (PAUSANIAS: Beschreibung Griechenlands, II 10, 3; IV 147), *Aristomenes,* einen messenischen Heros, den seine Mutter Nikoteleia von einem Dämon oder schlangenähnlichen Gott empfing (PAUSANIAS: A.a.O., IV 14,7, Bd. 1, S. 208), den jüngeren *Dionysos von Syrakus,* der sich als Kind des Phoibos erklärte, sowie *Scipio Africanus,* der als ein zweiter Alexander galt (LIVIUS: Römische Geschichte, XXVI 19,6; Der Zweite Punische Krieg, Bd. III, S. 32–33). Richtig fügte USENER hinzu: „Echte sage ist so heilig und rein wie das religiöse gefühl, aus dem sie als blüthe hervorbricht" (a.a.O., 78). – Natürlich darf der Hinweis auf VERGIL: Hirtengedichte IV, S. 15–18 nicht fehlen, wo die Zeitenwende durch die Geburt eines göttlichen Kindes verheißen wird. Es ist aber wichtig, in den Vorstellungen und Riten der römischen Kaiserzeit wesentlich den Einfluß *Ägyptens* zu bemerken: „nicht nur die Geburt der Drusilla, Tochter des Caligula, vollzieht sich nach dem Ritual altägyptischer Könige, die Linie läßt sich ausziehen über Hadrian bis zu Commodus, der als neuer Horus zwischen Osiris-Apis und der Isis-Kuh seine Statue aufstellt, und zur Kaiser-Apotheose unter Septimus und Caracalla." E. BRUNNER-TRAUT: Pharao und Jesus als Söhne Gottes, in: Gelebte Mythen, 46.

[6] Zur Gestalt des EMPEDOKLES vgl. E. DREWERMANN: Tiefenpsychologie und Exegese, II 158–169.

[7] Zur *Geburt des Asklepios* s. u. S. 85. – Hervorzuheben bleibt, daß nicht nur der ägyptische Pharaonenmythos auf den römischen Kaiserkult einwirkt, sondern auch

der Asklepios-Kult das Bild des Kaisers prägt. So ließ z.B. der Kaiserprinz Lucius Verus um 150 n. Chr. sich als Heilgott Asklepios mit der Schlange abbilden (vgl. die Abb. bei E. Drewermann: Strukturen des Bösen, Bd. 3, Abb. 13), und entsprechend müssen die Heilungswunder verstanden werden, die von den Caesaren vollbracht oder überliefert wurden. Auch ist die Parallele zu beachten, die zwischen den Empfängnisträumen auf dem Kaiserthron und den Heilträumen in Epidauros besteht. Zu den Schlangenträumen gegen Unfruchtbarkeit vgl. E. Drewermann: Tiefenpsychologie und Exegese, II 174–188.

[8] Zur Geburt von *Romulus* und *Remus* aus der Verbindung der Vestalin *Rhea Silvia* und dem Kriegsgott *Mars* vgl. Livius: Römische Geschichte, I 4 (Römische Frühgeschichte, Bd. 1, S. 16–17); bemerkenswert an dieser Sage ist die Nähe der göttlichen Kinder zu den *Tieren* und den *Hirten* (s. u. S. 32); denn als Rhea Silvia aus Angst vor dem grausamen König Amulius, ihrem Onkel, die Kinder am Tiber aussetzen muß, zieht eine Wölfin sie groß, und als der Hirte Faustulus sie findet, bringt er sie zu seiner Frau Larentia. Zu dem *tiefenpsychologischen Sinn* dieses archetypischen Geburtsmotivs vgl. E. Drewermann: Strukturen des Bösen, II 337–354.

[9] Von dem Zug *Alexanders* zu dem ägyptischen Amun-Orakel berichtet Plutarch: Alexander 27; Lebensbeschreibungen, Bd. IV, S. 293–294. An dieser Stelle findet sich zugleich die bemerkenswerte Erklärung des Philosophen Psammon bzgl. des Glaubens an die Gottessohnschaft: „daß alle Menschen von Gott beherrscht werden, weil das, was in jedem Menschen herrscht und regiert, göttlichen Ursprungs ist." Alexander freilich pflegte zu sagen, „Gott sei zwar der gemeinsame Vater aller Menschen, aber die Besten unter ihnen mache er besonders zu seinen Kindern" (a.a.O., S. 294).

[10] Plutarch: Numa, 4; Lebensbeschreibungen, Bd. I, S. 145.

[11] Ganz im Erbe der altägyptischen Vorstellung erklärt Athanasius das Verhältnis zwischen „Vater" und „Sohn" entsprechend dem Wesen der Sonne als „Licht vom Lichte", als Verhältnis von Lichtglanz und Gestirn: „Denn auch der Abglanz ist Licht und zwar kein späteres als die Sonne, auch nicht ein anderes Licht und nicht auf Grund der Teilnahme an ihr, sondern er ist ganz ihre eigene Zeugung. Eine solche Zeugung ist aber notwendig. Ein Licht, und man kann wohl nicht sagen, es seien zwei Lichter, wohl aber Sonne und Abglanz seien zwei, Eins aber das Licht aus der Sonne, das im Abglanz alles beleuchtet. Und in dieser Weise ist auch die Gottheit des Sohnes die des Vaters." Athanasius: Gegen die Arianer. Dritte Rede, 4; Werke I (BKV 13) S. 247.

[12] Vgl. Cyrills Briefe II und III gegen Nestorius: Denzinger – Schönmetzer: Enchiridion Symbolorum, Definitionum et Declarationum, Nr. 250–264.

[13] Vgl. die kleine sehr lesenswerte Darstellung von E. Brunner-Traut: Die Kopten. Leben und Lehre der frühen Christen in Ägypten, 52–56, wo sie zu Recht eine ganze Reihe zentraler christlicher Dogmen als Fortwirken pharaonischen Glaubensgutes erklärt, indem sie erinnert an „die altägyptische Konzeption des pneuma theou, des Geistes Gottes; und für den Totenglauben an die fiktive Zweiteilung des Menschen in Leib und Seele, an Gericht und Auferstehung nach dem Tode, an Himmel und Hölle als jenseitige Reiche, an die Hölle mit den Merkmalen Feuer und Finsternis und ihrer Besiedlung von Dämonen sowie an weitere in ihrer Fülle kaum aufzuzählende Einzelzüge der postmortalen Existenz." „Der Kopte erfährt den neuen (sc. christlichen, d. V.) Glauben durch den Filter seines Vorglaubens, seiner Weltsicht und seiner Erlösungsbedürftigkeit. Er übernimmt das ihm Gemäße, wählt aus, verschiebt die Akzente und besetzt die leergewordenen Stellen des aufgegebenen Glaubens neu, so daß die Kontinuität ägyptischen Denkens bis in die Zeit des Christentums oft weniger in der Form ungebrochener Tradierung der alten Vorstellungen erscheint als in der dem eigenen Charakter entsprechenden Adaption (jüdisch-)christlicher Gehalte." (S. 52; 53)

[14] Zu Hegels Geschichtsphilosophie vgl. E. Drewermann: Strukturen des Bösen, III 64–70.

[15] Zu Hegels Religionsphilosophie vgl. E. Drewermann: a.a.O., 71–75.

[16] Tiefenpsychologisch hat *das Wesen Roms* der Dichter Vergil am deutlichsten gekennzeichnet, indem er in der *„Aeneis"* (IV 612–629) schildert, wie *Aeneas* vor der Liebe der karthagischen *Dido* fliehen muß, um seinem Schicksal treu zu bleiben, während die stolze Karthagerin aus enttäuschter Liebe den Tod sucht, Fluchworte über den Flüchtenden auf ihren Lippen. Vgl. E. Drewermann: Die Frage nach Maria im religionswissenschaftlichen Horizont, in: Zeitschrift für Missionswissenschaft und Religionswissenschaft, 66. Jg., 1982, Heft 2, 96–117, S. 106–107. Die Angst vor der Frau bzw. die Verdrängung der *anima* und das geheime Suchen nach ihr in Form von Krieg und Eroberung scheinen eine psychische Grundkomponente römischer Mentalität zu bilden; vgl. E. Borneman: Das Patriarchat, 355–363, der von einer schier manischen „Überkompensation einer auf die Frau fixierten Lebensweise" spricht und hinzufügt: „Denn wer die Frau fürchtet, ist von ihr abhängiger als der, der sie liebt". (S. 363) – Sehr klar tritt die innere Gefährdung Roms bereits in der Rede zu Tage, die der Sabiner *Numa* hielt, als die Römer ihm die Königswürde antrugen. Er, der von „Duldsamkeit und Liebe zur Weisheit" Durchdrungene, der sich von „Gewalttätigkeit und Habsucht" gänzlich freigemacht hatte und all seine freie Zeit „nicht auf Vergnügungen oder den Erwerb von Reichtümern, sondern auf die Verehrung der Götter und eine durch Vernunft geleitete Erforschung ihrer Macht und Eigenschaften" verwandte, zeigte sich von der Gewalttätigkeit und Skrupellosigkeit des Romulus zutiefst angewidert. „Euch, ihr Römer", erklärte er, „hat Romulus vielleicht manche ohne Überlegung angefangene Kriege hinterlassen, wozu der Staat, um sie auszuführen, einen noch jungen, feurigen König nötig hat. Überdies ist das Volk schon zu sehr an die Waffen gewöhnt und durch das bisherige Glück tatendurstig geworden; jedermann weiß, daß es seine Grenze zu erweitern und über andere zu herrschen sucht. Ich würde daher nichts als Verachtung zu gewärtigen haben, wenn ich einen Staat, der mehr eines Feldherrn als eines Königs bedarf, lehren wollte, die Götter zu verehren, die Gerechtigkeit zu handhaben und Krieg und Gewalttätigkeit zu verabscheuen." Plutarch: Numa, 3; 5; Lebensbeschreibungen, I 144; 147–148. – Immer wieder sucht die Macht die Liebe und die Gewalt die Schönheit; aber allein Erfahrungen von der Tiefe der Religion können die Macht der Liebe und die bezaubernde Gewalt der Schönheit freisetzen und leben lassen.

[17] Zu dem *„Prinzip" Roms,* wie es Apk 12; 17 gemalt wird, vgl. E. Drewermann: Tiefenpsychologie und Exegese, II 548; 580–589. Zu dem schicksalhaften Zusammenstoß zwischen dem Caesar-Nachfolger Augustus mit Kleopatra vgl. E. Stauffer: Christus und die Caesaren, 45–69.

[18] So sehr richtig E. Brunner-Traut: Pharao und Jesus als Söhne Gottes, in: Gelebte Mythen, 36: „Wenn wir ... die altägyptische Vorstellung vom Gottessohn verstehen wollen, so gilt es zunächst sich klarzumachen, daß die Religion des Nilvolkes keine dogmatische, sondern eine mythische war." „Mythisch" heißt dabei wesentlich: in der Wirklichkeit kultischer Erfahrung. H. Gressmann: Das Weihnachtsevangelium, 37 meinte bereits lakonisch: „Die Jungfrauengeburt ist in den Kindheitsevangelien kein ‚Dogma', sondern ein Motiv." Rein historisch betrachtet gibt es freilich für dieses „Motiv" keine innere Erfahrungsnotwendigkeit; erst wenn man tiefenpsychologisch den Sinngehalt dieses mythischen Motivs freilegt, versteht man, warum die christliche Dogmatik des Symbols der jungfräulichen Geburt als eines Ausdrucks und einer Begründung ihres Glaubens nicht entraten kann.

[19] Vgl. K. Földes-Papp: Vom Felsbild zum Alphabet, 101–119.

[20] Vgl. z.B. K. Rahner: Kirche und Sakrament, 15: „Christus in seiner geschichtlichen Existenz ist in einem die Sache und ihr Zeichen ... der erlösenden Gnade Gottes".

[21] Vgl. K. Rahner: a.a.O., 73, wo er die Eucharistie folgerichtig vom Grundansatz der Inkarnationstheologie „als die Quelle der anderen Sakramente" betrachtet.

[22] Vgl. K. Rahner: a.a.O., 13, wo er aus der Inkarnation des Logos die Lehre von der *Kirche* als dem „Ursakrament" entwickelt.

[23] So konnte etwa P. Teilhard de Chardin: Christentum und Evolution, in: Mein Glaube, 207–223 das Christentum als innere Achse einer Evolution begreifen, in der Gottesdienst und Weltfrömmigkeit eine untrennbare Einheit bilden.

[24] So verweist E. Dondelinger: Papyrus Ani, 10–11 sehr zu Recht auf den matriarchalischen Hintergrund

der altägyptischen Religion. „In der matriarchalischen Denkweise war einzig und allein die Mutter Lebensspenderin, ohne Mitwirkung eines männlichen Erzeugers. Noch heute wird bei manchen Naturvölkern der physiologische Zusammenhang zwischen Zeugungsakt und Empfängnis sublimiert: das Kind wird erschaffen durch den Geist der Quelle, des Flusses oder des Baumes. Im ägyptischen Bata-Märchen wird ausdrücklich gesagt, daß die Empfängnis durch den Mund erfolge. Die Königin des Märchens wird dadurch schwanger, daß ihr ein Splitter des heiligen Persea-Baumes in den Mund springt." – Vgl. E. BRUNNER-TRAUT: Altägyptische Märchen, 28–40 (Das Brüdermärchen).

[25] Vgl. E. DREWERMANN: Strukturen des Bösen, 1. Bd., Nachwort zur 3. Aufl., S. 356–413.

[26] Zur Darstellung der Mentalität patriarchalischer Systeme vgl. E. DREWERMANN: Der Krieg und das Christentum, 232–282.

[27] Zur Himmelsgöttin *Nut* vgl. W. BARTA: Untersuchungen zum Götterkreis der Neunheit, 100–104.

[28] Zur Schlangengestalt vgl. E. DREWERMANN: Strukturen des Bösen, 1. Bd., S. LXV–LXXI; 38–40; 2. Bd., 236–237; 3. Bd., 69–101; vgl. DERS.: Tiefenpsychologie und Exegese, I 185; II 387 f.; 530 f.

[29] Vom nächtlichen *Kampf Res mit der Apophisschlange* vgl. die Darstellung bei E. DREWERMANN: Tiefenpsychologie und Exegese, II 534.

[30] Vgl. J. ASSMANN: Liturgische Lieder an den Sonnengott. Untersuchungen zur altägyptischen Hymnik I, 271–275; 316 ff.; 333–352; vgl. DERS.: Ägyptische Hymnen und Gebete, 46–63.

[31] Vgl. J. ASSMANN: Liturgische Lieder, I 241.

[32] Vgl. das Altarbild der Amarna-Zeit aus dem Altägyptischen Museum Kairo, JE 44 865, in: J. SETTGAST (Red.): Nofretete-Echnaton, Berlin, Ägyptisches Museum, 1976, Nr. 47.

[33] Zur Funktion der *Sonnenaffen* vgl. J. ASSMANN: Liturgische Lieder an den Sonnengott, I 207–214.

[34] Zur Gestalt des *Pavians* als Verkörperung des Thot vgl. G. POSENER: Lexikon der ägyptischen Kultur, 11–13.

[35] Zur Bedeutung des *Mondes* vgl. M. LURKER: Götter und Symbole der Alten Ägypter, 127–128.

[36] J. ASSMANN: Ägyptische Hymnen und Gebete, 155–157.

[37] Vgl. B. PASCAL: Pensées, Nr. 139, S. 77: „Wenn ich es mitunter unternommen habe, die mannigfaltige Unruhe der Menschen zu betrachten, sowohl die Gefahren wie die Mühsale, denen sie sich, sei es bei Hofe oder im Krieg, aussetzen, woraus so vielerlei Streit, Leidenschaften, kühne und oft böse Handlungen usw. entspringen, so habe ich oft gesagt, daß alles Unglück der Menschen einem entstammt, nämlich daß sie unfähig sind, in Ruhe allein in ihrem Zimmer bleiben zu können."

[38] R. M. RILKE: Duineser Elegien, in: Werke I 685.

[39] Zur *Engel*-Gestalt vgl. E. DREWERMANN – I. NEUHAUS: Voller Erbarmen rettet er uns. Die Tobit-Legende tiefenpsychologisch gedeutet, 35–46.

[40] Vgl. zu den *Seelenreisen* in die Welt der *Engel* P. L. WILSON: Engel, 107–161, freilich ohne jede psychologische Kommentierung. Einen Versuch, die dogmatische Engellehre mit der Erfahrung zu verbinden, unternimmt von seiten der Anthroposophie H.-W. SCHROEDER: Mensch und Engel. Die Wirklichkeit der Hierarchien, 170–179, der in den Erzengeln die „Volksgeister" bzw. (S. 189–201) ein Symbol für die „Urkräfte" „an der Grenze des menschlichen Erlebens, in der an das Irdische angrenzenden Geistwelt" sieht (S. 200).

[41] Nach Dan 8, 16; Hen 10, 3; 54, 6 ist *Gabriel* der Beschützer Israels, „der rächende Arm Gottes." – „Im Talmud tritt er als ein Engel des Feuers auf. Er erhält verschiedene Beinamen wie Pisskon, Itmon und Sigaron, deren Herkunft nicht geklärt ist, obwohl wir im Talmud b. Sanh. 44, b einige Vermutungen darüber finden. In der kabbalistischen Literatur aber führt er auch den Namen Gevurthiel, was die Bedeutung Kraft Gottes stärker herausarbeitet, abgeleitet von Gevura = Gewalt, Kraft." SCH. BEN-CHORIN: Mutter Mirjam, 41. Zu der Erscheinung des Engels Gabriel vor Mohammed (KORAN: 53. Sure, 4–17) vgl. P. L. WILSON: Engel, 135–139.

[42] Vgl. J. BRINKTRINE: Die Lehre von den letzten Dingen, 26–37. Vgl. auch E. BRUNNER-TRAUT: Altägyptische und mittelalterlich-christliche Vorstellungen von Himmel und Hölle, Gericht und Auferstehung, in: Gelebte Mythen, 55–98.

[43] Vgl. CH. SEEBER: Untersuchungen zur Darstellung des Totengerichts im Alten Ägypten, 147–154.

[44] Zur Gestalt der *Totenfresserin* vgl. CH. SEEBER: a.a.O., 163–186. Vgl. auch Bild und Text von Abb. 6; E. DONDELINGER: Papyrus Ani, 30–31; E. HORNUNG: Tal der Könige, 157.

[45] E. HORNUNG: Das Totenbuch der Ägypter, Spruch 30 B, S. 96. Der ägyptische Text mit eigener Übersetzung ist wiedergegeben nach der Tafel 3 des *Papyrus Ani* in der Erläuterung zu Abb. 6. Vgl. E. DONDELINGER: Papyrus Ani, 46–48.

[46] Zu den christlichen Dogmen über die Existenz und Beschaffenheit der *Hölle* vgl. J. BRINKTRINE: Die Lehre von den letzten Dingen, 140–164. Zu den altägyptischen Vorstellungen von dem Strafgericht der Verdammten vgl. E. DREWERMANN: Tiefenpsychologie und Exegese, II 524–535; dort auch die entsprechenden Literaturhinweise.

[47] A. ERLANDE-BRANDENBURG: Gotische Kunst, Abb. 109.

[48] Vgl. E. DONDELINGER: Papyrus Ani, 31; 33 sowie bes. CH. SEEBER: Untersuchungen zur Darstellung des Totengerichts im Alten Ägypten, 67–83, die zu Recht vor einer Erklärung des eindrucksvollen Symbolismus „durch Übertragung der hochentwickelten ethischen Vorstellung" warnt (S. 82). Wohl findet sich *Maat* mitunter als eine Frau abgebildet, die statt des Kopfes nur eine Feder trägt; aber auch so breitet sie ihre Arme schützend um den Verstorbenen, – sie ist nicht die blinde Justitia mit verbundenen Augen; die „gesichtslose Maat" entstammt vielmehr dem Bild des Sonnenlaufes durch die Finsternis; CH. SEEBER: a.a.O., 144.

[49] Zu der einseitigen Ethisierung der christlichen Theologie vgl. E. DREWERMANN: Das Tragische und das Christliche, in: Psychoanalyse und Moraltheologie, 1. Bd., 19–78, S. 63–66; DERS.: Der Krieg und das Christentum, 215–230 (vom Schaden eines ethischen Mißverständnisses der Bergpredigt).

[50] Zur Problematik der *Lüge* vgl. E. DREWERMANN: Ein Plädoyer für die Lüge oder: vom Unvermögen zur Wahrheit, in: Psychoanalyse und Moraltheologie, 3. Bd., 199–236, S. 204–215.

[51] E. DONDELINGER: Der Jenseitsweg der Nofretari, Tafel 21; 22; eine gute Reproduktion, die aber fälschlich als Bild der Isis erklärt wird, findet sich bei P. L. WILSON: Engel, S. 120; desgleichen in: C. BAROCAS: Ägypten, 144–145.

[52] Zur Göttin *Mut* vgl. W. HELCK: Die Mythologie der alten Ägypter, in: H. W. HAUSSIG (Hrsg.): Wörterbuch der Mythologie, I 378.

[53] E. DONDELINGER: Der Jenseitsweg der Nofretari, 13.

[54] Ebd., 10.

[55] Gewöhnlich werden *die Kerube der Bundeslade* als „Mischwesen" verstanden, „wie sie besonders im Zweistromland als schützende Genien an den Eingängen von Tempeln und Palästen bekannt waren." M. NOTH: Das zweite Buch Mose, 166. Aber die abendländischen Engeldarstellungen mit ihren wesentlich *weiblichen* Ausprägungen sowie mit ihrer Menschengestaltigkeit verweisen viel eher auf Ägypten als nach Mesopotamien, und auch in Israel dürfte diesbezüglich der ägyptische Einfluß stärker gewesen sein als der relativ späte assyrisch-babylonische Stil.

[56] Vgl. demgegenüber die theriomorphen *Flügelstiere* am Palast Assurnasirpals II (883–859 v. Chr.) in Nimrud oder Sargons II (721–705 v. Chr.) in Chorsabad; W. ORTHMANN: Der Alte Orient, Abb. 175; 176; S. 297.

[57] Die Doppelfunktion der *Maat* im Totengericht beschreibt CH. SEEBER: Untersuchungen zur Darstellung des Totengerichts im Alten Ägypten, 144–145: „Maat erscheint ... beim Totengericht einmal als Verkörperung des bei Gericht maßgebenden Prinzips ‚Ordnung, Richtigkeit' und zum anderen als Schutzgöttin des Verstorbenen ... So wird seit der 21. Dyn. der Aspekt der Maat als Totengottheit und Schutzpatronin des Verstorbenen stärker hervorgehoben, die ... ihn mit Segenswünschen am Eingang der Gerichtshalle in Empfang nimmt, ihn schützend umfängt und ihn zur Waage oder zu Osiris geleitet. Die Rolle der Maat als Totengöttin, die zur Verschmelzung mit Hathor und der Westgöttin führt, ist ... aus ihrem zyklischen Charakter abzuleiten, da sie als Führerin der Sonne durch die Unterwelt auch für das Totenreich zuständig ist, um die tägliche Erneuerung der Sonne und den Fortbestand des Sonnenkreislaufs zu garantieren. Für den Toten, der sich diesem Kreislauf anzuschließen wünscht, gewinnt Maat als Totengottheit somit entscheidende Bedeutung, indem sie auch ihm ihren Schutz gewährt

und ihm zur ständigen Erneuerung verhilft. – Beide Aspekte, der richterliche wie der zyklische, der sich insbesondere in ihrer Verdoppelung als *M3ꜥ.tj* (sc. die zwei Wahrheiten, d. V.) offenbart, sind beim Totengericht der Göttin jedoch stets immanent und werden nur jeweils unterschiedlich akzentuiert. Dies geht z. B. aus Darstellungen hervor, in denen die verdoppelt auftretende Maat wiederum in eine ‚Maat-Ordnung' und in eine zyklische, ‚*M3ꜥ.tj*' genannte Göttin aufgespalten wird, wobei die *M3ꜥ.tj*-Göttin, die die doppelte Maat verkörpert, zwei Federn auf dem Kopf tragen kann." E. DONDELINGER: Papyrus Ani, 50–51 erinnert an die Hieroglyphe des *Thronsockels*, mit dem Maat wiedergegeben wird, weil bei jeder Thronbesteigung die kosmische Ordnung erneuert wird. „Der Thronsockel in seiner Ma'at-Form kann zudem als stilisierter Urhügel aufgefaßt werden", und steht auch insofern in Verbindung zum Sonnenaufgang.

[58] Vgl. die tiefenpsychologische Interpretation der Stelle bei M. KASSEL: Biblische Urbilder, 258 bis 279.

[59] Die Geschichte hat ihre berühmte Parallele in dem Märchen von dem *Fischer und dem Dämon* in: E. LITTMANN (Übers.): Die Erzählungen aus den tausendundein Nächten, I 48–56.

[60] Zur Charakterisierung des *Perfektionsstrebens in der Zwangsneurose* vgl. E. DREWERMANN: Sünde und Neurose, in: Psychoanalyse und Moraltheologie, 1. Bd., 129–162, S. 136–143.

[61] Vgl. in der Bibel z. B. Gen 18, 1–16; Ri 13, 1–25. Zu den Mythen der *Heldengeburt* vgl. E. DREWERMANN: Strukturen des Bösen, I 332–354; DERS.: Tiefenpsychologie und Exegese, I 504–509, zur Kindheitsgeschichte des Matthäusevangeliums.

[62] Vgl. P. SCHWARZENAU: Das göttliche Kind. Der Mythos vom Neubeginn, 8–24, 101–144, der bes. die apokryphen Texte der Jesus-Überlieferung in die Deutung miteinbezieht; in Anlehnung an C. G. JUNG ist die Kindwerdung Gottes für ihn ein archetypisches Symbol für die Herausbildung des Selbst.

[63] Vgl. A. WAIBLINGER: Große Mutter und göttliches Kind. Das Wunder in Wiege und Seele, 157–162: „Der Zugang zu dem eigenen inneren Kind, der manchmal erst als eine unbestimmte Sehnsucht erfahren wird, ist die Öffnung, durch die das göttliche Kind in das Bewußtsein des Menschen treten kann. Und dann ist alles da, ein Meer der Fülle, ein Berg voller Schätze." „So nimmt das Menschenkind mit dem göttlichen Kind Verbindung auf, das von da an das Leben dieses Menschen bestimmt und trägt, über alle Hindernisse hinweg. Bis es eines Tages Zeit ist, ganz zurückzukehren in das göttliche Urkind." (S. 161, 162)

[64] Zu der Einheit und zu dem Unterschied von Gottfindung und Selbstfindung in der Auseinandersetzung mit *C. G. Jung* vgl. E. DREWERMANN: Strukturen des Bösen, II 417–430 (am Beispiel der Sintflutmythe); III 123–148 (am Beispiel der Sündenfallerzählung).

[65] Vgl. P. TILLICH: Wesen und Wandel des Glaubens, 9–12, wo er „Glauben" definiert als „das Ergriffensein von dem, was uns unbedingt angeht."

[66] Vgl. SCH. BEN-CHORIN: Mutter Mirjam, 45, der darauf hinweist, daß erst durch den jüdischen Protest gegen das Christentum der Name *Jesus* unüblich wurde.

[67] Zur *Kategorie des „Anfangs" im Mythos* vgl. E. DREWERMANN: Tiefenpsychologie und Exegese, I 350–374 (zum Begriff der „Deckerinnerung" als einer Ontologie des Wesens in Erinnerungsbildern der frühen Kindheit).

[68] Zur *Gestalt des „königlichen" Kindes* in der Religion sowie in der Literatur der Romantik vgl. die Deutung von A. DE SAINT-EXUPÉRY: Der kleine Prinz, bei: E. DREWERMANN – I. NEUHAUS: Das Eigentliche ist unsichtbar, 15–20.

[69] Dogmatisch hat K. RAHNER: Zur Theologie der Menschwerdung, in: Schriften zur Theologie, IV 137–155, S. 150 die Menschlichkeit der Lehre von der Menschwerdung des Logos so ausgedrückt: „Man könnte … den Menschen definieren als das, was entsteht, wenn die Selbstaussage Gottes, sein Wort, in das Leere des gottlosen Nichts liebend hinausgesagt wird; das abgekürzte Wort Gottes hat man ja den menschgewordenen Logos genannt. Die Abkürzung, die Chiffre Gottes ist der Mensch … Wenn Gott nicht Gott sein will, entsteht der Mensch." *Zur religiösen Haltung des historischen Jesus* vgl. J. JEREMIAS: Abba, in: Abba. Studien zur Neutestamentlichen Theologie und Zeitgeschichte, 15–67.

[70] Vgl. K. KERÉNYI (und C. G. JUNG): Das göttliche Kind in mythologischer und psychologischer Beleuchtung, 21–24, der gleich eingangs betont, daß Mythologie niemals die Lebensgeschichte, sondern die Ausdrucksformen des Göttlichen darstellt (S. 21), und meint, „daß die biographische Reihenfolge ‚Kindgottheit – erwachsener Gott' in der Mythologie nur gelegentliche Bedeutung hat. Sie dient zur Zusammenfügung verschiedener Mythologeme oder erhält nur dann einen besonderen Sinn, wenn im wachsenden Gott das kosmische Wachstum selbst … versinnbildlicht wird." (S. 68) Bes. zu dem Bild des *Waisenkindes* und dem Symbol des *Sonnenaufgangs* vgl. S. 50–52.

[71] Vgl. F. M. DOSTOJEWSKI: Der Idiot, 1. Teil, 6. Kap.; 182–92, die eindrucksvolle Episode des Fürsten mit *Marie*, einem Mädchen, das alle erwachsenen Leute des Dorfes verspotten und verachten, während der Fürst die Kinder lehrt, ihre Not zu verstehen und ihr Wesen zu lieben.

[72] Vgl. G. BERNANOS: Tagebuch eines Landpfarrers, 157–182, das Gespräch des Landpfarrers mit Frau von Chantal.

[73] Vgl. M. ENDE: Momo, 111–121 (9. Kap.: Eine gute Versammlung, die nicht stattfindet, und eine schlimme Versammlung, die stattfindet).

[74] LAOTSE: Tao te king, Nr. 15; S. 55.

[75] Zur *„Armut"* im Neuen Testament vgl. E. DREWERMANN: Tiefenpsychologie und Exegese, II 462; 688; 697–699; 708–710.

Der Mythos von der göttlichen Geburt des Pharao (S. 44–66)

[1] Nach A. ERMAN: Die Religion der Ägypter, 52–53; vgl. E. BRUNNER-TRAUT: Altägyptische Märchen, 11–24 (Wundergeschichten am Hofe des Königs Cheops und die wunderbare Geburt der drei Königskinder).

[2] Zu den *Pharaonennamen* vgl. J. VON BECKERATH: Handbuch der ägyptischen Königsnamen, 52–53.

[3] Zur Gestalt der *Mes-chenet* vgl. W. HELCK: Die Mythologie der Alten Ägypter, in: H. W. Haussig (Hrsg.): Wörterbuch der Mythologie, I 313–406, S. 375.

[4] Zur Gestalt der *Heket* vgl. W. HELCK: a.a.O., I 358.

[5] A. ERMAN: Die Literatur der Ägypter, 72.

[6] J. v. BECKERATH: Handbuch der ägyptischen Königsnamen, 54; 181.

[7] Ebd., 54; 181.

[8] Ebd., 30; 54; 181.

[9] A. ERMAN: Die Religion der Ägypter, 52.

[10] Vgl. E. BRUNNER-TRAUT: Altägyptische Märchen, 76–87.

[11] J. v. BECKERATH: Handbuch der ägyptischen Königsnamen, 84; 226; A. ERMAN: Die Religion der Ägypter, 53–54.

[12] J. v. BECKERATH: a.a.O., 82; 224.

[13] S. SCHOTT (Übers.): Altägyptische Liebeslieder, 89 bis 90.

[14] E. BRUNNER-TRAUT: Altägyptische Märchen, 78–80.

[15] Ebd., 81.

[16] Ebd., 82.

[17] Ebd.

[18] Ebd., 84.

[19] A. ERMAN: Die Religion der Ägypter, 54–55.

[20] E. BRUNNER-TRAUT: Pharao und Jesus als Söhne Gottes, in: Gelebte Mythen, 34–54, S. 39.

[21] Ebd., 47–48; vgl. E. DREWERMANN: Religionsgeschichtliche und tiefenpsychologische Bemerkungen zur Trinitätslehre, in: W. Breuning (Hrsg.): Trinität, 115–142, S. 137.

[22] ATHANASIUS: Gegen die Arianer, 1. Rede., Kap. 25; BKV Bd. 13, S. 53–54; 2. Rede, Kap. 28, a.a.O., S. 157–158.

[23] Vgl. ATHANASIUS: Gegen die Arianer, 1. Rede, Kap. 36; a.a.O., S. 69 wo der große koptische Kirchenlehrer ganz im Sinne altägyptischer Terminologie Christus „das Bild des unveränderlichen Gottes" nennt, womit er sich freilich sogleich das logisch nicht lösbare Problem der Unveränderlichkeit Gottes im Vorgang der Menschwerdung einhandelt. Sobald aus den „Bildern" Gottes theologische Begriffe werden, kann nur ein unendlicher Streit der Theorien entstehen, der, wie gehabt, im Grunde nur machtpolitisch gelöst werden kann, vor allem wenn die verschiedenen Begriffe nicht mehr daraufhin befragt werden, welche Erfahrungen sie reflektieren, sondern nur noch bzgl. ihrer Tauglichkeit zur Interpretation einer bestimmten Begriffsgeschichte untersucht werden. Die monolithische Unbeweglichkeit der späteren koptischen Kirche dürfte einen ihrer

Gründe gerade in der Genialität besitzen, mit der Leute wie ATHANASIUS den Bilder- und Erfahrungsreichtum altägyptischer Religiosität mit der Kunst alexandrinischer Textauslegung und der Herausforderung der griechischen Philosophie zu verbinden wußten.

24 Vgl. E. DREWERMANN: Der Krieg und das Christentum, 282–337 (zum religionsgeschichtlichen und tiefenpsychologischen Hintergrund des Rituals der Eucharistie).

25 J. VON BECKERATH: Handbuch der ägyptischen Königsnamen, 7.

26 Ebd., 4.

27 E. BRUNNER-TRAUT: Pharao und Jesus als Söhne Gottes, in: Gelebte Mythen, 48.

28 Ebd., 48.

29 Zu der wesentlich *priesterlichen* Stellung des Pharao vgl. J. ASSMANN: Der König als Sonnenpriester, 58–70, der von der himmlischen und irdischen Akzeptation des Königs als Sonnenpriesters in seiner Wesensgemeinschaft mit dem Sonnengott spricht; die Anklänge an die Theologie des *Hebräer*-Briefes sind unüberhörbar (vgl. Hebr 8, 1–5).

30 J. v. BECKERATH: Handbuch der ägyptischen Königsnamen, 24.

31 Ebd., 34.

32 W. SEIPEL: Staat und Gesellschaft, in: A. Eggebrecht (Hrsg.): Das Alte Ägypten, 117–195, S. 123.

33 Ebd., 125.

34 Auch die Vorstellung eines *Kampfes,* den zwei verfeindete Brüder als Verkörperungen kosmischer wie psychischer Kräfte gegeneinander austragen, ist eine weltweit verbreitete archetypische Vorstellung. Vgl. zum Kain-und-Abel-Motiv E. DREWERMANN: Strukturen des Bösen, I 111–114; II 247–256; III 263–299.

35 Vgl. E. DREWERMANN: Tiefenpsychologie und Exegese, I 250–374.

36 J. v. BECKERATH: Handbuch der ägyptischen Königsnamen, 14.

37 Zur Gestalt der Himmelsgöttin *Nut* vgl. H. KEES: Der Götterglaube im Alten Ägypten, 226–227.

38 J. ASSMANN: Der König als Sonnenpriester, 22.

39 Ebd., 38.

40 So im Erbe PLATONS, dessen geistige Verwandtschaft zu den Anschauungen der Ägypter dringend einer gesonderten Untersuchung bedürfte, später PLOTIN: Enneaden, IV 8 (6), 5,29, in: W. Marg (Übers.): Plotin: Ausgewählte Schriften, S. 31: „So also kommt die Seele, ob sie gleich ein Göttliches ist und von den oberen Räumen stammt, in den Leib, sie, ein zweiter Gott im Range, schreitet hinab in diese Welt mit freigewollter Wendung, um ihrer Kraftfülle wegen, zu formen, was unter ihr ist. Gelingt es ihr, rasch wieder zu entfliehen, so bleibt sie unversehrt, hat obendrein Erkenntnis des Schlechten gewonnen, die Schlechtigkeit in ihrem Wesen erkannt, sie hat ihre eigenen Kräfte ins Licht gebracht und ihr Wirken und Schaffen offenbart; im Bereich des Körperlosen ruhend wären diese Kräfte unnütz, da sie ewig unverwirklicht blieben, und der Seele selbst bliebe unbewußt, was sie in sich trägt, wenn es nicht in Erscheinung träte, nicht aus ihr hervorginge."

41 J. ROTH: Die Flucht ohne Ende, 77.

42 Ebd., 78–79.

43 Vgl. J. G. FICHTE: Grundlage der gesamten Wissenschaftslehre (1794), 1. Teil, § 1, S. 11, wo er jene *„Tathandlung"* reflektieren möchte, die nicht Tatsache des empirischen Bewußtseins sein kann, weil sie allem Bewußtsein zugrunde liegt.

44 Vgl. E. JONES: Die Empfängnis der Jungfrau Maria durch das Ohr, in: Jahrbuch der Psychoanalyse, IV. Bd., 1914, S. 135–204, S. 140–154, wo er auch *das Verstummen des Zacharias* in Lk 1,20 sehr zu Recht *als Symbol der Impotenz* deutet. Auch Johannes der Täufer also kommt den Bildern der Legende nach, psychoanalytisch betrachtet, „jungfräulich", d. h. ohne Zutun des Vaters, zur Welt.

45 Zum Begriff des *Familienromans* und zu seiner Bedeutung für die Interpretation von Mythen und Legenden vgl. E. DREWERMANN: Tiefenpsychologie und Exegese, I 212–213.

46 Vgl. E. BRUNNER-TRAUT: Altägyptische Märchen, 78: „Es kam der herrliche Gott, Amun, der Herr der Throne der beiden Länder, nachdem er die Gestalt der Majestät ihres (der Iahmes) Gemahls angenommen hatte".

47 Den Begriff des *„Amphitryon-Komplex"* hat R. BILZ: Die Umweltlehre des Paracelsus, in: Paläoanthropologie, I 240 als einen *Elementargedanken* im Sinne von A. BASTIAN begründet und eingeführt: „daß letzten Endes Gott unsere Kinder zeugt ... Der Liebende steht an Gottes Statt!"

48 M. BECKMANN: Adam und Eva, 1917; in: C. Schulz-Hoffmann (Hrsg.): Max Beckmann Retrospektive, S. 201, Abb. 16.

49 Vgl. die Untersuchung über das *Grimm*sche Märchen *„Marienkind"* (KHM 3) bei E. DREWERMANN – I. NEUHAUS: Marienkind, 29–38.

50 Zum Bild der ägyptischen *Sonnenbarke* vgl. N. JENKINS: Das Schiff in der Wüste, 139–156.

51 Vgl. A. GARDINER: Egyptian Grammar, 568.

52 Vgl. A. ERMAN: Die Religion der Ägypter, 52.

53 I. E. S. EDWARDS: Tutanchamun, 70. Es handelt sich im Grunde um den mythischen Ausdruck der Lehre von der *imago dei* der menschlichen Existenz. E. BENZ: Der Mensch als imago dei, in: A. Portmann – R. Ritsema (Hrsg.): Eranos-Jahrbuch 1969, 297–330 hat (S. 313–314) eindrucksvoll darauf hingewiesen, daß die „Selbstabbildung Gottes im Menschen durch die Zeugung und Geburt des Sohnes im Menschen ... in seiner letzten Konsequenz auf den Gedanken der Vergottung des Menschen" hinführt, der aus der kirchlichen Dogmatik seit dem 5.–6. Jh. verschwunden ist, in der christlichen Mystik aber weiterlebt (z. B. in der Philosophie SCHELLINGS, der Religion der *Mormonen* u. a. m.)

54 S. SCHOTT (Übers.): Altägyptische Liebeslieder, 102–103.

55 Vgl. das uralte, z. T. schamanistische Motiv der *Seelenreise* in den Märchen der Völker: E. DREWERMANN – I. NEUHAUS: Die Kristallkugel, 20–24.

56 J. v. BECKERATH: Handbuch der ägyptischen Königsnamen, 86; 230.

57 Vgl. die Abbildung in J. SETTGAST (Red.): Nofretete-Echnaton. Katalog, Bild 47. Ägyptisches Museum Berlin.

58 C. BAROCAS: Theben. Das Heiligtum Amuns, 48. Echnaton rückte wesentlich den Königspalast in den Mittelpunkt des Lebens des Landes – der König galt ihm als der einzige Mittler zwischen Gottheit und Menschheit; die Priesterschaft des Amun war buchstäblich überflüssig. Vgl. B. VAN DE WALLE: Einleitung, in: J. SETTGAST (Red.): Nofretete-Echnaton (s. Anm. 57).

59 S. SCHOTT (Übers.): Altägyptische Liebeslieder, 117 (Nr. 58).

60 Vgl. E. EGGEBRECHT: Die Geschichte des Pharaonenreiches, in: A. Eggebrecht (Hrsg.): Das Alte Ägypten, 41–116, S. 94–100.

61 Zu den Begriffen der *„Ewigkeit"* vgl. J. ASSMANN: Zeit und Ewigkeit im Alten Ägypten, 61–69, der zwischen der zyklischen (diskontinuierlichen) Erstreckung der Zeit und der kontinuierlichen Dauer unterscheidet, die beide aufgehoben sind im Bewußtsein Gottes.

62 Vgl. E. HORNUNG: Tal der Könige, 180

63 Vgl. E. DREWERMANN: Tiefenpsychologie und Exegese, II 105–114.

64 G. W. F. HEGEL: Philosophie der Geschichte, 177–178: „Die orientalische Welt hat als ihr nähres Prinzip die Substantialität des Sittlichen. Es ist die erste Bemächtigung der Willkür, die in dieser Substantialität versinkt. Die sittlichen Bestimmungen sind als Gesetze ausgesprochen, aber so, daß der subjektive Wille von den Gesetzen als einer äußerlichen Macht regiert wird, daß alles Innerliche, Gesinnung, Gewissen, formelle Freiheit nicht vorhanden ist ... Es fehlt nicht an dem Willen, der es befiehlt, wohl aber an dem, welcher es darum tut, weil es innerlich geboten ist." A.a.O., S. 287–315 versteht HEGEL das Bild der *Sphinx* deshalb als Zentralsymbol des Alten Ägyptens: „der menschliche Kopf, der aus dem tierischen Leib herausblickt, stellt den Geist vor, wie er anfängt, sich aus dem Natürlichen zu erheben, sich diesem zu entreißen und schon freier um sich zu blicken, ohne sich jedoch ganz von den Fesseln zu befreien." (S. 288) Man muß bei HEGELS brillanter Zusammenschau wesentlicher Elemente der verschiedenen Kulturen in ihrer geistigen Grundstruktur speziell bei der Behandlung des Alten Ägyptens in Rechnung stellen, daß all seine Ausführungen zu einer Zeit gemacht wurden, da J. F. CHAMPOLLION gerade eben die ersten Einsichten in die ägyptische Hieroglyphenschrift gewonnen hatte. Vgl. E. DOBLHOFER: Zeichen und Wunder. Die Entzifferung verschollener Schriften und Sprachen, 37–80.

65 S. MORENZ: Gott und Mensch im alten Ägypten, 93.

66 Ebd., 76.

67 Ebd., 98–99.

68 Zum Begriff und zur psychologischen Bedeutung der

„Korporativperson" vgl. E. DREWERMANN: Tiefenpsychologie und Exegese, I 271–298.

[69] Vgl. A. ERMAN – H. RANKE: Ägypten und ägyptisches Leben im Altertum, 620–626, der die im Grunde friedliebende Natur der ägyptischen Bauern herausstellt, aber auch die Raublust mancher Fürsten und Könige nicht unerwähnt läßt. Erst im Neuen Reich (während der 18. Dynastie) kommt in Ägypten so etwas wie eine Kriegsbegeisterung auf.

[70] Vgl. W. ORTHMANN: Der Alte Orient, Abb. 210 bis 216; S. 317–318; Abb. 228–233; S. 321–322; Abb. 236–244; S. 324–325, die *assyrischen* Kriegs- und Jagdszenen aus der Zeit Salmanassars III, Sanheribs und Assurbanipals.

[71] Vgl. R. FRYE: Persien, 202 ff.; 217–225, der den starken mesopotamischen Einfluß auf die Achämeniden gebührend hervorhebt.

[72] Vgl. neben der psychologisch sehr hellsichtigen Darstellung bei PLUTARCH: Lebensbeschreibungen, IV 264–345 vor allem ARRIAN: Alexanders des Großen Zug durch Asien, 6. Buch, S. 348–349, wo er die militärisch disziplinierte Rücksichtslosigkeit *Alexanders* gegenüber sich selbst wie gegenüber seinen Leuten schildert. Zur Verehrung *Alexanders* als Verkörperung des Amun-Re vgl. G. GOTTSCHALK: Die großen Pharaonen, 238–239.

[73] SUETON: Leben der Caesaren. Augustus, 52; S. 88 erwähnt, daß *Augustus* selbst sich jede Verehrung in Tempeln verbat und sie in der Provinz nur duldete, wenn der Name der Göttin *Roma* zu dem seinen hinzugefügt wurde. *Domitian* indessen beanspruchte als erster lebender Kaiser die Bezeichnung *dominus* und *deus* für sich, die seit *Aurelian* (270–275) üblich wurde. „Nach dem Tode wurden Augustus, dann Claudius, Vespasian, Titus und danach jeder Kaiser, der nicht der damnatio memoriae verfiel, durch Consecratio zum Divus erhoben." H. VOLKMANN: Herrscherkult, in: Der kleine Pauly, II 1110–1112.

[74] F. WERFEL: Das lyrische Werk, 276. Zu der Idee des *königlichen* Wesens *aller* Menschen vgl. die sehr lesenswerte Studie von F. VONESSEN: Der wahre König. Die Idee des Menschen im Spiegel des Märchens, in: Vom Menschenbild im Märchen, 9–38.

[75] Vgl. E. DONDELINGER: Der Jenseitsweg der Nofretari, 45, der vor allem die Vorstellung von der Ba-Seele als „Anspruch des Menschen auf eine individuelle, autonome Seele" deutet, die erstmals zum Ausdruck kommt „im Unas-Ritual der ausgehenden 5. Dynastie, und zwar nicht nur als Anspruch des Königs, sondern als Anspruch eines jeden Menschen."

[76] Vgl. G. W. F. HEGEL: Der Geist des Christentums und sein Schicksal, 86–87, wo er *das Prinzip der Entgegensetzung von Kirche und Staat,* Gottesdienst und Leben, Frömmigkeit und Tugend, geistlichem und weltlichem Tun für das Wesen – und die geschichtliche Grenze des Christentums erklärt.

Maria und Elisabeth (S. 67–81)

[1] I. B. SINGER: Schoscha, 314.

[2] Vollkommen positivistisch z. B. urteilt H. SCHÜRMANN: Das Lukasevangelium, 67: „Johannes gehört schon in die Geburtsgeschichte Jesu, weil Gott ihn eben an den ‚Anfang' gesetzt hatte"; eine Polemik gegen den Täuferkreis ist für ihn nicht erkennbar. Aber warum hat „Gott ihn eben an den ‚Anfang' gesetzt"? *Das* ist die eigentlich zu behandelnde Frage. Wenn E. SCHWEIZER: Das Evangelium nach Lukas, 22 meint, das Gewicht der Erzählung, die den Erzählstrang der Johannesüberlieferung mit der Jesustradition verbinde, liege „nicht eigentlich bei Maria, sondern beim unerhörten Handeln Gottes an ihr", so ist dem gewiß zuzustimmen; doch auch Johannes steht für ein bestimmtes „unerhörtes Handeln Gottes"; worin es in Zusammengehörigkeit und Unterschied besteht, gilt es zu untersuchen.

[3] Daß der Sinn der Jesusüberlieferung u. a. darin besteht, die Johannestradition zu überbieten, zeigt bereits *das Aufbauprinzip der parallelen Steigerung:*

Lk 1,5–25:	die Verkündigung der Geburt des Johannes	1,26–56:	die Verkündigung der Geburt Jesu
1,57–80:	die Geburt des Johannes	2,1–40:	die Geburt Jesu.

Den beiden zweigeteilten Johannes-Erzählungen (1,5–23.24–25; und 1,57–66.67–80) entsprechen die beiden Doppelerzählungen von der Geburt Jesu (1,26 bis 38.39–56; und 2,1–21.22–40). M. a. W.: die Johannes-Überlieferung, die wohl eher aus judenchristlichen Kreisen als aus der Gruppe der Johannesjünger stammt, wird nur erzählt um der Gestalt Jesu willen, wobei Johannes und Jesus wie Verheißungsaussage (Altes Testament) und eschatologische Erfüllung (Neues Testament) einander zugeordnet sind. Die Erzählart selbst ist typologisch und, wie wir gesehen haben, dem Schema der alttestamentlichen Geburtsverheißungen angelehnt: Gen 17,15–22; 18,9–15; 21,1–7: die Geburt *Isaaks;* Ri 13,2–25: die Geburt *Samsons;* 1 Sam 1: die Geburt *Samuels.* Gewiß mag man in dieser Darstellungsweise, geschichtlich gesehen, einen Ausdruck des prophetischen Geistes der Urkirche erblicken, die das alttestamentliche Heilshandeln Gottes in Christus messianisch erfüllt sieht, wie es die prophetischen Stimmen und Lieder eigens belegen: Lk 1,42 ff.; 1,46–55; 1,67–79; 2,29–32.34 f.; und gewiß auch ist es historisch richtig, darin das „apokalyptische Charisma" des Offenbarungsempfangs in den Tagen der Endzeit zu konstatieren, indem vor allem die Sendung des Engels *Gabriel* (nach Dan 8,17; 9,21.24 f.) einen Beweis für den Offenbarungscharakter der Geburt Jesu darstellt. Aber die eigentliche Frage wird mit solchen Redewendungen völlig verdrängt: was es denn heißt, eine Offenbarung Gottes zu empfangen, die etwas Endgültiges über das Verhältnis des Menschen zu Gott aussagt und die in alle Ewigkeit das Auftreten eines Johannes des Täufers ebenso notwendig wie vorläufig macht. Zudem ist es eines, rein äußerlich die Tatsache „typologischer Erzählweise" festzustellen, und ein ganz anderes, sie zu begründen und von innen her verstehend mitzuvollziehen. – SCH. BEN-CHORIN: Bruder Jesus, 32–38 arbeitet sehr schön die „kulturfeindlichen Züge" des *Nasirats* heraus, zu dem Johannes, entsprechend der Verordnung von Num 6,1–21, bestellt ist. Die *Stummheit* des Vaters Zacharias versteht er „in der Sprache des Mythos" als Bild für „die Schwere von Gottes Wort im Menschenmunde" (S. 34). Insgesamt ist es historisch richtig, Johannes nicht unmittelbar auf die Gestalt Jesu zu beziehen, sondern in den Rahmen der zeitgenössischen *Bußbewegungen* zu stellen, die in der römischen Fremdherrschaft und in dem „Gewaltregime des Herodes Antipas … messianische Geburtswehen" erkannten (S. 36). So erklärt sich auch die drastische Aburteilung der gegenwärtigen Generation vor dem Anbruch der Gottesherrschaft. „Am Schluß des Mischna-Traktates Sota (Eiferwasser) wird die der messianischen Zeit unmittelbar vorangehende Phase … geschildert: ‚Das Antlitz dieser Generation wird wie das Gesicht eines Hundes sein, und der Sohn wird sich nicht vor dem Vater schämen" (S. 36). Die Worte der Propheten Am 2,7; Mi 7,6; Mal 3,23 sind die Quellen dieser Forderung zur *theschuba,* zur Umkehr. Die Predigt in der *Wüste* scheint dabei dem Rechabiter-Ideal (Jer 35; 1 Chr 2,55) zu entsprechen, „im Sinne des alten Nomaden-Ideals … in die Wüste zurückzugehen, in das ‚Unschuldsland Israels', in der es seinem Gott noch getreulich nachgefolgt ist" (S. 37). – Gleichwohl meldet sich gerade infolge der glänzenden Darstellungsweise SCH. BEN-CHORINS die Frage nur um so deutlicher, was uns diese historisch fremde, ja geradezu bizarr anmutende Gestalt des Täufers eigentlich angeht, was „Umkehr" in seinem Sinne uns Heutigen zu sagen hat, welche „Wüsten" *wir* zu durchwandern haben, um eines Neuanfangs fähig zu werden. Kurz: die äußeren Tatbestände im Auftreten des Täufers müssen selbst als *symbolischer* Ausdruck gelesen werden, um die bleibende Gültigkeit des Konflikts, den er verkörpert, zu verstehen.

[4] Zur Gestalt des Täufers im Zusammenhang mit der *Täuferbewegung* vgl. E. STAUFFER: Jerusalem und Rom, 80–102; der (S. 100) die „reiche Tradition über die Vita und Verkündigung des Täufers" mit der wohl richtigen Vermutung begründet, „daß jene Täufertraditionen bereits im frühapostolischen Zeitalter schriftlich fixiert waren" und „in mehreren Fassungen umliefen". Der „Nachfolger", auf den Johannes hinweist, der „Starke" (Jes 9,5), dürfte ursprünglich „vom Kommen des Kriegsgesalbten aus Israel, ganz im Sinne der Wüstentexte" von Qumran, gesprochen haben (S. 91); andererseits könnte das Wort des Johannes von der eschatologischen Geisttaufe in Mt 1,8 („Ich habe euch mit Wasser getauft, er aber wird euch mit dem Heiligen Geist taufen.") sich „auf den hochpriesterlichen Messias aus Aaron" beziehen, „der nach der Tradition der Wüsten-

leute die Fülle des Geistes bringen soll" (S. 92). Johannes selbst hätte sich dann im Rahmen eines eschatologischen Dreigestirns für den prophetischen Herold dieser beiden gehalten, wenngleich andere in ihm einen *Elias redivivus* gesehen haben mögen. Für das Verständnis der Gestalt des Täufers kommt es darauf an, in all dem eine extreme Steigerung der (pharisäisch-qumranischen) Gesetzesfrömmigkeit zu erblicken. „Die Radikalisierung der Thora, die Polemik gegen die herrschenden Hochpriester, Thorajuristen und Pharisäer in Jerusalem, die Absentierung von der verunreinigten Gottesstadt, ihrem Tempelkult und ihren Pilgerfesten" (a.a.O., 92–93) – *das* ist die Haltung des Täufers. Es handelt sich um einen ethischen Rigorismus und religiösen Gesetzesgehorsam, an dem *wesentlich* jeder Mensch zerbrechen muß; *insofern* verkörpert – gegen seine Absicht – die Taufe des Johannes das konsequente Ende des ethischen Optimismus, und gerade in ihrer tödlichen Radikalität wird sie zum Anfang der Erlösung, zum Beginn eines bedingungslosen Vertrauens, zur Verwandlung des Lebens von Schuld in Gnade, von Gesetz in Güte, von Fluch in Segen.

5 Immer wieder gilt bei der Interpretation von mythischen oder legendären Kindheitsgeschichten, daß die „Anfänge" das *Wesen* des jeweiligen Helden beschreiben; vgl. E. DREWERMANN: Tiefenpsychologie und Exegese, I 350–374.

6 Vgl. E. STAUFFER: Jerusalem und Rom, 49–61; DERS.: Die Botschaft Jesu damals und heute, 13–16.

7 Es scheint, daß vor allem an *dieser* Stelle eine entscheidende Gemeinsamkeit zwischen der Gruppe der Essener und der frühen Kirche bestanden hat: beide verwarfen den Kultdienst im Tempel von Jerusalem und ersetzten den Tempel durch die Gemeinde. Beide Gruppen bereiteten mithin eine Lebensform vor, wie sie nach der Zerstörung Jerusalems 71 n. Chr. für alle Juden unumgänglich wurde: zu leben ohne Tempel. Allerdings war der essenische Protest gegen den Jerusalemer Tempel einzig von einer übergenauen Befolgung des Gesetzes motiviert, während das Christentum gerade umgekehrt sich vom Gesetz lossagte und zur Religion (auch) der Heiden wurde. Vgl. Y. YADIN: Die Tempelrolle, 271–277.

8 Vgl. E. STAUFFER: Jerusalem und Rom, 88–102, der von der Bußtaufe des Johannes feststellt, daß sie in vier entscheidenden Punkten über die (essenische) Taufpraxis hinausgeht: „Erstens ist die Geltung der Täufertaufe gebunden an die persönliche Legitimation des Täufers. Zweitens ist die Täufertaufe keine Selbsttaufe, sondern wird vom Täufer oder seinen Jüngern vollzogen. Drittens ist sie ein einmaliger und unwiederholbarer Akt. Viertens gilt sie nicht nur dem Gottesvolk, sondern allen Menschen. Kurz, die Täufertaufe ist der einmalige Aufnahmeakt in die eschatologische Bundesgemeinde, die sakramentale Versiegelung aller, die der nahen Endkatastrophe entrinnen wollen, Juden und Heiden" (a.a.O., S. 90).

9 Zur Deutung der atl. *Sintfluterzählung* vgl. E. DREWERMANN: Strukturen des Bösen, I 191–229; II 359–430.

10 Erst unter dem Eindruck des eschatologischen Endes versteht man die Lebensweise und das äußere Auftreten des Johannes, der vielleicht schon als Kind „in Obhut der benachbarten Wüstengemeinde am Toten Meer überwiesen" wurde, auf daß er dort im Geiste der sadokidischen Priesteropposition erzogen werde und zu gegebener Zeit den Ordenseid ablege. „Jedenfalls hören wir, daß er kein Weib berührte, kein Schermesser auf sein Haupt kommen ließ, keinen Wein trank und sich von Heuschrecken und wildem Honig nährte" – ein Nasiräer reinster Prägung also. E. STAUFFER: Jerusalem und Rom, 89; 90.

11 Vgl. z. B. TERTULLIAN: Über die Taufe, 8; in: Schriften, 1. Bd. (BKV 7) 284: „Wie nämlich nach den Wasserfluten der Sündflut, wodurch die alte Ruchlosigkeit hinweggespült wurde, um sich so auszudrücken, nach einer Taufe der Welt – die Taube als ein Herold das Aufhören des göttlichen Zorns anzeigte ... – so (wird) die Taube des Hl. Geistes, welche den Frieden Gottes bringt, (in der Taufe Jesu) vom Himmel ausgesendet, wo die durch die Arche vorgebildete Kirche sich befindet."

12 Vgl. E. LOHSE (Übers.): Die Texte aus Qumran. Kriegsrolle, 177–225; 1 QM I 13 (a.a.O., S. 183), wo die Söhne des Lichtes (die *bnj 'wr*), gegen die „Streitmacht Belials" *(ḥjl bljᶜl)* zur Entscheidungsschlacht anrücken.

13 Vgl. E. DREWERMANN: Der Krieg und das Christentum, 108–135.

14 Vgl. Ebd., 65–74.

15 Vgl. K. MARX: Das Kapital, I 793: „Er (sc. E. G. WAKEFIELD, d. V.) entdeckte, daß das Kapital nicht eine Sache ist, sondern ein durch Sachen vermitteltes gesellschaftliches Verhältnis zwischen Personen (sc. zwischen dem Eigentümer der Produktionsmittel und dem Lohnarbeiter, d. V.)."

16 G. GROSZ: Sonnenfinsternis (1926), Heckscher Museum, New York; Stützen der Gesellschaft (1926), Nationalgalerie Berlin. Abbildungen in: CH. M. JOACHIMIDES (u. a. Hrsg.): Deutsche Kunst im 20. Jahrhundert, Abb. 128; 129. – Der Titel: *„Die Stützen der Gesellschaft"* geht zurück auf das Drama von H. IBSEN aus dem Jahre 1877; in: H. IBSEN: Dramen, I 669–756, mit den zu jeder Zeit revolutionären Worten des späterwachten Konsuls Bernick: „... mag ein jeder sich selbst prüfen ..., daß wir mit dem heutigen Abend eine neue Zeit beginnen. Die alte Zeit mit ihrer Schminke und Hohlheit, mit ihrer Tugendheuchelei und ihren jämmerlichen Rücksichten soll vor uns dastehen als ein Museum – zugänglich denen, die sich belehren wollen." (A.a.O., 752–753) Die „Stützen der Gesellschaft" sollten sein der Geist der Wahrheit und der Geist der Freiheit. Aber wo je sind sie es, oder wo sind sie nicht vielmehr das Ekrasit der bestehenden „Ordnung"!

17 Vgl. die Deutung der Exodusgeschichte bei E. DREWERMANN: Tiefenpsychologie und Exegese, I 485–502.

18 H.-A. FRYE: Die übrigen Erd- und Baumhörnchen, in: B. Grzimek (Hrsg.): Enzyklopädie des Tierreichs in 13 Bden., Bd. 11, 234–269, S. 255, der vor allem die starre, rein instinktive Bewegungsabfolge der ganzen Handlungskette (Loch scharren, Nuß ablegen, Schnauzenstoßen, Zuscharren des Loches, Festdrücken der Erde) beim Anlegen von winterlichen Nahrungsvorräten hervorhebt.

19 Zu dem Gleichnis vom *verlorenen Schaf* vgl. J. JEREMIAS: Die Gleichnisse Jesu, 132–135.

20 I. B. SINGER: Schoscha, 215.

21 Zur Deutung der *Gestalt der Salome* vgl. E. DREWERMANN: Tiefenpsychologie und Exegese, II 654–658.

22 Vgl. J. JEREMIAS: Die Gleichnisse Jesu, 207–211.

23 Gegen den (Irr-)Glauben an das moralisch Gute im Menschen bzw. an die sittliche Autonomie des Menschen *außerhalb der Erlösung durch Gott* vgl. E. DREWERMANN: Strukturen des Bösen, III, S. LXIX-LXXXVI.

24 Vgl. den nach wie vor lesenswerten Exkurs über: „Sünde und Tod, Erbtod und Erbsünde" bei O. KUSS: Der Römerbrief, I 241–275.

25 Vgl. zur Stelle E. DREWERMANN: Strukturen des Bösen, I 179; 210.

26 Zur Regel der Gruppendynamik zählt wesentlich, daß eine (gleichgültig, ob geschriebene oder unausgesprochene) Norm gerade so viel gilt, wieviel an Strafe im Falle ihrer Übertretung faktisch verhängt wird. Vgl. G. C. HOMANS: Theorie der sozialen Gruppe, 294–297, der besonders auf *die Ritualisierung der Strafe* als eines Mittels hinweist, das Gruppengleichgewicht gegen Störungen wiederherzustellen.

27 Zur Ritualisierung des *Eids* im Sinne J. P. SARTRES, als der „Terrorbrüderlichkeit" innerhalb von Gesellschaften verinnerten Zwangs, vgl. E. DREWERMANN: Strukturen des Bösen, III 343–345; 387–389.

28 Das *Patriarchat* erscheint vor allem in der *jahwistischen Urgeschichte* als der erste Fluch Gottes über eine aus Angst- und Schamgefühl zur Liebe unfähig gewordene Menschheit; vgl. E. DREWERMANN: Strukturen des Bösen, I 90–91 (zu Gen 3, 16); 391–396 (zur Abwertung der Frau in patriarchalischen Kulturen). Vgl. E. STAUFFER: Die Botschaft Jesu damals und heute, 68–85.

29 Vgl. die sehr eindringliche Darstellung bei E. STAUFFER: Die Botschaft Jesu damals und heute, 26–35 (Moral oder Gesetz), mit der Bilanz: „Jesus ... zerreißt ... jede gesetzliche Bindung ... Das Gesetz ist der Feind der geschichtlichen Tat ... Das Gesetz ist tot ... Das Gesetz ist ertötend ... Das Gesetz macht unfrei ... Das Gesetz schafft Quietisten und Kreaturen" (S. 31). In allem ist Jesus der lebende Widerspruch zum Gesetz, zu *jedem* Gesetz.

30 Vgl. a. a. O., 36–39, wo STAUFFER zu Recht die pharisäische Extrafrömmigkeit im Sinne Jesu als selbstherrlich, Heuchelei belastet, egoistisch in ihrer religiösen Lohnbuchhalterei, rücksichtslos gegenüber den sozialen Verpflichtungen und als terroristisch in ihrer angstbesetzten Supermoralität kennzeichnet. „Der Sabbath, der Sabbath, der Sabbath muß korrekter gehalten wer-

den. Das ist ihr (sc. der Pharisäer, d. V.) weltgeschichtliches Anliegen. Das ist ihr Hochziel, für das sie ihre Intelligenz und Willenskraft verschwenden." „Nicht umsonst ist der Kampf zwischen Jesus und den Pharisäern immer wieder ein Kampf um die Sabbathfrage. Denn der Sabbath ist ein Symbol, für beide Seiten." „In den Augen der Pharisäer ... Man hält den Sabbath, weil Gott es geboten hat ... Man lernt und übt die 39, die 234, die 1521 rabbinischen Ausführungsbestimmungen zum Dritten Gebot." „In den Augen Jesu aber ist die pharisäische Sabbathfrömmigkeit das Musterbeispiel einer unnützen Observanz." (S. 37; 38) Vgl. auch SCH. BEN-CHORIN: Bruder Jesus, 15, der Jesus als eine dritte Autorität neben Hillel und Schammai sehen möchte, wobei die „Verinnerlichung des Gesetzes, ... die Liebe das entscheidende und motorische Element bildet."

[31] H. v. KLEIST: Prinz Friedrich von Homburg (1821), in: H. v. Kleist, Gesamtausgabe in 7 Bden., Bd. 3, 214–289.

[32] Zum Bild des *„Lammes"* vgl. E. DREWERMANN: Tiefenpsychologie und Exegese, II 580.

[33] Zum *Seewandel des Petrus* vgl. a. a. O., II 29–31.

[34] Vgl. W. TRILLING: Das wahre Israel. Studien zur Theologie des Matthäus-Evangeliums, 32.

[35] Zu der *„mütterlichen" Bedeutung der Eucharistie* vgl. in religionsgeschichtlicher und tiefenpsychologischer Sicht E. DREWERMANN: Der Krieg und das Christentum, 309–310.

[36] Ohne dieses anthropologisch vorgegebene Vertrauen in die „Entelechie" der menschlichen Psyche ist weder Psychotherapie noch Religion im Ansatz möglich, und es bleibt allein übrig der Terror einer Sozialisation der Heteronomie und der Gewalt.

[37] Vgl. zur Stelle R. PESCH: Das Markusevangelium, I 170–176.

Der Gott des aufscheinenden Lichtes (S. 82–112)

[1] H. SCHÜRMANN: Das Lukasevangelium, I 97.

[2] Ebd., 98.

[3] Ebd., 107.

[4] Ebd., 103.

[5] Ebd., 100.

[6] Ebd., 101.

Vgl. zu dem gesamten Fragenkomplex bereits die profunde Kritik bei H. GRESSMANN: Das Weihnachtsevangelium auf Ursprung und Geschichte untersucht, 11–13.

[7] Vgl. E. SCHWEIZER: Das Evangelium nach Lukas, 31: „Die Hirtenerzählung ist so deutlich in sich geschlossen, daß sie mindestens mündlich in schon verfestigter Form bestanden haben muß, bevor sie in Lk 1 f. aufgenommen wurde. Ihre Christusverkündigung ist auch sehr anders, als die von 1,32–35 („Retter", „Christus der Herr" ...) ... V. 4–7 greifen nicht auf die Ankündigung der Jungfrauengeburt zurück; ja, Josef und Maria werden neu eingeführt". Trotz aller historischen Ungereimtheiten, meint E. SCHWEIZER, schildere „die Weihnachtsgeschichte bildhaft anschaulich, was sich wirklich ereignet hat: daß Gott in der Geburt dieses Kindes der Welt begegnete und daß darüber Jubel im Himmel herrschte und Menschen für den Frieden Gottes aufgeschlossen wurden. Das kann freilich nur der Glaube erkennen, und er muß das alles menschliche Begreifen Übersteigende in den Bildern seines Berichtes andeuten." Dem ist nur zuzustimmen. Aber gerade dann muß es darum gehen, zu zeigen, was die historisch-kritische Exegese nicht leisten kann noch will: wie jene Bilder selbst zustande kommen und welch eine Bedeutung ihnen zukommt, in denen derartige Erfahrungen in den Träumen des Einzelnen wie in den Mythen der Völker sich auszudrücken pflegen.

[8] Vgl. SCH. BEN-CHORIN: Mutter Mirjam, 75, spricht vor allem mit Bezug zu Lk 2,33 von der entwaffnenden „Naivität", mit welcher der Erzähler immer wieder das Erstaunen Mariens hervorhebe. „Hat der Evangelist oder der Redakteur einfach vergessen, daß Joseph nicht der Vater des Kindes ist und die Mutter Maria himmlische Offenbarungen vor der Geburt des Kindes hatte? Maria müßte doch wenigstens in den Worten dieses Geistesverwandten (sc. des greisen Simeon, d. V.) eine Bestätigung ihrer Vision sehen. Nichts davon."

[9] H. SCHÜRMANN: Das Lukasevangelium, 112.

[10] Ebd., 112. Dagegen hat schon H. GRESSMANN: Das Weihnachtsevangelium, 14–16 mit großer Berechtigung eingewandt, daß das Kind in der Krippe überhaupt kein Zeichen sein kann, – wo Gott spricht, bedarf es keiner Beglaubigung. Vielmehr wird man damit rechnen müssen, daß in der ursprünglichen Erzählung die Eltern gar nicht vorhanden waren. „Man begreift dann, warum die Hirten das Kind überhaupt aufsuchen, und noch mehr, warum sie sich unverzüglich aufmachen müssen ... Das Neugeborene bedarf ihrer mehr als die armseligen Schafe und Ziegen." Bei der „Krippe" kann es sich nur um eine ganz bestimmte Krippe gehandelt haben, die mit den Hirten eng verbunden ist. Das Kind selbst ist zunächst offenbar elternlos. Erst in einer späteren Fassung haben die Eltern die Hirten auf den zweiten Platz verwiesen. Die ursprüngliche Form der Geschichte wird (wie in zahlreichen Mythen!) erzählt haben, wie die Hirten das Kind mit sich nehmen und aufziehen. „Dieser Schluß mußte wegfallen, weil die Hirten als Pflegeeltern neben Joseph und Maria überflüssig geworden waren." (A. a. O., 17) M. a. W.: die Hirtenerzählung schildert entsprechend dem *Motiv des Findelkindes* die typische Geburtslegende des Helden (bzw. die Geschichte des Gottessohnes, seine Geburt und seine Verkündigung; a. a. O., 18–19). Es kommt aber darauf an, nicht nur die Tatsache einer solchen Legenden- bzw. Mythenbildung zu konstatieren, sondern den Sinn der Bilder zu verstehen und die Erfahrungen zu thematisieren, die derartige Symbole notwendig machen.

[11] H. SCHÜRMANN: Das Lukasevangelium, 103, Anm. 40.

[12] Ebd., 105, Anm. 53.

[13] Ebd., 103, Anm. 40.

[14] Ebd., 104, Anm. 51.

[15] Ebd., 103, Anm. 40.

[16] Vgl. E. DREWERMANN: Tiefenpsychologie und Exegese, II 773–776.

[17] Zur Geburtsmythe des *Osiris* vgl. E. BRUNNER-TRAUT: Altägyptische Märchen, 88. H. GRESSMANN: Das Weihnachtsevangelium, 24–25 denkt bei der Szene in Bethlehem als „zweifellos" an das „Urbild" des Osirismythos, auf den manche *späteren* Züge der lukanischen Kindheitsgeschichte durchaus passen (s. u. S. 118f.). Aber auch GRESSMANN selbst anerkennt die Unterschiede; richtig ist, daß die Vorstellung von dem Königs- und Gotteskind als *Urbild* ägyptischen Ursprungs ist, wenngleich die Einzelheiten der Bethlehemtradition eher auf Asklepios hindeuten als auf Osiris. Daß in Bethlehem nach dem Zeugnis des HIERONYMUS bis zur Zeit Konstantins ein Kultort des Adonis-Thamuz bestand, könnte in der Tat zusätzlich zu dem Zitat aus Mi 5,2 die Verlegung der Geburt Jesu nach Bethlehem mitveranlaßt haben.

[18] Zur Gestalt des *Mithras* vgl. J. DE MANASCE: Die Mythologie der Perser, in: P. Grimal (Hrsg.): Mythen der Völker, 3 Bde., II 9–49, S. 39–44, der im Mithraskult eine „Soldatenreligion" erblickt, deren Mittelpunkt die Stiertötung im Dienst einer (solaren) Neuerschaffung der Natur stand. Zur Legende von der wunderbaren *Geburt des Mithras* vgl. M. J. VERMASEREN: Mithras, 59–63: am 25. Dezember, dem Tag der Wiederkunft des Lichtes, tritt Mithras durch magische Kraft, bekleidet nur mit der phrygischen Mütze, aus einem Stein hervor, der dem Feuerstein entspringt. Seine Geburt ist ein kosmisches Ereignis, denn Mithras ist der Schöpfergott des Lichts *(genitor luminis)*, der Felsgeborene Gott *(natura dei, saxigenus)*; die *Felsgrotte* seiner Geburt ist eigentlich das Gewölbe des Himmels, das in der mit Sternen besäten *Mütze* symbolisiert ist. Mit seinem Dolch wird er den Stier (die Finsternis, den Mond bzw. das Sternbild, das als Wohnsitz des Planeten Venus gilt), töten, die Pfeile seines Köchers hingegen werden Wasserwunder und Jagdglück schenken. *Hirten* erscheinen in manchen Versionen als Helfer, meist aber sind es *die beiden Fackelträger* Cautes und Cautopates, die ihn aus dem Stein ziehen. Das *Wasserwunder* des Mithras erinnert stark an Ex 17, das Wunder des Moses; VERMASEREN: a. a. O., 69. Schon H. GRESSMANN: Das Weihnachtsevangelium, 33 verneinte eine Herkunft der Geschichte aus der Mithras-Mythe, weil dort die Hirten nur der Geburt des Sonnengottes beiwohnten, nicht der Inkarnation des Gottes im König. Dieser entscheidende Zug ist zweifellos *ägyptisch;* andererseits ist die Rolle des *Heilandes* mit der Gestalt des *Pharao* schwer vereinbar, während er zu der Person des Asklepios wesentlich gehört. Tatsächlich ist ferner auch der Mithras-Kult zur Zeit der Achämeniden ein Herrscher-Kult gewesen: Kyros wurde als Mithra-König gefeiert, wuchs unter Hirten auf und war als *ausgesetztes* Kind „in rituellem Sinn

das erste Wesen auf der Welt". R. Merkelbach: Mithras, 31.

[19] K. Kerényi: Der göttliche Arzt, 28.

[20] Vgl. O. Rank: Der Mythus von der Geburt des Helden, 79–80; E. Drewermann: Strukturen des Bösen, II 338.

[21] Vgl. O. Rank: Der Mythus von der Geburt des Helden, 79–80, der als „Durchschnittssage" der Heldengeburt diesen Ablauf der Ereignisse aufzählt: der Held (bzw. der Gottessohn) ist an sich das Kind vornehmer Eltern, doch gehen seiner Geburt außerordentliche Schwierigkeiten (Unfruchtbarkeit der Mutter oder des Vaters, drohende Orakel, tödliche Verfolgungen) voraus; zumeist beschließt der Vater, das Kind aus Angst zu töten bzw. zur Tötung auszusetzen, indem er es in unwirtlicher Gegend zurückläßt oder in einer Schachtel den Wogen des Meeres übergibt; einfache Leute aber (Hirten, Fischer) retten das Kind, und ein weibliches Tier oder eine Frau einfachen Standes zieht es auf; nach Jahren der Jugend im Kreis seiner Pflegeeltern kehrt der Held jedoch zu seinem Vater als Rächer zurück, besiegt seinen Feind und wird als der rechtmäßige König bzw. als Retter von Göttern und Menschen anerkannt. – Der exquisit *ödipale* Zug dieses Mythems ist natürlich unübersehbar.

[22] Zur tiefenpsychologischen Interpretation der Kindheitsgeschichte nach *Matthäus* vgl. E. Drewermann: Tiefenpsychologie und Exegese, I 502–529.

[23] Das Verfahren der Interpretation stellt sich angesichts der mythischen Variantenvielfalt für die Tiefenpsychologie nicht anders dar als in der vom *Strukturalismus* vorgeschlagenen Hermeneutik, nur daß die Tiefenpsychologie sich nicht für die logische, sondern die psychologische Bedeutung der jeweiligen symbolischen Entgegensetzungen interessiert. Insbesondere die prinzipielle Unabgeschlossenheit eines wirklichen mythischen Themas verlangt nach immer neuen Deutungen und Bearbeitungen des alten Stoffes und erfordert und ermöglicht somit die Einbeziehung auch der Weltliteratur bei der Interpretation antiker ebenso wie biblischer Stoffe. Vgl. E. Drewermann: Tiefenpsychologie und Exegese, I 178–200.

[24] Vgl. P. Kroh: Lexikon der antiken Autoren, 323.

[25] K. Kerényi: Der göttliche Arzt, 30. – Zur Gestalt des *Malos* vgl. H. Usener: Götternamen, 146, der in der Person des *Apollon Maleates* einen Apfelbaumgott sah.

[26] Ebd., 30.

[27] Ebd., 31.

[28] Ebd.

[29] Zum Symbol der *Schlangen* (als der *Hunde* des Mondes) vgl. E. Drewermann: Strukturen des Bösen, I 38; vgl. K. Kerényi: Der göttliche Arzt, 35.

[30] K. Kerényi: Der göttliche Arzt, 31; 35.

[31] Vgl. Ovid: Metamorphosen, III 594, (H. Breitenbach, Übers., S. 112), der von dem regenbringenden *Sternbild der Ziege* spricht.

[32] Vgl. Vergil: Aeneis, VIII 354 (W. Plankl, Übers., S. 213), der von der düsteren Aegis erzählt, die Jupiter mit der Rechten schwang, um Ungewitter zu erregen. Vgl. W. Richter: Stichwort „Ziege" in: Der kleine Pauly, V 1529–1533.

[33] K. Kerényi: Der göttliche Arzt, 31.

[34] Ebd.

[35] Ebd., 87.

[36] Zu dem Symbol des *„Hahns"* gibt es keinen besseren Kommentar als das Wort des Sokrates, das er sterbend zu seinem Schüler sprach: „O Kriton, wir schulden dem Asklepios noch einen Hahn, entrichtet ihm den, versäumt es ja nicht." (Platon: Phaidon, 118a). K. Kerényi: Der göttliche Arzt, 67 meint von diesem Ausspruch: „Er (sc. Sokrates, d. V.) hätte ebensogut sagen können: ‚Die Sonne geht auf, das Licht kommt, danken wir dafür.'"

[37] K. Kerényi: a. a. O., 88.

[38] Hesiod: Theogonie, 404 ff., in: W. Marg: Hesiod. Sämtliche Gedichte, 49.

[39] K. Kerényi: Der göttliche Arzt, 90.

[40] Ebd., 91–93. Vgl. Die Notiz bei Hygin: Sagen, Nr. 202, bei: L. Marg: Griechische Sagen, 342.

[41] K. Kerényi: Der göttliche Arzt, 96. – Oft ist es der (Gott-)Vater selbst, der die Mutter seines (göttlichen) Kindes tötet: so erschlug Zeus in Gewitter und Blitz die schöne Semele, die ihm Dionysos gebar; – Empfängnis und Tod sind eine archaische Einheit. Vgl. K. Kerényi: Die Mythologie der Griechen, I 202.

[42] H. Schürmann: Das Lukasevangelium, 99: „Die Christusverkündigung fügt sich störungslos dem Imperium Romanum ein." Aber tut sie es wirklich? „Das Reich Gottes ist" für Lukas bes. in der Apostelgeschichte eigentlich bereits „nicht mehr Gottes Herrschaft über diese Welt ..., sondern der Himmel (vgl. Lk 13,28; 14,15; 22,16). Als innerweltliche Größe ist das Reich Gottes in der Apostelgeschichte ersetzt durch den Geist, der in den Gläubigen wohnt." „Die königlich-großmütige und unverdiente Berufung Gottes ist bei Lukas zu einem Stück Moral geworden. Die prophetische Drohung des großen Bußgesandten Johannes des Täufers wird zu einer Sittenlehre." G. Bouwman: Das dritte Evangelium, 53–54. Zwar weiß Lukas natürlich um die Härte des Widerspruchs in Not und Martyrium; doch sein Ziel ist es, den Weg zu zeigen, den das Evangelium von Jerusalem nach Rom geht, in der Hoffnung, daß es von dort den ganzen Erdkreis erobere. Dieses Konzept setzt natürlich voraus, daß es bzgl. der politischen Macht nicht zu einem völligen Zerwürfnis kommt; gleichwohl geht der ursprüngliche Gegensatz zwischen Gottesherrschaft und Menschenherrschaft auch bei Lukas nicht gänzlich unter, und die Erfahrungen der frühen Kirche werden aufgrund dieses Konfliktes bald schon apokalyptische Dimensionen und Visionen annehmen und auf den Plan rufen.

[43] Vgl. E. Drewermann: Tiefenpsychologie und Exegese, I 519–522.

[44] Vgl. zur Darstellung des *Asklepios* E. Drewermann: a. a. O., II 174–188.

[45] D. Wildung: Imhotep und Amenhotep, 76–78 zeigt die rituellen Stufen auf, durch welche „die menschliche Existenz (sc. des Imhotep, d. V.) in die volle Göttlichkeit" überführt wird: die „historische" Geburt des Imhotep aus der Heiligen Hochzeit zwischen Ptah und der irdischen Mutter Cheredu-Anch; die Freude des göttlichen Vaters über die Geburt seines Sohnes, die wir als Motiv der messianischen Geburt bereits kennengelernt haben (s. o. S. 47; vgl. Abb. 7); vgl. E. Norden: Die Geburt des Kindes, 57–58; sodann der Gang des Imhotep vor die memphitischen Götter Ptah und Sechmet, von denen er gemäß dem göttlichen Heilsplan „in seinem Wesen und in seinem Erscheinungsbild göttliche Privilegien" empfängt; ferner die Vernichtung von Feinden am „roten Hügel"; schließlich der Tod des Imhotep, die Trauer seines Vaters Ptah, seine Trauerfeier und Beisetzung sowie das „Herausgehen des Ba des Imhotep zum Himmel." In anderen Texten erscheint *Asklepios* als Schüler des *Hermes Trismegistos.* „Die Beschreibung läßt keinen Zweifel daran, daß im Ahnherrn des Hermes-Schülers Asclepius der altägyptische Imhotep zu erkennen ist." D. Wildung: a. a. O., 101.

[46] Zur Freiheit von Krankheit und Tod im „Paradies" vgl. E. Drewermann: Strukturen des Bösen, I 3(erw.) 378–389.

[47] Vgl. R. H. Fuller: Die Wunder Jesu in Exegese und Verkündigung, 91–97, der speziell von den *Wundern Jesu im Lukas-Evangelium* meint, sie bildeten den wichtigsten Teil der lukanischen Jesusbiographie neben der Passionsgeschichte und seien dort „zu tröstlichen, leicht verständlichen Bildern göttlichen Heilswirkens geworden – gleichsam eine *Biblia pauperum,* eine ‚Armenbibel' –, und sie rufen die Gläubigen auf, sich nach dem Beispiel ihres Meisters der Kranken, Elenden und Notleidenden in herzlicher Liebe zu erbarmen."

[48] Die Spannung aller *Wundergeschichten* besteht gemäß ihrem Erfahrungsursprung *in dem Gegensatz von Angst und Vertrauen;* vgl. E. Drewermann: Tiefenpsychologie und Exegese, II 129–141.

[49] Kronzeuge dieser Meinung ist vor allem J. Jeremias: Jerusalem zur Zeit Jesu, 338, der nach b. Sanh. 24 b *die Hirten* (neben Würfelspielern, Wucherern, Veranstaltern von Taubenwettflügen, Händlern mit Früchten des Brachlandes, Steuererhebern und Zöllnern) auf die Liste der verachteteten Gewerbe gesetzt hat. Aber der Grund der (pharisäischen) Verachtung lag nicht in der wirtschaftlichen Armut der Hirten, sondern in der Vermutung, daß sie beim Weiden auf Ländereien, die ihnen nicht gehören, notwendig zu *Dieben* werden. Vor allem gilt es zu beachten, daß, wie wir sahen, die *Hirten* (oder Fischer) typischerweise die Geburt des göttlichen Kindes (Mithras, Asklepios u. a.) begleiten, und eben dieses *typische* Auftreten der Hirten läßt sich keinesfalls soziologisch erklären.

[50] So sehr richtig H. Schürmann: Das Lukasevangelium, 108–109, der dann freilich in den Fehler verfällt, das Hirtenmotiv allein als Teil der David-Bethlehem-Tradition zu interpretieren. Ein großartiges mythisches

Motiv wird damit – wie allerorten in der historisch-kritischen Exegese – zu einem bloßen Aussagemittel alttestamentlicher Erfüllungszitate entwertet.

[51] Dementsprechend ist der *Typ* des „Hirten" *strukturalistisch* als ein Symbol zu lesen, das zwischen logischen (und psychologischen) Gegensätzen vermittelt. Zur Technik strukturalistischer Mythendeutung vgl. C. Lévi-Strauss: Die Struktur der Mythen, in: Strukturale Anthropologie, 226–254.

[52] Tiefenpsychologisch liest sich das, was kulturgeschichtlich ursprünglich erscheint, als ein Moment der *Regression* zu denjenigen Befähigungen und Möglichkeiten der Seele, die, als noch unentwickelt, der *Regeneration*, einem Neuanfang, dienen können. Zu der Einheit von Regression und Progression im psychischen Erleben vgl. E. Drewermann: Tiefenpsychologie und Exegese, I 230–250.

[53] Schon in der Antike gab es Listen aller mythischen und sagenhaften Helden, die mit *Tiermilch* ernährt wurden. Hygin: Sagen, Nr. 252, in: L. Mader: Griechische Sagen, 353 zählt auf: Telephos, den Sohn des Herakles und der Auge, den eine Hündin ernährte; Aigisthos, der Sohn des Thyestes und der Pelopia, den eine Ziege aufzog; Aiolos und Boiotos, die Söhne des Poseidon und der Melanippe, den eine Kuh säugte; Hippothoos, den Sohn des Poseidon und der Alope, den eine Stute als Kind annahm; Antilochos, den Sohn des Nestor, den am Ida-Gebirge eine Hündin stillte; Harpalyke, die Tochter des Harpalykos, die eine Kuh und eine Stute aufzogen; Camilla, die Tochter des Volsker-Königs Metabus, die eine Stute stillte; sowie natürlich Romulus und Remus. – Ursprünglich dürften diese „Tiere" wohl Nachfahren der ägyptischen Himmelskuh, der Göttin *Hathor* sein, die, nach ihrer Einbeziehung in die Osirismythologie, immer häufiger in Bildern dargestellt wurde, die zeigen, wie sie die Toten und auch den „lebenden Horus", den Pharao, stillt. Die Flecken auf dem Körper der Himmelskuh stellen die Sterne dar, die Seelen der Verstorbenen. Vgl. V. Ions: Ägyptische Mythologie, 6, zu einer Darstellung der 18. Dyn., wie Hathor als Kuh den jungen Amenophis II. säugt. Der eigentliche *„Ochse"* an der „Krippe" des Gottessohnes ist m. a. W. die ägyptische Hathor. – Die erste Erwähnung von Ochs und Esel an der Krippe findet sich im *Pseudo-Matthäusevangelium*, 14; in: E. Hennecke – W. Schneemelcher: Neutestamentliche Apokryphen, I 306.

[54] Vergil: Hirtengedichte (Eklogen), IV 20ff. (Zeitenwende), in: H. C. Schnur (Übers.): Vergil: Hirtengedichte, S. 15–18: „Prall die Euter voll Milch, kommen heim ohne Hirten die Ziegen, / nicht mehr fürchtet die Herde des Viehs den gewaltigen Löwen. / Deiner (sc. des neugeborenen Weltenheilands, d. V.) Wiege sogar entsprießen zärtliche Blumen. / Sterben auch wird die Schlange, aus stirbt heimtückisches Giftkraut, / überall blüht statt seiner des Orients duftender Balsam."

[55] Vgl. E. Drewermann: Tiefenpsychologie und Exegese, II 152–155.

[56] Vgl. B. Rensch: Haustierentstehung, in: Biologie, II 164–167. Dagegen freilich steht die weit eher zutreffende Theorie von A. Gehlen: Urmensch und Spätkultur, 184–193 von der *kultischen Tierhege* als dem Ursprung der Domestikation von Tieren.

[57] E. Zimen: Wildwege (SDR), 8teilige Fernsehserie, 5.: Der Hund (1), 21. 6. 86 (ARD). – Zu dem Volk der hamito-nilotischen *Turkana* im wüstenhaften Norden Kenias vgl. L. Mair: Die Völker im Gebiet der Seen und Hochländer Ostafrikas, in: E. Evans-Pritchard (Hrsg.): Bild der Völker, Bd. 2; 1. Teil, 106–107; 267. – Als anregend, aber unhaltbar darf die Vorstellung gelten, die K. Lorenz: So kam der Mensch auf den Hund, 7–14 über die Zähmung der ersten Hunde aus der Beuteteilung mit hungrigen Schakalen entwickelt.

[58] Bei L. Marg (Übers.): Griechische Sagen, 102–103.

[59] Zu der tiefenpsychologischen Bedeutung von *links* und *rechts* vgl. E. Drewermann: Tiefenpsychologie und Exegese, II S. 406, Anm. 24; S. 407, Anm. 25; 27; S. 558, Anm. 58.

[60] Zum Bild der *Gorgo* als eines Symbols der Kastrationsangst vgl. S. Freud: Das Medusenhaupt, XVII 45–48.

[61] Zu dem hermeneutischen *Prinzip der inneren Stimmigkeit aller Teilmomente einer Erzählung* vgl. E. Drewermann: Tiefenpsychologie und Exegese, I 201–204.

[62] Zur *Vorläufigkeit des Daseins auf den Tod hin* vgl. M. Heidegger: Sein und Zeit, 249–267; vgl. aber dazu auch die Kritik J. P. Sartres, referiert bei E. Drewermann: Strukturen des Bösen, III 216–218; 246–247.

[63] Vgl. K. Kerényi: Der göttliche Arzt, 41: „Der Weg war (sc. in Epidauros wie in Eleusis, d. V.) derselbe, nur machte der Kranke, der in Epidauros seine Heilung fand, früher kehrt als der Myste, der in den eleusinischen Weihen bis zur Unterweltsgöttin vordrang."

[64] Th. Mann: Josef und seine Brüder, I 141–142.

[65] Vgl. E. Dondelinger: Der Jenseitsweg der Nofretari, Tafel 29, S. 102.

[66] Vgl. E. Dondelinger: A. a. O., 102: „Re war im Laufe der Jahrtausende mit den alten Göttern verschmolzen worden: Re-Harachte, Re-Atum, und endlich Amun-Re. Nur zwischen Osiris und Re bestand ein unüberbrückbarer Gegensatz. Re ist der reine Geist – Osiris, das sich ständig im Tod erneuernde Leben. Re ist das aktive Prinzip, der männliche Pol im Weltall. Osiris ist das ‚Stirb und Werde', der gleichsam weibliche Pol, das Fruchtbarkeitsprinzip. – Ihre Gegensätzlichkeit wird aufgehoben in einer höheren Seinsstufe." So lautet ein Text im Grab der Nofretari: „Osiris ruht ihn Re" (*wśjr ḥtp m R*^{c}) und: „Re ist es, der in Osiris ruht" *(R*^{c} *pw ḥtp m wśjr).*

[67] Vgl. K. Kerényi: Die Mythologie der Griechen, II 185; Ovid: Metamorphosen, VIII 183–235, in: H. Breitenbach (Übers.): Ovid: Metamorphosen, 251–253.

[68] Vgl. A. Erman – H. Grapow: Ägyptisches Handwörterbuch, 193.

[69] Vgl. E. Hornung (Übers.): Das Totenbuch der Ägypter, Spruch 76, S. 156: Spruch, um jegliche Gestalt anzunehmen, die man wünscht. – Ähnlich schreibt die christliche Dogmatik dem Zustand der vom Körper getrennten *Seele* eine Menge an Tätigkeiten und Erleuchtungen zu, ja, sie verfügt „mit Zulassung Gottes" womöglich gar über die Fähigkeit, „in einem angenommenen Leibe hier auf Erden zu erscheinen." J. Brinktrine: Die Lehre von den letzten Dingen, 39. – „Ägyptischer" geht es nicht.

[70] M. Arnold: Edvard Munch mit Selbstzeugnissen und Bilddokumenten, 7. A. a. O., 120 sagt E. Munch zu seinem berühmten Bild *Der Schrei:* „In einer starken Stimmung wird eine Landschaft eine gewisse Wirkung auf einen ausüben – durch die Darstellung dieser Landschaft wird man in ein Bild der eigenen Stimmung versetzt – diese Stimmung ist die Hauptsache – die Natur ist nur ein Mittel – Wieweit das Bild dann der Natur ähnelt, bedeutet nichts."

[71] Zu dem Thema *„Nacht"* gibt es wohl keinen eindringlicheren Kommentar als das gleichnamige Bild von M. Beckmann aus dem Jahre 1919, in: C. Schulz – Hoffmann – J. C. Weiss (Hrsg.): Max Beckmann. Retrospektive, Abb. 19, S. 204–205. Visionär meinte Beckmann zu diesem Bild einer vollendeten Hölle: „Wir müssen teilnehmen an dem ganzen Elend, das kommen wird. Unser Herz und unsere Nerven müssen wir preisgeben dem schaurigen Schmerzensgeschrei der armen getäuschten Menschen ... Daß wir den Menschen ein Bild ihres Schicksals geben ..." (A. a. O., 205) Das „Bild" des „Schicksals" – das ist eine unterirdische Szenerie von Folter, Vergewaltigung, Ohnmacht, Not, Gleichgültigkeit – einer aus den Fugen geratenen Welt inmitten einer sadistischen Hypnose.

[72] Zum *Lebensgefühl der Verbannung* in der jahwistischen Urgeschichte vgl. E. Drewermann: Strukturen des Bösen, I 97–106; II 232–235.

[73] Vgl. R. Pesch: Das Markusevangelium, II 2, 220. Ähnlich vgl. Mt 22,7.

[74] Zur Thematik der *Folter* vgl. die Zeichnungen von Karl Schwesig aus dem Zyklus *„Schlegelkeller"* von 1937; bei: U. Krempel (Hrsg.): Am Anfang: Das Junge Rheinland, 302–303.

[75] Ein umgekehrter *Paradiesesmythos der Azteken* erzählt, wie *Quetzalcoatl*, der mythische Herrscher über das toltekische Tollan, nachdem er durch die Verführungen seines Gegenspielers, des Gottes *Tetzcatlipoca*, in Sünde gefallen war, das Paradies seines Friedensreiches verlassen mußte und überall, wohin er auf seinem Weg nach Tlapallan gelangte, versteinerte Spuren zurückließ; die schönen und nahrhaften Kakaobäume verwandelte er dabei in Dornakazien, und der Mais wurde jetzt so bitter, daß die Tolteken ihn nicht mehr in den Mund nehmen konnten. – Vgl. Fray B. de Sahagun: Einige Kapitel aus dem Geschichtswerk, übers. v. E. Seler, 286–287; W. Krickeberg (Hrsg.): Märchen der Azteken und Inkaperuaner, Maya und Muisca, 52–54.

[76] Vgl. C. WESTERMANN: Abriß der Bibelkunde, 82; H. W. HERTZBERG: Die Samuelbücher, 107 ff.
[77] Zu dem archetypischen Gegensatz von *Priester* und *Prophet* vgl. E. DREWERMANN: Tiefenpsychologie und Exegese, II 368–371.
[78] Vgl. SCH. BEN-CHORIN: Mutter Mirjam, 75 zu der „Prophezeiung" des Simeon, der mit Bezug auf Mk 3,21 eine tiefe Verständnislosigkeit Mariens gegenüber „ihrem großen Erstgeborenen" konstatiert (S. 65).
[79] Vgl. bei SCH. BEN-CHORIN: Bruder Jesus, 28–29 die talmudische Tradition von der *unehelichen Verbindung Mariens* mit dem römischen Offizier Pandera.
[80] Legenden über *das Jesuskind in Ägypten*, wie es dort mit den Tieren in Eintracht lebt und die Bäume zur Erquickung seiner Mutter sich neigen läßt, finden sich im *Pseudo-Matthäusevangelium* 19,1; 20,1, in: E. HENNECKE – W. SCHNEEMELCHER: Neutestamentliche Apokryphen, I 306–309. Die berühmte Szene mit dem besänftigten *Löwen* am Wege hat E. NOLDE in einem unvergeßlichen Sinnbild der „ägyptischen" Maria dargestellt.
[81] So die eindrucksvolle Parole aus G. BÜCHNER: Der Hessische Landbote, in: Ges. Werke, 179, die in dem Bewußtsein formuliert ist, altem Prophetenwort Gültigkeit zu verschaffen. „Im Jahre 1834 sieht es aus, als würde die Bibel Lügen gestraft. Es sieht aus, als hätte Gott die Bauern und Handwerker am fünften Tage (sc. als er das Vieh schuf, d. V.) und die Fürsten und Vornehmen am sechsten gemacht, und als hätte der Herr zu diesen gesagt: ‚Herrschet über alles Getier, das auf Erden kriecht', und hätte die Bauern zum Gewürm gezählt."
[82] Zit. nach E. STAUFFER: Jerusalem und Rom, 20–39, S. 28.
[83] VERGIL: Aeneis, VI 791; W. PLANKL (Übers.): Vergil: Aeneis, S. 166.
[84] Zit. nach E. STAUFFER: Jerusalem und Rom, 39.
[85] G. WEHR: Thomas Müntzer, 74; vgl. bes. in dieser ebenso beunruhigenden wie gerechten Deutung MÜNTZERS S. 135–136.
[86] E. STAUFFER: Jerusalem und Rom, 35; nach: SUETON: Tiberius, Kap. 59; A. LAMBERT (Übers.): Sueton: Leben der Caesaren, 153. Bei dem *notwendigen* Gegensatz zwischen den Reichen dieser Welt und dem Reich Gottes mag man an das Wort von K. RAHNER: Weltgeschichte und Heilsgeschichte, V 115–135, S. 131 von der *Tragik* denken, die allem Endlichen immanent sei, bzw. von den „unausrottbaren Zweiheiten der Existenz", die immer aufs neue die bittere Melancholie des Daseins erzeugten und mit der Eschatologie eher zu- als abnähmen.
[87] F. M. DOSTOJEWSKI: Der Idiot, 3. Teil, 6. Kap., S. 385.
[88] E. WALDSCHMIDT: Die Legende vom Leben des Buddha, 48–53 (die Weissagung des Sehers Asita).
[89] PINDAR: Oden. Pythische Oden, VIII 5,95, in: E. DÖNT (Übers.): Pindar: Oden. Griechisch-Deutsch, S. 153.

„Jetzt entlässest du deinen Knecht in Frieden"
(S. 113–124)

[1] E. BRUNNER-TRAUT: Altägyptische Märchen, 192 ff.
[2] Ebd., 301; J. v. BECKERATH: Handbuch der ägyptischen Königsnamen, 30; 84; 226.
[3] Zu dem Motiv der *oralen Konzeption* vgl. E. DREWERMANN: Strukturen des Bösen, II 108–115. Ein enormes religionsgeschichtliches Material aus den Mythen der Völker über *die jungfräuliche Empfängnis* vor allem *durch den Mund* findet sich bei L. FROBENIUS: Das Zeitalter des Sonnengottes, 226–263.
[4] H. GRESSMANN: Vom reichen Mann und armen Lazarus, in: Abhandlungen der preußischen Akademie der Wissenschaften, 1918, philosophisch-historische Klasse, Nr. 7. – Die Geschichte des Setom Chaemwese wurde von alexandrinischen Juden nach Palästina gebracht und war dort als die Erzählung von dem armen Schriftgelehrten und dem reichen Zöllner Bar Ma 'jan sehr beliebt. J. JEREMIAS: Die Gleichnisse Jesu, 182.
[5] E. BRUNNER-TRAUT: Altägyptische Märchen, 197. – Selbst das Detail der Vorstellung vom *Sitzen neben dem Gott* der Auferstehung ist ägyptischer Herkunft; zum *Sitzen neben Osiris* vgl. CH. SEEBER: Untersuchungen zur Darstellung des Totengerichts im Alten Ägypten, 114, Anm. 467.
[6] Um noch einmal J. ROTH: Die Flucht ohne Ende, 127–128, diesmal zum Thema *„Namengebung"* zu zitieren: nachdem er die „Höflichkeitsphrasen" genügend persifliert hat, mit denen man in „unerschütterlichem Ton" den Spielregeln des „guten Benehmens" folgt, um schließlich nur noch die „Sprache der Inserate" pflichtweise nachzureden, kommt er auf die puppenhafte Gleichartigkeit vor allem der „weiblichen Mitglieder dieser Gesellschaft" zu sprechen: Sie „führten ein frohgelauntes Leben in dünnen, bunten, leichten und kostbaren Kleidchen. Sie gingen auf tadellos geformten Beinen, in Schuhen von überraschendem, ja, manchmal exzentrischem Schnitt über das Pflaster, lenkten Automobile, galoppierten auf Pferden ... Sie tauchten niemals einzeln oder zu zweit auf, sie formierten sich, den Zugvögeln ähnlich, in Schwärmen, und sie waren alle gleich schön, wie Vögel. Untereinander mochten sie sich wohl durch bestimmte Kleider und Schleifen, durch die Verschiedenheit einiger Haarfärbemittel und Lippenstifte unterscheiden. Dem Außenstehenden aber waren sie Kinder derselben Mutter, Schwestern von verblüffender Gleichheit. Daß sie verschiedene Namen trugen, war ein Irrtum der Behörden. – Übrigens hatten die meisten englische Vornamen. Man hatte sie – und das war vollkommen gerecht – nicht nach Heiligen genannt und nicht nach Großmüttern, sondern nach Heldinnen amerikanischer Filme oder englischer Salonlustspiele. Nichts fehlte ihnen mehr zur Übernahme bestimmter Rollen. So wie sie ins Zimmer traten, eine Wolke von Duft und Schönheit vor sich her wehend und um sich verbreitend, konnten sie eine Bühne betreten oder sich in agierende Schatten auf einer Leinwand verwandeln. Es war selbstverständlich, daß sie, die so lebendig waren, nicht lebten ..., weil (man) sie ... trotz ihrer körperlichen Lebhaftigkeit, ihrer fleischlichen Tugenden, dennoch wie eine Art Wachtraum empfindet, eingeschaltet zwischen Amüsiernummern, Folgen einer hypnotischen Suggestion." „Sie waren alle schön. Sie besaßen die Schönheit einer Gattung. Es schien, als hätte ihr Schöpfer eine große Quantität Schönheit an alle gleichmäßig verteilt, aber sie reichte nicht aus, um sie untereinander zu differenzieren."
[7] Vgl. zu der *Namengebung im Paradies* E. DREWERMANN: Strukturen des Bösen, I ^{3}(erw.) 399–400.
[8] Sogar S. FREUD: Bemerkungen über die Übertragungsliebe, X 317 konnte bemerken, „daß auch die sonstige (sc. nicht auf Übertragung beruhende, d. V.) Verliebtheit außerhalb der analytischen Kur eher an die abnormen als an die normalen seelischen Phänomene erinnert."
[9] So N. u. G. O'NEILL: Die offene Ehe, 134–135, die in der romantischen Liebe ein Relikt der höfischen Tradition des Mittelalters sehen möchten, mit dem Unterschied, daß diese Liebe ideal, nicht real gewesen sei – ein Gesellschaftsspiel zur Unterhaltung; die Hauptidee der romantischen Liebe bestehe darin, nicht mehr als einen Menschen auf einmal lieben zu können und daher die Eifersucht geradezu als Beweis wahrer Liebe zu werten. „Für ein höfisches Spiel sind diese Regeln hervorragend geeignet, denn sie machen es abwechslungsreicher und aufregender. Aber wenn man sie ernst nimmt und auf die moderne Ehe anwendet, sind sie ein Rezept für Unglück."
[10] I. B. SINGER: Die Gefilde des Himmels, 59.
[11] H. HESSE: Stufen, 186.
[12] So H. SCHÜRMANN: Das Lukasevangelium, I 122 f. Zur *Darstellung Jesu im Tempel* vgl. SCH. BEN-CHORIN: Mutter Mirjam, 66–72, der vor allem darauf hinweist, daß Lukas den ursprünglichen Sinn der jüdischen Zeremonie der „Auslösung" *(Pidjon)* ändert: ursprünglich wird bei der *Beschneidung* die Vorhaut als ein Teil des Zeugungsgliedes an Stelle des Sohnesopfers angenommen, und dasselbe gilt bei der „Auslösung" des Erstgeborenen. „Mit der Beschneidung ist die Aufnahme des jüdischen Knaben in die Sakralgemeinschaft Israels vollzogen"; aber wenn es sich um einen Erstgeborenen handelt, kommt noch die Bestimmung von Num 18,15 bzgl. der „Auslösung" hinzu. Entscheidend ist nun, daß Lukas das Wort „Auslösung" (Pidjon) vermeidet. Der Sinn des Heiligkeitsgesetzes in Num 18 besteht ja darin, daß das Menschenopfer, das Sohnesopfer, *abgelöst* bzw. *ausgelöst* werden soll. „In diesem Falle aber wäre damit der Sinn von Golgotha aufgehoben. *Dieser* Sohn, *nur* dieser Sohn, sollte geopfert werden, mußte geopfert werden zum Heil der Welt. Im Gegensatz zur verhinderten Opferung Isaaks greift auf Golgotha kein rettender Engel ein." „Lukas aber schreibt die Geburtsgeschichte im Hinblick auf die Passionsgeschichte. Wie sollte er hier legitim die Auslösung des Erstgeborenen unterbringen, ohne den entscheidenden Sinn von Gol-

gotha aufzuheheben?“ (A. a. O., 70–71) Andererseits will Lukas aber auch betonen, daß Jesus unter das Gesetz getan ward, und so wird aus der „Auslösung“ eine „Darbringung“ oder „Darstellung“. – Zu dem *Taubenopfer* bei dem Reinigungsopfer der Wöchnerin (entsprechend Lev 12,8) bemerkt Sch. Ben-Chorin (a. a. O., 71), daß es hier nicht so sehr um die Armut der Familie Jesu gehe, sondern darum, daß die Taube die Gestalt sei, in welcher der heilige Geist zum Erzeuger des Kindes wurde. „Nach archaischen Vorstellungen wird dem Gotte das Tier geopfert, das ihm heilig ist, und heilig ist dem Gott das Tier, in dessen Gestalt er sich offenbart.“

13 Plutarch: De Iside et Osiride, Kap. 12–20; E. Brunner-Traut: Altägyptische Märchen, 88.

14 Mahapadana-Suttanta (Die Große Lehrrede über Legenden), Digha-Nikaya 14, in: P. Dahlke (Übers.): Buddha. Die Lehre des Erhabenen, 61–86, S. 68–71. Vgl. auch E. Waldschmidt: Die Legende vom Leben des Buddha, 15–47.

15 Vgl. L. Frobenius: Das Zeitalter des Sonnengottes, 234; 237, der als Grundstruktur des *Sonnenmythos* die Elemente des Wassertrinkens (im Weltmeer), des Verschluckens von Lichtstrahlen (bei der Empfängnis), des Aussetzens (der Mutter und) des Kindes im (Sonnen-)Kasten (bei der Fahrt über den Himmelsozean) sowie des schnellen Heranwachsens des Sonnenkindes (am Himmel) herausarbeitete.

16 Es wirkt sehr künstlich, wenn H. Schürmann: Das Lukasevangelium, I 122 zusätzlich zu dem Wort der Hirten ein „Doppelzeugnis“, als prophetisches Wort, gewirkt vor zwei Zeugen, im Tempel, also unter den Augen Gottes beglaubigt für notwendig hält, so als sei die „himmlische Proklamation“ „nur in der Gestalt des Hirtenwortes“ jetzt ergänzungsbedürftig durch „das prophetische Zeugnis.“ Im Gegenteil: die Vision der Hirten ist so wenig zu „überbieten“ wie die Erscheinung des Engels in Nazareth, oder man müßte schon das Zeugnis von Engeln gegen das Zeugnis des Geistes ausspielen. Die einfache Tatsache ist, daß wir es mit einer Reihung *typischer* Motive zu tun haben, die sich bei der Geburt eines göttlichen Kindes *regelmäßig* einfinden. Etwas wirklich Neues liegt daher nicht in dem Moment der Weissagung selbst, sondern in der Art, in der die weissagenden Menschen, Simeon, und Anna, geschildert werden. Aus dem Mythenmotiv der göttlichen Geburt ist eine Personallegende geworden, die als solche gedeutet werden muß.

17 Marc Aurel: Wege zu sich selbst, XII 32; 36; in: W. Theiler (Übers.): Marc Aurel: Wege zu sich selbst, S. 97.

18 So die berühmte Szene bei F. M. Dostojewski: Schuld und Sühne, 4. Teil, 4. Abschn., S. 352, in der Rodion Raskolnikow und Sonja Marmeladow, der Mörder und die Hure, miteinander die Geschichte von der Auferweckung des Lazarus lesen. „‚Drei Wege liegen vor ihr (sc. Sonja, d. V.)‘, dachte er (sc. Raskolnikow). ‚Entweder sie stürzt sich in den Kanal oder sie kommt ins Irrenhaus oder … oder sie wirft sich der eigentlichen Unzucht in die Arme, die den Verstand umnebelt und das Herz versteinert.‘“ Es ist das Wunder des Glaubens, daß Sonja auf keinen der drei Abwege gerät, sondern das Allerunwahrscheinlichste lebt: Reinheit inmitten der Sünde, Heiligkeit inmitten der Schuld, Vergebung inmitten der moralischen Zerstörung.

19 So konnte J. Klepper: Unter dem Schatten deiner Flügel, 88 sagen: „Wäre Gott nicht – ich könnte im Leben nichts Lohnenderes erblicken, als in diesem Irrtum zu leben, er wäre. Dieser Irrtum wäre größer als alle Wahrheiten und Wirklichkeiten. Alle Leiden, die aus ihm folgen, ändern nichts daran.“

Der zwölfjährige Jesus im Tempel (S. 125–143)

1 E. Brunner-Traut: Altägyptische Märchen, 193.

2 Ebd., 198.

3 Zu dem *schnellen Wachstum der Sonne* vgl. L. Frobenius: Das Zeitalter des Sonnengottes, 234; so wie im Glauben der Ägypter des Morgens die Sonne als Kind der Himmelsgöttin Nut neu geboren wird, um dann aus der Gestalt des Chepre zu der Mittagssonne Re und schließlich zu dem alternden Atum heranzuwachsen – eine echte solare Trinität! –, so dürfte auch das Rätsel der *Sphinx* (wer geht am Morgen auf vier Beinen, am Mittag auf zwei, am Abend auf drei Beinen) ursprünglich eher die Sonne als den Menschen meinen, bzw. es dürfte das Wesen des Menschen überhaupt erst projiziert auf die Sonne dem Menschen zur Anschauung gekommen sein.

4 Zu der allgemeinen Beziehung des Mondes zu den Phänomenen von Wachstum und Fortpflanzung vgl. E. Siecke: Die Liebesgeschichte des Himmels, 107 (das – allerdings sehr zweifelhafte – Beispiel der *Demeter*).

5 Insofern ist – nach der berechtigten Auffassung C. G. Jungs – die Mythologie zu lesen als eine projizierte Psychologie; vgl. E. Drewermann: Strukturen des Bösen, 1. Bd., 3(erw.), S. XXXI-XLV; ders.: Tiefenpsychologie und Exegese, I 169–172.

6 Zu der Malerei des Kreises um F. Overbeck u. a. vgl. G. Tolzien: Nazarener, in: Kindlers Malerei Lexikon, XIV 179–180.

7 Sch. Ben-Chorin: Mutter Mirjam, 89–91 weist zurecht darauf hin, daß Lukas hier vermutlich die zwölfjährige Mündigkeit des Mädchens mit der dreizehnjährigen Mündigkeit des Knaben verwechselt. Die *Bar-Mizwa-Feier* des 13jährigen spricht denn auch das entscheidende Thema der Geschichte des „zwölfjährigen Jesus im Tempel“ aus: die Beendigung der Vaterbindung des Knaben. „Der Vater des Knaben spricht am Tage dieser Mündigkeit des Dreizehnjährigen eine Lossagungsformel: ‚Gelobt sei, der mich befreit hat von der Strafe für diesen.‘“ (A. a. O., 90) D. h.: die Verantwortung des Vaters für die Taten seines Sohnes endet mit diesem Ausspruch, gemäß der Weisung des Juda Ben-Thema (eines Zeitgenossen des Rabbi Akiba): „… ein Fünfjähriger zum Lernen der Bibel, ein Zehnjähriger zur Mischna, ein Dreizehnjähriger zu den Geboten, ein Fünfzehnjähriger zum Talmud, ein Achtzehnjähriger unter den Trauhimmel, ein Zwanzigjähriger zum Erwerb, ein Dreißigjähriger zur Vollkraft, ein Vierzigjähriger zur Einsicht, ein Fünfzigjähriger zum Rate, ein Sechzigjähriger zum Alter, ein Siebzigjähriger zum Greisentum, ein Achtzigjähriger zur höchsten Kraft (des Geistes, der Altersweisheit im Sinne von Ps. 90, 10), ein Neunzigjähriger zu gebeugten Sinnen, ein Hundertjähriger aber ist bereits wie gestorben und hinübergegangen und von dieser Welt verschwunden.“ (A. a. O., 90) Das Motiv von dem *dreitägigen* Suchen deutet Sch. Ben-Chorin ganz richtig als Parallele zu den drei Tagen zwischen Kreuzigung und Auferstehung – es geht in der Tat um eine Art von Tod und Neugeburt bei dieser „ersten Offenbarung des Existenzgeheimnisses Jesu.“ Insgesamt gilt: „Gewiß will diese Erzählung Jesus als eine Art Wunderkind darstellen.“ (A. a. O., 86) – *Ethnologisch* und psychologisch betrachtet, ist das Ritual der Bar-Mizwa-Feier im Sinne der *Rites de passage* zu deuten; vgl. A. van Gennep: Initiationsriten; Auszug aus: Rites de passage (1909), in: V. Popp (Hrsg.): Initiation. Zeremonien der Statusveränderung und des Rollenwechsels, 13–44.

8 Vgl. die Darstellung bei A. Forge: Die Abelam. Neuguinea, in: E. Evans-Pritchard (Hrsg.): Bild der Völker, 1. Bd., 1. Teil, 70–79, S. 74–77, über die *Initiationsriten* der Abelam. – Wie eng die *Geburtsriten* eines Stammes das Leben eines einzelnen – ganz im Sinne der christichen Taufe – mit dem Leben einer (getöteten, lebenschenkenden) (Urzeit-)Gottheit verbinden können, hat A. E. Jensen: Mythos und Kult bei Naturvölkern, 238–239 am Beispiel der Dema-Göttin Hainuwele auf der Molukkeninsel Ceram gezeigt.

9 Zu der *Dualunion* zwischen Mutter und Kind in den ersten Lebensmonaten des Kindes vgl. R. A. Spitz: Vom Säugling zum Kleinkind, 140–147.

10 Vgl. E. Drewermann: Gen 22, 1–19: Abrahams Opfer – in tiefenpsychologischer Sicht, in: Bibel und Kirche, 41. Jg., 3/1986, 113–124.

11 Hierher gehört die nur zunächst sonderbar klingende Theorie von S. Freud: Einige psychische Folgen des anatomischen Geschlechtsunterschieds, XIV 17–30, S. 27–28, der Kinderwunsch der Frau sei zunächst ein verschobener Wunsch des kleinen Mädchens nach dem Besitz des Penis (des Vaters); es gehe darum, durch die Geburt eines Kindes sich als Frau ein Attribut der Liebeswürdigkeit zu verschaffen, das man mit dem bloßen Dasein der eigenen Person nicht wohl zu verbinden sich getraut.

12 Zur Auslegung der *Rapunzel* vgl. E. Drewermann: Die kluge Else. Rapunzel, 65–73.

13 Zu der Lehre von der *Doppelbewegung des Glaubens* vgl. S. Kierkegaard: Furcht und Zittern, 23–49; E. Drewermann: Strukturen des Bösen, III 497–504.

14 Zentral ist das Lukasevangelium, von Lk 9, 51 an, ein *Itinerarium des Leidensweges nach Jerusalem*, indem nach der zweifachen Leidensankündigung Jesu in 9,21.22 und 9,44–45 der gesamte (Lebens-)Weg Jesu

nach Jerusalem, der Stadt seines Todes und der Stadt der Erfüllung aller alttestamentlichen Verheißungen, „gerichtet" ist. Vgl. H. Conzelmann: Die Mitte der Zeit, 53–57: „Jesu Leidensbewußtsein wird als Reise ausgedrückt. Er wandert zunächst gar nicht anderswo als bisher – aber er wandert anders" (57).

[15] Auch auf dieses Problem der religiösen Existenz hat meisterlich S. Kierkegaard: Furcht und Zittern, 62–75 hingewiesen. [3 S. 17–18.

[16] F. Nietzsche: Menschliches, Allzumenschliches, I

[17] G. Greene: Die Stunde der Komödianten, 58.

[18] J. E. Rohde: Naturwunder Küste, 74; N. N. Kartaschew: Alkenvögel, in: Grzimeks Tierleben, Bd. 8: Vögel, II 231–232.

[19] Im Grunde besteht die seelische Entwicklung vom Kind zum Erwachsenen darin, den *Archetyp* des Vaters (bzw. der Mutter) von den individuellen Elterngestalten der persönlichen Biographie zu lösen und im Absoluten festzumachen. Das Kindwerden vor Gott ist die Bedingung für das Erwachsenwerden vor den Menschen. Der Raum des *Tempels* steht dabei als symbolisches (kulturell vermitteltes) Bild für den Mutterschoß, den „Ort" einer neuen Geburt im Terrain eines absoluten Seindürfens vor Gott. In den Riten der Stammeskulturen entsprechen dem „Tempel" die *Initiationshütten,* die man wegen ihrer Größe und Schönheit zu Recht als „Kathedralen der Steinzeit" bezeichnet hat.

[20] J. Tauler: in: J. Seyppel: Texte deutscher Mystiker des 16. Jahrhunderts, 15 f.; zitiert nach G. Wehr: Thomas Müntzer, 117.

[21] Vgl. die Darstellung bei E. Drewermann: Aus Schuld geschieden – verdammt zum Unglück?, in: Psychoanalyse und Moraltheologie, Bd. 2: Wege und Umwege der Liebe, 112–137, S. 133–135.

[22] Vgl. Ebd., 125, Anm. 12.

[23] Vgl. Schwarzer Hirsch: Ich rufe mein Volk, 13–14; Vgl. E. Drewermann: Tiefenpsychologie und Exegese, II 79–95. Sehr zu Recht weist R. Panikkar: Rückkehr zum Mythos, 29 hin auf die „direkte Proportionalität zwischen dem Mythos, den man lebt, und der Toleranz, die man hat", und meint: „Mythos steht für den unsichtbaren Horizont, auf den wir unsere Begriffe des Wirklichen projizieren. Ich toleriere den anderen, solange ich ihn erträglich finde. Auf der begrifflichen Ebene finde ich all das nicht tolerierbar, was ich nicht irgendwie in mein Denksystem integrieren kann. Doch um positiv zu tolerieren, was sich außerhalb meines Systems befindet, muß ich eine andere Weise der Kommunikation finden, trotz einer dialektischen Unvereinbarkeit. Diese Weise ist der Mythos. Der Mythos bietet uns einen Zwischenbereich für das Tolerierbare": man kann auch sagen: er ist der Ausdruck des ewig Gemeinsamen im Menschen.

[24] L. Tolstoi: Wovon die Menschen leben, in: Sämtliche Erzählungen, hrsg. v. G. Drohla, Bd. 2, 386–412: „,Ich begriff: den Menschen scheint es nur so, als lebten sie von der Sorge um sich selbst; in Wahrheit leben sie nur von der Liebe. Wer in der Liebe bleibt, der bleibt in Gott und Gott in ihm, denn Gott ist die Liebe.' Und der Engel sang das Lob des Höchsten, und von seiner Stimme erzitterte das Haus, und es spaltete sich die Decke, und eine Feuersäule erhob sich von der Erde bis zum Himmel (A. a. O., 412).

Verzeichnis der zitierten Literatur

(zitiert stets nach der letztgenannten Ausgabe)

I. Theologie, Religionsgeschichte, Zeitgeschichte

1. Allgemein

Athanasius: Gegen die Arianer. Des Heiligen Athanasius ausgew. Schriften aus dem Griech. übers. v. A. Stegmann, 1. Bd. Kempten (Bibliothek der Kirchenväter, Bd. 13) 1913, 1–387.

G. Baudler: Einführung in symbolisch-erzählende Theologie. Der Messias Jesus als Zentrum der christlichen Glaubenssymbole, Paderborn-Zürich-München-Wien (UTB 1180) 1982.

Sch. Ben-Chorin: Bruder Jesus. Der Nazarener in jüdischer Sicht, München 1967; Neudruck: München (dtv-List 1253) 1977.

Sch. Ben-Chorin: Mutter Mirjam. Maria aus jüdischer Sicht, München 1971; München (dtv/List 1784) 1982.

E. Benz: Der Mensch als Imago Dei, in: A. Portmann u. R. Ritsema (Hrsg.): Eranos-Jahrbuch 1969: Sinn und Wandlungen des Menschenbildes, Zürich 1972, 297–330.

F. Blass: Grammatik des neutestamentlichen Griechisch, bearb. v. A. Debrunner, 12. Aufl., mit einem Ergänzungsheft von D. Tabachowitz, Göttingen 1965.

G. Bouwman: De Derde Nachtwake. De wordingsgeschiedenis van het derde evangelie; dt.: Das dritte Evangelium. Einübung in die formgeschichtliche Methode, aus dem Holl. übers. v. H. Zulauf, Düsseldorf 1968.

J. Brinktrine: Die Lehre von der Menschwerdung und Erlösung, Paderborn 1959.

J. Brinktrine: Die Lehre von den letzten Dingen. Die Lehre von der Kirche, Paderborn 1963.

R. Bultmann: Jesus Christ and Mythology, New York 1958; dt.: Jesus Christus und die Mythologie. Das Neue Testament im Licht der Bibelkritik, übers. v. U. G. Richter, Hamburg (Furche Tb. 47) 1964.

E. Buonaiuti: Maria und die jungfräuliche Geburt Jesu, in: O. Fröbe-Kapteyn (Hrsg.): Eranos-Jahrbuch 1938, Bd. 6: Gestalt und Kult der Großen Mutter, Zürich 1939, 325–363.

E. Buonaiuti: Die heilige Maria Immaculata in der christlichen Überlieferung, ebd., 364–402.

H. Conzelmann: Die Mitte der Zeit. Studien zur Theologie des Lukas, Tübingen (Beiträge zur historischen Theologie, 17), 5. Aufl., unveränderter Nachdruck der 4. verb. u. erg. Aufl., 1964.

H. Denzinger – A. Schönmetzer: Enchiridion Symbolorum, Definitionum et Declarationum de rebus Fidei et Morum, Freiburg [32]1963.

M. Dibelius: Jungfrauensohn und Krippenkind, in: Sitzungsberichte der Heidelberger Akademie der Wissenschaften 1931–1932, 4. Abhandlung.

E. Doblhofer: Zeichen und Wunder. Die Entzifferung verschollener Schriften und Sprachen, Wien – Berlin – Stuttgart; überarb. Neufassung: München (dtv 161) 1964.

E. Drewermann: Strukturen des Bösen. Die jahwistische Urgeschichte in exegetischer, psychoanalytischer und philosophischer Sicht. 1. Bd.: Die jahwistische Urgeschichte in exegetischer Sicht, Paderborn [1]1977; [2]1979, erw. durch ein Vorwort: Zur Ergänzungsbedürftigkeit der historisch-kritischen Exegese; [3]1981, erg. durch ein Nachwort: Von dem Geschenk des Lebens oder: das Welt- und Menschenbild der Paradieserzählung des Jahwisten (Gn 2,4b–25), S. 356–413.

2. Bd.: Die jahwistische Urgeschichte in psychoanalytischer Sicht, Paderborn [1]1977; [2]1980 erw. durch ein Vorw.: Tiefenpsychologie als anthropologische Wissenschaft; [3]1981: Neudruck der 2. Aufl.

3. Bd.: Die jahwistische Urgeschichte in philosophischer Sicht, Paderborn [1]1978; [2]1980, erw. durch ein Vorw.: Das Ende des ethischen Optimismus; [3]1982: Neudruck der 2. Aufl.

E. Drewermann: Der Krieg und das Christentum. Von der Ohnmacht und Notwendigkeit des Religiösen, Regensburg 1982.

E. Drewermann: Das Tragische und das Christliche, in: Psychoanalyse und Moraltheologie, 3 Bände, Mainz 1982–1984, 1. Bd.: Angst und Schuld, 19–78.

E. Drewermann: Sünde und Neurose: ebd., 128–162.

E. DREWERMANN: Aus Schuld geschieden – verdammt zum Unglück? Von dem Recht auf Vergebung auch in der katholischen Kirche. Ein Plädoyer: ebd., 2. Bd.: Wege und Umwege der Liebe, 112–137.

E. DREWERMANN: Ein Plädoyer für die Lüge oder: vom Unvermögen zur Wahrheit; ebd., 3. Bd.: An den Grenzen des Lebens, 199–236.

E. DREWERMANN: Religionsgeschichtliche und tiefenpsychologische Bemerkungen zur Trinitätslehre, in: W. Breuning (Hrsg.): Trinität. Aktuelle Perspektiven der Theologie, Freiburg – Basel – Wien 1984, 115–142.

E. DREWERMANN: Tiefenpsychologie und Exegese; 2 Bde.; 1. Bd.: Die Wahrheit der Formen: Träume, Mythen, Märchen, Sagen und Legenden. 2. Bd.: Die Wahrheit der Werke und der Worte: Wunder, Visionen, Weissagung, Apokalypse, Geschichte, Gleichnis, Olten 1984–1985.

E. DREWERMANN – I. NEUHAUS: Voller Erbarmen rettet er uns. Die Tobit-Legende tiefenpsychologisch gedeutet, Freiburg – Basel – Wien 1985.

E. DREWERMANN: Gen 22, 1–19: Abrahams Opfer – in tiefenpsychologischer Sicht, in: Bibel und Kirche, 41. Jg., 3/1986, 113–124.

K. FÖLDES-PAPP: Vom Felsbild zum Alphabet. Die Geschichte der Schrift von ihren frühesten Vorstufen bis zur modernen lateinischen Schreibschrift, Stuttgart 1966.

L. FROBENIUS: Das Zeitalter des Sonnengottes, 1. Bd., Berlin 1904 (2. Bd. nicht mehr erschienen).

R. H. FULLER: Interpreting the Miracles, London 1966; dt.: Die Wunder Jesu in Exegese und Verkündigung, übers. u. mit Vor- u. Nachw. vers. v. F. J. Schierse, Düsseldorf 1967.

W. GESENIUS: Hebräisches und Aramäisches Handwörterbuch, Berlin – Göttingen – Heidelberg 17(1915) 1962; bearb. v. F. Buhl.

H. GRESSMANN: Das Weihnachts-Evangelium auf Ursprung und Geschichte untersucht, Göttingen 1914.

H. GRESSMANN: Vom reichen Mann und armen Lazarus, in: Abhandlungen der preußischen Akademie der Wissenschaften, 1918, philosophisch-historische Klasse, Nr. 7.

F. HAHN: Christologische Hoheitstitel. Ihre Geschichte im frühen Christentum, Göttingen 1963, 21964.

E. HENNECKE: Neutestamentliche Apokryphen in deutscher Übersetzung, 3. völlig neubearb. Aufl. hrsg. v. W. Schneemelcher, 1. Bd.: Evangelien, Tübingen 1959.

H. W. HERTZBERG: Die Samuelbücher, Göttingen (Das Alte Testament Deutsch, Teilband 10), 2(neu durchges.) 1960.

K. HÜBNER: Die Wahrheit des Mythos, München 1985.

J. JEREMIAS: Jerusalem zur Zeit Jesu. Eine kulturgeschichtliche Untersuchung zur neutestamentlichen Zeitgeschichte, Göttingen 3(neubearb.) 1962.

J. JEREMIAS: Die Gleichnisse Jesu (11947), Göttingen 6(neu bearb.) 1962.

J. JEREMIAS: Abba, in: Abba. Studien zur neutestamentlichen Theologie und Zeitgeschichte, Göttingen 1966, 15–67.

J. JEREMIAS: Die Sprache des Lukasevangeliums. Redaktion und Tradition im Nicht-Markusstoff des dritten Evangeliums (Kritisch-exegetischer Kommentar über das Neue Testament, Sonderband), Göttingen 1980.

M. KASSEL: Biblische Urbilder. Tiefenpsychologische Auslegung nach C. G. Jung, München 1980.

O. KEEL: Die Welt der altorientalischen Bildsymbolik und das Alte Testament. Am Beispiel der Psalmen, Zürich – Einsiedeln – Köln 1972.

O. KUSS: Der Römerbrief, übers. u. erkl. v. O. Kuss, 2 Bde., Regensburg 1957; 1959.

E. LOHSE: Die Texte aus Qumran. Hebräisch und deutsch. Mit masoretischer Punktation, Übersetzung, Einführung und Anmerkungen hrsg. v. E. Lohse, München 1964.

J. P. MACKEY: Jesus, the Man and the Myth, London 1979; dt.: Jesus. Der Mensch und der Mythos. Eine zeitgemäße Christologie; übers. v. U. Hühne, München 1981.

M. NOTH: Das zweite Buch Mose. Exodus, Göttingen (Das Alte Testament Deutsch, Teilband 5) 21961.

M. OESTERREICHER-MOLLWO (Bearb.): Herder-Lexikon Symbole, Freiburg – Basel – Wien 1978.

ORIGENES: Gegen Celsus (ca. 248), aus dem Griech. übers. u. eingel. v. P. Koetschau, in: Des Origenes ausgew. Schriften, Bd. II u. III, Kempten u. München (Bibliothek der Kirchenväter, Bd. 52/53) 1926/1927.

R. PANIKKAR: Myth, Faith and Hermeneutics, Toronto, Ramsay, New York 1979; daraus der 1. Teil dt.: Rückkehr zum Mythos, übers. v. B. Bäumer, Frankfurt 1985.

R. PESCH: Das Markusevangelium, 2 Teile, Freiburg – Basel – Wien (Herders Theologischer Kommentar zum Neuen Testament, Bd. 2) 3/4(erneut durchges.) 1984.

K. RAHNER: Kirche und Sakramente, Freiburg – Basel – Wien (Quaestiones disputatae, 10) 1960.

K. RAHNER: Zur Theologie der Menschwerdung, in: Schriften zur Theologie, Bd. IV, Zürich – Köln – Einsiedeln 1962, 137–155.

K. RAHNER: Virginitas in partu. Ein Beitrag zum Problem der Dogmenentwicklung und Überlieferung: ebd., 173–205.

K. RAHNER: Weltgeschichte und Heilsgeschichte, in: Schriften zur Theologie, Bd. V, Einsiedeln – Zürich – Köln 1962, 115–135.

H.-W. SCHROEDER: Mensch und Engel. Die Wirklichkeit der Hierarchien, Stuttgart 1979.

H. SCHÜRMANN: Das Lukasevangelium, 1. Teil (Herders Theologischer Kommentar, Bd. 3), Freiburg – Basel – Wien 31984.

A. SCHWEITZER: Aus meinem Leben und Denken, Frankfurt – Hamburg (Fischer-Tb. 18) 1952.

E. SCHWEIZER: Das Evangelium nach Lukas (Das Neue Testament Deutsch, Teilband 3), Göttingen 1982.

J. SEYPPEL: Texte deutscher Mystik des 16. Jahrhunderts, Göttingen 1963.

E. SIECKE: Die Liebesgeschichte des Himmels. Untersuchungen zur indogermanischen Sagenkunde, Straßburg 1892.

E. STAUFFER: Christus und die Caesaren. Historische Skizzen, Hamburg 1952; Neudruck: München – Hamburg (Siebenstern-Tb. 83–84) 1966.

E. STAUFFER: Jerusalem und Rom im Zeitalter Jesu Christi, Bern (Dalp-Tb. 331) 1957.

E. STAUFFER: Jesus. Gestalt und Geschichte, Bern – München (Dalp-Tb. 332) 1957.

E. STAUFFER: Die Botschaft Jesu damals und heute, Bern – München (Dalp-Tb. 333) 1959.

D. F. STRAUSS: Das Leben Jesu. Kritisch bearbeitet (Tübingen 1835/36, 2 Bde.), in: Gesammelte Schriften, hrsg. v. E. Zeller, 12 Bde., Bd. 3–4, Bonn 1876–78.

P. TEILHARD DE CHARDIN: Christentum und Evolution (1945), in: Comment je crois, Paris 1969; dt.: Mein Glaube, übers. v. K. Schmitz-Moormann, Olten 1972, 207–223.

TERTULLIAN: Über die Taufe, in: Tertullians ausgew. Schriften ins Deutsche übers., 1. Bd.: Tertullians private und katechetische Schriften, übers. v. K. A. H. Kellner, Kempten (Bibliothek der Kirchenväter, Bd. 7) 1912, 274–299.

P. TILLICH: The Dynamics of Faith, 1961; dt.: Wesen und Wandel des Glaubens, vom Verf. durchges. u. bearb. Übers., Frankfurt – Berlin (Ullstein-Tb. 318) 1969.

W. TRILLING: Das wahre Israel. Studien zur Theologie des Matthäus-Evangeliums, München (Studien zum Alten und Neuen Testament, Bd. 10) 3(umgearb.) 1964.

H. USENER: Das Weihnachtsfest. Religionsgeschichtliche Untersuchungen, 1. Teil, Bonn 21911.

F. VONESSEN: Der wahre König. Die Idee des Menschen im Spiegel des Märchens, in: J. Janning – H. Gehrts – H. Ossowski (Hrsg.): Vom Menschenbild im Märchen, Kassel (Veröffentlichungen der Europäischen Märchengesellschaft, Bd. 1) 1980, 9–38.

G. WEHR: Thomas Müntzer in Selbstzeugnissen und Bilddokumenten, Hamburg (rm 188) 1972.

C. WESTERMANN: Abriß der Bibelkunde. Altes und Neues Testament, Stuttgart – Gelnhausen 1962; Neudruck: Frankfurt – Hamburg (Fischer-Tb. 935) 1968.

P. L. WILSON: Angels, London 1980; dt.: Engel, übers. v. L. Mickel; Bildredaktion J. Purce, Stuttgart – Berlin – Köln – Mainz 1981.

Y. YADIN: The Temple Scroll. The Hidden Law of the Dead Sea Sect, London 1985; dt.: Die Tempel-Rolle. Die verborgene Thora vom Toten Meer, übers. v. E. Eggebrecht, München – Hamburg 1985.

2. *Speziell*

a) Altes Ägypten

J. ASSMANN: Liturgische Lieder an den Sonnengott. Untersuchungen zur altägyptischen Hymnik, 1. Bd., Berlin (Münchner Ägyptologische Studien, hrsg. v. H. W. Müller, Heft 19) 1969.

J. ASSMANN: Der König als Sonnenpriester. Ein kosmographischer Begleittext zur kultischen Sonnenhymnik in thebanischen Tempeln und Gräbern, Glückstadt (Abhandlungen des Deutschen Archäologischen Instituts Kairo, Ägyptische Reihe, Bd. 7) 1970.

J. ASSMANN: Ägyptische Hymnen und Gebete, eingel., übers. u. erl. v. J. Assmann, Zürich – München 1975.

J. ASSMANN: Zeit und Ewigkeit im Alten Ägypten. Ein Beitrag zur Geschichte der Ewigkeit, Heidelberg (Abhandlungen der Heidelberger Akademie der Wissenschaften, Philos.-histor. Klasse, Jg. 1975, 1. Abh.) 1975.

C. BAROCAS: Grandi Monumenti. Egitto, Milano 1970; dt.: Monumente großer Kulturen. Ägypten, Vorw. v. O. Niemeyer, Übers. ungen., Wiesbaden (Ebeling Verlag) 1978.

C. BAROCAS – T. AKACHI: Tebe. Il santuario di Amone e la religione dell' Egitto antico, Milano 1982; dt.: Theben. Das Heiligtum Amuns, übers. v. C. Callori-Gehlsen, Freiburg (Die Welt der Religionen, Bd. 18) 1983.

W. BARTA: Untersuchungen zum Götterkreis der Neunheit, München – Berlin (Münchner Ägyptologische Studien, hrsg. v. H. W. Müller, Heft 28) 1973.

J. VON BECKERATH: Handbuch der ägyptischen Königsnamen, München (Münchner Ägyptologische Studien, hrsg. v. H. W. Müller, Heft 20) 1984.

E. BRUNNER-TRAUT: Altägyptische Märchen, übertr. u. bearb. v. E. Brunner-Traut, Düsseldorf – Köln 1963.

E. BRUNNER-TRAUT: Pharao und Jesus als Söhne Gottes (1961), in: Gelebte Mythen. Beiträge zum altägyptischen Mythos, Darmstadt 1981, 34–54.

E. BRUNNER-TRAUT: Altägyptische und mittelalterlich-christliche Vorstellungen von Himmel und Hölle, Gericht und Auferstehung: ebd., 55–98.

E. BRUNNER-TRAUT: Die Kopten. Leben und Lehre der frühen Christen in Ägypten, Köln 1982.

E. DONDELINGER: Papyrus Ani. BM 10.470. Vollständige Faksimile-Ausgabe im Originalformat des Totenbuches aus dem Besitz des British Museum, Graz 1978.

E. DONDELINGER: Der Jenseitsweg der Nofretari. Bilder aus dem Grab einer ägyptischen Königin, Graz [2](verb.) 1977.

I. E. S. EDWARDS: Tutankhamun: His Tomb and its Treasures, New York 1976; dt.: Tutanchamun. Das Grab und seine Schätze; übers. u. mit Nachw. vers. v. J. Rehork, Bergisch-Gladbach 1978.

A. EGGEBRECHT: Die Geschichte des Pharaonenreiches, in: A. Eggebrecht (Hrsg.): Das Alte Ägypten, München 1984, 41–115.

A. ERMAN: Die Literatur der Ägypter. Gedichte, Erzählungen und Lehrbücher aus dem 3. und 2. Jahrtausend vor Christus, Leipzig 1923.

A. ERMAN: Die Religion der Ägypter. Ihr Werden und Vergehen in vier Jahrtausenden, Berlin – Leipzig 1934.

A. ERMAN: Ägypten und ägyptisches Leben im Altertum (1923), neu bearb. v. H. Ranke, mit einem Vorw. v. A. Eggebrecht, Hildesheim 1981.

A. ERMAN – H. GRAPOW: Ägyptisches Handwörterbuch, Berlin 1921; Nachdruck: Darmstadt 1981.

A. GARDINER: Egyptian Grammar being an introduction to the study of hieroglyphs, Oxford [3](revised) 1957.

G. GOTTSCHALK: Die großen Pharaonen. Ihr Leben. Ihre Zeit. Ihre Kunstwerke. Die erste Biographie der bedeutendsten Gottkönige in Bildern, Berichten und Dokumenten, Bern – München 1979.

W. HELCK: Die Mythologie der Alten Ägypter, in: H.-W. Haussig (Hrsg.): Wörterbuch der Mythologie, 1. Bd.: Götter und Mythen im Vorderen Orient, Stuttgart 1965, 313–406.

E. HORNUNG: Totenbuch der Ägypter, eingel., übers. u. erl. v. E. Hornung, Zürich – München 1979.

E. HORNUNG: Tal der Könige. Die Ruhestätte der Pharaonen, Zürich – München 1982.

V. IONS: Egyptian Mythology, London 1968; dt.: Ägyptische Mythologie, übers. v. J. Schlechta, Wiesbaden 1968.

N. JENKINS: The Boat beneath the Pyramid. King Cheops' Royal Ship, London 1980; dt.: Das Schiff in der Wüste. Ägypten zur Zeit König Cheops, übers. v. V. Bradke, Frankfurt 1980.

H. KEES: Der Götterglaube im alten Ägypten, Leipzig 1956.

M. LURKER: Götter und Symbole der Alten Ägypter, Bern – München 1974; Neudruck: München (Goldmann Sachbuch 680) o. J.

S. MORENZ: Gott und Mensch im alten Ägypten, Vorw. v. E. Blumenthal, Zürich – München – Leipzig [2](erw.) 1984.

E. NORDEN: Die Geburt des Kindes. Geschichte einer religiösen Idee, Leipzig 1924.

PLUTARCH: De Iside et Osiride, in: G. Roeder (Hrsg.): Urkunden zur Religion des Alten Ägypten, Leipzig (Religiöse Stimmen der Völker, hrsg. v. W. Otto) 1915; Nachdruck: Düsseldorf – Köln 1978, 15–21.

G. POSENER: Dictionnaire de la Civilisation Égyptienne, in Zusammenarbeit mit S. Sauneron und J. Yoyotte; dt.: Lexikon der ägyptischen Kultur, übers. von J. u. I. von Beckerath, Wiesbaden (Löwit Verlag) o. J.

G. ROEDER (Übers.): Mythen und Legenden um ägyptische Gottheiten und Pharaonen, Zürich (Die Ägyptische Religion in Texten und Bildern, Bd. II) 1960.

S. SCHOTT (Übers.): Altägyptische Liebeslieder. Mit Märchen und Liebesgeschichten, Zürich (Die Bibliothek der Alten Welt, hrsg. v. K. Hoenn) 1950.

CH. SEEBER: Untersuchungen zur Darstellung des Totengerichts im Alten Ägypten, München – Berlin (Münchner Ägyptologische Studien, hrsg. v. H. W. Müller, Heft 35) 1976.

W. SEIPEL: Staat und Gesellschaft, in: A. Eggebrecht (Hrsg.): Das Alte Ägypten, München 1984, 117–196.

J. SETTGAST: Nofretete – Echnaton. Berlin, Ägyptisches Museum der staatlichen Museen preußischer Kulturbesitz, 10. Apr. – 16. Juni 1976.

D. WILDUNG: Imhotep und Amenhotep. Gottwerdung im alten Ägypten, München – Berlin (Münchner Ägyptologische Studien, hrsg. v. H. W. Müller, Heft 36) 1977.

b) Griechenland, Rom und Alter Orient

E. AKURGAL – M. HIRMER: Die Kunst der Hethiter, München [2]1976.

ARRIAN: Alexanders des Großen Zug durch Asien, eingel. u. übertr. v. W. Capelle, Zürich 1950.

MARC AUREL: Wege zu sich selbst (Ta eis heauton) (ca. 170 n. Chr.), übers. u. erl. v. W. Theiler, Zürich; Neudruck: Reinbek (rk 181) 1965.

F. CUMONT: Die orientalischen Religionen im römischen Heidentum, übers. v. G. Gehrich, Leipzig – Berlin [2](verb. u. verm.) 1914.

F. CUMONT: Die Mysterien des Mithra. Ein Beitrag zur Religionsgeschichte der römischen Kaiserzeit, autorisierte deutsche Ausg. v. G. Gehrlich, 5. unveränderte Aufl. der von K. Latte besorgten, vermehrten und durchges. Aufl. v. 1923, Darmstadt 1981.

D. O. EDZARD: Mesopotamien. Die Mythologie der Sumerer und Akkader, in: H. W. Haussig (Hrsg.): Wörterbuch der Mythologie, 1. Bd.: Götter und Mythen im Vorderen Orient, Stuttgart 1965, 17–139.

R. FRYE: The Heritage of Persia, London; dt.: Persien bis zum Einbruch des Islam, übers. v. P. Baudisch, Essen (Magnus Kulturgeschichte) 1975.

H. GESE: Die Religionen Altsyriens, in: C. M. Schröder (Hrsg.): Die Religionen der Menschheit, Bd. 10, 2: Die Religionen Altsyriens, Altarabiens und der Mandäer, Stuttgart – Berlin – Köln – Mainz 1970, 3–232.

J. GRAY: Near Eastern Mythology, London 1969; dt.: Mythologie des Nahen Ostens; übers. v. J. Schlechta, Wiesbaden o. J.

E. HARDER: Kleine Arabische Sprachlehre, 6. Aufl., neu bearb. v. R. Paret, Heidelberg 1956.

HERODOT: Historien, übers. v. J. Feix, Wiesbaden (Vollmer Verlag) o. J.

HERODOT: Historien (ca. 445 v. Chr.), 5 Bde., übers. v. E. Richtsteig, München (Goldmanns Gelbe Tb. 751; 767; 777; 787; 797) o. J.

HESIOD: Sämtliche Gedichte. Theogonie, Erga, Frauenkatalog; übers. u. erl. v. W. Marg, Zürich – Stuttgart 1970.

K. KERÉNYI – C. G. JUNG: Das göttliche Kind in mythologischer und psychologischer Beleuchtung, Amsterdam – Leipzig (Albae Vigiliae, Heft VI–VII) 1940.

K. Kerényi: Der Göttliche Arzt. Studien über Asklepios und seine Kultstätten, Darmstadt 1956.

K. Kerényi: Die Mythologie der Griechen, 2 Bde.; 1. Bd.: Die Götter- und Menschheitsgeschichten; 2. Bd.: Die Heroen-Geschichten, München 1958; Neudruck: München (dtv 1345–1346) 1966.

P. Kroh: Lexikon der Antiken Autoren, Stuttgart (Kröner-Tb. 366) 1972.

T. Livius: Römische Frühgeschichte (Ab urbe condita); übertr. u. ausgew. v. J. Feix; 2 Bde., München (Goldmanns Gelbe Tb. 673; 831), 1. Bd. ^{4}1971; 2. Bd. ^{2}1972.

T. Livius: Römische Geschichte. Der Zweite Punische Krieg, übers. v. W. Sontheimer, 3 Bde., Stuttgart (reclam 2109; 2111–2112; 2113) 1959–1961.

L. Mader (Übers.): Griechische Sagen (Apollodorus, Parthenios, Antoninus Liberalis, Hyginus), eingel. u. neu übertr. v. L. Mader; aus dem Nachlaß hrsg. u. erg. v. L. Rüegg; Zürich – Stuttgart (Die Bibliothek der alten Welt) 1963.

J. de Menasce: Die Mythologie der Perser, in: Mythologies, hrsg. v. P. Grimal, 3 Bde., Paris 1963; dt.: Mythen der Völker, Frankfurt – Hamburg (Fischer-Tb. 789; 799; 805) 1967, 9–49 (übers. v. L. Voelker).

R. Merkelbach: Mithras, Königstein 1984.

W. F. Otto: Die Musen und der göttliche Ursprung des Singens und Sagens, Düsseldorf – Köln 1955.

W. Orthmann: Der Alte Orient (Propyläen Kunstgeschichte in 18 Bden., Bd. 14), Berlin 1975.

Ovid: Metamorphosen. Epos in 15 Büchern, übers. u. hrsg. v. H. Breitenbach, eingel. v. L. P. Wilkinson, Stuttgart (reclam 356–357 a–f) 1975.

Pausanias: Beschreibung Griechenlands; übers. u. hrsg. v. E. Meyer, Zürich 1954; ^{2}1967; Neudruck: München (dtv 6008; 6009) 1972.

Pindar: Oden (ca. 490 v. Chr.) übers. u. hrsg. v. E. Dönt, griechisch-deutsch, Stuttgart (reclam 8314) 1986.

Platon: Phaidon, in: Sämtliche Werke in 6 Bden., in der Übers. v. F. Schleiermacher mit der Stephanusnumerierung hrsg. v. W. F. Otto, E. Grassi, G. Plamböck, Reinbek (Rowohlts Klassiker 1; 14; 27; 39; 47; 54) 1957–1959: Bd. 3, 19–8, 7–66.

Plotin: Enneaden. Ausgewählte Schriften, in der Übers. v. R. Harder, teilw. überarb. v. W. Theiler u. R. Beutler, hrsg. v. W. Marg, Stuttgart (reclam 9479–81) 1973.

Plutarch: Lebensbeschreibungen; übers. v. J. F. Kaltwasser; bearb. v. H. Floerke; rev. u. mit biogr. Anhang vers. v. L. Kröner; eingel. v. O. Seel; Gesamtausgabe in 6 Bden.; München (Goldmanns Gelbe Tb. 1430/31–1440/41) 1964; daraus: Lykurgos – Numa, Bd. I 104–176; Alexandros – Caesar, Bd. IV 264–409.

W. Richter: Ziege, in: K. Ziegler u. W. Sontheimer (Hrsg.): Der Kleine Pauly. Lexikon der Antike in fünf Bänden, München 1975; Neudruck: München (dtv 5963) 1979, V 1529–1533.

Gaius Suetonius Tranquillus: De vita Caesarum (8 Bücher, ca. 120 n. Chr.); dt.: Leben der Caesaren, übers. u. hrsg. v. A. Lambert (1955), München (dtv 6005) 1972.

H. Usener: Götternamen. Versuch einer Lehre von der religiösen Begriffsbildung, Frankfurt ^{3}(unverändert) 1948 (mit Geleitworten von M. P. Nilsson u. E. Norden).

Vergil: Aeneis, unter Verwendung der Übertragung von L. Neuffers übers. u. hrsg. v. W. Plankl unter Mitwirkung von K. Vretska, Stuttgart (reclam 221) 1976.

Vergil: Hirtengedichte (Eklogen), übers. u. erl. v. H. C. Schnur, Stuttgart (reclam 637) 1968.

M. J. Vermaseren: Mithras de geheimzinnige god, Amsterdam – Brüssel 1959; dt.: Mithras. Geschichte eines Kultes, übers. v. E. Cartellieri-Schröter, Stuttgart (Urban-Tb. 83) 1965.

Ch. Virolleaud: Die Große Göttin in Babylonien, Ägypten und Phönikien, in: O. Fröbe-Kapteyn (Hrsg.): Eranos-Jahrbuch 1938, Bd. VI: Gestalt und Kult der Großen Mutter, Zürich 1939, 121–141; 141–160.

H. Volkmann: Herrscherkult, in: K. Ziegler u. W. Sontheimer (Hrsg.): Der Kleine Pauly. Lexikon der Antike in fünf Bänden, München 1975; Neudruck: München (dtv 5963) 1979, II 1110–1112.

c) Völkerkunde, Indianerkulturen, asiatische Religionen

P. Dahlke: Buddha. Die Lehre des Erhabenen, aus dem Palikanon ausgew. u. übertr., Berlin 1920; Neudruck: München (Goldmanns Gelbe Tb. 622–623) 1960.

A. Forge: Die Abelam. Neuguinea, in: E. Evans-Pritchard (Hrsg.): Bild der Völker. Die Brockhaus Völkerkunde in 10 Bden., 1. Bd., 1. Teil: Australien und Melanesien, Wiesbaden 1974, 70–79.

J. G. Frazer: The golden Bough, 3 Bde., London 1890; 12 Bde., London ^{3}1907–1915; Nachtrag 1936; abgek. Ausg. 1922; danach dt.: Der goldene Zweig. Das Geheimnis von Glauben und Sitten der Völker, übers. v. H. v. Bauer, Leipzig 1928.

A. van Gennep: Rites de passage. Etude Systématique des Rites, Paris 1909.

A. van Gennep: Initiationsriten; Auszug aus: Rites de passage, Paris 1909; übers. v. V. Popp; in: V. Popp (Hrsg.): Initiation. Zeremonien der Statusveränderung und des Rollenwechsels. Eine Anthologie, Frankfurt 1969, 13–44.

A. E. Jensen: Die mythische Weltbetrachtung, in: O. Fröbe-Kapteyn (Hrsg.): Eranos-Jahrbuch 1949, Bd. XVII: Der Mensch und die mythische Welt, Zürich 1950, 421–473.

A. E. Jensen: Mythos und Kult bei Naturvölkern. Religionswissenschaftliche Betrachtungen (Studien zur Kulturkunde, Bd. 10), Wiesbaden 1951.

Der Koran. Das heilige Buch des Islam. Nach der Übertragung v. L. Ullmann neu bearb. u. erl. v. L. Winter, München (Goldmanns Gelbe Tb. 521–522) 1960.

Laotse: Tao te king. Das Buch des Alten vom Sinn und Leben, aus dem Chines. übertr. u. erl. v. R. Wilhelm (1910), Köln – Düsseldorf 1957.

C. Lévi-Strauss: The Structural Study of Myth (1955), in: Anthropologie Structurale, Paris 1958; dt.: Die Struktur der Mythen, in: Strukturale Anthropologie, übers. v. H. Naumann, Frankfurt 1967, 226–254.

L. Mair: Die Völker im Gebiet der Seen und Hochländer Ostafrikas, in: E. Evans-Pritchard (Hrsg.): Bild der Völker. Die Brockhaus Völkerkunde in zehn Bänden, Bd. 2., 1. Teil: Afrika südlich Sahara und Sambesi, Wiesbaden 1974, 106–107; 267.

H. Oldenberg: Buddha. Sein Leben, seine Lehre, seine Gemeinde (1881); hrsg. u. komm. v. H. Glasenapp; München (GGTb. 708–709) 1961.

Fray B. de Sahagun (ca. 1550 n. Chr.): Historia general de las cosas de la Nueva España; daraus: dt.: Einige Kapitel aus dem Geschichtswerk des Fray Bernadino de Sahagun, aus dem Aztekischen übers. v. E. Seler, hrsg. v. C. Seler-Sachs, Stuttgart 1927.

P. Scholl-Latour: Allah ist mit den Standhaften. Begegnungen mit der islamischen Revolution, Stuttgart 1983; Neudruck: Frankfurt – Berlin (Ullstein-Tb. 34308) 1986.

K. Schmidt: Buddhas Reden. Majjhimanikaya. Die Sammlung der mittleren Texte des buddhistischen Pali-Kanons, in kritischer, kommentierter Neuübertragung, Hamburg (Rowohlts Klassiker 87/88) 1961.

Schwarzer Hirsch (Black Elk): Black Elk speaks, ed. by J. Neihardt, New York 1932; dt.: Ich rufe mein Volk. Leben, Visionen und Vermächtnis des letzten großen Sehers der Ogalalla-Sioux; übers. v. S. Lang; Olten – Freiburg 1965.

E. Waldschmidt: Die Legende vom Leben des Buddha. In Auszügen aus den heiligen Texten. Aus dem Sanskrit, Pali und Chinesischen übers. u. eingef. v. E. Waldschmidt, verm. u. verb. Nachdruck der Ausg. von 1929 (Berlin), Graz 1982.

M. Wheeler: Early India and Pakistan, London 1959; dt.: Alt-Indien und Pakistan bis zur Zeit des Königs Ashoka; hrsg. v. G. Daniel, Cambridge; übers. v. G. Pfeiffer; Köln (Du Mont) o. J.

H. Zimmer: Myths and Symbols in Indian Art and Civilization, New York 1946; dt.: Indische Mythen und Symbole, übers. v. E. W. Eschmann, ^{1}1951; Neuausgabe: Düsseldorf – Köln 1972.

II. Philosophie, Tiefenpsychologie, Naturwissenschaft

R. Bilz: Die Umweltlehre des Paracelsus. Beitrag zu einer medizinischen Anthropologie (1944), in: Paläoanthropologie. Der neue Mensch in der Sicht einer Verhaltensforschung, 1. Bd., Frankfurt 1971, 234–249.

E. Borneman: Das Patriarchat. Ursprung und Zukunft unseres Gesellschaftssystems, Frankfurt 1975; Neu-

druck: Frankfurt (Fischer-Tb. 3416) 1979 (mit einem Nachw. zur Taschenbuchausgabe).
A. COMTE: Die Soziologie. Die positive Philosophie im Auszug, hrsg. v. F. Blaschke, 2. Aufl. mit einer Einl. v. J. v. Kempski, Stuttgart (Kröner-Tb. 107) 1974.
R. DESCARTES: Discours de la méthode pour bien conduire sa raison et chercher la vérité dans les sciences (1637); dt.: Abhandlung über die Methode; übers. v. K. Fischer (1836); in: R. Descartes, ausgew. u. eingel. v. I. Frenzel, Frankfurt (Fischer-Tb. 357) 1960, 47–91.
E. DREWERMANN – I. NEUHAUS: Marienkind. Grimms Märchen tiefenpsychologisch gedeutet, Bd. 5, Olten – Freiburg 1984.
E. DREWERMANN – INGRITT NEUHAUS: Die Kristallkugel. Grimms Märchen tiefenpsychologisch gedeutet, Bd. 6, Olten – Freiburg 1985.
E. DREWERMANN: Die kluge Else. Rapunzel, Olten (Grimms Märchen tiefenpsychologisch gedeutet, Bd. 7) 1986.
E. DREWERMANN – I. NEUHAUS: Das Eigentliche ist unsichtbar. Der kleine Prinz tiefenpsychologisch gedeutet, Freiburg – Basel – Wien 1984.
J. G. FICHTE: Grundlage der gesamten Wissenschaftslehre (1794) Neudruck auf Grund der von F. Medicus hrsg. Aufl. v. 1922, Register v. A. Diemer, Hamburg (Philosophische Bibliothek 246) 1956.
S. FREUD: Bemerkungen über die Übertragungsliebe (1915), in: Ges. Werke X, London 1946, 305–321.
S. FREUD: Einige psychische Folgen des anatomischen Geschlechtsunterschieds (1925), in: Ges. Werke XIV, London 1948, 17–30.
S. FREUD: Das Medusenhaupt (1922), in: Ges. Werke, Bd. XVII (aus dem Nachlaß), London 1941, 45–48.
H. FRITZSCH: Vom Urknall zum Zerfall. Die Welt zwischen Anfang und Ende, München – Zürich [3](überarb.) 1983.
H. A. FRYE: Die übrigen Erd- und Baumhörnchen, in: B. Grzimek (Hrsg.): Enzyklopädie des Tierreichs in 13 Bden., Zürich 1970; Neudruck: München (dtv) 1979, Bd. 11, 234–269.
A. GEHLEN: Urmensch und Spätkultur. Philosophische Ergebnisse und Aussagen, Frankfurt – Bonn [2](neu bearb.) 1944.
H. HABER: Unser Sternenhimmel. Sagen, Märchen, Deutungen, unter Mitwirkung v. I. Haber, München 1981.
G. W. F. HEGEL: Philosophie der Geschichte, nach der Ausg. v. F. Brunstäd; eingef. v. T. Litt, Stuttgart (Reclam 4881–85) 1961.
G. W. F. HEGEL: Der Geist des Christentums und sein Schicksal (1799), hrsg. v. G. Ruhbach, Gütersloh (Texte zur Kirchen- und Theologiegeschichte, Heft 12) 1970.
M. HEIDEGGER: Sein und Zeit (1926), Tübingen 1963.
G. C. HOMANS: The Human Group, New York 1950; dt.: Theorie der sozialen Gruppe; übers. v. R. Grunner; Köln – Opladen 1960.

E. JONES: Die Empfängnis der Jungfrau Maria durch das Ohr. Ein Beitrag zu der Beziehung zwischen Kunst und Religion, in: Jahrbuch der Psychoanalyse, hrsg. v. S. Freud, VI. Bd., Leipzig – Wien 1914, 135–204.
N. KARTASCHEW: Alkenvögel, in: B. Grzimek (Hrsg.): Enzyklopädie des Tierreichs in 13 Bden., Vögel II, München (dtv) 1980, Bd. 8, 227–235.
K. LORENZ: So kam der Mensch auf den Hund, München (dtv 329) 1965.
K. LORENZ: Die Rückseite des Spiegels. Versuch einer Naturgeschichte menschlichen Erkennens, München 1973; Neudruck: München (dtv 1249) 1977.
K. MARX: Das Kapital. Kritik der politischen Ökonomie, 3 Bde. (I: 1867; II: 1885; [2]1893 hrsg. v. F. Engels; III: 1894 hrsg. v. F. Engels), in: K. Marx – F. Engels: Werke, Bd. 23 (1965), Bd. 24 (1963), Bd. 25 (1964); Berlin (Ost), hrsg. v. Institut für Marxismus-Leninismus beim ZK der SED.
N. U. G. O'NEILL: Open Marriage, New York 1972; dt.: Die offene Ehe. Konzept für einen neuen Typus der Monogamie, übers. v. E. Linke, bearb. für die Verhältnisse in den deutsch-sprachigen Ländern, Hamburg (rororo 6891) 1975.
F. NIETZSCHE: Menschliches, Allzumenschliches. Ein Buch für freie Geister (1876–1877), in: Ges. Werke in 11 Bden., hrsg. v. L. Winter, Bd. 3, München (Goldmann-Tb. 676–677) o. J.
F. NIETZSCHE: Die Geburt der Tragödie aus dem Geiste der Musik (1886), mit einem Nachwort v. H. Glockner, Stuttgart (reclam 7131–32) 1952.
B. PASCAL: Pensées de M. Pascal sur la religion et sur quelques autres sujets, qui ont esté trouvées après sa mort parmy ses papiers, postum 1669; dt.: Über die Religion und über einige andere Gegenstände, übers. v. E. Wasmuth, Stuttgart [5](erw. u. neu bearb.) 1954.
A. PORTMANN: An den Grenzen des Wissens. Vom Beitrag der Biologie zu einem neuen Weltbild, Wien – Düsseldorf 1974.
O. RANK: Der Mythus von der Geburt des Helden. Versuch einer psychologischen Mythendeutung, Leipzig – Wien (Schriften zur angewandten Seelenkunde, hrsg. v. S. Freud, Heft 5) [2](verb.) 1922.
TH. REIK: Dogma und Zwangsidee. Eine psychoanalytische Studie zur Entwicklung der Religion (1927); Neudruck, eingl. v. Y. Spiegel u. J. Scharfenberg, Köln – Berlin – Mainz (Urban-Tb. 601) 1973.
B. RENSCH: Haustierentstehung, in: B. Rensch (Hrsg.): Biologie II (Zoologie), Frankfurt (Fischer Lexikon 28) 1963, 164–167.
R. RIEDL: Biologie der Erkenntnis. Die stammesgeschichtlichen Grundlagen der Vernunft, Berlin – Hamburg [3](durchges.) 1981.
J. E. ROHDE: Naturwunder Küste. Nordsee, Ostsee, Schleswig-Holstein, Zürich – München 1979.
P. SCHWARZENAU: Das göttliche Kind. Der Mythos vom Neubeginn, Stuttgart 1984.
B. DE SPINOZA: Tractatus Theologico-Politicus, Amsterdam 1670; dt.: Theologisch-politischer Traktat, übertr., eingel. u. komm. v. C. Gebhardt, Hamburg (Philos. Bibl. 93) [5]1955.
R. A. SPITZ: The First Year of Life. A Psychoanalytic Study of Normal and Deviant Development of Object Relations, New York 1965; dt.: Vom Säugling zum Kleinkind. Naturgeschichte der Mutter-Kind-Beziehungen im ersten Lebensjahr, übers. v. G. Theusner-Stampa, Nachw. v. W. G. Cobliner, Stuttgart 1967.
M. TINDAL: Christianity as old as the creation, London 1730 (dt. Frankfurt 1741).
A. WAIBLINGER: Große Mutter und göttliches Kind. Das Wunder in Wiege und Seele, Stuttgart (Zauber der Mythen, hrsg. v. Th. Seifert) 1986.
E. ZIMEN: Wildwege (SDR), 8teilige Fernsehserie, 5.: Der Hund (1), 21. 5. 86 (ARD).

III. Belletristik und Kunst

M. ARNOLD: Edvard Munch mit Selbstzeugnissen und Bilddokumenten, Hamburg (Rowohlts Monographien 351) 1986.
G. BERNANOS: Journal d' un Curé de Campagne (1936); dt.: Tagebuch eines Landpfarrers; übers. v. J. Hegner, Köln [11]1966.
B. BRECHT: Leben des Galilei. Schauspiel (1938–39), Frankfurt 1962; Neudruck: Frankfurt (edition suhrkamp 1) 1963.
G. BÜCHNER: Der Hessische Landbote (1834), in: Gesammelte Werke, hrsg. v. H. Honold, München (Goldmann-Tb. 7510) o. J., 167–181.
DANTE ALIGHIERI: La Divina Commedia (entstanden 1307–1321), Folingno 1472; dt.: Die göttliche Komödie; übers. v. K. Falke, Wiesbaden o. J.
F. M. DOSTOJEWSKI: Prestuplenie i nakazanie (1866); dt.: Schuld und Sühne. Roman in 6 Teilen und einem Epilog; übers. v. W. Bergengruen, München o. J.
F. M. DOSTOJEWSKIJ: Idiot (1868); dt.: Der Idiot; übertr. v. K. Brauner; München (Goldmanns Gelbe Tb. 361–362) 1958.
M. ENDE: Momo oder Die seltsame Geschichte von den Zeit-Dieben und von dem Kind, das den Menschen die gestohlene Zeit zurückbrachte, Stuttgart 1973.
A. ERLANDE-BRANDENBURG: L'Art Gothique, in der Reihe: L'art et les grandes civilisations, hrsg. von L. Mezenod, Paris 1983; dt.: Gotische Kunst, übers. v. H. Adkins u. H. Wischermann, Freiburg – Basel – Wien (Ars antiqua. Große Epochen der Weltkunst) 1984.
G. GREENE: The Comedians, 1966; d.: Die Stunde der Komödianten, übers. v. H. Spiel, Hamburg – Wien 1966; Neudruck: Hamburg (rororo 1189) 1969.
R. GOLDWATER: Paul Gauguin, New York; dt.: Paul Gauguin, übers. aus dem Amerik., Köln 1957.
H. HESSE: Stufen. Ausgewählte Gedichte 1895–1941, ausgew. v. H. Hesse, Frankfurt (Bibliothek Suhrkamp 342) 1970.

H. Ibsen: Die Stützen der Gesellschaft (1877), in: Dramen, hrsg. v. G. Brandes, J. Elias u. P. Schlenther, 2 Bde., München 1973, 669–756.

Ch. M. Joachimides – N. Rosenthal – W. Schmied (Hrsg.): Deutsche Kunst im 20. Jahrhundert. Malerei und Plastik 1905–1985, München 1986.

H. v. Kleist: Prinz Friedrich von Homburg (1821), in: H. v. Kleist, Gesamtausgabe in 7 Bden., hrsg. v. H. Sembdner, München [2](rev.) 1961; Neudruck: München (dtv) 1964, Bd. 3, 214–289.

J. Klepper: Unter dem Schatten deiner Flügel. Aus den Tagebüchern der Jahre 1932–1942; hrsg. v. H. Klepper; Stuttgart 1972.

U. Krempel (Hrsg.): Am Anfang: Das Junge Rheinland. Zur Kunst- und Zeitgeschichte einer Region 1918–1945, Düsseldorf 1985.

E. Littmann (Übers.): Die Erzählungen aus den tausendundein Nächten. Vollständige deutsche Ausgabe in 12 Bden., nach dem arabischen Urtext der Calcuttaer Ausgabe aus dem Jahre 1839, Wiesbaden 1953; Neudruck: Frankfurt (Insel-tb. 224) 1976.

Th. Mann: Joseph und seine Brüder. Roman in 4 Teilen, Stockholm – Amsterdam 1948; Neudruck: Frankfurt – Hamburg (Fischer-Tb. 1183, 1184, 1185) 1971.

B. Pasternak: Doktor Schiwago, Milano 1957; dt.: Doktor Schiwago, übers. v. R. v. Walter u. R. D. Keil, Frankfurt (Fischer-Tb. 587) 1964.

H. Renner: Reclams Konzertführer. Orchestermusik, Stuttgart (reclam 7720–31) [8](neu bearbeitet) 1967.

R. M. Rilke: Duineser Elegien, 1912/1922, in: Sämtliche Werke, hrsg. v. Rilke-Archiv; in Verbindung mit R. Sieber-Rilke besorgt durch E. Zinn, 6 Bde.; Frankfurt 1955–1966; 1. Bd.: Gedichte, 1. Teil, 1955, 683–726.

J. Roth: Die Flucht ohne Ende. Ein Bericht (Paris 1927), München (dtv 1408) 1978.

A. de Saint-Exupéry: Le petit Prince, 1943; dt.: Der kleine Prinz, mit den Zeichnungen des Verfassers, übers. v. G. u. J. Leitgeb, Düsseldorf 1956.

R. Schneider: Verhüllter Tag, Freiburg – Basel – Wien (Herder-Tb. 42) 1959.

C. Schulz-Hoffmann – J. C. Weiss (Hrsg.): Max Beckmann – Retrospektive, München 1984.

I. B. Singer: Shosha, New York 1978; dt.: Schoscha, übers. v. E. Otten, München – Wien 1980; München (dtv 1788) 1982.

I. B. Singer: Reaches of Heaven. A Story of the Baal Shem Tov, New York 1980; dt.: Die Gefilde des Himmels. Eine Geschichte vom Baalschem Tow, übers. v. H. Neves; München – Wien 1982; Neudruck: München (dtv 10265) 1984.

L. N. Tolstoi: Wovon die Menschen leben (1881), übers. v. A. Eliasberg, in: Sämtliche Erzählungen, hrsg. v. G. Drohla, 3 Bde., Frankfurt 1961, II 386–412.

G. Tolzien: Nazarener, in: Kindlers Malerei Lexikon, 15 Bde., Bd. 13–15: Register und Begriffe hrsg. v. K. Fassmann, Bd. 14: Begriffe II, München 1985, 179–180.

T. Vesaas: Is-Slottet, Oslo; dt.: Das Eis-Schloß, übers. aus dem Norweg., Zürich – Köln 1965.

F. Werfel: Das lyrische Werk, hrsg. v. A. D. Klarmann, Frankfurt 1967.

St. Zweig: Sternstunden der Menschheit. Fünf historische Miniaturen, Leipzig 1927; erw. Neudruck: Zwölf historische Miniaturen, Stockholm 1945; Neudruck: Frankfurt (Fischer-Tb. 595) 1964.

Bilderklärungen zu Abbildung 6 und 7

Zu Abb. 6: Tafel 3 des Papyrus Ani: das Totengericht

Im Tod findet nach ägyptischem Glauben statt, was in der christlichen Lehre das „persönliche Gericht" genannt wird. Schon steht die Waage bereit, auf deren Schalen der schakalköpfige Gott Anubis das Herz des Verstorbenen gegen eine Feder aus dem Haar der Göttin Maat wiegen wird. Ein heiliger Pavian, das Tier des Weisheitsgottes und Götterboten Thot, sitzt als Wiegemeister auf der Waage, während der ibisköpfige Thot selbst mit Schreibstift und Palette das Ergebnis des Wiegens protokolliert. Hinter ihm kauert Ammit (*^{c}mmj.t)*, ein weibliches Mischwesen, das vorn ein Krokodil, in der Mitte eine Raubkatze, hinten ein Nilpferd ist; der Name des Untiers bedeutet wohl „die Fresserin" (*^{c}m* = fressen) „der Toten" (*mwt.w* = die Toten). (Zu ihrer Gestalt vgl. Ch. Seeber: Untersuchungen zur Darstellung des Totengerichts im Alten Ägypten, 163–184.) Auf diesem Bild des Papyrus Ani wird Ammit, Gott sei Dank, untätig bleiben müssen, denn die Schalen der Totenwaage befinden sich im Gleichgewicht.

Was mit dem Verstorbenen nach seiner Rechtfertigung im Totengericht geschieht, wird durch die Bilder links neben der Waage angedeutet. Dort steht eine männliche Gottheit mit dem Namen Schai (*Š3j* – Schicksal), über ihm ein Ziegel mit einem Menschenkopf – das Bild der Göttin Mes-chenet (*mś-ḫn.t* = Ort, wo man sich niederläßt), deren Name den beiden Ziegeln entstammen dürfte, auf denen eine gebärende Frau saß, wenn sie ihr Kind zur Welt brachte. Links von dem Geburtsziegel hockt der Ba-Vogel, das Bild der (individuellen) Seele, mit dem Antlitz des Verstorbenen (des Ani). Unterhalb des Ba-Vogels steht die Göttin Mes-chenet mit dem Bild eines löwenförmigen Lagers sowie (mit einem Schlangenzeichen) die Göttin Renenet (*rnn.t* – die ein Kind Aufziehende), die als Amme und Schutzgeist der Geburt eines Menschen beisteht. Der Sinn dieser Konfiguration scheint darin zu bestehen, daß das Schicksal nebst den Geburtsumständen den Toten im Gericht entschuldigen möge, wobei die Seele des Verstorbenen als Zeuge für ihn eintritt (vgl. Ch. Seeber: A. a. O., 86; 107); so gerechtfertigt, wird es das Schicksal des Verstorbenen sein, zu einem neuen Leben in der Freiheit der Seele wiedergeboren zu werden und damit an dem Wesen des Gottes Osiris teilzuhaben. Im Grunde ist es dieser Gott, dem der Verstorbene, wie es auf der *Tafel 4* des *Papyrus Ani* gezeigt wird, als dem eigentlichen Gott des Totengerichts zugeführt wird; auf der vorliegenden Tafel jedoch bildet die große lebenschenkende *Götterneunheit* von Heliopolis das Richterkollegium, das oben links in der „Halle der beiden (zyklischen) Wahrheitsgöttinnen" *(wśḫ.t n.t m3^{c}.tj)* Platz genommen hat; vor den Göttern steht ein Tisch, der mit Früchten und Blumen als Opfergaben gefüllt ist. Die Namen der Götter, von denen jeder das *w3ś* – Szepter in der Hand hält, sind der Reihe nach: Horus *vom Lichtberg (Ḥr 3ḫtj)*, der große Gott *(nṯr ^{c}3)* in seiner Barke *(ḥrj-jb wj3-f)*; Atum (*Tmw*, der Schöpfergott von Heliopolis; Schu (*Šw*, der Gott der Luft, der Himmel und Erde voneinander trennte und somit den Raum der Erde schuf); Tefnut *(Tfn.t)*, die Herrin des Himmels *(nb.t p.t)*, die Göttin der Feuchte, die Atum bei der Schöpfung ausgespien hat; Geb *(Gb)*, der Erdgott, der Sohn von Schu und Tefnut; Nut *(Nw.t)*, die Himmelsgöttin, die Herrin des Himmels *(nb[.t] p.t)*, die Tochter von Schu und Tefnut, die Geliebte ihres Bruders Geb; Isis (*ś.t)*, mit den Beizeichen von Ei und Kobra-Schlange; Nephtys *(Nb[.t] ḥ.t)*, die Herrin des Tempels, die mit ihrer Schwester Isis gemeinsam um den verstorbenen Osiris trauerte; Horus *(Ḥr.w)*, der große Gott *(ntr ^{c}3)*, der Sohn des (toten) Osiris und der Isis; Hathor (*ḥ.t Ḥr*, eig.: der Horus im Tempel), die Herrin des Westens *(nb.t jmnt.t)*; und nebeneinander sitzend: Hu (*Ḥw* – Ausspruch) und Sia (*Śj3* – Erkenntnis). Die Götter Hu und Sia waren es, die *durch die Erkenntnis* der Welt und *durch das göttliche Wort* die Schöpfung begründet haben, ganz entsprechend zur Lehre von Joh 1, 1: „Im Anfang war der Logos." Diese neun Götter sind es, in deren Gerichtshalle Ani und seine Frau, die Tempelsängerin Tjutju, die, mit einem Sistrum *(sššt)* in der Hand, hinter ihm steht, für „bewahrheitet an Stimme" *(mꜣꜥ ẖrw)* befunden werden. „Für den Verstorbenen ... bedeutete die Rechtfertigung ... die Wiederbelebung, weshalb man dieses Ereignis als Geburt und die in der Neunheit zusammengefaßten Vorfahren als Muttergottheit verstehen könnte" (W. Barta: Untersuchungen zum Götterkreis der Neunheit, 47).

In dem Text auf der linken Seite spricht Ani das Gebet 30 B aus dem Totenbuch (vgl. E. Hornung: Das Totenbuch der Ägypter, 96–97; Ch. Seeber: Untersuchungen zur Darstellung des Totengerichts im Alten Ägypten, 76).

ḏd mdw jn wśjr sš ꜣnjj
ḏd-f
jb-j n mw.t-j
ḥꜣ.t-j n ẖpr.w
m ꜥḥꜥ r-j m mtr
m ẖśf r-j m ḏꜣḏꜣ.t
m jrj-t rqw r-j
m-bꜣḥ jrj-mẖꜣ.t
nt-k kꜣ-j jm(j) ẖ.t-j
ẖnm.w śwꜣḏ(w) ꜥ.wt-j
pr.n-k r bw nfr
jm jmj m śẖr bwt rn-j
n šnw.t
m ḏd grg r-j r gś nṯr
nfr wj śḏm-k nfr

Zu sprechen Worte von dem verstorbenen Schreiber Ani;
er sagt:
O mein Herz von meiner Mutter,
o mein Herz von dem Entstehen (meiner wechselnden Werdegestalten),
nicht tritt auf gegen mich als Zeuge;
nicht widersetze dich mir beim Richterkollegium;
nicht bewirke eine Neigung (des Waagebalkens) gegen mich
vor dem, der zur Waage gehört (dem Wägemeister).
Du bist mein Ka, der ist in meinem Leibe.
(Mein) Chnum (Schöpfer), der unversehrt macht meine Glieder,
mögest du hervorgehen zu dem Ort, dem schönen (zu allem Guten).
Nicht gib nach Art von Ekel meinen Namen
für die Räte (die Menschen zu Auferstehenden machen).
Nicht sprich Lüge gegen mich an der Seite Gottes.
Wie schön ist es, dein Schönes hören (daß du bei der Vernehmung gut dastehst).

In der Mitte notiert der Gott Thot die Bilanz seiner Untersuchung (vgl. Ch. Seeber: a. a. O., 78; 107; 109; 110; 111):

ḏd mdw jn ḏḥwtj
wpj(w) mꜣꜥ.t
n pśḏ.t ꜥꜣ.t
ntj m-bꜣḥ wśjr
śḏm-tn ẖrw pn
m wn(w) mꜣꜥ
jw wḏꜥ.n jb n wśjr
jw bꜣ-f (ḥr) ꜥḥꜥ (m)
mtr r-f
sp-f mꜣꜥ ḥr mẖꜣ.t wr(.t)
n ḏḥwtj (r) gś n
btꜣw-f nb
n ẖb-f šb.w m
rꜣ.w-pr.w-nj.wt
n ḥḏ-f jrjj.t
n šm-f ẖr rꜣ-f
n kꜣ.wj
ḏr wnn-f tp tꜣ

Zu sprechen Worte von Thot,
dem Richter der Maat, (der die Maat eröffnet)
für die Götterneunheit, die große,
die ist vor Osiris:
Höret die Stimme, diese,
als seiend (wirklich) wahr:
Es ist gerichtet worden das Herz des Osiris (des Verstorbenen),
während seine Seele gegenüberstand als
Zeuge für ihn.
Seine Angelegenheit ist wahr (in Ordnung) auf der Waage, der großen.
Nicht war Thot zur Seite von
seinem Unrecht, irgendwelchem (Thot konnte überhaupt kein Unrecht bei ihm feststellen).
Nicht verminderte er die Speisen in
den Mündern der Häuser der Städte (in den Tempelhöfen);
nicht beschädigte er das Gemachte (zerstörte er die tradierte Ordnung);
nicht ging er fort von dem, was in seinem Munde war,
zu anderen,
solange er auf Erden war.

Der Text auf der rechten Seite lautet (vgl. Ch. Seeber: a.a.O., 108; 109; 114 Anm. 461; 171):

wśjr ḥsj ꜥꜣ n nṯr nfr
mrr(w) n nb tꜣ.wj
sš njśwt mrj-f
ꜣnjj mꜣꜥ ẖrw ẖr wśjr
ḏd mdw jn pśḏ.t ꜥꜣ(.t)
n ḏḥwtj jmj-ẖmnw
ẖrw-fj n st
nn prr.t m rꜣ-k
mꜣꜥ mtr

Der Verstorbene, der (dem Gott) Wohlgefällige, der Vorsteher für den Gott, den schönen,
der Geliebte des Herrn beider Länder (des Pharao),
der Schreiber des Königs, sein geliebter,
Ani, bewahrheitet an Stimme (der selige) bei Osiris.
Zu sprechen Worte von der Götterneunheit, der großen,
zu Thot, dem Mitglied der Achtheit (der Urgötter von Hermopolis)
er sagt dazu:
Dies, was hervorgeht aus deinem Mund,
ist wahr, ist richtig,

wśjr sš 3njj m3^{c} ḫrw — o verstorbener Schreiber Ani, (du) bewahrheiteter an Stimme.
nn bt3w-f nn śrḫ-f — Nicht sein Unrecht, nicht sein Vorwurf
(statt: śḫr-f) ḫr-n — (ist) bei uns (aktenkundig).
nn rdj.t śḫm ^{c}mm(j).t — Nicht werde gegeben Gewalt der Seelenfresserin
jmj-f — über ihn.
jm rdj.tw n-f snw — Veranlasse, daß gegeben wird ihm Opferbrot,
pr.t m-b3ḥ wśjr — zu kommen vor Osiris, (sowie)
s3ḥ mn m śḫ.t-ḥtp.w — ein Stück Lehnsland, auf Dauer bleibend im Speisenfeld,
mj šmś.w Ḥr — wie (bei) den Gefolgsleuten des Horus.

An der Waage kniend spricht der Gott Anubis (vgl. CH. SEEBER: a.a.O., 78; 156):

ḏd mdw jn jmj–wt — zu sprechen Worte von dem (Anubis) der Einbalsamierung (dem im Ut, der Tierhülle):
jmj ḥr–k p3 — Gib auf dich (paß auf) dieses:
wd^{c} m m3^{c}.t tḫ n — es entscheidet wahrheitsgemäß das Lot der
mḫ3.t r ^{c}ḥ^{c}w–s — Waage entsprechend ihrer Stellung.

Zu Abb. 7:
Die Geburt des Pharao

In neun Szenen ist hier der Mythos der göttlichen Geburt des Pharao festgehalten.

1) Der ibisköpfige Götterbote Thot führt den Gott Amun zu der auserwählten Königinmutter. In seiner Hand hält Amun als Heilszeichen das *w3ś* – Szepter, der ziselierte Bart kennzeichnet ihn als Gott. Die mächtige Federnkrone verweist auf seine Natur als Gott des Geistes und des Windes. Thot trägt eine Schärpe über seine Brust, die ihn als lesekundigen Weisheitsgott ausweist. Beide Götter tragen neben dem Brustschmuck einen Schurz mit einem Tierschweif, offenbar in Erinnerung an ihre Herkunft aus vorgeschichtlicher Zeit. Soeben erhebt Thot die Rechte, um seine Rede an Amun eindrucksvoll zu unterstreichen.

2) Der Gott Amun und die Königin Iahmes haben auf einem Mattenbett Platz genommen, dessen Enden durch Löwenköpfe verziert sind. „Unterstützt" wird die zärtliche Beiwohnung der Liebenden durch zwei Genien, deren Kopfschmuck (ein Schild mit zwei Pfeilen) ihnen den Namen Hemuset verleiht. In dem Augenblick, da die Königin zur Mutter des Gottessohnes wird, trägt sie die Geierhaube der thebanischen Göttin Mut, die an der Stirn in die Uräusschlange ausläuft. Der Gott und die Königin berühren einander leicht mit den Händen, wobei Amun das Anch-Kreuz des Lebens in den Atem von Iahmes hält und in ihren Schoß das Zeichen für Heil *(w3ś)* und Leben legt. Sublimer läßt sich heilige Hochzeit nicht darstellen.

3) Der Gott Amun trägt dem widderköpfigen Schöpfergott Chnum die Formung des neu zu gebärenden Königskindes auf.

4) Chnum bildet auf der Töpferscheibe aus Lehm den Leib und die Seele (Ka) des göttlichen Kindes, deren Leben von Heket, dem weiblichen Pendant des Chnum, dargereicht wird. Heket ist froschköpfig, steht doch der Frosch gern als Symbol für den Übergang von Wasser (Nichtsein) zu Land (Sein); in der Spätzeit ist er ein Symbol der Wiedergeburt (M. LURKER: Götter und Symbole der Alten Ägypter, 72).

5) Entsprechend der biblischen Szene von der Verkündigung des Engels Gabriel in Nazareth, tritt der Götterbote (der „Engel") Thot zu Iahmes und preist sie als Gottesgemahlin mit den Worten: *sm3.jt Ḥr,* Genossin des Horus, *mrj.t-f,* seine Geliebte, *ḏd.t (j)ḫ.t nb.t,* die spricht, was auch immer, *jrj.tw n-ś,* es wird ihr getan; *m3^{3}.t b3,* die den Widder (Chnum) sieht, *mrj.t ḏ3wt.t b3,* die Geliebte, die Entsprechende des Widders, *^{c}3 n rp^{c}t.t,* der groß ist gegenüber der Fürstin, *wr.t jm3.wt,* die groß ist an Liebenswürdigkeit, *wr.t ḥs.wt,* die groß ist an Lobwürdigkeit, *ḥnw.t nḏm jb,* die Herrin der Fröhlichkeit des Herzens. – Das enganliegende Trägerkleid der Königin betont die Jungfräulichkeit ihres Leibes.

6) Chnum und Heket, der Schöpfergott und die Lebenspenderin, der eine mit dem Anch-Kreuz des Lebens, die andere mit dem Szepter des Heils in der Hand, geleiten die Königin in das Geburtszimmer. Die Königin trägt erneut die Geierhaube; sehr diskret ist der Zustand ihres Leibes angedeutet.

7) Glücklich hält die Königinmutter, auf dem Kopf eine spezielle Geburtshaube, den neugeborenen Gottessohn in ihren Armen; eine Amme kniet vor ihr, das Kind zur Pflege in Empfang zu nehmen, während Genien ihr mit beiden Händen das Anch-Kreuz entgegenhalten. „Unterstützt" wird die Königinmutter von zwei Genien, die auf ihrem Kopf und in ihren Händen, in Gedanken und Werken also, ihr Leben *(^{c}nḫ),* Gesundheit *(śnb)* und Ewigkeit *(ḏ.t)* wünschen und bereiten.

8) Die gütige Himmelskuh Hathor, die Göttin der Liebe, stellt dem Windgott Amun den neugeborenen Gottkönig vor, seinen Sohn, und Amun (an)erkennt ihn: „Du mein leiblicher Sohn" *(s3 n ḫ.t-j).*

9) Der an Leib und Seele neugeborene Sohn Gottes, der neue Herrscher über Ober- und Unterägypten, wird den Göttern des Landes vorgestellt. Der göttliche Anspruch seiner Herrschaft begleitet bereits seine Geburt. „Du warst es", lautet ein entsprechendes Gebet an Amun, „der ihn als König verkündete, als er ein Kind war. Mögest du ihn (nun) zum Herrscher ... der beiden Länder über die Untertanen einsetzen! Gib ihm ein Königtum von Millionen von Jahren, indem sein ganzer Leib vollkommen ist mit Heil und Gesundheit. Stelle deine Krone auf seinem Haupte fest, indem er auf deinem Throne sitzt. Die Schlange ‚Groß an Zauberkraft', sie gesellt sich zu (seiner Stirn), die zwischen seinen beiden Augenbrauen ist." (G. ROEDER: Ägyptische Mythen und Legenden, 336–337). Vgl. E. BRUNNER-TRAUT: Altägyptische Märchen. 77–87; W. SEIPEL: Staat und Gesellschaft, in: A. Eggebrecht (Hrsg.): Das Alte Ägypten, 117–195, S. 122–123; G. ROEDER: Ägyptische Mythen und Legenden, 239–251.

Abdruckserlaubnis für die Abbildungen erteilten dankenswerterweise: Abb. 1 (nach S. 16): Metropolitan Museum of Art, New York; Abb. 2 (vor S. 17): Hirmer Verlag, München (E. Akurgal und M. Hirmer, Die Kunst der Hethiter, Tafel 150, Foto M. Hirmer); Abb. 3 (nach S. 24): Indian Museum, Calcutta (Archaeological Section, Exponate Nr. 93 und 5034); Abb. 4 (vor S. 25): Centre Hospitalier de Beaune; Abb. 5 (nach S. 48): Ägyptisches Museum, Kairo; Abb. 6 (vor S. 49): Akademische Druck- und Verlagsanstalt, Graz; Abb. 7 (nach S. 56): Topic-Verlag, Karlsfeld (Graphik von Abdel Gaffar Shedid); Abb. 8 (vor S. 57), Ägyptisches Museum, Kairo (Exponat T 1189). Fotos: Bildarchiv Herder (soweit nicht anders vermerkt).

Das Buch über die Sehnsüchte, Träume und Hoffnungen des Menschen

9. Auflage. 120 Seiten. Mit neun Batiken von I. Neuhaus. Geb. ISBN 3-451-20283-2

Die Botschaft des Vertrauens und der Überwindung der Angst

3. Auflage. 96 Seiten. Mit neun Batiken von I. Neuhaus. Geb. ISBN 3-451-20527-0

Veröffentlichungen von Eugen Drewermann

Strukturen des Bösen

1. Band: Die jahwistische Urgeschichte in exegetischer Sicht. XCIII, 354 Seiten.
2. Band: Die jahwistische Urgeschichte in psychoanalytischer Sicht, L, 679 Seiten.
3. Band: Die jahwistische Urgeschichte in philosophischer Sicht. LXXXVI, 656 Seiten. Paderborn: Schöningh.

Tiefenpsychologie und Exegese

Traum, Mythos, Märchen, Sage und Legende.
1. Band: Die Wahrheit der Formen. 575 Seiten.
2. Band: Die Wahrheit der Werke und Worte. 664 Seiten.
Olten und Freiburg: Walter.

Grimms Märchen tiefenpsychologisch gedeutet

Mit Illustrationen von Ingritt Neuhaus.
1. Band: Das Mädchen ohne Hände. 4. Auflage. 48 Seiten.
2. Band: Der goldene Vogel. 3. Auflage. 64 Seiten.
3. Band: Frau Holle. 3. Auflage. 52 Seiten.
4. Band: Schneeweißchen und Rosenrot. 2. Auflage. 56 Seiten.
5. Band: Marienkind. 64 Seiten.
6. Band: Die Kristallkugel. 64 Seiten.
7. Band: Die kluge Else Rapunzel. 92 Seiten.
Olten und Freiburg: Walter.

Psychoanalyse und Moraltheologie

1. Band: Angst und Schuld. 3. Auflage. 208 Seiten.
2. Band: Wege und Umwege der Liebe. 2. Auflage. 308 Seiten.
3. Band: An den Grenzen des Lebens. 256 Seiten.
Mainz: Matthias Grünewald.